JN087621

進化政治学と戦争

自然科学と社会科学の統合に向けて

伊藤隆太

芙蓉書房出版

まえがき

　なぜ戦争は起こるのだろうか。いうまでもなく、戦争の担い手は人間である。そうであれば、その正しい問いは、なぜ人間は戦争をするのか、というものになろう。この単純な事実にもかかわらず、これまで人文社会科学は道徳主義的誤謬（moralistic fallacy）、その他の理由から、戦争原因を人間本性に帰することに躊躇してきた。

　学説史的により正確にいえば、トゥキディディス、マキャベリ、モーゲンソー、ニーバーといった古典的リアリストは、戦争の原因が人間本性（human nature）にあると主張してきた。ところが、古典的リアリストはその主張の根拠を神学的・思想的説明に置いていたので、非科学的であるとしばしば批判されてきた。そして、国際政治学ではネオリアリズムの台頭によって、戦争原因が人間本性から国際システムのアナーキーに移されることになったのである。

　ところが、この二十年ほどの自然科学側の研究の進展によって、やはり戦争の原因は人間本性にあるということが明らかになってきた。この進化論が明らかにする戦争原因論は、古典的リアリストの「戦争は人間本性に由来する」という命題と同じことを論じているが、進化政治学の議論には実在論的な意味での科学的根拠が備わっている。こうした意味において、進化論が明らかにする戦争原因論は、既知の事実や主張の背後にある真の因果関係・因果メカニズムを明らかにするものであり、科学哲学でいうところの使用新奇性（use novelty）があると考えられる。

　本書の目的は、こうした進化論が明らかにする戦争原因論を、政治学や科学哲学の知見を踏まえつつ、自然科学と社会科学の統合を目指した形で、進化政治学の視点から再構築することにある。

序 章

進化政治学と社会科学の科学的発展

第1節 社会科学の進化論的なパラダイムシフト

　イギリスの政治哲学者ジョン・ロック（John Locke）が論じるように、人間の心は「空白の石版（blank slate）」[「タブラ・ラサ（tabula rasa）説」] ——固有の構造をもたない白紙状態で、社会やその人自身が自由に書き込めるもの——なのだろうか*1。ルネ・デカルト（René Descartes）の心身二元論——ギルバード・ライル（Gilbert Ryle）が呼ぶところの「機械のなかの幽霊（ghost in the machine.）」説——が示唆するように、人間の心と身体は別物で、心は脳から独立した実在なのだろうか*2。あるいは、ジャン・ジャック・ルソー（Jean-Jacques Rousseau）の「高貴な野蛮人（noble savage）」説が考えるように、自然状態で人間は無垢な生き物だが、西洋文明の発展により、我々の心は汚れて暴力的になってしまったのだろうか*3。

　心がブランク・スレートならば、たとえば、毛沢東が考えたように、白紙状態の人間の心には、容易に共産主義思想を植えつけられることになり、政治学は先天的変数（テストステロンなどのホルモン、ドーパミン等の神経伝達物質の多寡といった内分泌学的変数など）でなく、後天的変数（教育、社会的地位、経済力など）を扱うべきであることになる*4。

　ルソーの「高貴な野蛮人」説が正しいならば、我々は西洋文明や科学の恩恵を享受するのではなくて、一部のポストモダニストや文化人類学者ら

7

がしばしば主張するように、その退廃さを自覚して、アマゾンの奥地の原住民やアフリカの部族に習うべきだということになる。あるいは、デカルトの「機械のなかの幽霊」論が正しいならば、心には脳から独立した実在があるのだから、脳科学や進化論では分からない何かがあり、哲学や宗教を極めることである種の悟りを開けるということになるかもしれない。

　ところが、こうしたロックのブランクスレート論、デカルトの「機械のなかの幽霊」説、ルソーの高貴な野蛮人説は各々、実在論的な意味では科学的に間違っているということが分かってきた。1990年代以降、自然科学の発展を受けて、多くの社会科学者が暗黙裡に前提としてきたブランクスレート論の誤謬が明らかになったことは有名な話だが*5、そのなかで同時に、ルソーの「高貴な野蛮人」説やデカルトの「機械のなかの幽霊」説の誤謬も明るみになってきた。

　上記をまとめると、ハーバード大学の心理学者スティーブン・ピンカー（Steven Arthur Pinker）が体系的に強く批判しているように、これまで人文社会科学ではこうした誤った学説を盲目に信奉する悪癖があった*6。今では良く知られた文化人類学者マーガレット・ミード（Margaret Mead）の「創作」はこの典型的な例であろう*7。しかし、ピンカーやマッド・リドレーらが提唱する「暴力の衰退（decline of violence）」説や合理的楽観主義（rational optimism）によれば、アマゾンの奥地やアジア・アフリカの発展途上国の生活にノスタルジーを感じても、それは単に人間の進化史上における未発達な状況をみているだけに過ぎない。つまるところ、科学と理性が発展して、人々に対する啓蒙が進むことで、人類史において、暴力が衰退し道徳が向上してきたのである*8。

　実在論的にいえば、ブランクスレート論、「機械のなかの幽霊」説、高貴な野蛮人説という三つの思想は、標準社会科学モデル（SSSM：Standard Social Science Model）という人文社会科学における誤った学説の淵源にあるものである。同モデルの誤謬が実在論的な意味で科学的に明らかになるにしたがい、上記のルソー、デカルト、ロックといった偉大な思想家たちの誤りも実在論的な意味で明るみになってきた。そして、科学的実在論に基づいてこうした既存の人文社会科学の誤謬を指摘して、社会科

学における進化論的なパラダイムシフトを起こすことを目指しているのが、進化政治学（evolutionary political science）という学問である。

第2節　進化政治学の台頭

　進化政治学はジョン・アルフォード（John R. Alford）、ローズ・マクデーモット（Rose McDermott）、ブラッドレイ・セイヤー（Bradley A. Thayer）、ドミニク・ジョンソン（D. D. P. Johnson）、ジョン・オーベル（John Orbell）といった、欧米の有力な政治学者により開拓されてきた*9・10。日本では森川友義、伊藤光利、長谷川寿一、長谷川眞理子、伊藤隆太らが進化政治学を研究している*11。学説史的にいえば、森川が指摘しているように、進化政治学の起源はアリストテレスにまで辿れるが、その理論的基盤はチャールズ・ダーウィン（Charles Robert Darwin）の『種の起源』において整備されたものである*12。

　ただし、ダーウィンは時代の制約で遺伝について記述を残すには至らなかった。そこで、その後、進化政治学は、ネオダーウィニズムといった形で先駆的に数多くの仮説を提出してきた進化生物学、進化的に安定的な戦略（Evolutionary Stable Strategy）を生みだしたジョン・メイナード＝スミス（John Maynard Smith）に牽引された進化ゲーム理論、あるいは、1980年代からジョン・トゥービー（John Tooby）やレダ・コスミディス（Leda Cosmides）、デイヴィッド・バス（David M. Buss）らをパイオニアとする進化心理学といった進化系の学問分野を迂回して発展してきた*13。

　こうした系譜を鑑みると、ロバート・クルツバン（Robert Kurzban）、ジョン・トゥービー（John Tooby）、アンソニー・ロペス（Anthony C. Lopez）、ジョンソンといった有力な進化心理学者が同時に進化政治学者であるのは偶然ではない。結局のところ、進化政治学は現代において、進化心理学者が政治学へ研究領域を拡大するなかで、進化生物学や進化心理学の洗練された諸理論・概念——血縁淘汰理論、心理メカニズム、適応、進化的適応環境、領域固有性、その他——を、社会政治現象や人文社会科学的知見に応用するなかで、発展してきたのである*14。

それゆえ、しばしば進化心理学と進化政治学の違いについて聞かれるが、その答えは、後者は前者の優れた理論的知見を利用しつつも、より人文社会科学的な命題を取りいれることで、E. O. ウィルソン（Edward Osborne Wilson）がいうコンシリエンス（consilience）＊15──自然科学と人文社会科学の統合──を一歩進めた、というものになる。いってみれば、進化心理学の方がより原始的な実験的知見で、進化政治学はより社会政治現象（戦争、平和、民主主義、リベラリズム、ナショナリズム、その他）の解明に関心を抱くコンシリエンス的知見というわけである。これはそもそも政治学というのが、元をたどれば、アリストテレスが呼ぶところのマスター・サイエンスという諸学を統合するものであり、さらにそれに、進化論という自然界と人間界を自然淘汰の原理で統合的に理解するフレームワークを加えたのが、進化政治学であることを考えられれば、論理的必然である。

　ただし、何がコンシリエンス的なのかについても、相対的な問題（ゼロか百かの問題ではない）なので、進化生物学と進化心理学をくらべれば、前者の方が後者よりもさらにより原始的な実験的知見であり、後者は前者よりは、より人間の心の問題に迫ったコンシリエンス的知見とみなせよう。そして上記のことは、どちらの学問がより優れているのか、といった優劣の問題ではなく、純粋に学問分野が収める分析射程の問題である。

　ところで、政治学ではしばしば、利他行動や自己破壊的な暴力（引き合わない戦争・自爆テロ等）など、合理的アプローチ（政治学の標準的なアプローチ）で説明困難な非合理的行動がしばしば研究対象とされる。進化政治学が政治学にもたらすパラダイムシフトの一つは、こうした逸脱事象を説明することにある。たとえば、なぜ人々は排外的ナショナリズムに熱狂し、費用便益の観点からは理解できない引き合わない戦争を支持するのか。こうしたパズルに対して、進化政治学は以下のような科学的根拠を備えた答えを与えている。

　内集団（in-group）に対する利他主義と外集団（out-group）に対する敵意は、グローバリゼーションやリベラル啓蒙主義が流布した現代世界ではしばしば非合理的だが、それらは集団間紛争が絶えなかった狩猟採集時代には、先祖の包括適応度（inclusive fitness）極大化（孫の数はフィールドワ

ークではしばしばその近似として扱われる）にとり合理的であった。狩猟採集時代から現代にかけて環境は大きく変わったので、本来であれば、我々の心の仕組みも変化して然るべきである。ところが、心理メカニズムの進化は環境の変化に大きく遅れてなされるので、現代人は今でも狩猟採集時代の心の仕組みに従って行動してしまう*16。それゆえ、依然として我々はしばしば排外的ナショナリズムに熱狂して、非合理的な戦争を支持してしまうのである。

　あるいは、なぜ人間は自己の命を犠牲にしてまで、愚かな自爆テロを試みるのだろうか。進化政治学はこうした合理的アプローチでは説明できない逸脱事象の原因をめぐり、既存の安全保障研究で見逃されていた興味深い知見を提供してくれる。セイヤーとヴァレリー・ハドソン（Valerie M. Hudson）は、繁殖資源の希少性（生態学的環境）と人間に備わっている遺伝子コピーの極大化という生物学的動機が、自爆テロの原因だと主張している。

　人間に限らず生物全般にいえるが、一夫多妻制は繁殖資源の希少性を生みだし男性の暴力を増長する。こうした社会的状況のもと、自爆テロはそれを行った親族の地位を上げて彼らの生存・繁殖可能性を増大させるため、理論生物学者ウィリアム・ハミルトン（W. D. Hamilton）の血縁淘汰理論がいうところの包括適応度——血縁者の生存・繁殖可能性——を上昇させる上では合理性となる*17。こうした進化論的論理を踏まえて、セイヤーとハドソンは定量的データの裏付けを備えた形で、宗教的理由から一夫多妻制が普及しているイスラム世界で自爆テロが頻発する論理を説明している*18。

　進化政治学が政治学にもたらす二つ目のパラダイムシフトは、既存の研究に進化論的視点から実在論的な意味での科学的根拠を与えることである。ここでいう「実在論的な意味での」というフレーズは、科学哲学の科学的実在論（Scientific realism）が主張するように、科学や理論の目的は「近似的真理（approximate truth）への漸進的な接近である」ということを前提としたものである*19。換言すれば、進化政治学は先行研究を科学的に妥当なものとそうでないものに腑分けするのである。国際システムのアナ

ーキーを考えてみよう。リアリストは国際システムがホッブズ的な悲惨な自然状態——司法・警察が機能する余地のない無慈悲な自助の体系——と主張する*20。他方、リベラリストは民主主義やグローバリゼーションの拡大でアナーキーの下でも平和は実現できる*21、あるいは、コンストラクティヴィストはリアリズムの悲惨なアナーキー観が自己充足の予言（self-fulfilling prophecy）だと主張する*22。

　ところがこうした政治学における既存のパラダイム論争は多くの場合、実在論的な意味での科学的根拠を十分に備えていない。このような政治学の知的停滞に対して、進化政治学はリアリズムのアナーキー観が実在論的な意味で科学的に妥当であるという答えを示唆している。

　進化政治学によれば、リアリズムが依拠するホッブズの自然状態論は、部族主義の心理メカニズム、すなわち血縁淘汰、内集団ひいき、あるいは集団淘汰といった科学的知見により裏付けられる。人間はアナーキーな狩猟採集時代に小規模集団を形成し、敵集団との恒常的な紛争状態の中で過ごしてきた*23。そこでは、上手く団結して協力体制を作った集団は、それに失敗した集団に打ち勝ってきた*24。こうした状況が、集団内協調と集団間競争を同時に志向する心の仕組みを生みだしたのである。

　つまるところ、ピンカーが論じているように、自然状態の理解について現代の自然科学の進展は、ロックでもルソーでもなく、ホッブズが正しかったことを明らかにしている*25。そして、その政治学へのインプリケーションは、リベラリズムやコンストラクティヴィズムでなく、リアリズムのアナーキー観が科学的に妥当だったということである。しばしば社会科学のパラダイム論争では、リアリズムにもリベラリズムにも各々良さがあるといったように、アリストテレス的な中庸が良しとされる。しかし信頼に値する科学的証拠を前にしたとき、我々は時として任意のパラダイムの優位性を強く主張したり、脈々と引き継がれてきた政治思想の伝統の一部が科学的に誤っていたと認めたりすることが必要であろう*26。

　ところが、進化政治学という自然科学と社会科学を架橋する学問に対しては、その学際性や新奇性より、依然としてしばしば誤解に基づく疑問や批判が散見される。なぜ現代の戦略を狩猟採集時代の行動様式から説明で

きるのか。戦争という社会政治現象を遺伝子や心理メカニズムといったミクロな要因に帰して説明することにはいかなる妥当性があるのか。こうした疑問や批判を克服することは、進化政治学という大きな潜在性を秘めた学問が、今後よりいっそう発展していく上で不可欠なことであろう。上記の問題意識から本書では、進化政治学をめぐる国内外の最新の研究状況を踏まえて、進化政治学が政治学や広義の社会科学にいかなる貢献するのか、という重要な問いを方法論・理論的に再考することを目指す。

第3節　進化政治学をめぐる研究の状況

こうした重要性をもつ進化政治学は、これまで人文社会科学におけるさまざまな問題——紛争、協調、民主主義、政治制度、政治行動など——に応用されてきたが、本書は特にそれを戦争と平和の問題に応用するものである。ただしこうした試みは本書が最初というわけではない。実際、欧米を中心とした国際政治研究では進化政治学の進展を受けて、自然淘汰により形成された心の仕組みに着目して、国際政治上の現象を分析する研究が発展してきている。そこで以下、進化政治学に基づいた国際政治研究を紹介して、それら先行研究がいかにして、政治学における進化論的なパラダイムシフトを実現してきたのかを明らかにする。

まず最初に進化政治学を体系的な形で国際政治学に応用した研究を紹介しよう。マクデーモット、ロペス、マイケル・バン・ピーターセン（Michael Bang Petersen）は進化政治学に対する批判を再考した上で、進化政治学を進化心理学の視点から再構成して、進化政治学に基づいた新奇な国際政治学的仮説を構築している＊27。具体的には、①人間には集団を不安定で将来の影（shadow of future）が短い単一アクターとして表象する心理メカニズムが備わっている、②指導者は敵への憤り（outrage）を利用して自らへの政治的支持を調達しようとする、③国家は敵国との間では相対的利得（relative gain）を重視するが、同盟国との間では絶対的利得（absolute gain）を重視する、④連合（coalition）の規模、男性という性差、体力（physical strength）は個人の好戦的な外交政策への支持と比例する、

⑤子供を持つ人間（特に女性）はそれを持たない人間より好戦的な外交政策を忌避する、という創造的な仮説を提示している*28。

アザー・ガット（Azar Gat）は狩猟採集時代における暴力の論理を体系的に説明する中で、なぜ人間は戦うのか（why do people fight?）という根源的な問いに、進化論的視点から統一的な答えを与えることを試みている*29。ガットによれば、国際政治学のリアリズムが前提とする希少資源をめぐる競争や安全保障のジレンマは、自然淘汰により備わった人間本性（human nature）の視点から科学的根拠を備えた形で説明できるという*30。

ドミニク・ジョンソン（D. D. P. Johnson）は進化政治学に対する批判を体系的に再考した上で、いわゆる「生物学の時代（age of biology）」*31——生命や進化をめぐる科学が高度に発展した時代——に国際政治学が学問として生き残っていくためには、進化論的・生物学的知見を積極的に活用していく必要があると主張している。ジョンソンは生物学を国際政治学に導入することへの批判を再考した上で、異分野間のコミュニケーションには困難がつきまとうものの、国際政治学と自然科学を統合することには、その困難を上回る重要な意義があると論じている*32。またジョンソンは、『戦略的本能（strategic instincts)』のなかで、進化論的なバイアスが持つ適応上のアドバンテージを、記述的な豊かさを備えた形で多角的に論じている*33。

ロペスは進化政治学に依拠した戦争研究の論理を包括的に再考した上で、国際政治学に進化論を応用することに想定される批判を克服しようと試みている*34。またロペスは別の研究で、進化心理学の実験研究に基づき、人間には任意の集団の構成員として敵集団と戦う心理メカニズムが備わっていることを明らかにしている*35。

スティーブン・ピーター・ローゼン（Stephen Peter Rosen）は、進化政治学の意義を体系的に示した上で、進化論的・脳科学的要因——タイムホライズン（time horizon）、ストレス、感情（emotion）等——に着目して新奇な国際政治学的仮説を構築し、それらを、歴史的事例を検討する中で例示している*36。ローゼンはたとえば、独裁者にはタイムホライズンが短い（リスクをいとわず短期的利得を追求する）という心理学的特性が備わっ

ているという新奇な仮説を立て、それをアドルフ・ヒトラー（Adolf Hitler）、ヨシフ・スターリン（Joseph　Stalin）、毛沢東といった典型的な独裁者を分析する中で例示している*37。

　次に、個別的命題に焦点を当てた、進化政治学に基づく国際政治研究を紹介していこう。リアリズムが想定している悲観的な人間の本性は、学習や教育によって容易には修正できない、進化的適応環境において自然淘汰によって選択された心理メカニズムに由来するものなのであろうか。こうした問題意識から、セイヤーはこれまで科学的基盤が乏しいと批判されてきたリアリズムを、進化論の科学的知見で強化することを試みている。セイヤーによれば、進化論を科学的基盤に据えることで、リアリズムは古典的リアリズム（classical　realism）の思想的・神学的根拠やネオリアリズムのアナーキーのロジックに訴えることなく、第一イメージ（個人レベル要因）の人間本性の視点から、なぜ指導者が利己的・支配的に行動するのかを説明できるようになる*38。

　同様の問題意識から、セイヤーとジョンソンは進化政治学に基づき、攻撃的リアリズム（offensive realism）を科学的に強化することを試みている。彼らによれば、攻撃的リアリズムの諸前提——①自助（self-help）、②相対的パワー極大化（relative　power　maximization）、③外集団（out-group）への恐怖——は進化過程で形成された心理メカニズムに由来するものなので、同理論の基盤は、これまで主流であった第三イメージ（国際システムの構造的要因）のアナーキーから、第一イメージの人間本性に移される必要がある*39。

　クリス・ブラウン（Chris Brown）は、肯定的幻想（positive illusion）をはじめとする近年の脳科学的・進化心理学的知見が、ネオリアリズムをはじめとする国際政治理論研究にもたらすインプリケーションを考察している*40。シッピング・タン（Shipping Tang）は社会進化論（social evolution）に基づいて、国際システムの性質が攻撃的リアリズムの悲惨なものから、防御的リアリズム（defensive　realism）の楽観的なものに変化してきたと主張している*41。

　ケネス・ペイン（Kenneth　Payne）は、人間本性と暴力をめぐる進化論

的知見を再考して、現代の西洋自由民主主義国の戦争と狩猟採集時代のそれとの関係を分析している。ペインによれば、両者の間には個人が集団のために奉仕することを名誉（honor）とみなし、この名誉のために戦争が行われる点に重要な共通点があるという＊42。また別の研究でペインは、進化心理学的・脳科学的知見に基づき、ヴェトナム戦争を事例として、戦略形成における感情の役割を考察している＊43。さらに近年、ペインは狩猟採集時代に備わった戦争を志向する心理メカニズムが、AI（artificial intelligence：人工知能）時代の現代戦にもたらすインプリケーションを体系的に考察している＊44。

　なぜ指導者はしばしば過信に陥り、非合理的な戦争を始めるのだろうか。ジョンソンは、過信（overconfidence）という進化過程で備わった心理メカニズムを国際政治研究に導入して、肯定的幻想理論（positive　illusion theory）を構築し、それを第一次世界大戦、ヴェトナム戦争、イラク戦争（2003年）等の歴史的・現代的事例を検討する中で検証している＊45。ジョンソンとドミニク・ティアニー（Dominic Tierney）は、実験心理学のマインド・セット理論（mindset　theory）に基づき過信のメカニズムを理論化して、ルビコン理論（rubicon theory）という戦争原因理論を構築している。ジョンソンとティアニーは同理論を、第一次世界大戦を個別事例として検討する中で検証している＊46。

　その他複数の研究において、ジョンソンらは国際紛争をテーマとしてウォーゲーム（wargame）やエージェントベースモデル（Agent-based model）に基づき、過信の心理メカニズムが国際政治にもたらすインプリケーションを検討している＊47。さらにその後、ジョンソンは過信が広義にはネガティヴィティ・バイアス（negativity bias）の構成要素の一つであると仮説だてて、当該仮説を第一次世界大戦を事例にして例示している＊48。

　ジョンソンとモニカ・トフト（Monica Duffy Toft）は進化論的知見に基づいて、領土をめぐる争いが国際紛争の動因であると論じている＊49。具体的にはジョンソンとトフトは進化ゲーム理論（evolutionary　game theory）に依拠して、領土の保有者はタカ派の戦略をとるという、簡潔かつ新奇な国際政治学的予測を提示している＊50。マクデーモット、ロペス、

ピーター・ハテミ（Peter K. Hatemi）は政治的リーダーシップ（political leadership）の進化論的機能（集合行為問題、指導者と被支配者の間の関係）を再考した上で、進化論的・脳科学的知見に基づいて、政治的リーダーシップの新たなモデルを構築している*51。

　なぜ人間は自己の命を犠牲にして、自爆テロを試みるのだろうか。進化政治学はこうした合理的アプローチでは説明できない逸脱事象の原因をめぐり、既存の安全保障研究で見逃されていた興味深い知見を提供してくれる。セイヤーとハドソンは、繁殖資源が希少な生態学的環境と人間に備わっている生物学的動因（この際、自己の遺伝子コピーの極大化）が、自爆テロの主な原因であると主張している。人間に限らず生物全般にいえることだが、一夫多妻制は繁殖資源の希少性を生みだし男性の暴力を増長する。

　こうした社会的状況のもとで、自爆テロはそれを行った親族の地位を上げて彼らの生存・繁殖可能性を増大させるため、包括適応度（inclusive fitness）——血縁者の生存・繁殖可能性——を上昇させる上では合理性があるのである。そしてこのような進化論的論理を踏まえて、セイヤーとハドソンはデータと共に、宗教的理由から一夫多妻制が普及しているイスラム世界で自爆テロが頻発する理由を説明している*52。有力な学術雑誌サイエンス（science）においてスコット・アトラン（Scott Atran）は、進化論的発想に基づき、自爆テロは所属集団が消滅する危機におかれている構成員がとりうる合理的行動であると主張している*53。

　進化政治学はなぜ第三世界の独裁者が瀬戸際外交の一環として、リスクを負ってでも核武装を目指すのかについて、その科学的な説明を提供してくれる。セイヤーは核抑止論について、進化心理学の視点から合理主義モデルの問題点を指摘して、それへのオルタナティブを提示している。

　セイヤーによれば、現実に存在している北朝鮮やイランの独裁者は、トマス・シェリング（Thomas Crombie Schelling）の合理的抑止論が想定するような理性的アクターではないため、こうした独裁者の意思決定を分析するためには、典型的な標準社会科学モデルの合理的モデルが想定するように人間の心をブラックボックスと仮定するのでなく、彼・彼女の脳に深く刻まれている心の仕組み（感情、損失回避傾向など）を理解する必要があ

るという*54。

　国際紛争において諸国間の和解はいかにして達成されるのだろうか。ウィリアム・ロング（William J. Long）とピーター・ブルケ（Peter Brecke）は、合理主義理論へのアンチテーゼとして、和解（reconciliation）をめぐる進化政治学モデルを構築して、二十世紀に解決が試みられた国際紛争について、その成功をいかなる変数が予測するかを検討した。その結果、彼らの進化政治学モデルが予測する通り、国際紛争では和解に向けたシグナルが紛争解決に有意に寄与することが明らかになった*55。

　ジョナサン・メーサー（Jonathan Mercer）は進化政治学的・脳科学的知見に基づき、感情という人間本性の一構成要素を考察している。メーサーは国際政治学の分析概念としての感情を四つのカテゴリー──①付帯現象的（epiphenomenal）なもの、②非合理性の原因、③機転の利く（savvy）戦略的アクターのためのツール、④合理性の構成要素──に分けて、感情の国際政治学へのインプリケーションを、三つの分析レベル（個人レベル、国内レベル、国際システムレベル）各々について考察している*56。

第4節　本書の目的

　以上、本書の先行研究となる進化政治学に基づいた国際政治研究を紹介してきた。これらをまとめると、先行研究は進化政治学という異分野の革新的知見を国際政治学に応用して、既存の研究手法では発見できなかった、ウィルソンがコンシリエンス*57──自然科学と人文社会科学の統合──と呼ぶものを念頭においた、創造的な学際研究を生みだしてきた、ということがわかる。ところが筆者が前著で指摘して、その克服を目指したように、こうした重要な学術的意義にもかかわらず、残念ながら先行研究には依然として以下の二つの課題が残されている。

　第一に、新たな進化政治学に基づいた国際政治理論を構築しようとする試みが依然として少ない。前節で言及したジョンソンの肯定的幻想理論とルビコン理論、ロングとブルケによる和解の進化心理学モデルなどの例外を除けば、多くの先行研究は仮説の提示・検証にとどまり理論構築には至

っていない。こうした状況はジョン・ミアシャイマー（John　J. Mearsheimer）とスティーブン・ウォルト（Stephen　M. Walt）が「単純な仮説検証（simplistic　hypothesis　testing）」——理論構築を軽視して、単純な仮説の検証に終始する態度——と呼び批判しているものの典型例であろう＊58。ミアシャイマーとウォルトは、この「単純な仮説検証」が近年の政治心理学的研究にみられると指摘しているが＊59、それはまさに進化政治学に基づいた国際政治研究——政治心理学的研究の一種——が抱えている問題の一つでもあるのである。

　第二に、進化政治学を国際政治研究に応用するというリサーチ・デザインの妥当性が、科学哲学の知見を踏まえて十分に方法論的に裏付けられていない。方法的革新を目指して異分野融合を試みる際、研究手法の新奇性が故にリサーチ・デザインの妥当性が十分に検討されていない可能性がある。それゆえこうした先駆的な学際的研究を試みる際、研究者は通常のパラダイムに従事するときより、いっそう研究の方法論的妥当性に注意を払う必要がある。

　そしてこうした問題がまさに、進化政治学に基づいた国際政治研究という学際的研究に当てはまるのである。実際、『進化政治学と国際政治理論』で詳細に説明したように、道具主義（instrumentalism）によれば、進化政治学の国際政治学への応用という試みに意義を見いだすことは難しいが、科学的実在論＊60によれば、それに重要な意義を見いだせる。ところが先行研究は科学哲学に十分な注意を払ってこなかったため、こうした基本的な点についてすら十分に言及できていない。

　前著ではこうした先行研究の空白を埋めるべく、科学哲学の科学的実在論を方法論的基盤として、新たな進化政治学に基づいた国際政治理論を構築した＊61。これにより、以下の二つの研究成果を導きだした。第一に、新奇な進化政治学に基づいた国際政治理論を構築して、既存の進化政治学に基づいた国際政治研究にみられる「単純な仮説検証」の問題を克服した。第二に、科学的実在論に依拠して、進化政治学に基づいた国際政治研究というリサーチ・プログラムを方法論的に強化した。

　くわしくは本書の第3章で再考するが、進化的リアリズムは科学的実在

論、進化政治学、リアリズムという有力な三つの知的体系を、方法論的自然主義（methodological　naturalism）＊62を軸として融合した、一つのグランドセオリーである。前著では同理論から三つの具体的な因果モデル──①ナショナリスト的神話モデル、②楽観性バイアスモデル、③怒りの報復モデル──を導きだして、国際政治学における三つの重要なパズル──①なぜナショナリズムはしばしば戦争を起こすのか、②なぜ指導者はしばしば過信に駆られて対外政策の失敗を犯すのか、③なぜ敵国への怒りはしばしば国家の攻撃行動を生みだすのか──に答えてきた。

　これら三つの中間レベルの理論（middle　range　theory）──ナショナリスト的神話モデル、楽観性バイアスモデル、怒りの報復モデルの各々──についての議論は、本書と刊行時期をずらしつつセットで執筆しているもう一冊の書籍において、掘り下げて再考をしていく。またこちらの次著においては、『進化政治学と国際政治理論』で構築した多元的実在論という方法論モデルを体系化・強化することも行う。

　すなわち、以上は前著に由来する、いわば「本書では行わないが次著で行う」研究テーマだが、それでは本書では何を行うのかというと、それは以下の二点にまとめられる。第一に、人間行動に関する新たな進化論的なモデル──進化行動モデル（evolutionary behavior model）──を構築する。多層構造からなる進化的リアリズム（前著で進化のリアリスト理論と呼んだもの）のうち、進化政治学の部分に焦点を当てて、進化政治学の論理それ自体を掘り下げて再考して、人間行動に関する新たな体系的なモデルを提示する。なお、この際、進化のリアリスト理論を進化的リアリズムという名称に便宜上変える。

　第二に、戦争原因論に関する新たな仮説を提示する。本書では科学的実在論の視点から、人間にかかる条件的な適応が備わっていることを体系的に明らかにする、「戦争適応仮説（war-adaptation hypothesis）」を提示する。『進化政治学と国際政治理論』では三つの心理学的適応──部族主義、過信、怒り──に焦点を当てた議論をしたが、本書ではより根源的・積極的に、人間には戦争の適応（adaptation for warfare）が備わっていることを明らかにする。セイヤーが的確に主張しているように、人間本性が戦争を

起こすと考えた点で古典的リアリズムは正しかったが、古典的リアリスト
はその根拠を神学的・思想的ロジックに帰した点で誤っていた。しかし古
典的リアリズムの克服を図ったセイヤーも、心理学的適応の条件性を過少
評価している点で不十分であった。本書はこの研究上のギャップを埋める。
おそらくこのテーマは進化政治学が扱うイシューのなかでも、最も刺激的
なものであるはずである。

第5節　全体の構成と概要

　第1章では、進化政治学の普遍的な原理を説明した上で、人間の心理学
的適応が形成された淘汰圧の束とされる進化的適応環境（environment of
evolutionary adaptedness）それ自体を再考する。具体的には、領域固有性、
リバース・ドミナンス（reverse dominance）、自己欺瞞（self-deception）、
心理メカニズム、その他、関連する諸概念を考察する。第2章では、進化
政治学の視点から、人間行動に関する体系的な理論モデル――進化行動モ
デル――を構築する。進化行動モデルによれば、種に典型的・普遍的な心
理学的適応（適応主義）、個人間の遺伝的差異（行動遺伝学）、環境的要因
（教育、文化、その他）、直近のコンテクストが相互作用して人間行動は生
みだされる。

　第3章では、進化的リアリズムを再考する。第一に、国際政治学におけ
る戦争原因理論をアプローチと分析レベルの問題から再整理して、そのな
かに進化的リアリズムを外在的に位置づける。第二に、同心円状の構造か
らなる進化的リアリズムの内生的なロジックを、科学的実在論（多元的実
在論という方法論モデル）、進化政治学（進化的行動モデル）、リアリスト・リ
サーチプログラム、具体的な概念・モデル各々について再考する。

　第4章では、進化的リアリズムの主要仮説となる戦争適応仮説――戦争
は人間本性に由来する――を提示する。人間が従事する戦争には奇襲と会
戦（消耗戦）という二つの形態があり、特に後者は動物のなかでもとりわ
け人間が従事するものである。奇襲であれ消耗戦であれ、自然淘汰が人間
に戦争にむけた適応を形成する際には、満たされる必要のある二つの条件

がある。それが、繁殖上の利益と n-person 協調のメカニズムである。戦争や軍事とはもっぱら男性の領域の問題であり、過信、ヒロイズム、リスクテイキング、その他、我々には戦争にかかる心理学的適応を備えている。

　第5章では、戦争適応仮説に想定される批判に答えることを目指す。ここでは、決定論の誤謬、適応の普遍性と行動の多様性、淘汰圧の熾烈さ、戦争の性質といった命題を扱う。結論からいえば、人間に戦争をする本性があるという事実が、人間が戦争を不可避に行うという結論を含むわけではない。つまるところ、古典的な「殺人ザル仮説（killer ape hypothesis）」をこえて、進化政治学者は、環境的要因、戦争適応の条件性、その他、さまざまな観点を考慮した戦争論を提示しているのである。

註

＊1　ジョン・ロック（大槻春彦訳）『人間知性論1』（岩波書店、1972年）。スティーブン・ピンカー（山下篤子訳）『人間の本性を考える――心は「空」白の石版」か』上巻（NHK出版、2004年）24頁も参照。

＊2　ルネ・デカルト（山田弘明訳）『省察』（ちくま学芸文庫、2006年）; Gilbert Ryle, *The Concept of Mind* (London: penguin, 1949), pp. 13-17.

＊3　Jean-Jacques Rousseau, *Discourse upon the Origin and Foundation of Inequality among Mankind* (New York: Oxford University Press, 1755/1994). 高貴な野蛮人説という用語は、一七世紀のイギリス文人ジョン・ドライデンの書いた悲劇『グラナダ征服』に由来する。Earl Miner "The Wild Man Through the Looking Glass," in Edward Dudley and Maximillian E. Novak eds., *The Wild Man Within: An Image in Western Thought from the Renaissance to Romanticism* (Pittsburgh: University of Pittsburgh Press, 1972), p. 106.

＊4　森川友義「進化政治学とは何か」『年報政治学』第59号第2巻（2008年）219頁。

＊5　Jerome H. Barkow, Leda Cosmides, and John Tooby, eds., *The Adapted Mind: Evolutionary Psychology and the Generation of Culture* (New York: Oxford University Press, 1992); David Buss, ed., *The Handbook of Evolutionary Psychology, Foundation*: Volume 1 (Hoboken, N.J.: John Wiley and Sons, 2015); David Buss, ed., *The Handbook of Evolutionary Psychology, Volume 2: Integrations* (Hoboken, N.J.: John Wiley and Sons, 2015); David M. Buss, *Evolutionary Psychology: The New Science of the Mind*, Fifth edition. (Boston: Pearson, 2015); 王暁田・蘇彦蘇捷（平石界・長谷川寿一・的場知之監訳）『進化心理学を学びたいあなたへ——パイオニアからのメッセージ』（東京大学出版会、2018年）。

＊6 ピンカー『人間の本性を考える』。

＊7 マーガレット・ミード（畑中幸子・山本真鳥訳）『サモアの思春期』（蒼樹書房、1976年）；Margaret Mead, Sex and Temperament: In Three Primitive Societies (New York: William Morrow, 1935/1963). こうしたミードの一連の研究が捏造だったことを決定的に明らかにしたのは、テレク・フリードマン（Derek Freeman）である。テレク・フリーマン（木村洋二訳）『マーガレット・ミードとサモア』（みすず書房、1995年）。

＊8 Michael Shermer, *The Moral Arc: How Science Makes Us Better People* (New York: St. Martin's Griffin, 2016)；Michael Shermer, *Giving the Devil his Due: Reflections of a Scientific Humanist* (Cambridge: Cambridge University Press, 2020); Gad Saad, *The Parasitic Mind: How Infectious Ideas Are Killing Common Sense* (Washington, D.C.：Regnery Publishing, 2021); Richard Dawkins, *Science in the Soul: Selected Writings of a Passionate Rationalist* (London: Bantam Press, 2017); Sam Harris, *The Moral Landscape: How Science Can Determine Human Values* (New York: Simon and Schuster, 2011); マッド・リドレー（大田直子・鍛原多惠子・柴田裕之訳）『繁栄——明日を切り拓くための人類10万年史』（早川書房、2013年）；ハンス・ロスリング／オーラ・ロスリング／アンナ・ロスリング・ロンランド（上杉周作・関美和訳）『FACTFULNESS（ファクトフルネス）——10の思い込みを乗り越え、データを基に世界を正しく見る習慣』（日経BP、2019年）；ジョシュア・グリーン（竹田円訳）『モラル・トライブズ——共存の道徳哲学へ』（全二巻）（岩波書店、2015年）。

＊9 Anthony C. Lopez, Rose McDermott, and Michael Bang Petersen, "States in Mind: Evolution, Coalitional Psychology, and International Politics," *International Security*, Vol. 36, No. 2 (Fall 2011), pp. 48-83; John Tooby and Leda Cosmides, "The Psychological Foundations of Culture," in Barkow, Cosmides, and Tooby, eds., *The Adapted Mind*, pp. 19-136; John Tooby and Leda Cosmides, "The Theoretical Foundation of Evolutionary Psychology," in Buss, ed., *The Handbook of Evolutionary Psychology*, Vol. 1, pp. 4, 5, 7, 8, 9, 13-15.

＊10 進化政治学の代表的研究は以下を参照。なお紙幅の都合上、次節で個々に紹介する国際政治分野の進化政治学的研究は、ここでは割愛する。Anthony C. Lopez and Rose McDermott, "Adaptation, Heritability, and the Emergence of Evolutionary Political Science," *Political Psychology*, Vol. 33, No. 3 (June 2012), pp. 343-362; Peter K. Hatemi and Rose McDermott, *Man Is by Nature a Political Animal: Evolution, Biology, and Politics* (Chicago: University of Chicago Press, 2011); M. B. Petersen, "Evolutionary Political Psychology: On the Origin and Structure of Heuristics and Biases in Politics," *Political Psychology*, Vol. 36, Issue Supplement S1 (February 2015), pp. 45-78; M. B. Petersen, "Evolutionary Political Psychology," in Buss, ed., *The Handbook of Evolutionary Psychology*, Volume 2, chap 47; John R. Alford, Carolyn L. Funk, and John R. Hibbing, "Are Political Orientations Genetically Transmitted?" *American Political Science Review*, Vol. 99, No. 2 (May 2005), pp. 153-167; John R. Alford and John R. Hibbing, "The Origin of Politics: An Evolutionary Theory of Political Behavior," *Perspectives on Politics*, Vol. 2, No. 4 (December 2004), pp. 707-723; and John Orbell et al., ""Machiavellian" Intelligence as a Basis for the Evolution of Cooperative Dispositions," *American Political Science Review*, Vol. 98, No. 1 (February 2004), pp. 1-15.

＊11 長谷川寿一・長谷川眞理子「政治の進化生物学的基礎——進化政治学の可能性」『リヴァイアサン』第44号（2009年4月）71〜91頁；森川「進化政治学とは何か」；伊藤光利「政治学における進化論的アプローチ」『リヴァイアサン』第46号（2010年4月）7〜31頁；伊藤隆太（博士学位論文）「人間の心と戦争——進化政治学に基づいたリアリズム」『慶應義塾大学大学院法学研究科』（2017年3月）1〜184頁。

＊12 森川「進化政治学とは何か」218頁。

＊13 同上。森川に習い、本書では「進化」をメタファーとして使用する程度の国際政治研究は、進化政治学的知見として扱わない。こうした進化政治学の分析射程については、同上、233頁、注17を参照。

＊14 ただし進化政治学の基盤には、進化心理学以外の進化論的知見——進化生物学、社会生物学、進化ゲーム理論など——もかかわっている。たとえば長谷川らは進化生物学に依拠して、進化政治学の展望を論じている。長谷川・長谷川「政治の進化生物学的基礎」。

＊15 エドワード・O・ウィルソン（山下篤子訳）『知の挑戦——科学的知性と文化的知性の統合』（角川書店、2002年）。

＊16 このことを進化的ミスマッチ・適応齟齬（evolutionary mismatch）という。Lopez, McDermott, and Petersen, "States in Mind," p. 55.

＊17 W. D. Hamilton, "The Genetical Evolution of Social Behavior. I," and W. D. Hamilton, "The Genetical Evolution of Social Behavior. II," both in *Journal of Theoretical Biology*, Vol. 7, No. 1 (July 1964), pp. 1-16 and 17-52, respectively. See also, リチャード・ドーキンス（日高敏隆・岸由二・羽田節子・垂水雄二訳）『利己的な遺伝子』増補新装版（紀伊國屋書店、2006年）。

＊18 Bradley A. Thayer and Valerie M. Hudson, "Sex and the Shaheed: Insights from the Life Sciences on Islamic Suicide Terrorism," *International Security*, Vol. 34, No. 4 (March 2010), pp. 37-62. 同論文に対する批判とそれに対するセイヤーらからの応答は、Mia Bloom, Bradley A. Thayer, Valerie M. Hudson, "Life Sciences and Islamic Suicide Terrorism," *International Security*, Vol. 35, No. 3 (December 2010), pp. 185-192 を参照。

＊19 Stathis Psillos, *Scientific Realism: How Science Tracks Truth* (London: Routledge, 1999); Anjan Chakravartty, *A Metaphysics for Scientific Realism: Knowing the Unobservable* (Cambridge: Cambridge University Press, 2007); Philip Kitcher, *The Advancement of Science: Science without Legend, Objectivity without Illusons* (New york; Oxford University Press, 1993) 戸田山和久『科学的実在論を擁護する』（名古屋大学出版会、2015年）。伊藤『進化政治学と国際政治理論』で構築した多元的実在論（科学的実在論に基づいた方法論モデル）を参照。また、この点は重要であるので本書とセットで執筆されている次著で、掘り下げて方法論的な考察を行う。伊藤『進化政治学と国際政治理論』で構築した多元的実在論（科学的実在論に基づいた方法論モデル）を参照。

＊20 ジョン・J・ミアシャイマー（奥山真司訳）『大国政治の悲劇——米中は必ず衝突する』（五月書房、2007年）；ケネス・ウォルツ（河野勝・岡垣知子訳）『国際政治の理論』（勁草書房、2010年）；Charles L. Glaser, *Rational Theory of International Politics: The Logic of Competition and Cooperation* (Princeton: Princeton University Press, 2010).

＊21 Andrew Moravcsik, "Liberal International Relations Theory: A Scientific Assessment," in Colin Elman, Miriam Fendius Elman, eds., *Progress in*

International Relations Theory: Appraising the Field (Cambridge, Mass.:
MIT Press, 2003), chap. Chap. 5.

＊22　Alexander Wendt, "Anarchy Is What States Make of It: The Social
Construction of Power Politics." *International Organization*, Vol. 46, No. 2
(Spring 1992), pp. 391?425; Alexander Wendt, "Constructing International
Politics." *International Security*, Vol. 20, No. 1 (Summer 1995), pp. 71-81;
Alexander Wendt, *Social Theory of International Politics* (Cambridge:
Cambridge University Press, 1999).

＊23　Lopez, McDermott, and Petersen, "States in Mind."

＊24　ジョナサン・ハイト（高橋洋訳）『社会はなぜ左と右にわかれるのか』（紀伊
國屋書店、2014年）; David Sloan Wilson and E. O. Wilson, "Rethinking the
theoretical foundation of sociobiology," *The Quarterly Review of Biology*, Vol.
82, No. 4 (December 2007), pp. 327-348; David Sloan Wilson and E. O.
Wilson, "Evolution 'for the Good of the Group'," *American Scientist*, Vol. 96,
No. 5 (September 2008), pp. 380-389.

＊25　ピンカー『人間の本性を考える』。

＊26　スタシス・シロス（Stathis Psillos）によれば、理論家は理論の本質的な要
素が何であるのかを自覚している。Psillos, *Scientific Realism*, pp. 108-14. フ
ィリップ・キッチャー（Philip Kitcher）は、理論における仕事をしている
（working）部分と、遊んでいる（idle）部分を区別している。Kitcher, *The
Advancement of Science*, pp. 140-9. アンジャン・チャクラヴァティ（Anjan
Chakravartty）は、理論における本質的な要素を検出性質（detection
property）、そうではない要素を補助的性質（auxiliary property）と呼び区別
している。Chakravartty, *A Metaphysics for Scientific Realism*, p. 47. こうし
た科学的実在論者の議論から、我々は理論における重要な構成要素は次の理論
に引き継がれ、こうしたことが繰り返されて、それが相対的に長期にわたり持
続することで、理論における堅固な核になっていく、ということを理解できよ
う。実際、リアリストはさまざまなリアリスト理論に共通する本質的な要素と
補助的な要素を自覚的に腑分けして、思慮の末に堅固な核を導きだしている。
Robert G. Gilpin, "No One Loves a Political Realist," *Security Studies*, Vol. 5,
No. 3 (Spring 1996), pp. 3-26; Randall L. Schweller and David Priess, "A
Tale of Two Realisms: Expanding the Institutions Debate," *Mershon
International Studies Review*, Vol. 41, No. 1 (May 1997), pp. 1-32; Steven E.

Lobell, Norrin M. Ripsman, and Jeffrey W. Taliaferro, "Introduction: Neoclassical realism, the state, and foreign policy," in Steven E. Lobell, Norrin M. Ripsman, and Jeffrey W. Taliaferro, eds., *Neoclassical Realism, the State, and Foreign Policy* (Cambridge: Cambridge University Press, 2009), pp. 14-15.

＊27　Lopez, McDermott, and Petersen, "States in Mind."

＊28　Ibid., pp. 61-82.

＊29　アザー・ガット（石津朋之・永末聡・山本文史監訳）『文明と戦争』全2巻（中央公論新社、2012年）; Azar Gat, "So Why Do People Fight? Evolutionary Theory and the Causes of War," *European Journal of International Relations*, Vol.15, No. 4 (November 2009), pp. 571-599; and Azar Gat, *The Causes of War and the Spread of Peace: But Will War Rebound?* (New York: Oxford University Press, 2017).

＊30　Gat, "So Why Do People Fight? "

＊31　J. Stavridis, "The Dawning of the Age of Biology," *Financial Times*, 19, January 2014.

＊32　D. D. P. Johnson, "Survival of the Disciplines: Is International Relations Fit for the New Millennium?" *Millennium*, Vol. 43, No. 2 (January 2015), pp. 749-763.

＊33　Dominic D. P. Johnson, *Strategic Instincts: The Adaptive Advantages of Cognitive Biases in International Politics* (Princeton, NJ: Princeton University Press, 2020).

＊34　A. C. Lopez, "The Evolution of War: Theory and Controversy," *International Theory*, Vol. 8, No. 1 (October 2016), pp. 97-139.

＊35　A. C. Lopez, "The Evolutionary Psychology of War: Offense and Defense in the Adapted Mind," *Evolutionary Psychology*, Vol. 15, No. 4 (December 2017), pp. 1-23.

＊36　Stephen Peter Rosen, *War and Human Nature* (Princeton: Princeton University Press, 2007).

＊37　Ibid., chap. 5.

＊38　Bradley A. Thayer, "Bringing in Darwin: Evolutionary Theory, Realism, and International Politics," *International Security*, Vol. 25, No. 2 (Fall 2000), pp. 124-151. 同論文に対する批判とそれに対するセイヤーからの応答は、

Duncan S. A. Bell, Paul K. MacDonald, and Bradley A. Thayer, "Start the Evolution without Us," *International Security*, Vol. 26, No. 1 (Summer 2001), pp. 187-198 を参照。セイヤーによる同様の議論は、Bradley A. Thayer, *Darwin and International Relations: On the Evolutionary Origins of War and Ethnic Conflict* (Lexington: University Press of Kentucky, 2004) を参照。

＊39 D. D. P. Johnson, and Bradley A. Thayer, "The Evolution of Offensive Realism," *Politics and the life sciences*, Vol. 35, No. 1 (Spring 2016), pp. 1-26; and D. D. P. Johnson and Bradley A. Thayer, "Crucible of Anarchy: Human Nature and the Origins of Offensive Realism," paper presented at the 2013 annual convention of the International Studies Association, San Francisco, CA, cited in Johnson, "Survival of the Disciplines," p. 758.

＊40 C. Brown, "Structural Realism, Classical Realism and Human Nature," *International Relations*, Vol. 23, No. 2 (June 2009), pp. 257-270.

＊41 Shiping Tang, *The Social Evolution of International Politics* (New York: Oxford University Press, 2013); Shipping Tang, "Social Evolution of International Politics: From Mearsheimer to Jervis." *European Journal of International Relations*, Vol. 16, No. 1 (February 2010), pp. 31-55.

＊42 K. Payne, *The Psychology of Modern Conflict: Evolutionary Theory, Human Nature and a Liberal Approach to War* (Basingstoke: Palgrave Macmillan, 2015).

＊43 K. Payne, *The Psychology of Strategy: Exploring Rationality in the Vietnam War* (New York: Oxford University Press, 2015).

＊44 K. Payne, Strategy, *Evolution, and War: From Apes to Artificial Intelligence* (Washington, DC: Georgetown University Press, 2018).

＊45 D. D. P. Johnson, *Overconfidence and War: The Havoc and Glory of Positive Illusions* (Cambridge, Mass.: Harvard University Press, 2004).

＊46 D. D. P. Johnson and D. Tierney, "The Rubicon Theory of War: How the Path to Conflict Reaches the Point of No Return," *International Security*, Vol. 36, No. 1 (Summer 2011), pp. 7-40.

＊47 D. D. P. Johnson et al., "Overconfidence in Wargames: Experimental Evidence on Expectations, Aggression, Gender and Testosterone," *Proceedings of the Royal Society of London B: Biological Sciences*, Vol. 273, No. 1600 (October 2006), pp. 2513-2520; D. D. P. Johnson, Nils B. Weidmann,

Lars-Erik Cederman, "Fortune Favours the Bold: An Agent-Based Model Reveals Adaptive Advantages of Overconfidence in War," *Plos One*, Vol. 6, No. 6 (June 2011), p. e20851; and D. D. P. Johnson et al., "Dead Certain: Confidence and Conservatism Predict Aggression in Simulated International Crisis Decision-Making," *Human Nature*, Vol. 23, No. 1 (March 2012), pp. 98-126.

＊48 Dominic D.P. Johnson and Dominic Tierney, "Bad World: The Negativity Bias in International Politics," *International Security*, Vol. 43, No. 3 (Winter 2018/19), pp. 96?140. ネガティヴィティ・バイアスの権威的な研究は、Paul Rozin and Edward B. Royzman, "Negativity Bias, Negativity Dominance, and Contagion," *Personality and Social Psychology Review*, Vol. 5, No. 4 (November 2001), pp. 296-320; Roy F. Baumeister et al., "Bad Is Stronger Than Good," *Review of General Psychology*, Vol. 5, No. 4 (December 2001), pp. 323-370 を参照。

＊49 D. D. P. Johnson and Monica Duffy Toft, "Grounds for War: The Evolution of Territorial Conflict," *International Security*, Vol. 38, No. 3 (Winter 2013/2014), pp. 7-38. 同論文に対する批判とそれに対するジョンソンとトフトからの応答は、Raymond Kuo, D. D. P. Johnson and Monica Duffy Toft. "Correspondence: Evolution and Territorial Conflict," *International Security*, Vol. 39, No. 3 (Winter 2014/2015), pp. 190-201 を参照。

＊50 Johnson and Toft, "Grounds for War," pp. 31-33.

＊51 Rose McDermott, Anthony C. Lopez and Peter K. Hatemi, "An Evolutionary Approach to Political Leadership," *Security Studies*, Vol. 25, No. 4 (September 2016), pp. 677-698.

＊52 Thayer and Hudson, "Sex and the Shaheed." 同論文に対する批判とそれに対するセイヤーらからの応答は、Bloom, Thayer, Hudson, "Life Sciences and Islamic Suicide Terrorism."

＊53 Scott Atran, "Genesis of Suicide Terrorism," *Science*, Vol. 299, No. 5612 (March 2003), pp. 1534-1539.

＊54 Bradley A. Thayer, "Thinking About Nuclear Deterrence Theory: Why Evolutionary Psychology Undermines Its Rational Actor Assumptions," *Comparative Strategy*, Vol. 26, No. 4 (October 2007), pp. 311-323.

＊55 William J. Long, Peter Brecke, *War and Reconciliation: Reason and*

Emotion in Conflict Resolution (Cambridge, Mass.: The MIT Press, 2002).

＊56 Jonathan Mercer, "Human Nature and the First Image: Emotion in International Politics," *Journal of International Relations and Development*, Vol. 9, No. 3 (September 2006), pp. 288-303. 感情と国際政治をめぐるメーサーの一連の研究は、Jonathan Mercer, "Rationality and Psychology in International Politics," *International Organization*, Vol. 59, No. 1 (January 2005), pp. 77-106; Jonathan Mercer "Emotional Beliefs," *International Organization*, Vol. 64, No. 1 (January 2010), pp. 1-31; and Jonathan Mercer, "Emotion and Strategy in the Korean War," *International Organization*, Vol. 67, No. 2 (April 2013), pp. 221-252 を参照。

＊57 ウィルソン『知の挑戦』。

＊58 John J. Mearsheimer and Stephen M. Walt, "Leaving Theory Behind: Why Simplistic Hypothesis Testing Is Bad for International Relations," *European Journal of International Relations*, Vol. 19, No. 3 (September 2013), pp. 427-457.

＊59 Ibid., especially pp. 448-449.

＊60 科学的実在論の中心的な主張は、科学において措定される観察不可能な事物が存在する、すなわち、「成熟した科学で受け入れられている科学理論は近似的に真（approximately true）である」、というものである。伊勢田哲治「科学的実在論はどこへいくのか」『Nagoya Journal of Philosophy』7巻、pp. 54-84. 科学的実在論に関する有力なテキストは、戸田山和久『科学的実在論を擁護する』（名古屋大学出版会、2015年）；Psillos, *Scientific Realism*; Kitcher, *The Advancement of Science; Chakravartty, A Metaphysics for Scientific Realism* を参照。科学的実在論に依拠した有力な国際政治研究は、Mearsheimer and Walt, "Leaving Theory Behind"; Wendt, *Social Theory of International Politics*; Wendt, "Constructing International Politics"; Andrew Bennett, "The Mother of All Isms: Causal Mechanisms and Structured Pluralism in International Relations Theory," *European Journal of International Relations*, Vol. 19, No. 3 (September 2013), pp. 459-481; アレクサンダー・ジョージ/アンドリュー・ベネット（泉川泰博訳）『社会科学のケース・スタディ——理論形成のための定性的手法』（勁草書房、2013年）特に154～165頁を参照。国際政治学と科学的実在論をめぐる包括的な研究は、Fred Chernoff, "Scientific Realism as a Meta-Theory of International Politics,"

International Studies Quarterly, Vol. 46, No. 2 (June 2002), pp. 189-207；
Jonathan Joseph and Colin Wight, *Scientific Realism and International Relations* (Basingstoke: Palgrave Macmillan, 2010) を参照。2007年3月には国際政治理論研究の有力な学術雑誌 *Millennium* において、科学的実在論をめぐるフォーラムが催されている。Jonathan Joseph, "Forum: Scientific and Critical Realism in International Relations: Editors' Introduction Philosophy in International Relations: A Scientific Realist Approach," *Millennium*, Vol. 35, No. 2 (March 2007), pp. 343-344. なお、科学哲学の科学的実在論と国際政治学のリアリスト理論は、共に *realism* を標榜しているが、両者の間に研究上の特別な関係があるというわけではない。

＊61 本書が提示する進化的リアリズムは、セイヤーが見逃している進化心理学と科学的実在論を活用して、セイヤーが最初に提示した進化政治学理論を発展させることを目指したものである。Thayer, "Bringing in Darwin"; Thayer, *Darwin and International Relations*; Johnson, Thayer, "The Evolution of Offensive Realism." なお、進化政治学をリアリスト理論へ応用することそれ自体の意義や妥当性は、既に上記のセイヤー、ジョンソンらの研究の中で十分に示されている。

＊62 本書が依拠する方法論的自然主義とは、自然科学と社会科学を連続的に捉えて、形而上学的・超自然的なもの（理想・規範・超越者）に訴えず、自然的なもの（物質・感覚・衝動など）に基づいて、世界の真理に接近することを目指す立場のことを指す。方法論的自然主義については、戸田山和久「哲学的自然主義の可能性」『思想』948巻4号、63〜92頁；戸田山『科学的実在論を擁護する』61、86、314頁を参照。

第1章

進化政治学を再考する

　進化政治学の普遍的な原理を説明した上で、人間の心理学的適応が形成された淘汰圧の束が存在していた期間、すなわち狩猟採集時代を再考する。ここで扱うことになる具体的な進化論的な概念には、領域固有性、リバース・ドミナンス（reverse dominance）、自己欺瞞（self-deception）、心理メカニズムなどが含まれる。その流れは以下の通りである。第1節では進化政治学の一般的原理を示す。第2節では心理メカニズムを考察する。第3節では、進化的適応環境（environment of evolutionary adaptedness）を再考する。

第1節　進化政治学とは何か

（1）進化政治学の一般的法則

　進化政治学とは究極的にはアリストテレスを起源としつつも、チャールズ・ダーウィン（Charles Robert Darwin）の『種の起源』においてその理論的基盤が明らかにされた学問である。進化政治学は現代においてはネオダーウィニズムといった形で先駆的に数多くの仮説を提出してきた進化生物学、進化的に安定的な戦略（Evolutionary Stable Strategy）を生みだしたジョン・メイナード＝スミス（John Maynard Smith）に牽引された進化ゲーム理論、あるいは、1980年代からジョン・トゥービー（John Tooby）やレダ・コスミディス（Leda Cosmides）、デイヴィッド・バス（David M.

Buss）らをパイオニアとする進化心理学といった進化系の学問分野を迂回して発展してきた＊1。進化政治学者は政治学が扱う命題――戦争と平和、政治的意思決定、民主主義など――に進化論的発想を適用して、現代の政治現象の起源――なぜ当該事象が生まれるのかという究極要因（ultimate cause）からの説明――を探りつつ仮説を構築する。

　進化政治学には以下の三つの前提がある。第一に、人間の遺伝子は突然変異を通じた進化の所産であり、こうした遺伝子が政策決定者の意思決定に影響を与えている。第二に、生存と繁殖が人間の根源的欲求であり、これらの目的にかかわる問題を解決するために自然淘汰（natural selection）と性淘汰（sexual selection）を通じて脳が進化した。第三に、現代の人間の遺伝子は最後の氷河期を経験した遺伝子から事実上変わらないため、今日の政治現象は狩猟採集時代の行動様式から説明される必要がある＊2。

　マイケル・バン・ピーターセン（Michael Bang Petersen）、アンソニー・ロペス（Anthony C. Lopez）、ローズ・マクデーモット（Rose McDermott）といった有力な政治学者が体系的に論じているように、進化政治学を理解する際、その理論的基盤の一つが進化心理学にあることを忘れてはならないだろう＊3。進化心理学は「人間の本性について私たちが知っていることを世界の仕組みについての知識と結びつけ、できるだけ多くの事実をできるだけ少ない前提で説明する」ものであり、「すでに実験室やフィールドでよく立証されている社会心理学の大きな部分が」、進化心理学における「血縁淘汰や、親の投資や、互恵的利他行動や、心の計算理論についての少ない前提から引き出せることが示されている」＊4。

　心理学には発達心理学、社会心理学、認知心理学などさまざまなタイプの心理学があるが、進化心理学はこうした個々の心理学に対して、「進化論的な立場からヒトの心理メカニズムに統一的な説明を与えようとする学問分野」である＊5。進化心理学は「脳は情報を処理する機械として捉え得る」という立場に立ち、「『脳はどのようなプログラムを実行しているのか?』という問いの解明を目指す」＊6。

　進化心理学のパイオニア、ジョン・トゥービー（John Tooby）らによれば、「進化心理学は認知科学（cognitive science）と進化的機能主義

（evolutionary　functionalism）という二つのプロジェクトを単一の統合された リサーチプログラムにまとめあげる＊7」ものである。すなわち進化心理学において人間の心は、進化過程に形成された多様なプログラムから構成されるコンピューターのアナロジーで捉えられるのである＊8。

　政治学にも精通する進化心理学者——それゆえ進化政治学者である——のロバート・クルツバン（Robert　Kurzban）が「もっとも詳細かつすぐれた本」と評している＊9、『心の仕組み（How the Mind Works）』において、進化心理学の泰斗スティーブン・ピンカー（Steven Arthur Pinker）は以下のように人間の心を説明している。

　　心とは複数の演算器官からなる系であり、この系は、われわれの祖先が狩猟採集生活のなかで直面したさまざまな問題、とくに、物、動物、植物、他の人間を理解し、優位に立つために要求されたはずの課題を解決するなかで、自然淘汰によって設計されてきた。この要約はいくつかの主張に小分けすることができる。心は脳の産物である——具体的にいうと、脳は情報を処理する。思考は演算行為の一種である。心は複数のモジュールから、言い替えれば、複数の心的器官から構成されている。各モジュールは特定の目的をもって設計されており、それぞれのモジュールは、外界との相互作用のある特定分野を専門に受けもっている。モジュールの基本論理は遺伝子プログラムによって特定されている。モジュールの働きは、狩猟採集生活を営んでいたわれわれの祖先がさまざまな問題を解決するなかで、自然淘汰によって形づくられた。われわれの祖先の遺伝子にとって最大の課題は、次世代まで生き残る遺伝子コピーの数を最大化することであり、祖先が日々直面するさまざまな問題は、最大の課題を解決するために必要な下位課題だった＊10。

　心がいかにして進化過程で形成されてきたのかという問いに答える上で、上記のピンカーの記述以上に優れたものを見いだすことは難しいだろう。そして、こうした進化論的な心の説明を最初に提起したのはダーウィンで

あり＊11、生物のもつ機能の複雑性を説明できる理論は、彼の提起した自然淘汰理論と性淘汰理論しかないと考えられている＊12。すなわち、その進化の論理とは、生物には個体差があって（変異）、その個体差は親から子に伝わり（遺伝）、生物は、生存可能な数よりも多くの子供を産むため、個体間で生存と繁殖をめぐる競争が生じ、その結果として、生存と繁殖の能力にすぐれた個体の子孫が集団の間で広まる（適応）というものである＊13。

　遺伝のメカニズムが解明された現代では、自然淘汰の基本的な単位は、ダーウィンが考えた個体から、遺伝子にあると考えられるようになったが、こうした見方は進化生物学者リチャード・ドーキンス（Richard Dawkins）が世界的ベストセラー『利己的な遺伝子（The Selfish Gene)』で体系的に論じたものである＊14。もともとこのことはウィリアム・ハミルトン（W. D. Hamilton）が血縁淘汰理論（kin selection theory）を提示するなかで論じていたものだが＊15、それを人文社会科学系の研究者や一般向けにも分かりやすいように、啓蒙的な役割を果たしたのが、ドーキンスというわけである。こうした意味において、ドーキンスは、E. O. ウィルソンがいうところのコンシリエンス（consilience)＊16を、サイエンス・コミュニケーターとしての役割を担いつつ、早晩に実践していたというわけである。進化学における遺伝子の重要性について、クルツバンは、「生物が現在のような形態になったのは進化のプロセスを通じてであり、それによって遺伝子が作り出され、遺伝子は自己複製を繰り返しながら、他の遺伝子を犠牲にしつつ存続しようとする」＊17と論じている。

　こうした基本的な進化学の原則を踏まえて、本書では進化政治学を、「進化論的発想を政治学に応用する試み」と定義する。すなわち、それは進化心理学をはじめとする自然淘汰理論・性淘汰理論に由来する多様な進化論的知見——進化生物学、社会生物学、進化ゲーム理論も含む——を政治学に応用した学問なのである＊18。

　それでは進化政治学の基盤にある進化学とは、いかなる学問なのだろうか＊19。方法論的問題に自覚的な形で進化政治学を国際政治研究へ応用するためには、進化学の全体像や問題点を明らかにすることが必要であろう。

たとえば、ブラッドレイ・セイヤー（Bradley A. Thayer）は進化政治学を
リアリスト理論に応用するに際し、進化学のなかでも特に重要とされる進
化心理学を軽視しているため、議論の方法論的基盤を脆弱なものにしてい
る[20]。本書では進化心理学や適応主義といった進化学的知見を基に、な
ぜ戦争が起こるのか、なぜ平和が生まれるのか、といった問いに答えてい
く。

（2）自然淘汰による進化

　ところで、しばしば進化理論に対しては、自然淘汰の単位——遺伝子、
個体、集団、文化など——がアドホックであるという批判が浴びせられる
が[21]、こうした問題のことを淘汰レベルの問題（level of selection problem）
という。進化政治学者ドミニク・ジョンソン（D. D. P. Johnson）は、進化
政治学を国際政治学に応用する際の障害の一つとして、この淘汰レベルの
問題（level of selection problem）を挙げている[22]。しかしこうした批判に
対して、進化学者は二つの視点から答えを与えられる。
　第一は、マルチレベル淘汰論（multi-level selection）である[23]。これは
文字通り自然淘汰が遺伝子、個体、集団、文化等の複合的な単位でなされ
るという発想である。たとえば、マルチレベル淘汰論の代表的論者デイヴ
ィッド・スローン・ウィルソン（David Sloan Wilson）とエドワード・ウ
ィルソン（Edward O. Wilson）は、包括適応度理論（inclusive fitness
theory）とマルチレベル淘汰理論（multi-level selection theory）は数理的に
等価だが、マルチレベル淘汰理論を用いた方が様々な問題について分析す
る際に理解が容易だという主張をしている[24]。
　第二は、便宜的に個体を自然淘汰の単位とするという見方である[25]。
すなわち、この際、より多くの子供を残す個体の子孫が増えていく過程と
して、進化が考えられることになる。ある意味において、これは科学者の
実践に着目する見方といえる。孫の数はフィールド・リサーチでも適応度
の近似値として用いられることが多く、この見方は科学者の実践という意
味での妥当性を備えていよう。こうした議論は、科学者の実践に着目して
淘汰レベルの問題に賢く対処するものといえる。

第三は、標準的な進化心理学と同じように、遺伝子を主な自然淘汰の単位と考えて、それ以外の淘汰レベルを補完的なものとみなす立場である。これはドーキンス的な「利己的遺伝子」論ともいえるが、この見方によれば、集団淘汰という現象は、記述的には、「遺伝子が集団をヴィークルとして用いる」というロジックから理解できて、数理的には包括適応度理論とマルチレベル淘汰の数理的等価性によって説明される。

　さてここで自然淘汰理論への理解を深めるために、以下のアナロジーを考えてみよう*26。バナナとクルミに囲まれているチンパンジーの集団がいる。彼らにはバナナを食べる習慣はあるが、クルミを食べる習慣はない。しかしこれまでチンパンジーは気づいていなかったが、実はバナナだけを食べているよりも、クルミも食べた方が効率的な栄養摂取ができるとする。こうした状況のもと突然変異が起き、クルミも食べるチンパンジーが生まれたとする。するとクルミとバナナの両方を食べるチンパンジーは、バナナだけを食べるチンパンジーより生存や繁殖の面で有利になり、前者は後者より次世代に多くの子孫を残すことになる。

　クルミを食べる性質が遺伝するならば、クルミを食べるチンパンジーの割合が世代を経て相対的に高まっていく。こうして「ある個体が生存・繁殖で有利なために次世代により多くの子孫を残すときに、そのような個体の適応度（fitness）が高い」という*27。自然淘汰による進化とは本質的に、「適応度の高い特性と関わる遺伝子がその種の中で世代を経るにつれて増えていくこと」を意味する*28。そしてこうした進化の結果、生物は生活環境でより有利な特性を備えるに至るが、このことを適応（adaptation）という*29。

（3）進化学の方法論

　それでは進化政治学のベースにある、進化学の諸理論はいかなる方法論で構築されているのだろうか。その具体的なプロセスは仮説の構築と検証である。第一に仮説構築に際しては、適応課題（adaptive　problem）の推測がなされる*30。適応課題とは、進化的適応環境で先祖が生存と繁殖を成功させるために、克服する必要があった多様な課題——裏切り者を検知

する、配偶者を選択する、同盟関係を検知する*31など――を指す*32。こうした種々の適応課題を推測する際、既存の進化心理学的知見に加えて、進化ゲーム理論、考古学、文化人類学といった進化論とレレヴァンスのある諸領域の知見が総動員される*33。

　それではこうした進化心理学の研究手法は、一般的な心理学のそれと何が異なるのだろうか。結論から言えば、進化心理学では通常の心理学実験で仮説を経験的に検証するだけでなく、検証された仮説と進化的適応環境における行動形態との整合性が検証される必要がある。前者が既存の心理学の掲げる *how* の命題――どのようにして任意の心理学的要因が作用しているのか（至近要因）――に答えるものだとすれば、後者はそれに加えて進化心理学が心理学に導入した *why* の命題――なぜ任意の心理学的要因が備わっているのか（究極要因）――に答えるものである。至近要因と究極要因の区別は、ノーベル医学生理学賞受賞者ニコ・ティンバーゲン（Niko Tinbergen）が生みだした。至近要因は、「その行動が引き起こされている直接の要因は何か」を問うものである。他方、究極要因は「その行動は何の機能があるから進化したのか」を問うものである。心理学実験で明らかにされた個別的観察事実が至近要因だとすれば、それを進化論的視点から統合するのが究極要因である*34。

　裏切り者検知の心理メカニズム（cheater detection mechanism）を考えてみよう*35。前述のように、裏切り者検知メカニズムはウェイソンの四枚カード問題を通じて経験的に検証される（通常の心理学実験）。しかし進化心理学者は当該メカニズムが経験的に検証されるだけでは満足しない。なぜなら、これだけでは人間になぜその心理メカニズムが備わっているのかを説明できないからである。そこで進化心理学者は適応課題を推測して、そこから任意の心理メカニズムが演繹的に導きだされるかを考察する。こうした形で進化心理学では、心理メカニズムと進化的適応環境における行動パターンとの整合性が検証されるのである。

　裏切り者検知メカニズムは、進化ゲーム理論や互恵的利他主義（reciprocal altruism）の基盤となる、繰り返しのある囚人のジレンマ（repeated prisoners's dilemma）から導きだされる*36。同ジレンマでは、

しっぺ返し（tit for tat）が進化的に安定的な戦略（evolutionary stable strategy）である＊37。そこでトゥービーとコスミデスは、進化的適応環境ではいかなる条件が進化的に安定的な戦略を生んでいたのかという問いを立て、その答えとして、裏切り者——利益だけ享受してコストを支払わないフリーライダー——が検知されねばならないという条件を見いだす＊38。すなわちトゥービーらの言葉を借りれば、「信頼的かつ体系的に裏切り者を検知する能力が、繰り返しのある囚人のジレンマにおける協調が進化的に安定的な戦略であるための必要条件」なのである＊39。

　第二に、こうして立てられた仮説は、一般的な心理学的・認知科学的実験で検証される＊40。ここからの手続きは通常の心理学実験と基本的に同じである。先ほどは裏切り者検知メカニズムを検証するための実験としてウェイソンの四枚カード問題を挙げたが、ここでは進化心理学のパイオニアの一人デイヴィッド・バス（David Buss）による、配偶者選好（mate preference）についての古典的研究を例に挙げよう＊41。

　バスは配偶者選好を調べるに際して被験者を集めてアンケートをとり、世界における37の文化圏——アジア、アフリカ、北米、南米、中東、ヨーロッパ、オセアニアなど——で男女が配偶者を選ぶ際の基準を調べた＊42。実験ではこれらの文化圏の男女に「良識があり信頼できる」「知的である」など18の特徴を示して、それらが配偶者を選ぶ際どの程度重要かを0点から3点の4段階で評価させた＊43。その結果、文化とかかわりなく男女共に、互いに惹かれ合っていることを最も重視していることが明らかとなった＊44。

　ところで、こうして我々の心には、裏切り者検知メカニズムから配偶者選好メカニズムにいたるまで、様々な仕組みが備わっているわけだが、どうして、これらの様々なタイプの理論を全て同じ進化学の学説ということができるのだろうか。換言すれば、進化学の中には裏切り者検知理論、配偶者選好理論といった異なる理論があるが＊45、なぜこうした異なる理論を同じ進化学の理論とみなせるのだろうか。これら個々の進化学の理論には何か共通した論理があるのか。こうした問いは進化政治学が一貫性を欠いているという批判にもつながる＊46。

　しかし進化学への批判者は、以下の重要な点を見逃している。それは進化政治学が演繹的なピラミッド状の階層構造からなる学問であるという点である。第一に、進化政治学という学問の構造をピラミッドに見たてれば、その頂点に位置するのは自然淘汰理論である。自然淘汰理論からは、血縁淘汰理論（kin selection theory）＊47、性淘汰理論（sexual selection theory）＊48、互恵的利他主義＊49といった中間レベルの進化政治学理論が導きだされる＊50。たとえば利他行動について、血縁淘汰理論が血縁度に着目した説明を提示する一方、互恵的利他主義はしっぺ返しに着目した説明を提示するが、このことは進化政治学がアドホックな学問であるということを意味するわけではない。なぜなら血縁淘汰理論と互恵的利他主義は共に、自然淘汰理論という単一の理論から演繹的に導きだされるからである。

　第二に、中間レベルの進化政治学理論から進化政治学的仮説が導きだされる。たとえば、親の投資理論（parental invest theory）と性淘汰理論からは、①有性生殖をする種では子育てにより多く投資する性の配偶者への選択性が強くなる、②オスが餌やりに参加する種では、メスはオスの給餌能力・意思を配偶者選択の基準とする、③有性生殖をする種では相対的に、子育てに投資をしない方の性において、配偶相手をめぐる競争が激しくなる、という三つの仮説が導きだされる＊51。

　そして最後にピラミッドの最下層では、上記の進化政治学的仮説に由来する進化政治学的予測が導きだされる。たとえば上述した仮説②からは、①女性は地位の高い男性を好む、②女性は自らと自らの子供に投資する意志を示唆する男性を好む、③女性は経済的資源を提供できない男性と離婚する傾向にある、という三つの予測が導きだされる＊52。

第2節　心理メカニズム

（1）生得的な心理学的適応

　人間の脳の機能的構造は、我々の祖先の社会的・生態学的環境における適応課題に、確実かつ効果的に対処するように、自然淘汰によって設計されている＊53。適応課題とは進化的適応環境において、我々の祖先がくり

かえし直面してきた、繁殖成功に影響を及ぼす、さまざまな領域にわたる脅威・機会・課題のことを意味する。ここで重要なのは、それらが一回性のものや、新奇な課題ではないということである。たとえば、紛争や戦争は、進化の過程を通じて人間が直面する永続的な適応課題であったので、人間には、集団間闘争という適応課題に対処するために、さまざまな心理メカニズムが備わっている*54。つまるところ、部族主義*55、怒りのメカニズム*56、過信や自己欺瞞*57、裏切り者検知メカニズム*58、同盟検知メカニズム*59、配偶者選択メカニズム*60など、人間は、社会政治生活における多様なコンテクストに応じた心のしくみを備えているのである。

　理論的にいえば、心理メカニズムとは、自然淘汰により設計された心理学的適応のことを指し、それは外的環境から一連のインプットを受容し、それらインプットをアウトプットに転換する脳内システムである。それは、究極要因の観点からは行動や動機の原因となり、至近要因の観点からはホルモンレベルや神経伝達物質の変化を引きおこす。また見方を変えれば、心理メカニズムは根本的に、情報の輸送・転換プロセスであり、実質的には情報処理メカニズムといえる。

　たとえば、人間には利害紛争において、攻撃の仕方を調整するように設計された心理メカニズム——攻撃システム（aggression　system）——が備わっている*61。社会政治生活における個体間闘争に際して、進化的適応環境において、人間の力を決定するのに役立つ重要なキュー（cue）は純粋な物理的な強靭さであった。それゆえ、力の自己評価は、利害紛争を解決するうえで、暴力を行使するか否か、あるいは暴力を行使するにせよ、いずれの仕方でそれを行うのかを調整する重要なキューであった。個人の肉体的な強靭さは、個体間闘争のみならず、集団間闘争（戦争、民族紛争、その他）においても、集団内部の構成員が暴力を支持するか否かの重要な要因となる*62。つまるところ、肉体的な強靭さや地位の高さといった要因は、集団が他の集団を打ち負かすうえで重要なキューとみなされたので、我々は戦時においては特に男性的なリーダーを支持するのである。

　たとえば、ロシアのプーチン大統領はしばしば国民へのパフォーマンスとして寒中水泳をやったり、格闘技をしている姿をみせたりしており、こ

うした点について、ヴァレリー・スパーリング（Valerie Sperling）によれ
ば、プーチンはしばしば男性的なパーソナリティ（macho personality）を
強調するプロパガンダを講じていると主張している＊63。こうしたプーチ
ンの行動はミクロ経済学や合理的選択理論の視点からすれば、非合理的な
逸脱的な行動だし、一部のポストモダニズム、一部のフェミニズム、一部
のラディカルなコンストラクティヴィズムの視点からしたら、家父長的な
保守イデオロギーの権化とみなさるかもしれない。ところが、これらはい
ずれも必ずしも的を射た議論ではない。

　こうした点について、まず、合理的パラダイム（ミクロ経済学、合理的選
択理論など）はしばしば重要なポイントを見逃している。すなわち、プー
チンの行動はたしかにミクロ経済学的な合理性を欠いたものだが、それは
生態学的合理性（ecological rationality）を備えたものであるということで
ある＊64。進化政治学の合理性仮定はミクロ経済学のそれと違う、生態学
的合理性であり、それは進化的適応環境で我々の祖先が生存と繁殖を成功
させる上でどれだけ有利であったかという基準により規定されるものであ
る。そしてここで重要なことは、この生態学的合理性は、合理的選択理論
が依拠するミクロ経済学的合理性――現代世界における合理性――と、必
ずしも一致しないということである＊65。

　これはなぜなら、進化の速さは環境の変化と比較してはるかに遅いため、
進化的適応環境に適応してきた人間の遺伝子が、文明化・工業化が高度に
進んだ現代世界との間に適応齟齬（evolutionary mismatch）をきたしてい
る可能性があるからである＊66。つまるところ、アフリカのサバンナでラ
イオンから逃げる中で進化した脳は、相対性理論や量子力学といった新奇
なスケール・性質の概念を理解するのには適していないのである＊67。

　それでは、生態学的合理性という観点からすると、プーチンが寒中水泳
をすることには、いかなる意味があるのだろうか。言うまでもなく、政治
的指導者にとって、肉体的な強靭さをアピールして、自らへの政治的支持
を取りつけることは適応的な行動であろう。ところが、ミクロ経済学的合
理性からすれば、肉体的強靭さとリーダーシップの適切性の間に関係を見
いだせないので、プーチンの行動は単なる逸脱事例とされる。これにたい

して、生態学的合理性によれば、進化的適応環境において、人間には肉体的強靭さを指導者の資質とみなす傾向や、そもそも肉体的に強靭な人間ほど高い地位につくという傾向が備わっており、プーチンの行動はそれが現代世界で発現したものだとみなせる。もちろん、この進化的ミスマッチは時には非合理的な帰結を生むかもしれないのだが、適応的な形質が必ず適応齟齬をきたすというわけでもないので、しばしば現代の個人にとって有効な戦略にもなりうるのである*68。

　別の例として第二次世界大戦におけるアドルフ・ヒトラー（Adolf Hitler）を考えてみよう。1935年の時点でアメリカ、ソ連、ドイツというランドール・シュウェラー（Randall L. Schweller）がいうところの三極構造（tripolarity）のもと、ヒトラーは欧州を一気に席捲して、残るはイギリスとソ連という状況まで、1941年の時点で拡張主義的政策を成功させていた*69。いうまでもなく、こうしたヒトラーの現状打破的政策は、当時の国際システムにおける相対的パワー分布を一定程度踏まえたものであり——ヒトラーがどこまで自覚的だったのかは差し置いて——、こうした「可能なときに相対的パワーを極大化する」という攻撃的リアリスト的な行動は、ジョンソンとセイヤーが主張しているように、狩猟採集時代において備わった人間本性に沿ったものである*70。

　ところが、もちろんこうした攻撃システムが行き過ぎると、敵の士気といった無形の要因を見逃してしまったり、自らのパワーを自惚れる過信に帰結してしまったりして、しばしば非合理的な結果を生みだす。ヒトラーが下した独ソ戦の決定がまさにその典型例であり、ヒトラーの成功は一定程度、人間本性の産物だが、彼の失敗もまたその陥穽に由来するといえるのである*71。

　あるいは、一部の社会構築主義的アプローチ（ポストモダニズム、フェミニズム、コンストラクティヴィズム等）はしばしば、プーチンの行動が単に、家父長制的なイデオロギーやジェンダー・バイアスに由来する社会的構築物だとみなす点において妥当でない。ある種の文化や社会的通念が進化するのは、そうした観念的な要因の存在がしばしば、人間にとって適応的だからである。進化心理学の興隆初期に「心はブランクスレートである」と

する社会学者たちからの激しい批判があり，特に性差や配偶の好みや嫉妬や身内びいきなどについて激しく争われたが，スティーヴ・スチュワート＝ウィリアムズ（Steve Stewart-Williams）が論じているように，以下の三つの理由から，人間本性は存在していると主張できる＊72。第一に，人間本性はそれを矯正しようとする社会的な努力によってもほとんど変更されない。第二に，人間本性が個別の文化を越えてユニバーサルに見られる。第三に，類似的な傾向が（同様な淘汰圧を受けたであろう）ほかの動物にも見られる。

　もちろん，ここではあらゆる文化的産物が適応の産物だという「汎適応主義（pan adaptationism）」を唱えるつもりはない＊73。ある種の文化的形質は適応の副産物かもしれないし，あるいは単に適応齟齬（進化的ミスマッチ）の産物かもしれない。つまり，しばしば，適応的でない形質が社会において残存して普及していくケースもあるだろうし，そのようにみなせる場合も往々にしてあるということである。

　この最も分かりやすい例は宗教であろう。宗教はマルチレベル淘汰論や文化進化論によれば，適応主義的に解釈することもできるが＊74，淘汰レベルの単位を厳格に遺伝子に置く論者，とりわけ「新無神論者（new atheist）」にとってそれはミーム（meme）とみなされる＊75。9.11同時多発テロ事件を受けて，さもなければリベラルな科学者がイスラム教をテロの元凶として糾弾しはじめた。これが「新無神論」の誕生であった。それらには，イギリスの進化生物学者ドーキンス，アメリカの脳科学者で哲学者のサム・ハリス（Sam Harris），同じアメリカの哲学者ダニエル・デネット（Daniel Dennett）が含まれている＊76。ドーキンスやデネットによれば，宗教はウィルスのようなものであり，それ自体が自己のコピーを極大化するために，自律的に増殖を繰り返しているという。こうした見方をミーム論といい，これはまさに適応的でない形質が社会に拡散していくことの典型的な論理である＊77。

　しかしながら，このプーチンの男性的な行動については，ミームの産物（この際，男性的なシンボルなど）ではなく，適応の産物だとも考えられるかもしれない。というのも，人間には，肉体的強靭さをキュー（cue）に

指導者を支持したり、そもそも肉体的に強靭なアクターほど高い地位を求めたりする心理メカニズムが備わっており、プーチンの行動はまさにこれらが具現化されたものだと解釈できるからである。とりわけ、ロシアのような広い国土をもち、つねに周辺国や蛮族からの侵略の危険がある国の場合、そこに住む人々の心理状態は常に政治・軍事的な緊張を一定程度が続いたものとなる。こうしたロシアのコンテクストにおいて、どのような指導者が好まれるのかというと、進化学はそれがまさしくプーチンが演じているような男性的な肉体的に強靭な指導者と予測するだろう。

　したがって、プーチンの男性的なレトリックや演説は必ずしも社会構築物やジェンダーバイアスの産物などではなく、こうした肉体的強靭さに訴える言説や行動を大衆が好むことを知っているため、プーチンは適応主義的な意味において、このような行動や言説を意図的にとっていると解釈できる可能性がある。つまり、進化論的にいえば、肉体的強靭さに訴えるプーチンの行動は、国民からの支持を調達するうえで適応的な行動ともみなせる。

　さて、ここで再び適応課題について考察を進めよう。進化的適応環境において、我々の祖先が生存や繁殖の成功を実現するうえで直面した挑戦・機会・脅威のことを適応課題というが、この課題がさまざまな領域に分けられているということは指摘に値しよう。このことを後述する領域固有性（domain specificity）という*78。我々の心理メカニズムは様々な生理学的・行動的・認知的・感情的なプロセスを通じて、こうした領域固有かつ多種多様な適応課題に対処するようにできているのである。

　このとき、今直面している適応課題がいかなるものなのかを識別できないと、我々は生存と繁殖を成功させる上で合理的な行動をとることができない。そこで人間に備わった心理メカニズムは、さまざまな適応課題を、ある種の情報の手がかり構造（利害紛争、社会契約、配偶者選択、その他、各コンテクストを表象する情報の一式）という形で認識し、それら情報の手がかり構造を外的環境からのトリガーとして、任意の生理学的・行動的・認知的・感情的プロセスを駆動させるようにできている。

（2）条件的な情報処理メカニズム

　そしてここで重要なことは、心理メカニズムとは本質的に、情報処理の
メカニズムだということである。すなわち、心理メカニズムにはインプッ
トとアウトプットが存在するのである。この情報処理メカニズムという観
点からすると、上記の外的環境からのトリガーとなる情報の手がかり構造
がインプットであり、それによって駆動される任意の生理学的・行動的・
認知的・感情的プロセスがアウトプットとなる。テストステロン、オキシ
トシン、内集団・外集団の認識、自らと敵の肉体的強靭さの評価、怒り、
恐怖、過信といったものが、こうしたアウトプットに値しよう。

　たとえば、先述したように、利害紛争という適応課題においては、攻撃
システムという心理メカニズム（肉体的強靭さに応じて攻撃を調整するもの）
が重要になる*79。それでは、この攻撃システムを駆動させるためには、
どのような外的環境からのトリガーとなる情報の手がかり構造が必要なの
だろうか。それには理念型であるが、二つの段階が想定されよう。

　まず、第一の段階としては、そもそも直面している状況が利害紛争だと
いうことを示唆する情報の手がかり構造が必要である。これには、敵から
の攻撃の兆候や、対人交渉というコンテクスト、実際の戦闘状況といった、
利害紛争という領域に固有の情報が含まれる。しかし、単に直面している
状況が利害紛争のコンテクストだと認識するだけでは、我々は生存と繁殖
を成功させるうえで合理的な行動をとれるとは限らない。その最たる例は、
日本がアメリカに真珠湾奇襲を仕掛けたように、自らよりもはるかに強靭
な個人や集団に攻撃を加えることであろう。

　そこで、適応的な行動の外的環境からのトリガーとなる、より特定化さ
れた具体的な情報の手がかり構造が認識される必要がある。その時の手が
かりとなる情報が、この利害紛争という適応課題やコンテクストにおいて
は、「自らあるいは内集団と敵あるいは敵集団についてのパワーの評価」
となる。すなわち、我々は体格、顔の特徴、声などの手がかりに基づいて、
男性の戦闘能力を評価することに長けているのである*80。

　さらに、こうした一連の攻撃行動に関する個人レベルの仮説は、連合レ
ベルのそれに拡張することができる。その結果、以下のような集団間攻撃

を調整するように設計された心理学的適応が導きだされる。すなわち、集団間闘争に勝利するために設計された心理メカニズムは、相対的な数や肉体のサイズといった内生的キューと、地理的な位置や集団間近接性といった外生的なキューに依存していると考えられる*81。たとえば、チンパンジーであれば多くの場合、３対１以上の比率でない限り、敵集団に攻撃をすることはしない*82。つまり、このように高い確率で成功すると予測されない限り、チンパンジーは集団間闘争を自らの手で始めることはしないのである。

　同じことは人間間闘争についてもいえる。たとえば、人間間での戦闘においても、相手が自らよりも肉体的強靱さが劣ると考えられるときに、戦闘に従事して、そうでないときは戦闘を回避する、すなわち交渉による解決を目指す方が適応である。ヘビー級の総合格闘家に肉体的に弱い素人が挑むことは、誰が考えても無謀だが、こうした愚かな行動を多くの場合とらないような心のしくみを、我々人間は備えているというわけである。

　これまで、利害紛争という適応課題における情報のインプットが主に、自己（あるいは内集団）と敵（あるいは敵集団）についての相対的パワーの評価であることを説明してきた。それでは、そのアウトプットはいったい何なのだろうか。くりかえしになるが、ここでのアウトプットには様々な次元が含まれる。それには生理学的な次元、認知的な次元、感情的な次元などが想定され、それらは具体的にはテストステロン、オキシトシン、怒り、恐怖、過信といったものが当たる*83。

　ところでこのインプット、アウトプットという情報処理メカニズムからなる人間の心理メカニズムには、何か決まったアルゴリズムのようなものがあるのだろうか。いうまでもなく、その最大の原則は、あらゆる行動や心が、包括適応度極大化に資するという意味で適応的な形で形成される必要がある、ということである。それゆえ、こうした意味において、この包括適応度極大化が究極的なアルゴリズムといえよう*84。しかし、もし人間行動や心理をより良く理解したいのならば、もう少し動態的なアルゴリズムを知りたいと思うだろう。

　このとき、我々が理解すべきなのは、すべての人間の心理メカニズムは、

「もしこうならば、こうである（if then 構文）」という法則のアルゴリズムから成っているということである。先の攻撃システムをまた例に挙げよう。進化ゲーム理論的な状況を想定したコンピューター・シミュレーションにおいて、「どのような場合でも攻撃せよ」というアルゴリズムで行動する個体は、「もし相手よりも大きければ、攻撃せよ。もし相手よりも小さければ、服従せよ」というアルゴリズムで行動する個体に、最終的に駆逐される*85。それは当然のことといえば当然であるが、不利な状況下でも攻撃をしかけてしまう個体は、勝てるときにだけ選択的に攻撃をしかける個体よりも、無駄に命を落とす確率が高いからである。自然淘汰は包括適応度極大化に資する心理メカニズムに有利に働いたが*86、この利害紛争というコンテクストでは、こうした条件的なアルゴリズムからなる心理メカニズムに有利に働くというわけである。ここから分かるのは、我々の心理メカニズムには、条件性、情報処理メカニズム（インプット、アウトプット）といった有意な特徴があるということである。

（3）領域固有性

　これまで進化的適応環境とは何かを明らかにしてきたが、人間の心をさらに理解する上で踏まえるべきなのは、この進化的適応環境で形成された心理メカニズム——人間の心は多様な心理メカニズムから構成されている——が領域固有的（domain specific）だということである*87。トゥービーとレダ・コスミデス（Leda Cosmides）によれば、このことはスイス・アーミーナイフのアナロジーで理解できる*88。スイス・アーミーナイフはドライバー、ナイフ等の特定の機能を備えた異なる要素からなり、それらは異なる課題に対処するよう設計されている。これと同じことが人間の心にも当てはまる。たとえば、心には社会契約に対応した裏切り者検知（cheater detection）の心理メカニズム*89と、社会的順位階層（dominance hierarchy）に対応した義務的推論（deontic reasoning）の心理メカニズム*90が併存しているのである。

　この領域固有性という考え方は、科学的実在論の視点によれば、心を領域普遍的（domain general）——あらゆる問題に同じ思考様式で対応する

——にみなす主流派の社会科学理論——ネオリアリズム、合理的選択理論、行動主義理論、構造主義理論など——の科学的な誤りを指摘するものである。序章で説明したように、進化心理学者はこうした誤謬を抱える従来の社会科学理論のことを標準社会科学モデル（Standard Social Science Model）と呼んで批判してきた*91。たとえば政治学者のウィリアム・ロング（William J. Long）とピーター・ブルケ（Peter Brecke）は、領域普遍性を前提とした合理的選択理論を批判して、それに対するアンチテーゼとして、領域固有性を前提とした感情（emotion）に基づく、和解（reconciliation）をめぐる進化政治学に基づいた国際政治理論を構築している*92。つまるところ、社会科学の既存の前提に反して、心が領域普遍的でなく領域固有的であることを明らかにしたことが、進化学の社会科学への重要な貢献の一つなのである。

　しかし、なぜ我々は心が領域固有的であると推論できるのだろうか。換言すれば、いかにして領域固有性という考え方は経験的に裏付けられるのだろうか*93。以下、トゥービーとコスミデスの社会契約仮説（social contract hypothesis）を例に挙げて、この点を説明していきたい*94。ここで説明する社会契約仮説は、「ウェイソンの４枚カードの問題（Wason's four-card selection task)*95」を素材として、社会契約の領域に固有の裏切り者検知の心理メカニズムを明らかにしたものである。

　ウェイソンの４枚カード問題とは以下のようなものである。４枚のカードには片面にアルファベット、反対の面に数字が記されている。今、テーブルの上にそれら４枚のカードが置かれており、表には E ,K, 7, 4 と記されている。このとき「カードの片面に母音（A, I, U, E, O）が書かれていれば、反対側には奇数が書かれている」という規則が守られているかを調べるために、裏返すカードを選びなさいという論理課題——以下、これを抽象型課題と記す——が与えられる。こうした抽象型課題に対して、多くの被験者は E と 7 を裏返すことを選択する。しかし、これはウェイソンの４枚カード問題における典型的な誤答である。実際には正解は E と 4 である。

　なぜこうした誤答が生まれるのだろうか。まず規則は「母音ならば奇

数」であるため、母音である E の裏に奇数があるかどうかを調べる必要
がある。それゆえ E を裏返している点で被験者は正解している。しかし
7 を裏返すのは誤りである。この規則は奇数の裏が母音とは言っていない
ため、7 を裏返しても規則が守られているか否かを確かめられないからで
ある。つまりこの抽象型課題の盲点は、「母音の裏は奇数」という規則が
必ずしも「奇数の裏が母音」であることを意味しない、という点にあった
のである。ではなぜ 4 が正解なのだろうか。それは偶数の裏に母音があ
ると、母音なら奇数であるという規則が守られなくなるため、4 の裏は確
かめる必要があるからである。以上が抽象型課題の解説となる。

　ところがこの抽象型課題は裏切り者（cheater）——社会契約のルールを
違反した者——を探すというシナリオ——すなわち社会契約課題＊96——
が加えられると正答率が上昇する＊97。たとえば四人の子供がいて、「食べ
た」「食べない」「お手伝いをした」「お手伝いをしていない」ということ
がわかっていれば、多くの人は自然とルール違反を発見するために悪いこ
とをした子供——この場合「食べた」子供と「お手伝いをしていない子
供」——を調べる。こうした直感に沿った解答が社会契約課題の正解であ
る。

　社会契約課題は規則が「P ならば Q」で、正解は P と not-Q という、
抽象型課題と同じ論理構造をしている。しかし論理構造が同じにもかかわ
らず、それがどのように認識されるのか——抽象型課題か社会契約型課題
か——に応じて正答率は変化する。こうした実験結果から、人間には社会
契約の領域に固有の裏切り者検知メカニズムが備わっている、という結論
が導きだされるのである。

　しかし、なぜ我々の心は、このような領域固有性を備えているのだろう
か。あるいは、人間の心理メカニズムは本当にこうした形で、様々なコン
テクストに応じてインプットとアウトプットを行うような情報処理メカニ
ズムの形をとっているのであろうか。こうした問いは実在論視点から科学
が発展をしていくうえで有益なものだろう。実際、人間の心理メカニズム
が本当に領域固有な形で形成されているのか、あるいは仮に領域固有な形
から形成されているとしても、その固有性はどの程度のものなのか、とい

ったテーマについては、これまで数多くの理論的論争がくりひろげられてきた。

　たとえば、領域普遍性を擁護する立場からは、脳における領域固有の数々の高度に発達した適応に加えて、自然淘汰はまた、新奇な環境的課題に対処するためのある種の領域普遍的なメカニズムに有利に働いたとのではないか、という議論も想定できる。たとえば合理的選択理論やミクロ経済学が想定するような、自然淘汰は領域にかかわらず、常に個体の自己利益を極大化するという適応に有利に働いたのではないか、といった議論がこの典型である。

　しかし、こうした議論はしばしば我々に、適応主義という観点から人間の生物学的な設計を考えるときの本質的なポイントを見逃させる。それは、人間の様々な適応的形質が生まれるうえで、もっとも究極的な誘因・制約は淘汰圧だということである。そうだとすれば、我々は以下の点を研究のスタートポイントとして、議論を進めていく必要があるということになる。すなわち、それは、「任意の適応的な心理メカニズムは、特定の適応課題への効果的な解決法になっているのか否か」、というものである。そしてここで想起すべきことは、つまるところ、人間が進化的適応環境において直面してきた適応課題とは、そもそも領域固有的な、さまざまコンテクストからなるものだということである。具体的には、配偶者選択、同盟検知、裏切り者検知、利害紛争といった状況は、各々領域固有の構造からなるコンテクストである。

　この際、研究者は淘汰圧と適応の間の因果的な関係性に焦点を当てて分析をする必要がある。そして科学的実在論の視点からこのような適応主義的な態度に立つとき、我々人間の心理メカニズムは領域固有的だと想定せざるを得ないだろう＊98。あらゆるタイプの課題に対処する上で普遍的に有益な適応が存在するということは想像しがたく、こうした理由からも人間の生得的な心理学的適応が領域固有であると推定することには、実在論的な意味での妥当性が見いだせよう。つまるところ、我々の心の設計上の基本的な原則は、同じ道具は滅多に二つの独自の課題を等価な効率性で解決しないということにあるのである。

　この領域固有性という考え方は、たとえば心的適応の一つ、感情についても当てはまる。我々は一言に感情と述べるが、そのなかには、怒り、恐怖、悲しみ、喜び、嫉妬、罪悪感、羞恥心、驚き、畏怖など、様々なものがある。これらの中でも怒り、恐れ、楽しみ、悲しみ、嫌悪は基本感情（basic emotion）と呼ばれる、特に重要な感情である。いずれにしても、これらすべての感情に共通する適応的な機能は、人間に任意の行動を促すシグナルとして働くことである。すなわち感情とは、個体の適応度を高めるように作用する心理メカニズムなのである＊99。

　領域固有性を考えるうえで、この各々の感情がもつ個別的な適応的な機能はその一つの重要な例になろう。たとえば、怒りは利害紛争において、怒っている個体に有利な形で紛争を解決するように設計された感情である＊100。すなわち、敵が自らに不当な扱いをしていると認識すると、個体の脳では怒りの感情が生まれて、その怒りの感情は、当該アクターに敵に攻撃や抑止的な行動をとるように仕向けさせるというわけである。

　怒りという現代では非合理的とみなされる感情も、実は進化的適応環境（environment of evolutionary adaptedness）には個人や集団が紛争で勝利して、生存と繁殖の可能性を極大化するうえで有益な装置だったということが、近年、進化Ｏ..学の進展によりわかってきた＊101。多くの感情がそうであるように、怒りは人間が意図的に引きおこすようなものではなく、特定のコンテクスト（敵が自らを搾取しようとしている、それにより、自らの生存と繁殖が脅威にさらされる）で無意識のうちに自動的に生起するものである。

　もちろん、こうして同一現象を異なる心理メカニズムから解釈できるということは、ファイアーベント的な何でもあり（anything goes）」の方法論的アナーキズムや＊102、ラカトシュの退行的なリサーチプログラム（degenerative research program）に陥るということを意味するわけではない＊103。すなわち、「進化論的視点から同一現象を異なる心理メカニズムから解釈すること」は、理論家のアドホックかつ恣意的な悪行を意味するわけではない。感情にかぎらず、様々な人間本性全般——裏切り者検知メカニズム、同盟検知メカニズム、配偶者選好メカニズム、攻撃システム、

その他——について言えることだが、人間の脳にはさまざまな心理メカニズムが領域固有な形で併存している。そして、それらはしばしば相互に関連しつつも、狩猟採集時代における異なる適応課題に対処するために形成された別個の適応的な形質なのである。

第3節　進化的適応環境

（1）淘汰圧の束
　我々の心のしくみが狩猟採集時代における適応課題に対処するために、領域固有の形で形成された適応的メカニズムなのだとしたら、進化政治学が生産的に発展していくためには、適応課題をアプリオリに特定するうえで妥当な経験的な証拠を見つけだし、そこから演繹的に、それら課題を解決するために有益だったと推定される心理メカニズムについての、具体的な情報処理構造を推測することが必要になる。
　そして、このような心理メカニズムの性質を考える際、当然のことながら、我々人間が長期間おかれて、その環境に適応するようになった生活様式や環境を特定する必要がある。そこで踏まえなければならないことは、現在の我々の心のしくみの多くは、農耕以前の狩猟採集時代に長い間続いていた生活様式や環境に適応したものだということである。こうした人間の心理学的適応が形成された時・環境のことを進化的適応環境という。抽象的にいえば、進化的適応環境とは、特定の適応的な心理メカニズムが進化した環境において、人間が直面した環境における規則性の統計的合成物（statistical composite）を指す*104。
　記述的にいえば、進化的適応環境とは具体的なある場所、ある時代というより、ヒトの進化史において重要な解くべき課題であり続けた条件の集合のようなものをふくむ*105。すなわちそれは「血縁者も非血縁者も含む比較的小規模な集団で緊密な共同作業を行うことによって、狩猟採集で生業をまかなっていく環境」であり、「その中で起こるさまざまな葛藤こそが、ヒトの解くべき課題であった」のである*106。つまるところ、進化的適応環境とは、我々の祖先に課された生存課題を解決すべく、自然淘汰に

より人間の心理メカニズムが形成された時期の環境のことを指すのである。

　この進化的適応環境という概念が政治学にもたらすインプリケーションは重大である。従来、政治学では「長くても数十年単位の政治現象のデータあるいは観察に基づく仮説」が扱われてきた。しかし進化政治学ではこれに加えて、「狩猟採集時代（進化的適応環境：筆者注）の行動形態とそれらの仮説の整合性についても検証しなければならない」＊107。なぜなら「進化の速度は環境の変化に比べて非常に遅く」、「最後の氷河期（進化的適応環境：筆者注）が終わった約 1 万年前の遺伝子と現在の遺伝子とはほぼ同じである」ため、「狩猟採集時代に最適になるように進化してきたヒトの遺伝子が、18世紀の産業革命以降急激に且つ高度に工業化された経済や社会・政治システムとの間に，適応齟齬（mismatch）をきたしている可能性がある」からである＊108。

　アフリカのサバンナでライオンから逃げる中で進化した人間の脳は根本的に、量子力学や一般相対性理論といった新奇なスケールや性質の問題を理解するのに適していない＊109。我々は都会で遭遇する可能性が高い自動車を恐れないにもかかわらず、その可能性が低いはずのヘビに対する恐怖症になりがちである。進化的適応環境では常に飢餓の危険があったため、可能なときにできるだけ多くのカロリーを摂取するのが合理的だったが、こうした行動は安価なジャンクフードがあふれている現代世界では肥満や糖尿病を生みだしてしまう＊110。つまるところ、このような非合理的な現象は、進化的適応環境に適応するために進化した脳が、適応齟齬を起こしていることの証左なのである＊111。

　進化的適応環境において我々の祖先は狩猟採集生活を営んでいた。その具体的な時期は約200万年前から1万年前であり、その多くは地質学的な区分でいえば、更新世にあたる。すなわち、ヒト属の約200万年の進化の99パーセント以上の間、我々の祖先は狩猟採集生活という現代世界とは大きく異なる特異な生活様式を営んできたのであり、一万年前になりようやく人類は農業と牧畜に移行していった。いうまでもなく、進化論的視点からいえば、この後者の変化は実に最近の出来事であり、この変化は主に生物学的な変化を伴わない文化的進化である。こうした文化的進化が起こる以

前の進化的適応環境における集団生活が、ホモサピエンスという種の進化史の中で根源的特徴をなしてきたことは疑いようがない。すなわち数百万年ものあいだ、人間は集団生活を営みつつ生活して協力・競争してきたが、その多くは遊牧的な狩猟採集民としてであったのである。それではこの時期の祖先の生活様式や生態学的環境はいかなるものだったのであろうか。

　もちろん、現代の学者は物理的には過去にアクセスできないので、狩猟採集時代の様子を完全に正しく推定することはできない。しかしこのことは進化学についてのみいえることではなく、歴史学、地質学、考古学、文化人類学といった様々な過去の歴史を扱う学問全般に当てはまることである。それゆえ、こうした方法論的制約があるにせよ、進化的適応環境についての研究を続けることには重要な意味があろう。つまるところ、進化学者は、古生物学、考古学、地質学等、我々の祖先が生活を営んでいた生態学的環境に関する蓄積的知識に加えて、現代の狩猟採集社会でのフィールドワークや、霊長類学における他の霊長類との比較などを通じて、以下に説明する、進化的適応環境という更新世のサバンナにおける先祖の集団生活の特徴を推定してきたのである*112。

（2）ダンバー数

　まず、狩猟採集時代において、先祖の人間集団は約150人（25から200人）からなる小規模コミュニティの中で存在していた。1993年、英国の人類学者ロビン・ダンバー（R. I. M. Dunbar）は、霊長類の脳の大きさと、群れの大きさとの間に相関関係を見いだした。その研究を人間の脳の大きさに当てはめて計算した結果として、人間が円滑に安定して維持できる関係が150人程度であることを明らかにした。これを提唱者の名前をとってダンバー数（Dunbar's number）という*113。

　ダンバー数は、霊長類が親密なグループを築くとき、その規模が大脳皮質の大きさに関係するという仮説から導きだされている。150という値がよく用いられるが、実際にはバラつきがあり100から250の間であろうと考えられている。ダンバー数は、知人でありかつ社会的接触を保持できている人のことを指し、社会的交流が消滅した知人はその数に含まれない。

　ダンバーによれば、人間関係にも階層があるという。すなわち、第0階層：3〜5人（危険な時に駆けつける、お金の相談をする、助けを乞う、秘密を打ち明けられる、とても親密な友達）、第1階層：12〜15人（月に1回程度会うような親密な友達。「シンパシーグループ」と呼ばれる）、第2階層：45〜50人（距離のある友達）、第3階層：150人（友達の限界であるダンバー数）、に分けられるのである。

　この150人という規模の有名なものには、以下のものがある。狩猟採集社会での、村や、氏族（クラン）の人数、毎年クリスマス・カードを送る相手とその家族を合計した人数、アーミッシュの一つの共同体の構成員数、新石器時代における村の住民の数、さらに先ほども紹介したが、ビジネスで効率よく仕事ができる組織の人数、軍隊での中隊（最小の独立部隊）の人数である。また、学問の世界でも同じことが言えて、ある一分野の研究者の数も100人〜150人を超えると、そこから分岐した新しい学会が生まれるとダンバーは言っている。

　なぜこの150人という制約が生まれたのかということの理由として、ダンバーは二つの点を指摘している。一つ目は単純な認知の問題である。自分の周囲にいる人（個体）を、どこまで気にしていられるかということには、人間の知性や記憶力に限界がある以上、当然、限界があるだろうという推定である。二つ目はコストの問題である。コストと言っても、それは金銭的な問題というよりは、そのために割ける時間や労力のことを意味する。人間が有意義な社会関係を維持・発展させるために投資する時間には、限界がある。人付き合いはたしかに大事だが、友人を増やせば増やすほど、付き合いのために使う時間や労力、また金銭も必要になる。一日は２４時間しかないのだから関係を維持できる数にも限りがあるだろうということである。

（3）リーダーとリバース・ドミナンス

　それではこうした150人ほどの部族からなる狩猟採集民は、どのような権力構造で成立していたのだろうか。そこで、まずいえることは、狩猟採集民の部族は、特別に高い地位を占める指導者によって率いられていたと

いうことである＊114。集団を率いる野心的かつ肉体的に強靭な男性は、さまざまな特権を持ったり、戦争などの集合行為問題に着手する権限を有していたりしており、こうした社会的地位の高さは包括適応度の高さや幸福度と連関していた＊115。フィリス・リー（Phyllis C. Lee）が指摘するように、「社会的地位や支配が、アクセス競争の優先順位における成功と連関するとき、地位を極大化する行動的メカニズムが繁殖上の成功の決定因子になりうる」のである＊116。

　ところが、こうした強力な指導者の特権的な地位の存在にもかかわらず、狩猟採集時代における部族内部の権力は相対的に分散的であり、制約条件下における平等主義が存在していた＊117。政治学でいうところのいわゆる民主主義の萌芽が、既に進化的適応環境における狩猟採集民の集団生活においてみられるというわけである。

　すなわち、進化人類学者クリストファー・ボーム（Christopher Boehm）が論じているように、狩猟採集民族の社会では独裁的な暴君は憎まれて悪口を言われ、最終的には下位のメンバーから転覆されるような仕組みになっていた。そこでは、ゴシップ、心の発見、意図の共有、投擲武器の使用、規範意識の形成といった適応を人間は進化させており、リバース・ドミナンス（reverse dominance）を実行することができるようになった＊118。逆にいえば、これらの要素が揃っていなかった他の動物の群れ社会では、人類社会の特徴的な構造であるリバース・ドミナンスは起こらなかった。

　進化的適応環境において、人間はこれまで、性と資源を独占する者を集団制裁により追放・処刑してきた＊119。これは弱者であるはずのマジョリティに、強者が脅かされるというきわめて奇妙な淘汰圧が人類史上、出現していたことを意味する。しかし、われわれ人類はそれを進化的に可能にした動物であり、これは進化史における重大なターニングポイントであった。

　リバース・ドミナンスの存在が意味するところをわかりやすく表現すれば、「自分が強者である」と主張するよりも、「自分が弱者である」と訴える方が、狩猟採集時代における部族社会では適応的だったということである。これは現代進化学における最大の発見の一つであろう。つまり、対人

関係において有利になるための一つの方途は、「自分が被害者である」というところからマウントポジションをとるところにあるということであり、現代社会における様々な非合理的な現象——キャンセル・カルチャー、ポリティカル・コレクトネス等——の淵源の一つも、このリバース・ドミナンスの心理に見いだせよう。

　リバース・ドミナンスはモラライゼーション・ギャップ（moralization gap）の問題と深く関連している。世界的に著名なオーストラリアのクイーンズランド大学の心理学者ロイ・バウマイスター（Roy F. Baumeister）らが論じているように、人間はしばしば自らが「犠牲者」であると思いこむようなバイアス、すなわち、モラライゼーション・ギャップに陥る＊120。したがって、誰もが自らを「犠牲者」だと思うと、無限に報復が正当化されるので、世界は破滅的な帰結に陥ることになる。もちろん、幸いにも、実際に世界が壊滅するような事態には至っていないのだが、少なくても今、世界で起きている多くの紛争の根源には、この「犠牲者バイアス」とでも呼べるような心のしくみがあることは指摘に値しよう。このようなバイアスの問題を、バウマイスターはモラライゼーション・ギャップと呼んでいるのである。

　何が道徳的かをめぐっては個々人で主観的に異なり、そこにギャップがあるということであり、こうした「被害者バイアス」とでも呼べるバイアスのため、憤りに駆られた報復の連鎖が頻発する。よくよく考えたらこのことは当たり前で、「加害者」と「被害者」の区別は実に主観的である。実際、太平洋戦争時、日本はアジア諸国からしたら「加害者」にみえたかもしれないが、日本の指導者たちは自分たちが英米列強からいじめられている「被害者」だと認識していた。結局のところ、どこから「加害」と「被害」を考えるのかによって、誰が正しくて、誰が間違っているのか、の定義は変わってくる。

　たとえば、マルキスト運動、日本とアジア諸国との歴史問題、フェミニスト的論争、BLM 運動、こうした社会政治運動の背後にはみなモラライゼーション・ギャップや自己奉仕バイアス（self-serving bias）＊121（自己に都合の良い形で物事を考えるバイアス）といった認知バイアスが働いている

可能性が高い。そのために、これらの問題は根本的な解決が非常に難しいのである。このことはプロペクト理論において、損失と獲得の領域の境界線となる現状、すなわち参照点を推定することが困難であることとも関連する。多くの人間は現状がいかなるものなのかについて、自らに都合の良い主観的な認識を持っており、それが故に交渉は双方が、自らが不当な譲歩を強いられていると考えてしまうため、しばしば難航する。

　このモラライゼーション・ギャップの問題は、リバース・ドミナンスと関連しているが——ある意味において、リバース・ドミナンスを企てる非統治者の心理を描写している——、いずれにせよ重要なことは、人間には自らが被害者だと思いこんだり、被害者には加害者を罰する権利があると考えてしまったりするような、人間本性が備わっており、被害を受けたと思う人間が「訴え」を叫べば、人類は一致団結して「横暴な権力者」を倒そうとするように進化しているということである。これがリバース・ドミナンスのエッセンスであり、ジョン・ロックをはじめとする西洋政治思想における抵抗権思想とも潜在的には接合されうるものである。

　これまで50以上の狩猟採集民や遊牧民の集団を対象に、どのような行動が制裁の対象になるかを調査してきたボームによれば、進化的適応環境における部族における政治には以下の傾向が見られるという*122。第一は、人を怯えさせた者に対する制裁である。単なる喧嘩で相手を傷つけても、集団のメンバーはさほど怒らないが、喧嘩好きで、常に威圧的な態度をとる人間が誰かを傷つけたら、それは制裁の対象になる可能性が高い。第二は裏切り者に対する制裁である。狩猟採集民は獲得した獲物や食料を公平に分配するが、肉を分け合った後、それらを盗もうとしたり、誰かを脅してそれを強奪したりする者は必ず制裁の対象になる。狩りのスキルが圧倒的に高く、獲物を捕るのに欠かせないアクターであったとしても、裏切り行為をすれば許されない。たとえば、獲物を仕留めたあと、藪に隠しておいて、後で密かに食べるような行為が見つかれば、処罰を受けるということである。

　それではボームが論じるように、横暴な支配者がリバース・ドミナンスにより置き換えられるような世界なのであれば、優しく無私無欲の人間が、

自然淘汰の冷酷な世界のなかで勝ち残ってきたというのだろうか。もしそうであれば、マキャベリが描くような権謀術数に従事する政治的指導者は存在しないことになり、「君主は愛されるよりも、恐れられる方が良い」というマキャベリの格言も意味をなさないことになろう＊123。

　しかし、ホッブズが『リヴァイアサン』で論じているように、自然状態における世界は「いやしく、残忍で、つかの間」の「万人の万人にたいする闘争」であり＊124、多くの進化政治学者が論じるように、こうした進化的適応環境は強者が弱者からすべてを奪い取るゼロサムな世界なのであれば＊125、包括適応度（inclusive　fitness）にポジティブな効果をもつ血縁者への利他行動は別にしても、非血縁者にたいする純粋な利他主義というのは進化しえないことになる。すなわち、君主論において「君主は愛されるより恐れられる方が良い」と述べたマキャベリが、実は『ディスコルシ』において示唆しているように、真の意味でリアリスト的な政治的指導者は単に相手を恐れさせるような横暴な指導者でなく、むしろ、国民の愛国心を駆りたてて尊敬されることで、権力（マキャベリはそれを stato と呼んだ）の獲得・維持・拡大をするものであったはずである＊126。つまり、権力政治の世界で勝ち抜くためには、自らに宿る利己心や支配欲を上手く隠して、自分が集団のために善なる行いをしていることを上手くアピールするスキルが重要になるのである。

（4）自己欺瞞

　それでは、人間はどのようにして、こうしたホッブズ的世界において利他的であるようにふるまいつつ、利己主義を追求できたのだろうか。それが自己欺瞞である。自分は自分勝手ではなく、国民のために全力で尽くしている、といった利他的な動機を周囲に信じ込ませるのが、上手い個体はレピュテーションを獲得できて、適応度を上げることができる。こうした状況のなかでサピエンスは自己欺瞞を進化させた、と進化生物学者ロバート・トリヴァース（Robert Trivers）は説いている。人間がもっとも得意としているのは、自らの利己性や欲望を自覚することなく、それを成功裏に実現することである。謙虚なようにふるまい、公共善のためであれば自ら

のコストをいとわないようなふりをしつつ、裏では着々と自己利益を追求し続ける、さらにはこうした欺瞞的な行為それ自体に自らが自覚的ではない、このような心理や行動が自己欺瞞の核心にあるのである。

　トリヴァースは、1970年代に自己欺瞞理論を最初に提唱し＊127、その後それは楽観性バイアス（optimism　bias）＊128、過信（overconfidence）＊129、自己否定（self-denial）＊130、誤った楽観主義（false　optimism）＊131、肯定的幻想（positive　illusion）＊132といった関連する重要な進化学的知見を生みだした。用語の多様性にもかかわらず、これらの基盤にある自己欺瞞の論理は比較的単純である。すなわちそれは、「人がもし自分が真実を語っていると信じるように自分を欺くことができれば、他人を説得するのに非常に効果的だ」ということである。換言すれば、他者を上手く騙したいなら、自分自身が自らの発言を本当に信じており、自己の力を過信している方が良いのである。ドナルド・トランプ元大統領は「アプレンティス」の中でこの論理を明確に示唆している。高価な芸術品を売るよう部下を促すなかで、彼は「あなたがそれを信じなければ、本当に自分で信じなければ、それは決して上手くいかないだろう」と述べているのだ＊133。そして、自己欺瞞論のパイオニア、トリヴァースはそのエッセンスを以下のように説明している。

　　私が遭遇する多くの主体に対してロジックの一般的体系は実に完璧に作用したが、一つの問題が生じた。我々の精神生活の中核には驚くべき矛盾（striking contradiction）があるように思われる。すなわち、我々の脳は情報を求めておきながら、それを破壊するようにふるまうのである。人間の感覚器官は素晴らしく詳細かつ正確に外的世界を理解できるように進化してきた…それは、まさに外的世界について正しい情報を得た方がうまく生き延びられる場合に起こるべき進化である。しかしその正しい情報は脳に到達した途端、しばしば歪められてバイアスした形で意識に伝えられる。我々は真実を否定するのだ。自分を正しく表している事実を他者に当社して、挙句の果てには攻撃までする。つらい記憶を抑圧し、全く事実と異なる記憶を作りあげて、道徳

に反する行動に理屈をつけ、自己評価が上がるような行動を繰り返し、一連の自己防衛機制（ego-defense mechanism）を示すのだ＊134。

　自己欺瞞は程度の差こそあれあらゆる人間が備えるものだが、自然界にはそれが特に強く表出されるタイプの個体が存在する。それがナポレオンやトランプをはじめとする人口の約1％に見られる、ナルシスト的パーソナリティ障害（以下、省略してナルシスト、ナルシスト的パーソナリティと呼ぶ）をもつといわれるアクターである＊135。心理学的に「障害」とラベル付けされているにもかかわらず、進化論的にいえば、トランプをはじめとするナルシストの自己欺瞞は、自然淘汰によって形成された適応的なものである＊136。すなわち、それは狩猟採集時代に祖先の生存と繁殖の成功に寄与してきたもので、自己欺瞞のアドバンテージは現代でも一定程度健在である。つまるところ、残り99％の我々は、アドルフ・ヒトラー（Adolf Hitler）やトランプのような自己欺瞞を強力に備えた逸脱的な個体と滅多に遭遇しないため、自然淘汰はナルシストへ強く抵抗するような心理メカニズムに有利に働かなかったのである＊137。

（5）戦　争
　それでは、こうした自己欺瞞の特性を備えた好戦的な男性のリーダーにより率いられた部族間の関係はいかなるものだったのだろうか。それはいうまでもなく、恒常的な戦争状態であろう＊138。部族間の戦争は進化的に珍しいものではなく、人間とチンパンジーの間における最後の共通の祖先にまでさかのぼることができ、国内で女性がサポートするというシチュエーションは想定できるものの、それはもっぱら男性の領域のものであった＊139。暴力的な紛争は死因として珍しくなく、兵器による攻撃の外傷の結果は、前期完新世の共同墓地の発見により、中期旧石器時代にまでさかのぼることができる。たとえば、進化的適応環境における我々の祖先の暴力的な死の確率は、国内の殺人率の観点では暴力的な現代社会としばしばいわれるアメリカのそれをはるかに凌駕している＊140。
　もちろん、戦争にかかるリスクを鑑みれば、それは、数的優越性と奇襲

が達成できる際に遂行される、ヒット・アンド・ランの形態をとることが多かった＊141。この攻撃戦略はチンパンジーと現代の狩猟採集民の間で広く普及しているものである。とりわけ、奇襲は相手の不意を突くもので、多くの場合、それは夜間に相手の部族が眠っているときに実施された。奇襲を受けて部族の野営地は包囲されて、襲撃を予測していない眠っている敵の住民は無差別に虐殺された。こうした戦争はリスキーなものだが、それは戦争に従事した男性たちの社会的地位の向上に寄与し、彼らに繁殖可能性の増大というメリットをもたらした。実際、現代の狩猟採集社会の多くにおいて、男の暴力的闘争における成功と子孫の数の間には直接的な連関があり、進化論的モデルは、これが戦争の最初に進化した理由であることを示唆している＊142。

　進化的適応環境においては、繁殖上の利益や n-person　協調といった、戦争が進化する上で淘汰圧にかかる一式の条件がそろっていたので、戦争は進化することができた。すなわち、戦争をすることは一定条件下において、人間にとって適応的だったので、我々は戦争をする人間本性を備えるに至ったのである＊143。このことを第４章では戦争適応仮説として提示する。したがって、この意味において戦争原因を第一イメージに人間本性から第三イメージのアナーキーに移したネオリアリズムは妥当ではなく＊144、結局、人間本性が戦争を起こすと考えた古典的リアリズムは分析レベルの問題の点では、戦争原因を正しく捉えていたといえる。ところが、古典的リアリズムは人間本性が何であるのかを、実在論的な意味での科学的根拠を備えた形で明らかにできておらず、しばしば神学的・思想的な叙述に終始しがちであった＊145。進化政治学はこの研究上の空白を埋めるものである。

註
＊1　森川友義「進化政治学とは何か」『年報政治学』第59号第2巻（2008年）218頁。
＊2　同上、219頁。
＊3　Anthony C. Lopez and Rose McDermott, "Adaptation, Heritability, and the Emergence of Evolutionary Political Science," *Political Psychology*, Vol. 33, No. 3 (June 2012), pp. 343-362; Anthony C. Lopez, Rose McDermott, and

Michael Bang Petersen, "States in Mind: Evolution, Coalitional Psychology, and International Politics," *International Security*, Vol. 36, No. 2 (Fall 2011), pp. 48-83; M. B. Petersen, "Evolutionary Political Psychology," in David Buss, ed., *The Handbook of Evolutionary Psychology, Volume 2: Integrations* (Hoboken, N.J.: John Wiley and Sons, 2015), chap 47.

＊4　スティーブン・ピンカー（椋田直子訳）『心の仕組み（下）』（筑摩書房、2013年）406〜407頁。日本では北村秀哉と大坪庸介が、社会心理学を進化心理学の観点から統合することを試みている。北村秀哉・大坪庸介『進化と感情から解き明かす社会心理学』（有斐閣、2012年）。

＊5　大坪庸介「“心”抜きの経済学は社会を幸せにできるのか——進化心理学の立場から」川越敏司編『経済学に脳と心は必要か？』（河出書房新社、2013年）137頁。

＊6　ロバート・クルツバン（高橋洋訳）『だれもが偽善者になる本当の理由』（柏書房、2014年）45〜46頁。なお進化心理学は「脳について語るが」、「精神活動は脳そのものではなく、脳がおこなうことであり、しかも、脂肪の代謝をしたり、熱を発散したりといった脳のおこなうさまざまな機能のうちの一つでしかないから」、進化心理学の議論の中には「ニューロンやホルモンや神経伝達物質はあまり登場しない」。スティーブン・ピンカー（椋田直子訳）『心の仕組み（上）』（筑摩書房、2013年）64頁。

＊7　John Tooby, Leda Cosmides, and Michael E. Price, "Cognitive Adaptations for n-Person Exchange: The Evolutionary Roots of Organizational Behavior," *Managerial and Decision Economics*, Vol. 27, No. 2-3 (March-May 2006), p. 2.

＊8　ピンカー『心の仕組み（上）』第1章。

＊9　クルツバン『だれもが偽善者になる本当の理由』44頁。国際政治学者のセイヤーも、心についてのピンカーの見方を支持している。Bradley A. Thayer, *Darwin and International Relations: On the Evolutionary Origins of War and Ethnic Conflict* (Lexington: University Press of Kentucky, 2004), p. 4.

＊10　ピンカー『心の仕組み（上）』58〜59頁。

＊11　チャールズ・ダーウィン『種の起源』全2冊、渡辺政隆訳、光文社、2009年。natural　selection は自然選択とも訳されることがあるが、北村秀哉・大坪庸介の議論に従い本稿はそれを自然淘汰と訳すこととする。北村秀哉・大坪庸介『進化と感情から解き明かす社会心理学』有斐閣、2012年、8〜9頁。

＊12　クルツバン『だれもが偽善者になる本当の理由』46頁。

＊13 平石界「進化心理学──理論と実証研究の紹介」『認知科学』第7号第4巻、2000年12月、342頁。

＊14 リチャード・ドーキンス（日高敏隆・岸由二・羽田節子・垂水雄二訳）『利己的な遺伝子』増補新装版（紀伊國屋書店、2006年）。

＊15 W. D. Hamilton, "The Genetical Evolution of Social Behavior. I," and W. D. Hamilton, "The Genetical Evolution of Social Behavior. II," both in *Journal of Theoretical Biology*, Vol. 7, No. 1 (July 1964), pp. 1-16 and 17-52, respectively.

＊16 エドワード・O・ウィルソン（山下篤子訳）『知の挑戦──科学的知性と文化的知性の統合』（角川書店、2002年）。コンシリエンスは日本語では「知の統合」と訳せる。

＊17 クルツバン『だれもが偽善者になる本当の理由』46頁。

＊18 マクデーモットらは進化政治学を「政治現象の理解に向けた、進化心理学的な原則の適用」と狭義に定義している。Lopez and McDermott, "Adaptation, Heritability, and the Emergence of Evolutionary Political Science," p. 345. これに対して、筆者は進化心理学以外の進化論的知見も、進化心理学ほどではないにせよ、進化政治学にインプリケーションがあると考えているため、マクデーモットらの定義を拡大したそれを採用している。たとえば長谷川らは進化生物学を基盤にして進化政治学を論じている。長谷川寿一・長谷川眞理子「政治の進化生物学的基礎──進化政治学の可能性」『リヴァイアサン』第44号（2009年4月）71〜91頁。セイヤーは社会生物学（進化心理学の前身とされる学問）を基盤にして進化政治学を論じている。Bradley A. Thayer, "Bringing in Darwin: Evolutionary Theory, Realism, and International Politics," *International Security*, Vol. 25, No. 2 (Fall 2000), pp. 124-151.

＊19 進化心理学を体系的に再考した重要な論文集は、Jerome H. Barkow, Leda Cosmides, and John Tooby, eds., *The Adapted Mind: Evolutionary Psychology and the Generation of Culture* (New York: Oxford University Press, 1992); David Buss, ed., *The Handbook of Evolutionary Psychology, Volume 1: Foundation* (Hoboken, N.J.: John Wiley and Sons, 2015); Buss, ed., *The Handbook of Evolutionary Psychology, Volume 2*; 王暁田・蘇彦蘇捷（平石界・長谷川寿一・的場知之監訳）『進化心理学を学びたいあなたへ──パイオニアからのメッセージ』（東京大学出版会、2018年）を参照。進化心理学は現在、心理学におけるパラダイムシフト（科学革命）を起こしている。進化心

理学のパイオニアの一人バスは、「優れた研究が心理学の（社会、人格、臨床、発達などの）各分野で蓄積されていくにつれて、進化心理学は最も有用で強力なメタ理論となることを、心理学界は最終的に理解することになるでしょう。そして、すべての心理学者が進化心理学者となる日が訪れ、『非・進化心理学』などというものはなくなっていくでしょう」と論じている。デイヴィッド・バス「進化心理学という科学革命に参加して」王・蘇『進化心理学を学びたいあなたへ』14頁。序章で進化政治学を紹介したように、現在こうした進化論的なパラダイムシフトが政治学でも起こっている。本書はそうした試みの一つである。

＊20 Thayer, "Bringing in Darwin";Thayer, *Darwin and International Relations*: こうした批判は、Duncan S. A. Bell, Paul K. MacDonald, and Bradley A. Thayer, "Start the Evolution without Us," *International Security*, Vol. 26, No. 1 (Summer 2001), pp. 188-192 を参照。

＊21 政治学者からのこうした批判については、Bell, MacDonald, and Thayer, "Start the Evolution without Us," p. 190 を参照。

＊22 D. D. P. Johnson, "Survival of the Disciplines: Is International Relations Fit for the New Millennium?" *Millennium*, Vol. 43, No. 2 (January 2015), pp. 760-761.

＊23 David Sloan Wilson, Edward O. Wilson, "Rethinking the Theoretical Foundation of Sociobiology," *The Quarterly Review of Biology*, Vol. 82, No. 4 (December 2007), pp. 327-348; E. Sober and D. S. Wilson. Unto Others, *The Evolution and Psychology of Unselfish Behavior* (Cambridge, Mass.: Harvard University Press, 1998); J.A. Fletcher and M. Zwick, "Strong altruism can evolve in randomly formed groups," *Journal of Theoretical Biology*, Vo. 228, No. 3 (2004), pp. 303-313; デイヴィッド・スローン・ウィルソン（中尾ゆかり訳）『みんなの進化論』（日本放送出版協会、2009年）；ジョナサン・ハイト（高橋洋訳）『社会はなぜ左と右にわかれるのか』（紀伊國屋書店、2014年）。

＊24 Wilson and Wilson, "Rethinking the Theoretical Foundation of Sociobiology."

＊25 平石「進化心理学」342頁。

＊26 このアナロジーの着想は北村と大坪に負っている。北村・大坪『進化と感情から解き明かす社会心理学』7〜8頁。

＊27 同上、8頁。

＊28 同上。

＊29 同上。

＊30 John Tooby and Leda Cosmides, "The Theoretical Foundation of Evolutionary Psychology," in David Buss, ed., *The Handbook of Evolutionary Psychology, Foundation*: Vol. 1 (John Wiley and Sons, 2015), pp. 24-25; Buss, *Evolutionary Psychology*, pp. 66-68.

＊31 D. Pietraszewski, L. Cosmides, and J. Tooby, "The Content of Our Cooperation, Not the Color of Our Skin: An Alliance Detection System Regulates Categorization by Coalition and Race, but Not Sex," *Plos One*, Vol. 9, No. 2 (February 2014), e88534.

＊32 Tooby and Cosmides, "The Theoretical Foundation of Evolutionary Psychology," pp. 24-25.

＊33 Buss, *Evolutionary Psychology*, pp. 66-68.

＊34 Niko Tinbergen, "On Aims and Methods of Ethology," *Animal Biology*, Vol. 55, No. 4 (December 2005), pp. 297-321

＊35 Tooby and Cosmides, "Adaptation for Reasoning About Social Exchange," chap. 25; Cosmides, Barrett, and Tooby, "Adaptive Specializations, Social Exchange, and the Evolution of Human Intelligence"; and Cosmides, "The Logic of Social-Exchange."

＊36 Robert Axelrod and William Donald Hamilton, "The Evolution of Cooperation," *Science*, Vol. 211, No. 4489 (March 1981), pp. 1390-1396; R. Boyd, "Is the Repeated Prisoners-Dilemma a Good Model of Reciprocal Altruism," *Ethology and Sociobiology*, Vol. 9, No. 2-4 (July 1988), pp. 211-*222; Robert L. Trivers,* "The Evolution of Reciprocal Altruism," *The Quarterly Review of Biology*, Vol. 46, No. 1 (March 1971), pp. 35-57.

＊37 しっぺ返し (tit for tat) とは、相手に協力してもらったお返しに自分も協力する、裏切られた相手に対しては裏切りでこたえる、といった戦略のことを指す。進化的に安定的な戦略は、「代替的な戦略より多大あるいは同等の適応上の帰結を生みだすため、人々の間で生じて存続する戦略」と定義される。これは実質的には、繰り返しゲームをするとき、アクターにとって不利な戦略が淘汰されていった結果、最終的に残った最適な戦略のことを指す。John Maynard Smith, *Evolution and the Theory of Games* (New York: Cambridge

University Press, 1982), cited in Tooby and Cosmides, "Adaptation for Reasoning About Social Exchange," p. 631.

＊38 Tooby and Cosmides, "Adaptation for Reasoning About Social Exchange," p. 632.

＊39 Ibid.

＊40 Buss, *Evolutionary Psychology*, pp. 54-59.

＊41 David Buss et al., "International Preferences in Selecting Mates: a Study of 37 Cultures," *Journal of cross-cultural psychology*, Vol. 21, No. 1 (March 1990), pp. 5-47; David Buss, "Sex differences in human mate preferences: Evolutionary hypotheses tested in 37 cultures," *Behavioral and Brain Sciences*, Vol. 12, No. 1 (March 1989), pp. 1-49.

＊42 Buss et al., "International Preferences in Selecting Mates," pp. 7-10.

＊43 Ibid., pp. 10-12.

＊44 Ibid., pp. 18, 19.

＊45 ここで述べる理論は、主に進化心理学に由来する原始的な進化政治学理論である。こうした自然科学寄りのプリミティブな進化政治学理論に基づいて、研究者は任意の社会政治現象に適した、よりニュアンスに富んだ社会科学的・政治学的な進化政治学理論——たとえば、進化論的視点に立つリアリスト理論やテロリズム理論——を構築できるのである。

＊46 こうした批判については、Bell, MacDonald, and Thayer, "Start the Evolution without Us," pp. 190, 192; Lopez, McDermott, and Petersen, "States in Mind," pp. 56-58 を参照。

＊47 Hamilton, "The Genetical Evolution of Social Behavior. I"; Hamilton, "The Genetical Evolution of Social Behavior. II."

＊48 Martin Daly and Margo Wilson, *Sex, Evolution, and Behavior*, 2d ed. (Boston: Willard Grant, 1983); Amotz Zahavi, "Mate Selection —— Selection for a Handicap," *Journal of Theoretical Biology*, Vol. 53, No. 1 (September 1975), pp. 205-214; Robert Trivers, "Parental Investment and Sexual Selection," in Bernard Campbell, ed., *Sexual Selection and the Descent of Man, 1871-1971* (Chicago: Aldine de Gruyter, 1972), pp. 136-207.

＊49 Trivers, "The Evolution of Reciprocal Altruism."

＊50 Buss, *Evolutionary Psychology*, pp. 38-40.

＊51 Ibid., p. 39.

*52 Ibid., pp. 39-41.

*53 Leda Cosmides and John Tooby, "From Evolution to Behavior: Evolutionary Psychology as the Missing Link," in John Dupre, ed., *The Latest on the Best: Essays on Evolution and Optimality* (Cambridge, Mass.: MIT Press, 1987), pp. 276-306; Barkow, Cosmides, and Tooby, eds., *The Adapted Mind*; Buss, ed., *The Handbook of Evolutionary Psychology*. See George C. Williams, *Adaptation and Natural Selection: A Critique of Some Current Evolutionary Thought* (Princeton, N.J.: Princeton University Press, 1966); Ernst Mayr, "How to Carry Out the Adaptationist Program?" *American Naturalist*, Vol. 121, No. 3 (March 1983), pp. 324-334.

*54 Lawrence H. Keeley, *War before Civilization: The Myth of the Peaceful Savage* (New York: Oxford University Press, 1996); Keith F. Otterbein, "The Origins of War," *Critical Review*, Vol. 11, No. 2 (Spring 1997), pp. 251-277; Azar Gat, "The Human Motivational Complex: Evolutionary Theory and the Causes of Hunter-Gatherer Fighting, Pt. 1: Primary Somatic and Reproductive Causes," *Anthropological Quarterly*, Vol. 73, No. 1 (January 2000), pp. 20-34; Steven A. LeBlanc and Katherine E. Register, *Constant Battles: The Myth of the Peaceful, Noble Savage* (New York: St. Martin's, 2003); John Tooby and Leda Cosmides, "The Evolution of War and Its Cognitive Foundations," *Technical Report*, No. 88, No. 1 (Santa Barbara: Institute for Evolutionary Studies, University of California, Santa Barbara, 1988); Richard W. Wrangham, "Is Military Incompetence Adaptive?" *Evolution and Human Behavior*, Vol. 20, No. 1 (January 1999), pp. 3-17; John D. Wagner, Mark V. Flinn, and Barry G. England, "Hormonal Response to Competition among Male Coalitions," *Evolution and Human Behavior*, Vol. 23, No. 6 (November 2002), pp. 437-442; D. D. P. Johnson et al., "Overconfidence in Wargames: Experimental Evidence on Expectations, Aggression, Gender and Testosterone," *Proceedings of the Royal Society of London B: Biological Sciences*, Vol. 273, No. 1600 (October 2006), pp. 2513-2520.

*55 Wilson and Wilson, "Rethinking the Theoretical Foundation of Sociobiology"; Sober and Wilson, *Unto Others, The Evolution and Psychology of Unselfish Behavior*; Fletcher and Zwick, "Strong Altruism

Can Evolve in Randomly Formed Groups"; Samuel Bowles, "Warriors, Levelers, and the Role of Conflict in Human Social Evolution," *Science*, Vol. 336, No. 6083 (May 2012), pp. 876-879; Samuel Bowles "Being Human: Conflict: Altruism's Midwife," *Nature*, Vol. 456, No. 7220 (November 2008), pp. 326-327 ; ウィルソン『みんなの進化論』; ハイト『社会はなぜ左と右にわかれるのか』; ジョシュア・グリーン『モラル・トライブズ──共存の道徳哲学へ』(岩波書店、2015年)。

＊56　A. Sell et al., "The Grammar of Anger: Mapping the Computational Architecture of a Recalibrational Emotion," *Cognition*, Vol. 168 (November 2017), pp. 110-128; A. Sell, J. Tooby, and L. Cosmides, "Formidability and the Logic of Human Anger," *Proceedings of the National Academy of Sciences of the United States of America*, Vol. 106, No. 35 (September 2009), pp. 15073-15078; A. Sell, Liana S. E. Hone, and Nicholas Pound, "The Importance of Physical Strength to Human Males," *Human Nature*, Vol. 23, No. 1 (March 2012), pp. 30-44; M. B. Petersen et al., "The Ancestral Logic of Politics: Upper-Body Strength Regulates Men's Assertion of Self-Interest over Economic Redistribution," *Psychological Science*, Vol. 24, No. 7 (May 2013), pp. 1098-1103; M. B. Petersen, A. Sell, J. Tooby, and L. Cosmides, "Evolutionary Psychology and Criminal Justice: A Recalibrational Theory of Punishment and Reconciliation," in Henrik Hogh-Olesen, ed., *Human Morality and sociality: Evolutionary and comparative perspectives* (Basingstoke: Palgrave Macmillan, 2010), chap. 5; and J. Tooby and L. Cosmides, "Groups in Mind: The Coalitional Roots of War and Morality," in Hogh-Olesen, ed., *Human Morality and sociality*, chap. 8.

＊57　Robert Trivers, *Deceit and Self-Deception: Fooling Yourself the Better to Fool Others* (London: Allen Lane, 2011) ; Robert Trivers, "The Elements of a Scientific Theory of Self-Deception," *Annals of the New York Academy of Sciences*, Vol. 907, No. 1 (April 2000), pp. 114-131; William von Hippel and Robert Trivers, "The evolution and psychology of self-deception," *Behavioral and brain sciences*, Vol. 34, No. 1 (February 2011), pp. 1-16; ロバート・クルツバン (高橋洋訳)『だれもが偽善者になる本当の理由』(柏書房、2014年)。

＊58　Tooby and Cosmides, "Adaptation for Reasoning About Social Exchange," chap. 25; Cosmides, Barrett, and Tooby, "Adaptive Specializations, Social

Exchange, and the Evolution of Human Intelligence"; and Cosmides, "The Logic of Social-Exchange."

*59 D. Pietraszewski, L. Cosmides, and J. Tooby, "The Content of Our Cooperation, Not the Color of Our Skin: An Alliance Detection System Regulates Categorization by Coalition and Race, but Not Sex," *Plos One*, Vol. 9, No. 2 (February 2014), e88534.

*60 Buss et al., "International Preferences in Selecting Mates"; Buss, "Sex differences in human mate preferences."

*61 Geoff A. Parker, "Assessment Strategy and Evolution of Fighting Behavior," *Journal of Theoretical Biology*, Vol. 47, No. 1 (September 1974), pp. 223-243; John Archer, *The Behavioural Biology of Aggression* (New York: Cambridge University Press, 1988).

*62 Aaron Sell, John Tooby, and Leda Cosmides, "Formidability and the Logic of Human Anger," *Proceedings of the National Academy of Sciences*, Vol. 106, No. 35 (September 2009), pp. 15073-15078.

*63 Valerie Sperling, "Putin's Macho Personality Cult," in Taras Kuzio, "Between Nationalism, Authoritarianism, and Fascism in Russia," special issue, *Communist and Post-Communist Studies*, Vol. 49, No. 1 (March 2016), pp. 13-23. See also, Paul Goble, "Russian National Identity and the Ukrainian Crisis," in Taras Kuzio, "Between Nationalism, Authoritarianism, and Fascism in Russia," special issue, *Communist and Post-Communist Studies*, Vol. 49, No. 1 (March 2016), pp. 37-41.

*64 J. Tooby and L. Cosmides, "Evolutionary Psychology, Ecological Rationality, and the Unification of the Behavioral Sciences," *Behavioral and Brain Sciences*, Vol. 30, No. 1 (February 2007), pp. 42-43; J. Tooby and L. Cosmides, "Better Than Rational: Evolutionary Psychology and the Invisible Hand," *American Economic Review*, Vol. 84, No. 2 (May 1994), pp. 327-332.

*65 Lopez, McDermott, and Petersen, "States in Mind," p. 83; Tooby, Cosmides, and Price, "Cognitive Adaptations for N-Person Exchange," pp. 2-3, especially p. 2; Tooby and Cosmides, "Evolutionary Psychology, Ecological Rationality, and the Unification of the Behavioral Sciences"; Tooby and Cosmides, "Better Than Rational."

*66 森川「進化政治学とは何か」221頁。

＊67 こうした点については、リチャード・ドーキンス（垂水雄二訳）『神は妄想
である──宗教との決別』（早川書房、2007年）特に第10章を参照。

＊68 たとえば、進化政治学者ドミニク・ジョンソンは、『戦略的本能（strategic
instincts)』のなかで、進化論的なバイアスが持つ適応上のアドバンテージを記
述的な豊かさを備えた形で多角的に論じている。Dominic D. P. Johnson,
*Strategic Instincts: The Adaptive Advantages of Cognitive Biases in
International Politics* (Princeton, NJ: Princeton University Press, 2020).

＊69 Randall L. Schweller, "Tripolarity and the Second World War,"
International Studies Quarterly, Vol. 37, No. 1 (March 1993), p. 73-103;
Randall L. Schweller, *Deadly Imbalances: Tripolarity and Hitler's Strategy
of World Conquest* (New York: Columbia University Press, 1998).

＊70 Bradley A. Thayer, "Bringing in Darwin: Evolutionary Theory, Realism,
and International Politics," *International Security*, Vol. 25, No. 2 (Fall 2000),
pp. 124-151; Bradley A. Thayer, *Darwin and International Relations: On
the Evolutionary Origins of War and Ethnic Conflict* (Lexington: University
Press of Kentucky, 2004); D. D. P. Johnson and Bradley A. Thayer,
"Crucible of Anarchy: Human Nature and the Origins of Offensive Realism,"
paper presented at the 2013 annual convention of the International Studies
Association, San Francisco, CA, cited in D. D. P. Johnson, "Survival of the
Disciplines: Is International Relations Fit for the New Millennium?"
Millennium, Vol. 43, No. 2 (January 2015), p. 758; D. D. P. Johnson and
Bradley A. Thayer, "The Evolution of Offensive Realism," *Politics and the l
ife sciences*, Vol. 35, No. 1 (Spring 2016), pp. 1-26.

＊71 同じことは松岡洋右の四国協商構想から日ソ中立条約締結にいたるレアルポ
リティークの問題にも当てはまる。当初は松岡の自信に裏付けられた、三極構
造を反映した合理的政策であった四国協商構想は、独ソ戦の蓋然性増大につれ
て非合理的なものに変化していった。行き過ぎた自信、すなわち過信は政策の
失敗を招くというわけである。

＊72 Steve Stewart-Williams, *The Ape that Understood the Universe: How
the Mind and Culture Evolve* (New York: Cambridge University Press,
2019), pp. 42-43.

＊73 Stephen J. Gould, and Richard C. Lewontin, "The Spandrels of San
Marco and the Panglossian Paradigm: A Critique of the Adaptationist

Programme," *Proceedings of the Royal Society of London Series B-Biological Sciences*, Vol. 205, No. 1161 (1979), pp. 581-598; See also, P. Godfrey-Smith and Wilkins, J. F. Wilkins "Adaptationism," in S. Sarkar & A. Plutynski, eds., *A Companion to the Philosophy of Biology* (Oxford: Blackwell, 2008), pp. 186-202.

＊74 James R. Liddle and Todd K. Shackelford, eds., *The Oxford Handbook of Evolutionary Psychology and Religion* (New York: Oxford University Press, 2021). See also, ジョセフ・ヘンリック（今西康子訳）『文化がヒトを進化させた―人類の繁栄と〈文化-遺伝子革命〉』（白揚社、2019年）。

＊75 ドーキンス『利己的な遺伝子』；ドーキンス『神は妄想である』；リチャード・ドーキンス（大田直子訳）『さらば、神よ――科学こそが道を作る』（早川書房、2020年）；リチャード・ドーキンス（大田直子訳）『魂に息づく科学――ドーキンスの反ポピュリズム宣言』（早川書房、2018年）；スーザン・ブラックモア（垂水雄二訳）『ミーム・マシーンとしての私』全2巻（草思社2000年）；ロバート・アンジェ/ダニエル・デネット（佐倉統・巌谷薫・鈴木崇史・坪井りん訳）『ダーウィン文化論―科学としてのミーム』（産業図書、2004年）；ダニエル・C・デネット（山口泰司）『解明される意識』（青土社、1997年）；Sam Harris, *The Moral Landscape: How Science Can Determine Human Values* (New York: Simon and Schuster, 2011); Michael Shermer, *The Moral Arc: How Science Makes Us Better People* (New York: St. Martin's Griffin, 2016); Michael Shermer, *Giving the Devil his Due: Reflections of a Scientific Humanist* (Cambridge: Cambridge University Press, 2020).

＊76 ドーキンス『神は妄想である』；ドーキンス『さらば、神よ』；デネット『解明される宗教』；Harris, *The Moral Landscape*.

＊77 ただし、進化学者スティーヴ・スチュワート・ウィリアムズが論じているように、ミームはウィルスというよりも、バクテリアのアナロジーの方がより適切である可能性もある。すなわち、バクテリアがそうであるように、それは人というホストにとって有害なものもあれば、有益なものもある。つまるところ、ミーム論は形而上学ではなく実証科学なのである。Stewart-Williams, *The Ape that Understood the Universe*, p. 302.

＊78 Leda Cosmides and John Tooby, "Origins of Domain Specificity: The Evolution of Functional Organization," in Lawrence A. Hirshfeld and Susan A. Gelman, eds., *Mapping the Mind: Domain Specificity in Cognition and*

Culture (New York: Cambridge University Press, 1994), pp. 85-116; Tooby and Cosmides, "The Theoretical Foundation of Evolutionary Psychology," p. 16.

＊79　Parker, "Assessment Strategy and Evolution of Fighting Behavior" Archer, *The Behavioural Biology of Aggression.*

＊80　Aaron Sell, Leda Cosmides, John Tooby, Daniel Sznycer, Christopher von Rueden, and Michael Gurven, "Human Adaptations for the Visual Assessment of Strength and Fighting Ability from the Body and Face," *Proceedings of the Royal Society B*, Vol. 276, pp. 575-584; Aaron Sell, Gregory A. Bryant, Leda Cosmides, John Tooby, Daniel Sznycer, Christopher von Reuden, Andre Krauss, and Michael Gurven, "Adaptations in Humans for Assessing Physical Strength from the Voice," *Proceedings of the Royal Society B*, Vol. 277, pp. 3509-3518.

＊81　Richard Wrangham and Dale Peterson, *Demonic Males: Apes and the Origins of Human Violence* (Boston: Houghton Mifoin, 1996); Richard W. Wrangham, "Evolution of Coalitionary Killing," *Yearbook of Physical Anthropology*, Vol. 42 (1999), pp. 1-30.

＊82　Wrangham, "Evolution of Coalitionary Killing."

＊83　なお、このときのインプットには、当該心理メカニズムあるいは他の心理メカニズムのアウトプット（怒り、テストステロン、その他）といった個体内部の情報も含まれている。こうした意味において、これらインプットとアウトプットの間には、ある種のフィードバック構造が成立していると考えられる。

＊84　ドーキンス『利己的な遺伝子』

＊85　Richard Dawkins, "Good Strategy or Evolutionarily Stable Strategy?" in George W. Barlow and James Silverberg, eds., *Sociobiology: Beyond Nature/ Nurture?* (Boulder, CO: Westview Press, 1980), pp. 331-367.

＊86　Hamilton, "The Genetical Evolution of Social Behavior. I"; Hamilton, "The Genetical Evolution of Social Behavior. II."

＊87　Cosmides and Tooby, "Origins of Domain Specificity; Tooby and Cosmides, "The Theoretical Foundation of Evolutionary Psychology," p. 16.

＊88　L. Cosmides and J. Tooby, "Beyond Intuition and Instinct Blindness: toward an Evolutionarily Rigorous Cognitive Science," *Cognition*, Vol. 50, No. 1-3 (April-June 1994), p. 60.

＊89 John Tooby and Leda Cosmides, "Adaptation for Reasoning About Social Exchange," in Buss, ed., *The Handbook of Evolutionary Psychology, Volume 1,* chap. 25; L. Cosmides, H. C. Barrett, and J. Tooby, "Adaptive Specializations, Social Exchange, and the Evolution of Human Intelligence," *Proceedings of the National Academy of Sciences of the United States of America,* Vol. 107, Supplement 2 (May 2010), pp. 9007-9014; L. Cosmides, "The Logic of Social-Exchange: Has Natural-Selection Shaped How Humans Reason? Studies with the Wason Selection Task," *Cognition,* Vol. 31, No. 3 (May 1989), pp. 187-276.

＊90 D. D. Cummins, "Evidence of Deontic Reasoning in 3- and 4-Year-Old Children," *Memory & Cognition,* Vol. 24, No. 6 (December 1996), pp. 823-829.

＊91 Tooby and Cosmides, "The Theoretical Foundation of Evolutionary Psychology," pp. 4-5, 7, 8, 9, 13, 15; David M. Buss, *Evolutionary Psychology: The New Science of the Mind,* Fifth edition. (Boston: Pearson, 2015), pp. 50-51. 人間があらゆる状況のもと自己利益を極大化すると仮定する合理的選択理論、国家が相対的パワーを極大化すると仮定する攻撃的リアリズム（ネオリアリズムの一つ）、社会的相互作用を通じてアクターが規範を学習すると仮定するコンストラクティヴィズムなどは、標準社会科学モデルの典型例である。進化心理学者はこうした主流派社会科学理論が、人間の心を空白の石版（blank slate）［「タブラ・ラサ（tabula rasa）説」］——固有の構造をもたない白紙状態で、社会やその人自身が自由に書き込めるという発想——とみなしていることを批判している。スティーブン・ピンカー（山下篤子訳）『人間の本性を考える——心は「空」白の石版」か』全3冊（NHK 出版、2004年）。

＊92 William J. Long and Peter Brecke, *War and Reconciliation: Reason and Emotion in Conflict Resolution* (Cambridge, Mass.: The MIT Press, 2003), especially pp. 24-27.

＊93 領域固有性を裏付ける際にはしばしば、脳損傷患者を健常者と比較するという手法もとられる。中尾央「進化心理学の擁護——批判の論駁を通じて」『科学哲学』第46号1巻（2013年）5頁。

＊94 Tooby and Cosmides, "Adaptation for Reasoning About Social Exchange"; and Cosmides, Barrett, and Tooby, "Adaptive Specializations, Social Exchange, and the Evolution of Human Intelligence"; Cosmides, "The Logic of Social-Exchange."

＊95　Peter C. Wason, "Reasoning About a Rule," *The Quarterly journal of experimental psychology*, Vol. 20, No. 3 (September 1968), pp. 273-281. ウェイソンの4枚カード問題は、心理学実験でしばしば用いられる有力な論理課題である。同課題に依拠した有力な研究は、他にはたとえばデニス・デラローザ・カミンズ（Denise Dellarosa Cummins）の順位仮説（dominance hypothesis）がある。Cummins, "Evidence of Deontic Reasoning in 3- and 4-Year-Old Children," p. 636. ウェイソンの4枚カード問題それ自体については、Tooby and Cosmides, "Adaptation for Reasoning About Social Exchange," p. 636; 平石「進化心理学」345～346頁を参照。

＊96　社会契約のルールとは、利益を得るならばコストを支払わなければならない——たとえば、おやつを食べるなら、お手伝いをしなければならない——というものである。

＊97　Tooby and Leda Cosmides, "Adaptation for Reasoning About Social Exchange," p. 638.

＊98　こうした点については以下を参照。Dan Chiappe and Kevin MacDonald, "The Evolution of Domain-General Mechanisms in Intelligence and Learning," *Journal of General Psychology*, Vol. 132, No. 1 (January 2005), pp. 5-40; H. Clark Barrett, Leda Cosmides, and John Tooby, "The Hominid Entry into the Cognitive Niche," in Steven W. Gangstead and Jeffry A. Simpson, eds., *The Evolution of Mind: Fundamental Questions and Controversies* (New York: Guilford, 2007), pp. 241-248.

＊99　Randolph M. Nesse, "Evolutionary Explanations of Emotions," *Human Nature*, Vol. 1, No. 3 (1990), pp. 261-289; Leda Cosmides and John Tooby, "Evolutionary Psychology and the Emotions," in Michael Lewis and Jeanette M. Haviland-Jones, eds., *Handbook of the Emotions*, 2d ed. (New York: Guilford, 2000), pp. 91-115.

＊100　Sell et al., "The Grammar of Anger"; Sell, Tooby, and Cosmides, "Formidability and the Logic of Human Anger"; Sell, Hone, and Pound, "The Importance of Physical Strength to Human Males"; Petersen et al., "The Ancestral Logic of Politics"; Petersen, Sell, Tooby, and Cosmides, "Evolutionary Psychology and Criminal Justice"; Tooby and Cosmides, "Groups in Mind."

＊101　John Tooby and Leda Cosmides, "The Psychological Foundations of

Culture," in Jerome H. Barkow, Leda Cosmides, and John Tooby, eds., *The Adapted Mind: Evolutionary Psychology and the Generation of Culture* (New York: Oxford University Press, 1992), pp. 19-136.

＊102 P・K・ファイヤアーベント（村上陽一郎・村上公子訳）『自由人のための知――科学論の解体へ』（新曜社、1982年）。

＊103 I・ラカトシュ（中山伸樹訳）「反証と科学的研究プログラムの方法論」I・ラカトシュ／A・マスグレーヴ編（森博監訳）『批判と知識の成長』（木鐸社、1985年）189～197頁。

＊104 John Tooby and Leda Cosmides, "The Psychological Foundations of Culture," in Barkow, Cosmides, and Tooby, *The Adapted Mind*, pp. 19-136; Tooby and Cosmides, "The Theoretical Foundation of Evolutionary Psychology,", pp. 25-26.

＊105 長谷川・長谷川「政治の進化生物学的基礎」77頁。

＊106 同上。なおここで述べられている課題が適応課題（adaptive problem）と呼ばれるものであり、この課題を解決するために形成されたのが、人間の脳に備わっている心理メカニズムである。

＊107 森川「進化政治学とは何か」220～221頁。

＊108 同上、221頁。

＊109 ドーキンスは、人間の脳が進化過程で適応してきた規模・性質の世界のことを、中程度の世界（middle world）と呼んでいる。ドーキンス『神は妄想である』特に第10章。

＊110 Tooby, Cosmides, and Price, "Cognitive Adaptations for n-Person Exchange," p. 3.

＊111 こうした適応齟齬の中でも、特に人間の生存に影響するのは病気であろう。近年の進化医学（evolutionary medicine）の台頭は、こうした問題意識に由来するものである。ランドルフ・M・ネシー／ジョージ・C・ウィリアムズ（長谷川真理子・青木千里・長谷川寿一訳）『病気はなぜ、あるのか――進化医学による新しい理解』（新曜社、2001年）。

＊112 Buss, *Evolutionary Psychology*; John Tooby and Irven DeVore, "The Reconstruction of Hominid Behavioral Evolution through Strategic Modeling," in Warren G. Kinzey, ed., *The Evolution of Human Behavior: Primate Models* (Albany: State University of New York Press, 1987), chap. 10.

＊113 R. I. M. Dunbar, "Neocortex Size as a Constraint on Group Size in Primates," *Journal of Human Evolution*, Vol. 22, No. 6 (June 1992), pp. 469-493; ロビン・ダンバー（藤井留美訳）『友達の数は何人？―ダンバー数とつながりの進化心理学』（インターシフト、2011年）。

＊114 Mark Van Vugt and Rob Kurzban, "Cognitive and Social Adaptations for Leadership and Followership: Evolutionary Game Theory and Group Dynamics," in Joseph P. Forgas, Martie G. Haselton, and William von Hippel, eds., *Evolution and the Social Mind: Evolutionary Psychology and Social Cognition* (New York: Psychology Press, 2007), chap. 14.

＊115 Joey T. Cheng, Jessica L. Tracy, and Joseph Henrich, "Pride, Personality, and the Evolutionary Foundations of Human Social Status," *Evolution and Human Behavior*, Vol. 31, No. 5 (September 2010), p. 334.

＊116 Phyllis C. Lee, "Evolution and Ecological Diversity in Animal Mating and Parenting Systems," in Peter T. Ellison and Peter B. Gray, eds., *Endocrinology of Social Relationships* (Cambridge, Mass.: Harvard University Press, 2009), p. 21.

＊117 Christopher Boehm, "Conflict and the Evolution of Social Control," *Journal of Consciousness Studies*, Vol. 7, Nos. 1-2 (2000), pp. 79-101.

＊118 Christopher Boehm et al., "Egalitarian Behavior and Reverse Dominance Hierarchy," *Current Anthropology*, Vol. 34, No. 3 (June 1993), pp. 227-254; Christopher Boehm, *Hierarchy in the Forest: The Evolution of Egalitarian Behavior* (Cambridge: Harvard University Press, 1999).

＊119 Richard W. Wrangham, "Two Types of Aggression in Human Evolution," *Proceedings of the National Academy of Sciences*, Vol. 115, No. 2 (January 2018), pp. 245-253; リチャード・ランガム（依田卓巳訳）『善と悪のパラドックス――ヒトの進化と〈自己家畜化〉の歴史』（NTT 出版、2020年）。

＊120 Roy F. Baumeister, *Evil: Inside Human Violence and Cruelty* (New York: Holt, 1997).

＊121 Dale T. Miller and Michael Ross, "Self-serving Biases in the Attribution of Causality: Fact or Fiction?" *Psychological Bulletin*, Vo. 82, No. 2 (1975), pp. 213-225.

＊122 Boehm et al., "Egalitarian Behavior and Reverse Dominance Hierarchy";

Boehm, Hierarchy in the Forest.

＊123 ニッコロ・マキアヴェッリ（河島英昭訳）『君主論』（岩波書店、1998年）。

＊124 トマス・ホッブズ（水田洋訳）『リヴァイアサン』全4冊（岩波文庫、1992年）。

＊125 Thayer, "Bringing in Darwin"; Thayer, *Darwin and International Relations*; Johnson, and Thayer, "The Evolution of Offensive Realism"; D. D. Johnson and Thayer, "Crucible of Anarchy; Paul Harold Rubin, *Darwinian Politics: The Evolutionary Origin of Freedom* (New Brunswick: Rutgers University Press, 2002).

＊126 ニッコロ・マキアヴェッリ（永井三明訳）『ディスコルシ——「ローマ史」論』（筑摩書房、2011年）。

＊127 Trivers, *Deceit and Self-Deception*.

＊128 ターリ・シャーロット（斉藤隆央訳）『脳は楽観的に考える』（柏書房、2013年）。なお楽観性バイアスという用語は、Neil D. Weinstein, "Unrealistic Optimism About Susceptibility to Health Problems: Conclusions from a Community-Wide Sample," *Journal of behavioral medicine*, Vol. 10, No. 5 (October 1987), pp. 481-500 に由来する。

＊129 D. D. P. Johnson, *Overconfidence and War: The Havoc and Glory of Positive Illusions* (Cambridge, Mass.: Harvard University Press, 2004); Johnson et al., "Overconfidence in Wargames"; D. D. P. Johnson "Leadership in War: Evolution, Cognition, and the Military Intelligence Hypothesis," in David Buss, ed., *The Handbook of Evolutionary Psychology, Vol. 2: Integrations* (Hoboken, N.J.: John Wiley and Sons, 2015), pp. 732-733; D. D. P. Johnson, Nils B. Weidmann, Lars-Erik Cederman, "Fortune Favours the Bold: An Agent-Based Model Reveals Adaptive Advantages of Overconfidence in War," *Plos One*, Vol. 6, No. 6 (June 2011), e20851

＊130 Ajit Varki and Danny Brower, *Denial: Self-Deception, False Beliefs, and the Origins of the Human Mind* (New York: Twelve, 2013).

＊131 Daniel Altman, "The Strategist's Curse: A Theory of False Optimism as a Cause of War," *Security Studies*, Vol. 24, No. 2 (June 2015), pp. 284-315.

＊132 シェリー・E・テイラー（宮崎茂子訳）『それでも人間は、楽天的な方がいい——ポジティブ・マインドと自己説得の脳科学』（日本教文社、1998年）。

＊133 https://www.facebook.com/watch/?v=10155258609773487

＊134　Trivers, *Deceit and Self-Deception*, p. 2.

＊135　ナルシスト的パーソナリティと国際政治に関する有力な研究は、Ralph Pettman, "Psychopathology and world politics," *Cambridge Review of International Affairs*, Vol. 23, No. 3 (September 2010), pp. 475-492; Ralph Pettman, *Psychopathology and World Politics* (London: World Scientific, 2011)を参照。トランプが強力なナルシスト的パーソナリティの持ち主であることを明らかにする心理学的・進化論的研究は、https://www.psychologytoday. com/intl/blog/evil-deeds/201710/lies-self-deception-and-malignant-narcissism; https://www.alternet.org/2020/04/leading-psychologists-explain-how-trumps-s elf-delusions-and-narcissism-make-him-uniquely-effective-at-predatory-decep tion/を参照。なお多くの心理学者が、トランプがナルシスト的パーソナリティ障害であることを認めている。https://www.psychologytoday.com/intl/basics/ president-donald-trump

＊136　これまでトランプらにみられるこの自己欺瞞は、遺伝的欠陥や権威主義的なパーソナリティと解釈されがちだった。ところが興味深いことに進化政治学は、我々一般人もまた多かれ少なかれ同じ楽観的な特徴を示し、それが「程度の問題」であることを示唆している。すなわち、全ての人間には一定程度のナルシスト的傾向性や自己欺瞞戦略が備わっており、トランプの自己欺瞞は、正常な心理メカニズムが通常よりも強力に作用したものに過ぎないのである。

＊137　https://www.alternet.org/2020/04/leading-psychologists-explain-how-tru mps-self-delusions-and-narcissism-make-him-uniquely-effective-at-predatory -deception/

＊138　C. R. Ember, "Myths About Hunter-Gatherers," *Ethnology*, Vol. 17, No. 4 (1978), pp. 439-448; Keeley, War Before Civilization; LeBlanc, and Register, *Constant Battles*; Azar Gat, *War in Human Civlization* (Oxford: Oxford University Press, 2006); Jung-Kyoo Choi and Samuel Bowles, "The Coevolution of Parochial Altruism and War," *Science*, Vol. 318, No. 5850 (October 2007), pp. 636-640; Samuel Bowles, "Did Warfare among Ancestral Hunter-Gatherers Affect the Evolution of Human Social Behaviors?" Science, Vol. 324, No. 5932 (June 2009), pp. 636-640; Bowles, "Being Human"; Bowles, "Warriors, Levelers, and the Role of Conflict in Human Social Evolution"; Laurent Lehmann, and Marcus W. Feldman, "War and the Evolution of Belligerence and Bravery," *Proceedings of the Royal Society B:*

Biological Sciences, Vol. 275, No. 1653 (2008): 2877-2885 ; Shermer, The Moral Arc; Shermer, Giving the Devil his Due; マッド・リドレー（大田直子・鍛原多惠子・柴田裕之訳）『繁栄——明日を切り拓くための人類10万年史』（早川書房、2013年）；スティーブン・ピンカー（幾島幸子・塩原通緒訳）『暴力の人類史』全2巻（青土社、2015年）；スティーブン・ピンカー（橘明美・坂田雪子訳）『21世紀の啓蒙——理性、科学、ヒューマニズム、進歩』全2巻（草思社、2019年）。

*139 Martin Daly and Margo Wilson, *Homicide* (New York: Aldine de Gruyter, 1988); Wrangham, "Evolution of Coalitionary Killing."

*140 Keeley, *War before Civilization*; LeBlanc and Register, *Constant Battles*; and Gat, War in *Human Civlization*.

*141 Joseph H. Manson and Richard W. Wrangham, "Intergroup Aggression in Chimpanzees and Humans," *Current Anthropology*, Vol. 32, No. 4 (August-October 1991), pp. 369-390.

*142 Tooby and Cosmides, "The Evolution of War and Its Cognitive Foundations"; Gat, "The Human Motivational Complex."

*143 Stephen Peter Rosen, *War and Human Nature* (Princeton: Princeton University Press, 2007); A. C. Lopez, "The Evolution of War: Theory and Controversy," *International Theory*, Vol. 8, No. 1 (October 2016), pp. 97-139; Thayer, "Bringing in Darwin"; Thayer, *Darwin and International Relations*; Johnson, and Thayer, "The Evolution of Offensive Realism"; Azar Gat, "So Why Do People Fight? Evolutionary Theory and the Causes of War," *European Journal of International Relations*, Vol.15, No. 4 (November 2009), pp. 571-599; Azar Gat, *The Causes of War and the Spread of Peace: But Will War Rebound?* (New York: Oxford University Press, 2017); アザー・ガット（石津朋之・永末聡・山本文史監訳）『文明と戦争』全2巻（中央公論新社、2012年）。

*144 ケネス・ウォルツ（河野勝・岡垣知子訳）『国際政治の理論』（勁草書房、2010年）；ジョン・J・ミアシャイマー（奥山真司訳）『大国政治の悲劇——米中は必ず衝突する』（五月書房、2007年）。ウォルツ、ミアシャイマー後の新構造主義ともいえるネオリアリスト的議論は、Patrick James, *International Relations and Scientific Progress: Structural Realism Reconsidered* (Columbus: Ohio State University Press, 2002)を参照。

＊145 Thayer, "Bringing in Darwin"; Thayer, *Darwin and International Relations*; C. Brown, "Structural Realism, Classical Realism and Human Nature," *International Relations*, Vol. 23, No. 2 (June 2009), pp. 257-270.

第2章

進化行動モデル
—— 人間行動を理論化する

　前章では、進化政治学の普遍的な原理を説明した上で、人間の心理学的適応が形成された淘汰圧の束が存在していた期間、すなわち狩猟採集時代を再考した。具体的には、領域固有性、リバース・ドミナンス（reverse dominance）、自己欺瞞、心理メカニズム、その他、関連する諸概念を考察した。

　本章の目的は、前章で行った進化政治学に関する考察を受けて、科学的実在論に基づいて、人間行動を説明する包括的なモデル——本書では進化行動モデルと呼ぶ——を構築することにある。その手順は以下の通りである。

　第1節では、進化政治学が人間行動を理論化するに際して、そのスタートポイントとなる分析枠組みである適応主義とはいかなるものか、を考察する。第2節では、進化政治学の視点から、人間行動を包括的に説明する因果モデルである、進化行動モデルを構築する。第3節では、進化政治学——より具体的には本章で構築した進化行動モデル、逆により広義には進化社会科学全般——に想定される批判に答えることを目指す。

第1節　心と行動

（1）課題分析
　前章では、進化政治学の適応主義的アプローチが、人間の心理メカニズムが形成された場所・時である進化的適応環境とはいかなるものなのか、

を説明してきた。ところで、進化的適応環境の経験的分析を通じた適応課題の考察は、課題分析（task　analysis）を通じてなされる＊1。課題分析とは、心理メカニズムの進化可能性の基準を定めたものである。これは実質的には以下のような問いに答えることからなる作業を指す。仮に当該メカニズムが適応課題を解決するために自然淘汰により有利にされたならば、そして仮にそれが成功的になされるならば、論理的にいって人間はどのような形質を保有しなければならないか、である。

攻撃システム（aggression　system）を例にあげよう＊2。仮に攻撃システムという心理メカニズムが自然淘汰により有利にされたならば、人間は関連する情報となるキュー（cue）にもとづいて、自己と他者の戦闘能力を相対的に正確かつ、適応的に有益な形で評価できたに違いない。仮にそうなのであれば、人間はいかなる心理メカニズムを保有しなければならないのだろうか。

こうした問題意識から進化学者は研究を出発させて、人々が肉体のサイズ、顔面の特徴、声といったキューをもとに、男の戦闘能力を評価するのにきわめて長けていることを示し、攻撃システムにかかる諸仮説を検証している。たとえば、リチャード・ランガム（Richard　Wrangham）、デール・ピーターソン（Dale　Peterson）らは、個人レベルの攻撃行動にかかる諸仮説を集団レベルに拡張して、内生的な手がかり（相対数、物理的規模など）と外生的な手がかり（地理学的な配置と他の連合との近接性など）に基づいた、集団間攻撃のための心理メカニズムの存在を明らかにしている＊3。

こうした課題分析を通じて、我々は進化的適応環境で形成された心理メカニズムが、それらが解決すべく設計された適応課題の構造を反映し、具現化していることを理解できる。つまるところ、人間の心理メカニズムのアーキテクチャは、進化的適応環境において、包括適応度極大化を実現するうえで、相対的に重要だった事象にかかるエッセンスを含んでいるのである。

むろん、この進化政治学の発想はしばしば誤解されるような、決定論に陥ったものではない。むしろ、最新の進化論的知見は、人間の心理メカニズムが、進化的適応環境における特定の繁殖上重要な課題に最善に対応す

る上で、特定の環境上のキューを利用するように、柔軟に作用するように
設計されていることを明らかにしている。我々の心理学的適応はしばしば
条件的であり、このことは、任意の行動の最適性が外的環境の情報の手が
かり構造における変化に応じて変動する、ということを示唆している＊4。
つまるところ、進化的適応環境で形成された心理メカニズムにおける有意
な特徴の一つには、条件性（conditionality）というものがあるのである。

　上述した心理メカニズムの柔軟性や条件性を、再び攻撃システムを例に
挙げて説明しよう＊5。進化ゲーム理論的状況において、「つねに攻撃す
る」という定言的なアルゴリズムを備えた個体は、「もし自分が相手より
大きければ攻撃せよ、そうでなければ撤退せよ」といった条件的なアルゴ
リズムを備えた個体に駆逐されることを想起されたい＊6。この際、当然
だが、相手よりも自分が弱いときに闘争状況になれば、敗北するため、勝
てるときにだけ戦闘を選択するのが合理的ということである。あるいは、
くりかえしのある囚人のジレンマ状況における最適解が、「相手が協力し
たら協力する、相手が裏切ったらこちらも裏切る」といった相手の行動に
応じた条件的なものであることと同じである＊7。

　我々の心理メカニズムは、「もしAならば、Bをせよ」という if then
構文のアルゴリズムからなっている。すなわち、戦闘であれ協調であれ、
状況に応じた最適な行動をとることが、適応的だということである。仮に
人間の心理メカニズムが if then 構文のアルゴリズムからなるのであれば、
外的環境における情報の手がかり構造は、必然的に、それによってトリガ
ーされる心理メカニズムへの外的インプットとなる。

　ここにおいて、進化政治学の強みは、脳に備わった心理メカニズムとい
う情報処理システムのエンジニア分析ができることにある。こうしたエン
ジニア分析は、この情報処理システムが依拠するように設計された外的環
境における情報のてがかり構造を考察し、この外的環境のインプットとア
ウトプット（特定の心理メカニズムや行動）の間における因果的な連関を考
察することで達成される＊8。それゆえ、こうした意味において、厳格な
意味での決定論は誤りであり、環境的要因を措定するモデルは、進化政治
学にとって決して時代遅れにみなされない。

進化学を政治行動に応用することは、研究者に、どのようにして進化的適応環境に適応した心理メカニズムが、現代の大衆社会で機能するのかを特定することを可能にする。その際、我々は進化的適応環境において繰り返し起こらなかったり、その成功的な解決法が繁殖上の便益を授与しなかったりした課題のために、当該メカニズムが進化したとは予測しない。

　また、我々は進化的適応環境において成功的だったと推定される心理メカニズムが必然的に、現代の環境的条件の下で適応的だとは考えない*9。なぜなら、適応齟齬・進化的ミスマッチ（evolutionary mismatch）の存在を考慮する必要があるからである。したがって、実際、我々はしばしば、進化的適応環境で備わった心理メカニズムが現代世界では非合理的な帰結を生みだす現象を観察する。たとえば、狩猟採集時代の恒常的な飢餓状態に対処すべく、「食べられるときにできるだけ多くの食べ物を食べる」というアルゴリズムを備えた個体は、現代のファストフードやデスクワークといったライフスタイルにおいて進化的ミスマッチを起こして不健康になってしまうのである。こうした知見は近年、進化医学（evolutionary medicine）が急速に切り開いている分野である*10。

　第三に、我々は現代の社会政治現象（国民国家間の戦争）と進化的適応環境における適応課題（小規模部族間の戦争）の情報の手がかり構造の間における構造的類似性が自動的に人間に、後者（進化的適応環境）に対して選択された心理メカニズムを通じて、前者（現代世界）を理解・表象するように仕向けると予測する*11。換言すれば、我々は、現代世界を認識するとき、無意識かつ自動的に進化的適応環境のレンズを通して、物事を理解しようとしているということである。したがって、現代世界で観察される多くの非合理的行動は、必ずしも情報の不確実や限定合理性といった、人間の認知にランダムに課された一般的な制約の帰結ではない。

　むしろ、それらは進化的ミスマッチの産物である可能性が高いのである。すなわち、それら生得的バイアスは、現代世界においてはしばしば既に妥当性を失っているにもかかわらず、進化的適応環境において人間の包括適応度極大化に寄与したという理由から、我々の脳に備わりつづけている、高度に洗練された心理メカニズムの産物である可能性が高いのである。

　ロビン・ダンバー（R. I. M. Dunbar）が明らかにしたように、人間は150
人ほどの小規模集団を営む中で進化してきており、我々の種に典型的・普
遍的な心理学的適応は——全てではないにせよその多くは——、こうした
類の環境で包括適応度極大化という目的を達成する上で有益であったとい
う前提のもとで作用するものである＊12。このことは、国内政治であれ国
際政治であれ、同じように当てはまる。

（2）適応主義

　ところで、進化政治学が依拠する適応主義とはいかなるものなのであろ
うか。適応主義とは、進化的適応環境における淘汰圧、人間の脳に備わっ
た機能的設計、さらには実際の行動の間における関係を分析するアプロー
チである＊13。実際、次第に多くの研究者が進化政治学的アプローチに基
づいて、進化過程で備わった適応的な形質に目を向けて、政治や国際関係
にかかる様々な興味深い知見を明らかにしはじめている。こうした知見に
は、戦争の適応（adaptation for warfare）＊14、宗教＊15、制度＊16、イデオ
ロギー＊17といったものがある。

　たとえば、なぜ人間が構築した制度には、歴史・文化・地域にかかわら
ず共通の特徴が観察されるのだろうか。これまでの社会科学理論——すな
わち、ジョン・トゥービー（John Tooby）とレダ・コスミデス（Leda
Cosmides）が呼ぶところの標準社会科学モデル——はこうした問いにたい
して、実在論的な意味での十分な科学的根拠を備えた答えを提供できてい
ない＊18。なぜなのだろうか。それは、標準社会科学モデルは、進化的適
応環境で特定の淘汰圧にたいして設計された人間の心理学的設計を見逃し
ているからである。こうした標準科学モデルの空白を埋めるように、進化
学者のパスカル・ボイエー（Pascal Boyer）とマイケル・バン・ピーター
セン（Michael B. Petersen）は、人間が構築する制度とは、配偶者選択、
道徳的判断、社会契約といった個々の領域に固有の心理メカニズムの産物
だと主張している＊19。

　あるいは、なぜ宗教は戦争を引きおこすのだろうか。スコット・アトラ
ン（Scott Atran）とジェレミー・ギングズ（Jeremy Ginges）によれば、宗

教は突飛な信念や高価な儀式を推進することで、内集団の信頼を高める一方で、しばしば外集団との不信感や対立を高める＊20。神々を神聖化するという行為は、過去数千年の間に出現し、大規模な協力や政治的征服を戦争なくして可能にした。協力であれ紛争であれ、神への献身や集団的な大義名分といった神聖な価値は、集団のアイデンティティをシグナルし、費用便益の視点では理解できない非合理的な努力を促す道徳的な命令として作用する。

　16世紀のヨーロッパを血みどろの戦争状況に陥らせた宗教戦争を考えてみよう。1517年にドイツ北部のヴィッテンベルクでルター（Martin Luther）は、ローマ教皇庁が資金集めの目的で免罪符を販売させていたことに怒り、教皇庁の腐敗を糾弾する意見書を提出した。ルターは、中世以来継続してきた教皇をトップとする権力構造を批判して、神の下では全ての人間が平等であると主張した。ザクセン侯爵（ヴィッテンヴェルク城主）をはじめとしたルター派諸侯が同盟を締結して、教皇庁に「抗議をする人々」（プロテスタント）として集まり、カトリック側（教皇庁）もプロテスタントに対抗しようとして同盟を結んだ。その結果、ヨーロッパはカトリック対プロテスタントの宗教戦争に突入したのである＊21。

　あるいは、9.11同時多発テロ事件を例にあげよう。9.11 同時多発テロ事件はイスラム教徒により引き起こされたのだが、同時多発テロが起こる前にオサマ・ビンラディンは「アメリカへの手紙」というメッセージで以下のように述べている。

　　　全能の神アッラーは報復の許可と選択肢を制定した。ゆえに、もしわれらが攻撃をされれば、我らには攻撃をし返す権利がある。誰かが我らの村や町を破壊したなら、相手が誰であろうと、我らはその者らの村や町を破壊する権利を持つ … 誰かが我らの民を殺したなら、相手が誰であろうと、我らはその者らの民を殺す権利を持つ＊22。

イスラムという言葉はもともと「降伏」「服従」を意味し、アッラーフの意志への服従を意味するが、アラーの意思に服するアメリカへの憤りを

抱くものが、こうしたメッセージを受けて行う行動が自爆テロだったという
のは、決して偶然ではないことは、リチャード・ドーキンス（Richard
Dawkins）やサム・ハリス（Sam Harris）などが論じているところである＊23。
つまるところ、アトランとギングスが主張しているように、神への献身や
集団的な大義名分といった神聖な価値は、集団のアイデンティティをシグ
ナルし、費用便益の視点では理解できない非合理的な努力を促す道徳的な
命令として作用するが、この際、アラーの意思を体現するとみなされるビ
ン・ラディンのメッセージは、自爆テロという費用便益では理解できない
非理性的な行動を促進する道徳的な意味合いを含んでいたのである。
　これらは一例に過ぎないが、こうした多くの優れた進化政治学的研究の
存在に鑑みると、進化論に基づいて社会政治現象を説明することそれ自体
への懐疑論は、もはや意味をなさないように思われる。したがって、むし
ろこれからの研究で重要になるのは、どのようにして進化論に基づいた具
体的な政治学の理論を構築していくのか、あるいはいかにして進化論を社
会政治現象の説明に利用するのか、といった方法論的な問いになろう。こ
の際、適応主義的なアプローチがいかなるものなのかを理解することが決
定的に重要になる。

（3）種に典型的な適応と遺伝的差異
　進化論はさまざまな角度から批判されるが、その一つの典型的なものは、
生まれと育ちの論争であろう。この論争の基本的な構図は、生まれを重視
する論者が遺伝子、ホルモン等の先天的要因を重視する一方、育ちを重視
する論者は文化、教育等の後天的要因を重視するというものである＊24。
ここで重要なのは、この論争が必ずしも客観・中立的な形で展開されてき
たわけではないということである。すなわち、スティーブン・ピンカー
（Steven Arthur Pinker）が嘆いているように、残念ながら、生まれが育ち
と等しく重要であるという穏当な中立的主張が、生まれの完全な否定を求
める政治的左派・政治的右派の両極から、イデオロギー的理由でしばしば
糾弾されているのである。
　政治的左派にとっては、心に環境・教育などの後天的要因で改変できな

い生得的要素があるならば、人間の平等が社会政策で実現できるという共産主義ユートピアや社会工学的発想には限界があるということになる。他方、政治的右派（特にキリスト教原理主義者など）にとって、特別な尊厳を有する人間が自然淘汰により設計された単なる動物に過ぎない——系統学的にチンパンジーと兄弟である——という事実は受けいれがたい*25。こうした理由から、生まれと育ちの論争は、学界のみならず社会に大きな影響を及ぼしているのである。

　ところで、この生まれと育ちの論争で、一つ見逃されている重要なポイントがある。それは一言に生まれ、すなわち生得的要因といっても、このなかには二つの真逆のベクトルに向いた要因が混在しているということである。すなわち、その一つは種に典型的・普遍的な適応、もう一つは個人間の遺伝的差異である。前者は適応主義が射程にふくむ命題、後者は行動遺伝学が射程にふくむ命題である。実は進化論への批判はしばしば、これら二つのタイプの生得的要因を適切な形で区別できていないことに由来する。それではいったい、適応主義が明らかにする種に典型的・普遍的な適応と、行動遺伝学が明らかにする個人間の遺伝的差異とは、いかなる点において異なるのであろうか。以下、このことを説明していく。

　人間の脳は、そのベースラインは普遍的な心理メカニズムからなっているが、この普遍的な心理メカニズムの実際の作用の仕方については、個人間で可変的な特徴があり、全体として複雑な構造からなっている。脳の基本的な構造が種に典型的・普遍的な適応から構成されていることに議論の余地はない。たとえば、偏桃体や海馬といった神経学的構造は文化横断的に発見されうるし、それら神経学的構造に固有の行動や機能を調整するテストステロンやコルチゾルといった神経内分泌の作用は、あきらかに種に典型的である*26。

　すなわち、これらの脳内構造や生理学的システムは、自然淘汰により選択された種に普遍的な適応であり、それらは進化的適応環境において、我々の祖先が包括適応度を極大化するうえで有益であったと考えられる、領域固有の適応的機能を担っているのである。スティーヴ・スチュワート＝ウィリアムズ（Steve Stewart-Williams）が的確に指摘しているように、①

人間本性はそれを矯正しようとする社会的な努力によってもほとんど変更されない、②人間本性が個別の文化を越えてユニバーサルに見られる、③類似的な傾向が（同様な淘汰圧を受けたであろう）ほかの動物にも見られる、という三点を踏まえると、人間という種に普遍的な心理メカニズムの存在を措定することはきわめて妥当なのである*27。

　こうした適応は社会政治的コンテクストに応じて、予測可能な形で多様なアウトプット、たとえば、テストステロンの増大、攻撃行動、怒りなどを生みだす。しかしここで決定的に重要なことは、こうしたアウトプットの多様性にもかかわらず——テストステロン量の個人間差異、攻撃行動の頻繁性など——、それら適応自体はあくまで普遍的だということである。すなわち、ある人はテストステロンの量が多く、別の人は少ない、あるいは関連して、ある人はしょっちゅう喧嘩をして、別の人は滅多に起こらないかもしれないが、こうした個人間の遺伝的差異の存在にもかかわらず、テストステロンシステムや攻撃システム自体はあくまで種に典型的な適応だということである。それゆえ、適応のアウトプットの多様性と、適応それ自体の普遍性を混同してはならない。

　あらゆる複雑かつ多様な生物学的な適応（心理メカニズム、身体構造、行動、その他）には各々領域固有の形で形成された特定の役割があるが、それらの各々の役割は、我々の先祖が進化的適応環境で繁殖上の課題として直面した問題、すなわち適応課題を解決するうえで、普遍的に最適化されたものである*28。つまるところ、その発現の度合いに差があるということが、種に典型的・普遍的に最適化された適応の存在を否定することにはならないのである。

　たとえば、個人間であれ集団間であれ、進化的適応環境における我々の祖先の間では、利害紛争が常に起きつづけていた。したがって、こうした常態ともいえる利害紛争をいかにして自らあるいは内集団に有利な形で解決するのかが、我々の祖先が狩猟採集時代に直面した重要な適応課題の一つであった。それではこうした適応課題を克服するために、自然淘汰は人間にいかなる適応を与えたのだろうか。

　そこで、この「利害紛争を自らに有利な形で解決する」という適応課題

から演繹的に、人間には利害紛争において、「個人や集団の力を評価したり、暴力を効果的に使用したりする」という適応が備わっていると推論される*29。すなわちここにおいて進化学者は、利害紛争を自らに有利な形で解決するという適応課題から演繹的に、力の評価や暴力行使といった心理メカニズムを推論しているのである*30。

　それでは、こうした演繹的推論により導きだされた心理メカニズムの経験的妥当性はいかにして評価されるのだろうか。そこで、これら心理メカニズムは経験的データ（心理学実験、霊長類学的証拠、考古学的・文化人理学的証拠等）と照らし合わせて検証される。上述した利害紛争における力の検知と暴力の効果的使用という適応については、以下の二点が明らかにされる必要があろう。第一に、人間が無意識・自動的・文化横断的に、他者や外集団の強さに関する進化的適応環境においてキューを検知したり、それに注意を払ったりすることが示される必要がある。第二に、そうしたキューが個人と集団双方の攻撃の傾向性を予測する必要がある。

　そしてこうした点について、進化学者は以下の事実を明らかにしている。すなわちそれは、人間は無意識に、狩猟採集時代において潜在的な脅威や敵の強靭さと相関したと考えられる顔や声におけるキューを検知するということである。このことは、怒りの修正理論（recalibrational theory of anger）*31により科学的に裏付けられている。アーロン・セル（A. Sell）らは、人間の強さを測定する際に利用されるウェイトリフティング・マシンで上半身の強さを測定した。その結果、強い男性ほどリアリズムが示唆する権力政治的傾向——①怒りの傾向、②攻撃の経験、③個人的・政治的攻撃の支持、④好待遇獲得の期待、⑤紛争での成功経験——を備えていることが明らかになった*32。

　またセルらは別の論文において、社会科学者が扱うべき変数として、戦闘能力（fighting ability）の重要性を主張している*33。先行研究では良い戦士ほど、①良い結果を得て然るべきと感じ、②怒りの生起と攻撃実施における閾値が低く、③自己に都合の良い政治的態度をとり、④戦争の効用を信じる傾向にある、ということが明らかにされている*34。そこでこうした既存の研究を再検証すべく、セルらはハリウッド俳優を被験者として、

肉体的強靭性（戦闘能力）と戦争の効用への信念の関係を調べた＊35。する
とその結果セルらの予想通り、アーノルド・シュワルツェネッガーやシル
ベスター・スタローンといった強靭な肉体を持つアクション俳優は、肉体
的に弱い俳優より、紛争解決に際して戦争を有用な戦術と信じる傾向にあ
ることが明らかになった＊36。ここから分かることは、古典的リアリズム
や攻撃的リアリズムが示唆するように、強い人間や国家ほど戦争を好み、
他国への侵略や拡張主義的政策を選好するということである。

　あるいは、マイケル・バン・ピーターセン（Michael Bang Petersen）は
男性（アメリカ、デンマーク、アルゼンチンをサンプルとして）の上半身の強
さと戦争に対する態度の関係を分析して、上半身の強い男性ほど武力行使
に積極的であることが明らかにしている＊37。この実験から分かることは、
肉体的に強靭な人間や強国ほど武力行使を選好するということである。ま
た、ピーターセンらは男性の上半身の強さと再配分に対する態度の関係を
分析して、①強い労働者階級の男性は弱い労働者階級の男性よりも所得の
再配分に賛成する、②強い上層階級の男性は弱い上層階級の男性よりも所
得再配分に反対する、という結果を明らかにしている＊38。ここから分か
ることは、強い人間ほど自らの望む政策を他者に強要しようとするという
ことである。これらは国際政治学でいえば、リアリズムの権力政治の考え
方と整合的なものである。

　さらに、こうした利害紛争を勝ち抜くためのキューは、戦時と平時（集
団間紛争）におけるリーダーシップの選好にも影響を及ぼしている。人間
は戦時にはより男性的な顔や高齢のリーダーを選好するということであ
る＊39。なぜなら、男性的な顔や高齢は、高い地位や強力なリーダーシッ
プといった紛争を勝利する上で必要な手がかりを想起させるため、戦時に
より重要に思われるからである。これらは先祖時代の狩猟採集時代におい
て、平均的に適応的な利益を生みだす戦略を具現化してきたという理由か
ら、自然淘汰により選択された、種に典型的・普遍的な心理メカニズムで
ある。つまるところ、こうした適応的な形質の正体を探るアプローチが適
応主義なのである。

　ところで、ここで踏まえなければならないことは、繰り返しになるが、

適応主義（人間の普遍的形質を探るアプローチ）と行動遺伝学（個人間の遺伝的差異）は異なるということである。進化政治学のパイオニアの一人、政治心理学者のローズ・マクデーモット（Rose McDermott）とアンソニー・ロペス（Anthony C. Lopez）が体系的に主張しているように、これまで政治心理学では生物学的視点から政治現象を分析するに際して、行動遺伝学的アプローチが盛んに用いられてきたが、適応主義的アプローチについては依然として考察が進んでいない*40。ところが、進化心理学や進化政治学といった進化学の発展により、後者の適応主義的アプローチについても次第に研究が進められてきた。

　これら二つのアプローチは広義の遺伝——任意の形質が次の世代に引き継がれる——という発想を共有している。しかし両者が異なるのは、前者が主に人間に普遍的に備わった形質を探求するのにたいして、後者は主にそれら形質が個人間の遺伝的差異によっていかに変動するのか説明するものであることにある。すなわち、人間という種に典型的な脳に備わった適応的メカニズムは存在するが、同時に個人間における遺伝的差異も存在し、それが上記の適応的メカニズムが情報を処理したり意思決定をくだしたりする仕方に影響を与えるのである*41。

　テストステロンと攻撃行動を例にあげよう。テストステロンは攻撃や支配にかかる行動を調整するうえで役立つ適応的なメカニズムである。だが、個人間における遺伝的差異の存在により、一人一人の人間の基礎的なテストステロン値は異なる。その結果、たしかに全ての男性は攻撃・支配行動においてテストステロンを上昇させるが、それには個人間バリエーションがあり、相対的に攻撃的なアクターとそうでないアクターがうまれるのである*42。

　上記をまとめると、我々は政策決定者の意思決定を考察するとき、二つの生物学的特徴を分析する必要があるということが分かる。第一は、特定の環境のキューにたいして行動を調整する、自然淘汰により設計された種に典型的・普遍的な心理メカニズムである*43。これは適応主義的アプローチの分析射程に包含されるものである。第二は、これら普遍的・典型的な心理メカニズムの作用の仕方に影響を及ぼす、個人間における遺伝的差

異である＊44。これは行動遺伝学的アプローチの分析射程に包含されるものである。

　進化論をめぐる論争や多くの批判に反して、適応主義的なアプローチは必ずしも、「すべての行動が適応的である」とか、「あらゆる行動は普遍的な適応である」——いわゆる「汎適応主義（pan-adaptationism）＊45」——などと主張するわけではない＊46。実際、狩猟採集時代の遺産としてとられる我々の行動や心理はしばしば、現代世界のコンテクストでは非合理的になるし（適応齟齬、進化的ミスマッチ）、行動や心理によっては個人間の遺伝的差異に着目することでより多くの洞察が得られるものもある。科学哲学の科学的実在論論争で、科学的実在論者が実在論の程度を強く主張しすぎることで反実在論者からの批判を誘発してしまったり＊47、国際関係論のリアリズムが国際システムにおける安全保障のジレンマの熾烈さを高く見積もりすぎて、国際政治の平和的現象を見過ごしてしまったりするのと同じように＊48、進化政治学もあらゆる現象が適応の産物だと主張してしまうことで、自らの主張の妥当性を損ねてしまいかねないことには注意が必要だろう。

第2節　新たな進化政治学モデル

（1）進化行動モデル

　こうした点をふまえて、さらに包括的に人間の心理や行動を理論化すると以下の通りになろう（図1を参照）。ここではそれを進化行動モデルと名付ける。第一に、あらゆる行動の生物学的なパラメーターは主に適応主義的に決定される＊49。これが、進化学における適応主義が明らかにする種に典型的・普遍的な適応である。物理的形質において、誰もが鼻や口を持っているが、種に典型的な適応にも同じことがいえるというわけである。

　第二に、種に典型的・普遍的な適応は、個人間の遺伝的差異が媒介変数として影響して、その具体的な作用の仕方に変動が生じる（行動遺伝学が明らかにする個人間の遺伝的差異）＊50。第三に、さらにそれらは二義的な媒介変数である後天的な環境的要因（文化・教育等）によって、その発現に

図1

```
┌─────────────────────────────────────────────────────┐
│           ①人間本性（種に普遍的な適応）                 │
│              適応主義的な要因                            │
│         （裏切り者検知、攻撃システム等）                 │
│                      ↓                                 │
│            ②個人間の遺伝的差異                          │
│              行動遺伝学的な要因                          │
│        （「戦士の遺伝子」、知能指数等）                   │
│                      ↓                                 │
│            ③後天的な環境的要因                          │
│          既存の人文社会科学的な要因                      │
│        （中央集権政府、教育、法律等）                    │
│                      ↓                                 │
│            ④直近の文脈                                  │
│            外的環境のキュー                             │
│      （領域固有性、if then 構文アルゴリズム）            │
└─────────────────────────────────────────────────────┘
```

変動がうまれる。すなわち、これがいわゆる「生まれ」と「育ち」の論争におけるところの、「育ち」のファクターである。第二と第三の優先順位の設定において、第二の行動遺伝学的な遺伝的要因を優先させているのは、多くの双生児の遺伝学的研究が明らかにしているように、生得的な遺伝的要因の影響力は相対的に大きいからである＊51。

　第四にそれら適応の実際の作用の仕方は、各々のコンテクストに応じた条件的なものとなる。人間はコンテクストの生き物であり、我々に備わっている心理メカニズムは領域固有的かつ文脈依存的である。人間は外的状況に直面した際、まずその状況がいかなるコンテクストなのかを把握しなければならず、そのコンテクストにおいて適応的な形で心理メカニズムは作用する。これには二つのフェイズがある。

　第一に、心理メカニズムを適切な形で作用させるためには、そもそもの直面している課題や領域が何なのかを適切に推定する必要がある。裏切り者検知＊52、同盟検知＊53、配偶者選択＊54など、これらは各々異なる領域に属する問題であり、それが故に、各々異なる適応課題を備えている。本来心理メカニズムが作用するはずのコンテクストとは違うコンテクストで、

当該メカニズムを駆動させてしまうことは、生物学的なエラー（進化的ミスマッチ）である。第二に、たとえ今直面しているコンテクストの種類を適切に同定できたとしても、くわえて、我々は適切なアルゴリズムでそのコンテクストにおいて適応的な意思決定をする必要がある。

　そこで重要なことは、先述したように、すべての人間の心理メカニズムは、「もしこうならば、こうである（if then 構文）」という法則のアルゴリズムから成っているということである。ここで再び攻撃システムを例に挙げよう＊55。先述したように、進化ゲーム理論的なコンピューター・シミュレーションにおいて、「どのような場合でも攻撃せよ」というアルゴリズムで行動する個体は、「もし相手よりも大きければ、攻撃せよ。もし相手よりも小さければ、服従せよ」というアルゴリズムで行動する個体に、最終的に駆逐される＊56。これは当然のことといえば当然であるが、常に攻撃をする個体はしょっちゅう敗北して命を失い、勝てるときにだけ攻撃を仕掛ける個体よりも、無駄に命を落とす確率が高いからである。

　自然淘汰は我々に包括適応度極大化に資する心理メカニズムを選択させるように有利に働いたが、この利害紛争というコンテクストでは、いうまでもなく、この条件的なアルゴリズムからなる心理メカニズムに有利に働くというわけである。したがって、どれだけ人間には種に典型的・普遍的な適応として攻撃システムが備わっているからといって、我々は常に他者を攻撃したり、いつも他国を征服しようとしたりするわけではない。つまるところ、攻撃的リアリズムが主張するように、国家は「可能なときに」相対的パワーを極大化するのであり、そうでないときは様子見をすることも有益なのである＊57。ノリン・リップスマン（Norrin M. Ripsman）とジャック・レヴィ（Jack S. Levy）が的確に指摘しているように、それが第二次世界大戦前にイギリスのチェンバレン首相がヒトラーに、「時間稼ぎ（buying time）」として宥和政策をとった理由なのである＊58。

（2）単純な二分論の誤り

　進化政治学という学問の台頭が示唆するように、社会政治現象を説明する上でのアプローチとしての適応主義は少しずつ研究者の間で知られるよ

うになってきた。ところが、多くの政治心理学者は依然として、淘汰圧と現代政治行動の間における中間段階としての、領域固有（domain specific）な心理メカニズムを十分に考察していない＊59。むしろ、彼らはしばしば広義の進化論的趨勢を仮定して、現代における人間の行動や心理をその単なる帰結として説明しようとしている。たとえば同じ政治心理学者でも、ブラッドレイ・セイヤー（Bradley A. Thayer）は自然淘汰による進化が人間を利己的で支配欲を持つようにしたと主張するが＊60、アダム・グッドウィン（Adam Goodwin）はそれが我々を協調的あるいは利他的にしたと論じている＊61。

　しかし、こうした既存の進化政治学者による説明には、論理的な困難性が内在している。セイヤーやグッドウィンの試みは、あたかも進化とは何かを一意に同定したうえで、人間行動を分析しようとするものであり、これは事実上、定数（この際、淘汰圧）から変数（利己性、利他性等）を導きだそうとするようなものである。つまり、既存の政治心理学における進化論的アプローチの扱い方には、大きな問題があるのである。

　こうした理由から、進化論を社会科学に応用する既存の試みには、さまざまな批判が浴びせられてきた。たとえば、政治学者ダンカン・ベル（Duncan S. A. Bell）はこうした相矛盾した予測にたいして、進化論に基づいて政治行動を分析することには、不可避に、政治的不確定性（political indeterminancy）の問題が付随すると批判している＊62。ベルの批判自体にも多くの問題が含まれているものの、既存の進化政治学者がおかしてきた、定数としての淘汰圧から、利己性や利他性といった変数を導きだそうとする試みの問題点を指摘するという意味で、ベルが論じる「政治的不確定性」批判は一定程度の有益性を備えていよう。

　それでは、上記のセイヤーやグッドウィンがおかした誤りは、いかにして改善できるのだろうか。結論からいえば、そのためには、政治心理学者は進化や自然淘汰が直接的にヒトの行動に影響を及ぼすわけではないことを理解する必要がある。第一に、自然淘汰は行動を直接引き起こすのではない。つまるところ、アメリカの進化心理学者ドナルド・サイモンズ（Donald Symons）が的確に指摘しているように、自然淘汰はまず適応を

生みだして、その適応が個人レベルにおける行動の至近要因となるのである*63。

　第二に、生物は環境における単一の繁殖上の挑戦に直面するわけでない。我々は外的環境における多様な挑戦に対処しなければならず、それらにたいする適応的な解決法は潜在的に各々異なる*64。すなわち、進化的適応環境には人間が自己の包括適応度極大化を成功させるうえでハードルとなる多種多様な適応課題があり、自然淘汰はそうした適応課題にたいして特化した条件的な解決法（例：敵より大きければ攻撃せよ、敵より小さければ撤退せよ）を設計したのである。こうした点をふまえれば、我々は適応主義的視点からいって、人間の脳が特定のコンテクストにおいて適応上有益かつ行動上条件的な帰結を生みだすように設計された、多様な適応を備えていると予測できるのである。

　それでは、そのような多様な適応は実際に、いかなる経路で最終的な行動や心理といったアウトプットをもたらすのだろうか。そこで、こうした人間の意思決定と行動を体系化したダイアグラムが図1である。以下では、ここまで説明してきたことを、この図とともにさらに別の角度から解説していく。

　図1が示すように、個人差は、個人間における種に典型的・普遍的な適応の作用に影響を及ぼす遺伝的多様性の帰結でありうる。たとえば、攻撃性という形質を考えてみよう。このことを考えるとき、考える必要がある遺伝子がX染色体上のMAOA遺伝子、すなわち、いわゆる「戦士の遺伝子（warrior　gene）」である*65。1993年、オランダのある家系の遺伝情報が公にされた。その家系の男性には放火やレイプといった攻撃的な犯罪を引き起こす人が多くいたのだが、その男性たちには共通する一定の遺伝子異常が発見された。それが、モノアミン酸酵素A（MAOA）遺伝子、すなわち世に知られているところの「戦士の遺伝子」である。MAOAはドーパミンやセロトニンといった神経伝達物質を酸化させる機能を持つ酵素であり、酸化された神経伝達物質は機能を喪失して、ニューロンの外に排出される。先のオランダの家系において、犯罪行動を起こした男性の全てにおいて、この「戦士の遺伝子」が欠失変異しており、MAOAが機能不全

に陥っていることが分かったのである。

　さらに重要なことは、この「戦士の遺伝子」には多型が存在しており、こうした個人間の遺伝的差異によって、MAOA を作る量に差が生まれることも分かっている。たとえば、ニュージーランドの男性を対象にした研究では、酵素を作る能力が弱い「戦士の遺伝子」だと、暴力行動につながることがわかったが、それは幼児期に虐待を受けていた場合に限られており、同じ「戦士の遺伝子」を持っていても虐待を受けていない場合には暴力行動の生起率が下がることが分かっている。

　すなわち、「戦士の遺伝子」とよばれる対立遺伝子は、トラウマ的な初期の出来事と組みあわさって、当該遺伝子を有する個人の、他者からの挑発にたいする攻撃的反応を向上させるということである。このことは、種に典型的・普遍的な攻撃システムが備える特定の閾値は、遺伝的に引き継がれうる多様性（たとえば、この場合、特定の個人が保有するが他の者が有さず、彼を脅威に対して多かれ少なかれ反応させる遺伝子あるいは対立遺伝子）の直接の帰結として、個人間で変動しうることを含んでいる。

　くりかえしになるが、ここで留意すべき重要な点は、多くの論者はしばしば遺伝や先天性といった考え方の持つ影響力の大きさと含む意味の広さが故、適応主義と行動遺伝学を混同しており、同じ先天的要因でも、適応主義が明らかにする種に典型的・普遍的な心理学的適応と、個人間の遺伝的差異の間における相違をしばしば見逃しているということである。つまるところ、進化政治学が適応主義的視点から明らかにするのは人間の普遍性・典型性であり、個人間の形質上の遺伝的多様性ではない。さらにいえば、これもまた当然のことだが、進化政治学や行動遺伝学が「多様性」と論じるとき、別にそれがアプリオリに良いものだという形而上学も含んでいるわけでもない。つまるところ、単に形質における遺伝的差異があるときに、そこに多様性があると言っているだけなのである。

　人間本性を否定してブランク・スレート論を信奉する標準社会科学論者がしばしば政治的左派であることを——むろん、宗教右派の可能性もあるが——踏まえれば最大の皮肉は、ここにおいてこの個人間の多様性というものが、実は生得的な要因によってももたらせるということであろう。す

なわち、スティーブン・ピンカーがブランク・スレート論を喝破したとき、我々は実は個人間の多様性を分析するための、生物学的に頑強な先天的経路を手に入れていたのである。換言すれば、ピンカーや多くのコンシリエンスに立つ進化学者が体系的に批判しているように、ジョン・ロック（John　Locke）や共産主義指導者ら（毛沢東、スターリン、他）が考えたようなブランク・スレート論（blank　slate）は究極的には、個人の多様性にかかる生得的・遺伝的側面を滅却させるという、意図せざる帰結を備えていたということである。

（3）「多様性」を再考する

　ここまで論じてきたのは、進化論にしばしば浴びせられる単純な決定論批判は、理論的な意味において適切ではないということである。先ほど筆者は、①種に普遍的・典型的な適応、②個体間の遺伝的差異、③環境的要因（教育・文化等）、④特定的・直近的なコンテクストという四つの要因の理念型からなるものとして人間行動を理論化した、進化行動モデルを提示した。そして、「戦士の遺伝子」を例にあげ、これら要因間の相互作用を例示してきた。そしてここで重要なことは、四つの要因を挙げたのだから、相互作用の一式のパターンは一つではないということである。そこで以下では上記の議論をさらに掘り下げて説明していく。すなわち、以下で説明する、これら相互作用各々の一式が、いわゆる決定論批判にたいする、進化政治学からの建設的かつ体系的な反論となるのである。

　①生得的要因内の相互作用
　第一は生得的要因内部の組み合わせ、すなわち、種に典型的な適応と個人間の遺伝的差異の相互作用である＊66。これは、生得的要因のみに目を向けても、個人間の遺伝的差異によって多様性は生みだされるということを意味する。仮に「遺伝子決定論」批判が、人間本性に攻撃システムが備わっているならば、利害紛争は不可避であるといった批判を含むのだとしたら、こうした批判は環境的要因を持ちださずとも、単に個人間の遺伝的差異を提起するだけで容易に棄却されうる。なぜなら、全ての人間という

種に普遍的・典型的な適応として攻撃システムが備わっているとしても、その作用の仕方・程度に影響を与える個人間の遺伝的差異——テストステロン分泌差、「戦士の遺伝子」、その他——が存在するが故に、最終的な攻撃の頻度や程度には個人間で遺伝的なバリエーションがうまれるからである。

　たとえば、自己欺瞞（過信も同義）を考えてみよう*67。自己欺瞞は程度の差こそあれあらゆる人間が備えるものである。ところが、自然界には自己欺瞞が特に強く表出されるタイプの個体が存在する。それがナポレオンやトランプをはじめとする人口の約1％に見られる、ナルシスト的パーソナリティ障害（以下、省略してナルシスト、ナルシスト的パーソナリティと呼ぶ）である*68。心理学的に「障害」とラベル付けされているにもかかわらず、進化論的にいえば、トランプをはじめとするナルシストの自己欺瞞は、自然淘汰によって形成された適応的なものである*69。すなわち、それは狩猟採集時代に祖先の生存と繁殖の成功に寄与してきたもので、自己欺瞞のアドバンテージは現代でも一定程度健在なのである。こうした意味において、自己欺瞞という特性それ自体は、種に典型的・普遍的な適応であるともいえる。しかし、重要なのは、この程度には個人間の遺伝的差異があるということであり、この人口の約1％の人間は、ヒトラー、トランプ、スターリン、ナポレオン、松岡洋右といった高度な自己欺瞞をみせる逸脱的なアクターだということである。そして残り99％の我々は、こうした逸脱的な個体と滅多に遭遇しないため、自然淘汰はナルシストに強く抵抗するような心理メカニズムに有利に働かなかったわけである*70。

　たとえば、強力な自己欺瞞を示す松岡洋右がくりひろげた日ソ中立条約締結に至る松岡外交を考えてみよう。1940年11月27日、東郷茂徳大使は「独ソ関係は近来変調をきたし」「日ソ間懸案の解決など思いにもよらない」として、近衛文麿に続いて松岡を説得した。しかしそれは四国協商実現を目指す、「対独伊ソ交渉案要綱」策定に際する松岡の情勢判断に影響を与えなかった*71。その後、訪欧直前の1941年2月には、ウィーン駐在の山路章・総領事から、ドイツのバルカン工作の結果が独ソ間の不和を招来したとの詳細な報告、来栖三郎大使から独ソ関係の悪化を示唆する発言と

いったように、訪欧後に予定される対ソ交渉の見通しに関するネガティブ
な情報が松岡に伝わっている＊72。合理的アクターであれば、こうしたネ
ガティブな情報を受けた時点で、当初目標としていた四国協商が実現不可
能と判断して、訪欧中止を検討して然るべきだろう。ところが松岡はむし
ろ意気揚々と旅路に就き、細谷によれば、その様相は「ヒトラーもスター
リンもその薬籠中のものにしうる自己の外交手腕への自信のほどに満ち溢
れて」いたという＊73。

　適応主義（進化学）と行動遺伝学という二つの視点はしばしば別個に考
察されるが、種に典型的・普遍的な適応と遺伝学的多様性の相互作用を理
解することは、進化政治学において、政治的意思決定を考察する上で、重
要な理論的出発点となる。先述したように、政治行動に関する遺伝学的説
明に関しては次第に注目が集まっており、こうした政治心理学的研究はし
ばしば個人間における遺伝的多様性に焦点を当てた理論的枠組みを利用し
ている＊74。それに対して、政治行動に関する適応主義的な説明は、その
重要性が進化学者の間で指摘されているにもかかわらず、残念ながら依然
として発展途上にある＊75。進化政治学が埋めようとしている研究上のギ
ャップは、まさにこの後者の点（適応主義）にある。

　適応主義的なアプローチを見逃して、たとえば、人間に普遍的に備わっ
た暴力性という本性を特定の遺伝子に還元して、それが世代間で何パーセ
ント遺伝するのか、といった問いは必ずしも生産的ではない。なぜなら、
攻撃システムに表象される攻撃性それ自体は普遍的・典型的な適応だが
（適応主義的命題）、その程度には個人間の遺伝的差異に由来するバリエー
ションがあるからである（行動遺伝学的命題）。前者は先述した適応課題の
推測とそこから演繹的に導きだされる心理メカニズムの経験的分析を通じ
て示されるが、後者は数世代の人間を観察することで経験的に検証される。
「生まれ」と「育ち」の論争はだいぶ成熟した段階に到達したように思わ
れるが、「生まれ」内部のロジック（「適応主義」対「行動遺伝学」）につい
ては、依然としてしばしば十分な理解が得られていないケースが散見され
る。つまるところ、適応主義と行動遺伝学の違いを踏まえることで、人間
行動についてのより妥当な見解が得られるのである。

②個人間の遺伝的差異と環境的要因

第二に、生得的要因における遺伝的差異は、さらに環境的要因の影響を受けて、その発現の仕方に多様性が生まれる。たとえば、上記の「戦士の遺伝子」とよばれる対立遺伝子をあげれば、これはトラウマ的な初期の出来事（環境的要因）と組み合わさって、当該遺伝子を有する個人の挑発にたいする攻撃的反応を向上させる*76。したがって、特定の血縁的なセッティングにおいて、攻撃性の高い遺伝子を引き継いだからといって、彼が必ず犯罪者になるとは限らない。こうした攻撃性の高い遺伝子をもつ人間が生まれ育った環境も——幼少期早期の精神的、身体的、あるいは性的虐待など——、最終的な攻撃行動の程度や頻度に影響するというわけである。

③種に典型的な適応と環境的要因

第三に、種に典型的・普遍的な適応は環境的要因によって相殺されるかもしれない。歴史の長期的趨勢は多種多様な次元で暴力——戦争、殺人、ジェノサイド、内戦、テロリズム、動物虐待など——が衰退する方向に進んでおり、こうした進展は統計的データによりしっかりと裏付けられている*77。たとえば、我々はもはや奴隷制や魔女狩りを肯定することはなくなったし、ナショナリズムの衝突に起因する大国間戦争は滅多に起こり得なくなった。こうした平和的変化は、中央集権政府が成立して国内のアナーキーが克服されたり、教育により人間がリベラル啓蒙主義を内面化したりすることで可能になってきた*78。これが提出されてから今に至るまで全世界を席捲している、合理的楽観主義（rational optimism）に立つ「暴力の衰退（decline of violence）」説である*79。

それでは、仮に進化政治学が前提とする種に典型的な適応が普遍的ならば、なぜ国際政治が平和的なものへと変化しうるのか。それは、「暴力の衰退」説の提唱者のピンカー自身が明らかにしているように、このような人類史上の平和的変化は、生得的要因——心理メカニズム、遺伝子、人間本性等の生物学的要因——の変化でなく*80、環境的要因——産業化・学力の向上等のリベラル啓蒙主義的要因——のそれに起因するからである*81。

「暴力の衰退」という現象が、人間という種に典型的・普遍的な心理学

的適応——すなわち人間本性——の変化ではなく、環境的要因のそれに起因するなら、適応主義的な要因の影響力自体は低減していないことになる。リーダーは時として怒りや過信に駆られて攻撃的政策をとり、ナショナリズムはしばしば国家間紛争を熾烈化させるが、こうした戦争に向けた人間本性の因果効果は、民主主義の進展や学力・識字率の向上といった、平和に向けた環境的・後天的要因によって相殺されるのである。

④種に典型的な適応と個別的コンテクスト

　第四は、種に典型的・普遍的な普遍的適応と、特定的・直近的なコンテクストの間の相互作用である。これは、人間行動における個人差が、種に典型的・普遍的な適応と、特定の社会政治学的コンテクストが相互作用した結果としてうまれるシナリオを指す*82。以下、政治学的に決定的に重要なコンテクストを考えてみよう。すなわち、攻撃と協調である。

　まずは攻撃を考えてみよう。人間に他者を攻撃するような種に典型的・普遍的な心理メカニズムが備わっていることに異論はない。すなわち、これまで幾度となく説明してきた攻撃システム——利害紛争において力を評価し、暴力を効果的に行使するメカニズム——の存在である。「戦士の遺伝子」が行動遺伝学的な突然変異の産物であったのにたいして、攻撃システムは適応主義的な種に典型的・普遍的な人間本性である。

　しばしば進化学への批判者は、進化政治学者が人間に暴力の本性が備わっているということは、我々が戦争や紛争に不可避に陥るということを意味しているのではないか、と批判する。いわゆる自由意思否定論や決定論批判である。しかし、こうした批判は、進化学の論理を適切に理解していないが故に生まれる誤解に基づいた誤りであり、そのため、こうした誤りはただす必要がある。「戦士の遺伝子」の存在が決定論的に人間の攻撃行動を生むわけではないのと同様に、攻撃システムも不可避にホモサピエンスを暴力に駆りたてるというわけではない。すなわち、人間に暴力をふるう本性が備わっているということが、我々がいずれの状況においても、必ず暴力をふるうということを意味するわけではない。つまるところ、人間に備わっている適応的な心理メカニズムは、コンテクスト依存的かつ条件

的なのである。

　動物間の利害紛争の調整はしばしば、個体が相互の力を評価して、挑戦するか服従するかを効果的に決断するような、一連の挑発的なディスプレイを通じて解決される＊83。こうした闘争的な競争のコンテクストでは、進化ゲーム理論的にいえば、「いつも挑戦する」という戦略を具現化した適応を保有する個体は、「もし相手より自分が大きければ挑戦せよ、もし小さければ服従せよ」といった条件的な戦略を具現化した適応を実装した個体に最終的に置き換えられる。これは国際関係論における繰り返しのある「囚人のジレンマ」状況における最適解が「しっぺがえし戦略（tit　for　tat）」——最初は協力して、その次からは相手がした行動を模倣するという戦略——であることとパラレルである。

　つまるところ、進化生物学の御大リチャード・ドーキンスが論じているように、攻撃システムについていえば、「敵よりも大きければ進行する、小さければ撤退する」といった進化的な意思決定アルゴリズムがあり、この意思決定アルゴリズムは、特定の個人による特定の状況下での攻撃を生みだし、他の状況下では服従を生みだしうる＊84。ここにおいて、敵に攻撃するという種に典型的・普遍的な適応は、外的情報のキューとなる可変的なコンテクストというインプット（敵と自らの間の相対的パワーの差）と相互作用して、アウトプットとなる人間行動のバリエーションを生みだすのである。

　次に、協調というコンテクストを考えてみよう。人間のような社会的な種が直面する一つの有意な適応課題に、誰と、そして、いかにして協調するのかというテーマがある。それでは、人間は狩猟採集時代に誰とどのようにして協調してきたのだろうか。ホモサピエンスの心理メカニズムは約200万年前から一万年前の狩猟採集時代（すなわち進化的適応環境）に形成されたので、この時代における協調の論理を知ることで、現代に生きている我々人間がどのようにして協調をするのかを理解することができる。

　この問いにたいして、進化学者はこれまで以下のように主張してきた。すなわち、仮に互恵性や社会的交換がこれらのコンテクストにおける行動を調整するように設計された適応の産物なのであれば、こうした適応は進

化的適応環境において、確実に相互作用がくりかえされる可能性と、他者の欺瞞や裏切りにかかるキューに注意を払うべきであるということである *85。

　なぜなら、進化心理学者トゥービーとコスミデスの古典的研究が明らかにしているように、他者の裏切りに気が付かず協調をしてしまうと一方的に搾取をされてしまい、そうした非適応的な状況が恒常的に存在するのであれば、協調は進化しえないからである *86。したがって、政治学者のロバート・アクセルロッドが「くりかえしのある囚人のジレンマ」ゲームで明らかにしたように、進化ゲーム理論的シチュエーションにおいて、無条件に常に協調を志向するアクターは、選択的に協調をする（一回目は協調をして、その後は相手と同じ行動をとるなど）アクターによって最終的に駆逐される。

　そこで、逆説的ではあるが、社会的交換や個人間協調という適応課題に対処するために、人間には裏切り者検知（cheater detection）の心理メカニズムが備わっているというのが、トゥービーとコスミデスの答えだった *87。すなわち、人間は驚くべきほど、裏切り者（現実のあるいは潜在的な）の検知や識別に秀でており、それらの検知・識別をするうえで、しばしば無意識に、相手の顔面特徴にみられる物理的なキューを頼りにする *88。つまるところ、人間の協調も攻撃もコンテクスト依存的かつ条件的であり、それが故に、人間の本性が天使なのか悪魔なのか、といった単純化された問いは誤っているのである。ブラッドレイ・セイヤーの議論には、このコンテクスト依存性や条件性といった観点が欠けており、これを追加することで、より包括的な進化的リアリズムの議論になろう。

（4）小　括
　以上、進化政治学が依拠する適応主義的アプローチを考察するなかで、進化行動モデルという人間行動に関する新たな因果モデルを構築してきた。これらの議論は、以下のようにまとめられよう。第一に、進化が人間の行動を直接引き起こすのではなく、脳が引き起こすということである。すなわち、脳に備わった種に典型的かつ普遍的な心理メカニズムは、進化的適

応環境における特定の適応課題にたいする固有の解決法として形成されたのであり、それらは人間行動の至近要因となる＊89。進化政治学者は、こうした心理学的適応を理解するために、適応と淘汰圧の間における機能主義的な因果関係に注意を払う必要がある。

　第二に、自然淘汰により形成された心理メカニズムは多様であり、さまざまな領域（交配、狩猟採集、社会的交換、戦争）を横断して、領域固有な形で存在する＊90。第三に、人間の脳に備わった心理メカニズムはしばしば、特化した条件的・コンテクスト依存的な論理にしたがって作用する。つまるところ、心の柔軟性の作用構造は、進化的適応環境における繁殖上の適応と相関するのである。

　第四に、個人間の多様性は、可変的な環境と相互作用する種に典型的・普遍的な適応の産物、あるいは、個人間における遺伝的差異（遺伝的な表現型の多様性）の産物として説明できる。そして重要なことに、「多様性」というキャッチフレーズを唱えがちな政治的左派の説明に反して——彼らはしばしば生得的要因の捨象を論じるブランク・スレート論、広義には標準社会科学モデルを支持する——、人間間の多様性は個人間の遺伝的差異という行動遺伝学的要因によっても生起しうる。そして、この際の多様性とは具体的には、IQ や運動能力といった生得的な能力の差異を指すことになる。つまるところ、いわゆる「多様性」は環境的要因のみならず、生得的要因にも由来しうるのである。

第3節　進化政治学に想定される批判

　前節では進化政治学の基盤にある進化学という学問を考察した上で、適応主義のロジックを出発点として人間行動を説明する、進化行動モデルという包括的なモデルを提示した。しかし、安全保障系の主要学術雑誌 *International Security* でもしばしば取りあげられているように、進化政治学をめぐっては誤解に起因する批判や論争がいくつか存在する＊91。実際、一部の政治学者はナチスドイツや社会ダーウィニズムとの関係から、進化論を政治学に導入することに懸念を示している＊92。ここでの目的は、

こうした懸念が誤解に基づく誤りであることを示して、進化政治学の進展を阻む障害を取り除くことにある。これにより、進化政治学、より本章に即していえば、進化行動モデルに想定される批判を克服することができよう。

　その際、具体的には、進化学や進化学を政治学に応用することへの批判にかかわる代表的な五つのテーマ——自然主義的誤謬（naturalistic fallacy）とステレオタイプ、道徳主義的誤謬（moralistic　fallacy）、自由意思と決定論、進化学の一貫性、「生まれ」と「育ち」の論争、還元主義——をとりあげる。これらは進化系の議論に精通する研究者であれば、お馴染みのテーマに思われるだろうが、各々重要な命題であるため、改めて一つ一つ確認していく。

（1）自然主義の誤謬とステレオタイプ

　第一は、自然主義の誤謬である。進化論はポリティカル・コレクトネスを主張する論者では議論しないようなトピック——殺人、セックス、恋愛など——を科学的手法で分析し、時として我々にとって受けいれ難いダークな側面を明らかにする。その結果、しばしば進化政治学に対しては非道徳的な学問であるという批判が浴びせられる。有力な進化心理学者の一人ダグラス・ケンリック（Douglas　T.　Kenrick）の書籍に『野蛮な進化心理学』という自虐的な邦訳タイトルが付けられていることが示唆するように[93]、「一部の人たちは、進化心理学（進化政治学とも言い換えられる：筆者注）が、人間の本性は利己的で邪悪だという発見をしたと主張していると考えている」のである[94]。こうした批判をピンカーは以下のように鋭く描写している。

　　人間の本性というものが存在すると認めることは、人種差別や性差別、戦争や強欲や大量虐殺、ニヒリズムや政治的反動、子供や恵まれない人たちの放置などを是認することだと、多くの人が考えているのだ。そして、心が生得的な機構をもつという主張は、まちがっているかもしれない仮説としてではなく、考えるだけでも不道徳なものとし

て受け止められている＊95。

　たとえばこうした知見の一つに、子供の虐待は実親より継親の場合にはるかに多いというものがある＊96。「自然淘汰の冷酷な計算では、血のつながりのない子どもへの投資は無駄になる」ので、「親の忍耐は実の子よりも継子に対するほうが、ずっとはやく限界を超えやすく、極端な例ではそれが虐待につながる」というのがその論拠である＊97。マーティン・デイリー（Martin Daly）とマーゴ・ウィルソン（Margo Wilson）の研究書の邦訳タイトルが的確に示しているように、これがまさに「シンデレラがいじめられる本当の理由」なのである＊98。しかし、子供の虐待が実親より継親に有意に多いということ（is）は、我々が継子差別をすべき（ought）であるということを意味するのだろうか。あるいは、仮にそうでない——is から ought は導きだせない——という主張をしたいならば、その論拠は何に求められるのだろうか。

　こうした問いに答える際に重要になるのが、自然主義の誤謬——事実から規範を導きだそうとする誤り——である＊99。自然主義的誤謬とは、「である」から「であるべき」に飛躍してしまう論理的な誤謬のことを指す。換言すれば、「自然なものは善である」、「〜であるから、こうあるべきだ」と推論することの誤りを指す。たとえば、人間には遺伝的差異があり、生まれつきの才能や能力は各々異なるので、差別は行われるべきだ、といった主張はその典型例である。我々はしばしば「自然界で見られる出来事はよいことだという信念」を抱くが＊100、自然主義の誤謬が含むところは、こうした自然のものだから良いという思考様式が誤りだということである。そもそも自然のものが健全という保証などなく、is から ought を導きだすことはできない。遺伝子組み換え食品へのイデオロギー的批判、オーガニック食品への盲目的信奉などは自然主義の誤謬の典型的な例であろう＊101。

　あるいは、「仮に攻撃性やレイプが自然淘汰の産物だとしてもそれらが良いということになる必然性はない＊102」し、「実子より継子への投資が少なくなるという事実が継子差別をすべきであるという規範を含むわけで

はない＊103」。自然主義の誤謬を踏まえることで、こうした素朴な直感を哲学的論拠が備わった形で擁護できるようになる。つまるところ、進化政治学者は我々が見たくない側面を含めた実証命題を論じているのであり、そこから特定の規範命題を引きだそうとしているわけではないのである。

　この自然主義的誤謬はステレオタイプの問題ともかかわる。たとえば、暴力をふるうのは男性であり、女性は地位や経済力の高い男性を好む、あるいは男性は子供の世話をあまりしないというのは、しばしば観察される事実である＊104。そして、そのように多くのものがみなしているという事実は、それはステレオタイプである。それでは、こうしたステレオタイプは誤りなのであろうか。答えは否である。多くのステレオタイプはしばしば適応的なものであり、往々にして統計的データ（意識的・無意識的に依拠）をベースとして、観察から導きだされた一般化された議論である。それゆえ一定の統計学的真理や適応的な役割を含んでいる＊105。この議論の核心、すなわち、ステレオタイプに関する議論で指摘すべきことは、一般論を語っているのであって、必ずしも個別的ケースには当てはまらない例外があるということであろう。実際、暴力的な女性もいるし、子育てに積極的に参加する父親も世界には存在する。

　しかしながら、こうした例外があるからという理由から、一般論が誤っていると推論するのは推論における論理的誤謬である。重要なことは、統計的データに基づいた一般論を個別的ケースに無条件に当てはめようとするのが誤りだということであって、その一般論が誤っているということではない。つまるところ、ステレオタイプとは統計的な真理を含む、経験に基づいた一般論である。それは自然主義の誤謬と同じく、*is* を語っているのであって、*ought* を語っているわけではない。進化学は、任意の集団の人間が一般的に統計的傾向性としていかなる特徴を持っているのか、あるいはいかなる行動をしがちなのかといったことを明らかにするが、それはその人々をいかに扱うべきかといった話とはまた別問題なのである。

　以上は自然主義の誤謬およびステレオタイプに関する議論の結論であり、進化学が *is* と *ought* を議論するときに踏まえるべき、基本となる議論である。しかし、あらゆる研究や議論がそうであるように、基本があれば応

用編もある。それは、脳科学者であり哲学者でもあるサム・ハリス（Sam Harris）が主張しているように、*is* は *ought* を語る上で一定の科学的裏付けを備えた基準を提供してくれる、ということである＊106。このハリスの主張は道徳相対論を含むのではなく、むしろ強力な道徳実在論を表象している。つまり、我々が価値と考えるものですら、科学的な基準でそれが含む内容を評価することが一定程度できるということである。生きているのか死んでいるのか、健康か不健康かこうしたミニマムな消極的自由にかかる問題については、科学の立場から一定程度基準を提示することができよう。

　このようなハリスの議論は実に興味深い。しかし、本書ではより穏当な結論を提示することで満足することにしたい。すなわちピンカーをはじめとする多くの進化心理学者が指摘しているように、*is* から不可避に *ought* が導きだされるという進化学への批判者が依拠する思考様式には論理的飛躍があり＊107、進化学は事実を明らかにしようとしており、特定の価値規範を広めようとしているわけではないのである＊108。この点をしっかりとおさえることが、進化学を知る上でまず重要であろう。

（2）道徳主義的誤謬

　第二に、自然主義的誤謬と逆にベクトルの誤りに、道徳主義的誤謬（moralistic fallacy）がある。道徳主義的な誤謬とは、ハーバード大学の微生物学者バーナード・デイビス（Bernard Davis）が1970年代に提示したものである＊109。道徳主義的誤謬は自然主義的誤謬とロジックが逆であり、それは「であるべき（ought）」から「である（is）」を導きだす誤謬を指す。すなわち、「こうあるべきだから、こうなのだ」と主張する推論の飛躍を指すのである。

　自然主義的誤謬はラディカルな政治的右派が陥りがちである一方、道徳主義的誤謬はラディカルな政治的左派が陥りがちである。前者についていえば、白人は黒人よりも犯罪率が低いので、黒人よりも社会政治的制度で優遇されるべきだ、といった議論がその典型例になろう。後者については、男女はあらゆる側面（身体的・精神的）で等しくあるべきなので、あらゆ

る性差は本来存在せず、あると思われているのは悪しき社会的構築物に過ぎないといったものである。進化論を議論する際に問題になるのは、しばしば後者の道徳主義的誤謬となる。なぜなら、現代の自由民主主義世界に通底している規範によれば、現実に差異が存在するからといって、その差異に基づいて差別をするべきと主張するものなど滅多にいないのだが（実際、多くの政治的保守も、消極的自由を基調とする基本的人権概念は受けいれている）、近年のポリティカル・コレクトネスを声高に提唱するラディカルな左派はキャンセル・カルチャーといった形でしばしば、道徳主義的な誤謬の陥穽にはまっているからである。

　この道徳主義的誤謬は、「善なるものは自然であるべき」と信じてしまう傾向といえる。換言すれば、道徳主義的誤謬とは、こうあるべきであるという規範から、特定の学説を導きだそうとする、推論上の誤りを指すのである。一例をあげれば、「皆が平等であるべきだから（ought）、生まれつきの遺伝的差異など存在するはずない（is）」と主張することは、道徳主義的誤謬の一つである。進化生物学者のマット・リドレー（Matt Ridley）はこのロジックを的確に指摘して、こうした道徳的誤謬のことを、「逆の自然主義的誤謬（reverse naturalistic fallacy）」と呼んでいる＊110。

　たとえば、道徳主義的誤謬によれば、古典的リアリズムにみられる、人間本性が戦争を起こすという議論は間違っているとされる。俗な言葉でいえば、「人間に戦争を望む本性がある」という主張は、社会でも学界でもしばしばタブーなのである。なぜなのだろうか。それは多くの人が、人間本性は暴力的であるべきでない（ought）と考え、こうした願望や規範を実証命題（is）に投影し、誤った推論——この際、「人間は本性的には戦争を望まない」——を導きだしてきたからである。ピンカーが的確に述べているように、標準社会科学モデルにおける「暴力の場合の『正しい答』とは、暴力は人間の本性とは無関係であり、外部の有害な要素の影響による病的な状態」、すなわち「文化が教える行動であるか、一定の環境に蔓延する伝染性の病気である」というものだったのである＊111。これにたいして、進化政治学の最新の知見は、こうした標準社会科学モデルにおける一般的通念が誤っており、人間本性が戦争の究極的な原因であることを明ら

かにしている。

（3）自由意思と決定論

　第三は自由意思と決定論である。一般的通念によれば、人間は自らの意思で諸事象の是非を判断し、「人殺しは悪い」、「近親相姦は良くない」といったように推論するとされている。しかし、この通俗的な見方は、進化論的には誤っている。結論からいえば、人間の行動は理性や自由意思のみならず、進化の過程で備わった人間本性（感情、心理メカニズム、バイアス、その他）によっても決定される。そして重要なことに、意思決定においてはしばしば、後者の方が前者より影響力が強いということである。こうした点を体系的に明らかにしたのが、進化論的視点から道徳心理学や社会心理学を研究する、心理学者のジョナサン・ハイト（Jonathan Haidt）である。結論から言えば、ハイトの格言を借りると、「まず直観、それから戦略的思考」が科学的に正しい。すなわち、我々は最初に自動的・情動的に評価をくだし（進化的側面）、それを理性で後から正当化しようとする（理性的側面）のである。ハイトが研究のなかで挙げている、以下の二つのストーリーを考えてみよう。一つ目は「近親相姦に関するタブー」のストーリーである。以下の話をみてみよう。

　　　兄のマークと妹のジュリーは、大学の夏休みにフランスを旅行している。二人は誰もいない浜辺の小屋で一夜を過ごす。そのときセックスしてみようと思い立つ。二人にとっては、少なくとも新たな経験になるはずだ。ジュリーは避妊薬を飲み、マークは念のためにコンドームを使う。かくして二人は楽しんだ。そうすることで、互いの愛情はさらに高まった。さて、あなたはこのストーリーをどう思いますか？二人がセックスをしたことは、間違っていると思いますか？*112

　このシナリオについては重要な留保がある。それは、ジュリーは避妊薬を飲んでおり、マークはコンドームを使っていたので妊娠をする可能性はないと仮定されるということである。もちろん性病がうつることもなく、

これはあくまでも興味本位の「遊び」であり、二人の間には愛情はなく、その後は二度とセックスをしないので不健全な近親相姦の関係が続くわけでもない。したがって、マークとジュリーがセックスをすることは倫理的にも、医学的にも何の問題もないのだが、読者の多くはこの話を聞いて、不快感や戸惑いを感じるに違いないだろう。合理的に考えたら何の問題もない行為であるのに、「これはよくないことだ」と感じる。それは人間に備わった近親相姦忌避のメカニズムが、功利主義的な意味でのミクロ経済学的合理性を上回るからである。ハイトはこれらのストーリーを「無害なタブー侵犯ストーリー（harmless taboo violations）」と名づけている。さらにこれでも納得できない人に対して、ジョナサン・ハイトは別の複数の例を持ちだしているが、そのうちの一つが「ゴキブリ・ジュース」というシナリオである。

　このシナリオでは、まずリンゴジュースの缶を開けて 、中味をプラスチックのコップに注ぎ、被験者にそれを飲ませる。その後、白いプラスチックケースを取りだして、次のように言う。

> 　この容器には殺菌したゴキブリが入っています。研究室に備品を供給している業者から取り寄せたものです。このゴキブリは清潔な環境で飼育されていましたが、念のため私たちの手で、どんな細菌も生き残れないほど高湿になる圧力釜を使って、もう一度殺菌処理を施しています。さて、このゴキブリをリンゴジュースに入れ、茶こしでこします。あなたはこのジュースを飲めますか？ *113

　そして、もう一度問うが、このストーリーを聞いて、あなたはどのように感じただろうか。ハイトの被験者がそうであり、そして今この文章を読んでいるあなた自身もきっと同じであるように、これらの話は近親相姦タブーストーリー同じく、何の害もないはずなのに、あなたはきっと自然と嫌悪感を覚えたはずである。ところが、多くの人はなぜ自分に嫌悪感が生じたのかを説明できないのである。

　それは、我々が理性的、合理的に「良くない」と判断したわけではなく、

「おぞましい」「汚らしい」といった情動に動かされて、自動的に反応したからである。その判断の基盤になっているのは、言うまでもなく我々の先祖が人間として進化していく中で、近親相姦や汚物への忌避が心の働きとして組み込まれているからであり、こうした生得的な本能が我々の合理的判断を阻んでいるというわけである。換言すれば、人間は功利主義的かつ合理的に物事を考えているのではなくて、まず進化過程で備わった情動システムでほぼ自動的・義務論的に道徳的な判断をくだし、それを後から理性で擁護・正当化しようとしているのである＊114。

さて、これまで人間には進化の所産の「本能」と、比較的新しい装置である「理性」があることを説明してきたが、この二項対立について、脳科学者であり哲学者でもあるジョシュア・グリーン（Joshua D. Greene）の「二重過程理論（dual process theory）」は大きな示唆を与えてくれる。グリーンによれば、カメラにも自動と手動のモードがあるように、人間の脳も自動と手動の二重のプロセスで構成されている。部族主義や怒りといった本能は、我々が自らの意志でコントロールできない低次の自動的プロセスである。これは進化の初期に備わった狩猟採集時代の情動的システムであり、心理学者ダニエル・カーネマン（Daniel Kahneman）がシステム１と呼ぶものと同じである＊115。

他方、数式を解いたり道徳問題を熟考したりする際に重要になる理性は、高次の手動的プロセスである。これは人間が進化の過程で前頭前野を拡大させるなか発展させていった、比較的新しい理性の装置であり、カーネマンがシステム２と呼ぶものと同じである＊116。それゆえ、我々はこの主導的プロセスを駆動させて理性的に思考しないかぎり、無意識のうちに本能にしたがって、良い・悪い、好き・嫌いといった判断を下してしまうのである。以下の「トロッコ問題（trolley problem）」と呼ばれる実験を考えてみよう＊117。

制御不能になったトロッコが、五人の鉄道作業員めがけて突き進んでいる。トロッコが今のまま進めば、五人はひかれて殺されるだろう。あなたはいま線路にかかる歩道橋の上にいる。歩道橋は向かってくる

トロッコと五人の作業員のいるところの中間にある。あなたの隣には
大きなリュックサックを背負った鉄道作業員がいる。五人を救うには、
この男を歩道橋から線路めがけて突き落とすしかない。その結果、男
は死ぬだろう。しかし男の身体とリュックサックで、トロッコが他の
五人のところまで行くのを食い止められる（その際、あなた自身は飛び
降りられない。リュックサックを背負っていないし、トロッコを止められる
ほど体も大きくないし、リュックを背負う時間もない）。さて、この状況
下でこの見知らぬ男を突き落として死なせ、五人を救うことは道徳的
に容認できるか。

　この時、理性的に、すなわち功利主義的（最大多数の最大幸福を善とする
見方、費用便益計算ともいいかえられる）にじっくりと考えれば、この見知
らぬ男を突き落として死なせて、五人を救うことが合理的である。しか
し多くの人は情動的・自動的、さらにいえば義務論的に五人の命を助ける
ために、一人の男を突き落として殺すことはいけないと考える。トロッコ
問題で五人を救うため一人の太った男を殺すことがいけないと考えるのは、
近親相姦が悪いと思うことやゴキブリ・ジュースへの嫌悪と同じくらい自
動的な反応なのである。そこに根拠は必要なく、我々は本能で、義務論的
な推論形式でそのように感じてしまうということである。

（4）「生まれ」と「育ち」の論争

　第四は生まれと育ちの論争である。この論争の基本的な構図は、生まれ
を重視する論者が遺伝子、ホルモン等の先天的要因を重視する一方、育ち
を重視する論者は文化、教育等の後天的要因を重視するというものであ
る*118。ここで重要なのは、この論争が必ずしも客観・中立的な形で展開
されてきたわけではないということである。すなわち、ピンカーが嘆いて
いるように、残念ながら、生まれが育ちと等しく重要であるという穏当な
中立的主張が、生まれの完全な否定を求める政治的左派・政治的右派の両
極から、イデオロギー的理由でしばしば糾弾されているのである。
　政治的左派にとっては、心に環境・教育などの後天的要因で改変できな

い生得的要素があるならば、人間の平等が社会政策で実現できるという共産主義ユートピアや社会工学的発想には限界があるということになる。他方、政治的右派（特にキリスト教原理主義者など）にとって、特別な尊厳を有する人間が自然淘汰により設計された単なる動物に過ぎない――系統学的にチンパンジーと兄弟である――という事実は受けいれがたい*119。こうした理由から、生まれと育ちの論争は、学界のみならず社会に大きな影響を及ぼしているのである。

　それでは我々はどのようにして、イデオロギーから自由でありかつ学術的に生産的な形で、この論争を解消できるのだろうか。そのためには進化政治学への誤解を解消して、進化政治学者の見解を明確にすることが必要になろう。第一に根本的な問題であるが、進化政治学への批判者が抱いている進化政治学像に反して、進化政治学者は生まれ一辺倒の議論をしているわけではない*120。実際、進化政治学者は多くの場合、以下のようにして、人間の行動が遺伝子によって完全に決定されるわけではないことを自覚している。

　すなわち、たしかに遺伝子はタンパク質をつくりだし、行動のメカニズムを支える情報処理機構を設計しているため、遺伝子が変われば行動に変化が起こる*121。しかし多くの場合単一の遺伝子ではなく、複数の遺伝子が複雑にからみあって特定のメカニズムをつくりあげているので、任意の遺伝子と任意の行動が一対一に対応しているというわけではない*122。たとえば裏切り者検知メカニズムがあるからといって、それに直接対応する裏切り者検知の遺伝子があるというわけではない。こうした意味において、人間の行動は遺伝子によって完全に決定されているという遺伝子決定論は科学的に誤っているのである。そして重要なことに、多くの進化政治学者はこのような極端な遺伝子決定論を支持していない。

　第二に、進化政治学者は生まれと育ちの相互作用を自覚している*123。このことは水路付け（canalization）――特性の成長が環境の変化にかかわらず頑強であることの程度――という、遺伝（生まれ）と環境（育ち）の相互作用を表す概念により理解できる*124。小田亮はこの水路付けを、斜面を落下するボールのアナロジーで説明している。

　ボールが斜面の頂点にあるところを想像してほしい．斜面には細か
く分かれたいくつもの谷間がある．ボールはいちど転がり落ちると，
谷間のなかでも最も深く低いところを通っていく．ボールは決められ
たルートを一直線に下っていくように見えるが，実はとりうるルート
はいくつもある．外から何らかの力が加わったり，斜面の摩擦の具合
が変わったりすると，ボールは別の谷間に転がり込み，異なったルー
トを通って異なった場所へと導かれるだろう．＊125

　ここから読みとるべきことは、山の斜面から落ちていくボールと同じこ
とが、心の形成についても当てはまるということである。すなわち、遺伝
的要因（生まれ）は心の形成に際して初期条件としての役割を果たすが、
最終的な心の形はそれが環境的要因（育ち）によって修正された上で決ま
るのである。
　たとえば、人間の攻撃性にかかわる遺伝子に「戦士の遺伝子」があるが、
これには多型が存在しており、こうした個人間の遺伝的差異によって、
MAOA を作る量に差が生まれることも分かっている。ニュージーランド
の男性を対象にした研究では、酵素を作る能力が弱い「戦士の遺伝子」だ
と、暴力行動につながることがわかったが、それは幼児期に虐待を受けて
いた場合に限られており、同じ「戦士の遺伝子」を持っていても虐待を受
けていない場合には暴力行動の生起率が下げることが分かっている。
　すなわち、「戦士の遺伝子」とよばれる対立遺伝子は、トラウマ的な初
期の出来事と組みあわさって、当該遺伝子を有する個人の、他者からの挑
発にたいする攻撃的反応を向上させるということである。このことは、種
に典型的・普遍的な攻撃システムの特定の閾値は、個人間の遺伝的差異
（たとえば、この場合、特定の個人が保有するが他の者が有さず、彼を脅威に対
して多かれ少なかれ反応させる遺伝子あるいは対立遺伝子）の直接的帰結と
して、個人間で変動しうることを含んでいる＊126。

（5）還元主義
　第五は還元主義である。進化政治学は戦争と平和といったマクロな社会

政治現象を、進化的適応環境で人間が包括適応度極大化を実現する上でハードルとなっていた様々な適応課題を克服するために選択された、種に典型的かつ普遍的な心理学的適応の視点から理解しようとする学問である。その際、進化政治学は、感情、バイアス、進化、ニューロン、ホルモンといったミクロな進化論的・生物学的変数に基づいて、現実の人間行動の謎を解明しようとする。これはピンカーの言葉を借りれば、「歴史と文化は心理学にもとづかせることができ、心理学は計算論、神経科学、遺伝学、進化論にもとづかせることができる」といったように、「ある分野で基本単位として使われているものが、別の分野ではさらに細かく分析される」といったシナリオを指し＊127、そこでなされていることは実質的には、政治学を進化論の単純な原則に基づかせるということである。

　ところが残念ながら、こうしたコンシリエンスを基調とする意義ある研究アプローチをめぐっては、常に一つの批判が付いてまわることになる。それが還元主義である。哲学に精通していない研究者はしばしば還元主義が何か悪いことだと感じていても、それがいったいいかなる哲学的根拠によって悪いのかを体系的に説明することはできないようである。つまるところ、そのくらい還元主義をめぐる議論は難解で誤解に満ちているのである。

　ピンカーが的確に指摘するように、還元主義をめぐる議論の一般的なイメージは、「人文学や芸術や社会科学の豊かな内容が、ニューロンや遺伝子や進化の推進力がどうしたとかいう一般的な話に書き換えられてしまうかもしれない」、「（人文学と自然科学の：筆者注）統合というのは煙幕で、実は白衣を着た実利主義者に、人文科学や芸術や社会科学を強引に乗っ取られるのではないか」と「多数の非科学者を警戒させる」、といった具合である＊128。しかし、こうした進化学や進化政治学に対する還元主義批判は、いったいどれほど妥当性を備えたものなのだろうか。

　結論から述べると、「還元主義には、コレステロールと同じように、いいものと悪いものがある」ので、全ての還元主義を悪者扱いする必要はない＊129。しばしば批判されるタイプの還元主義は、ダニエル・デネット（Daniel Dennett）が貪欲な還元主義（greedy reductionism）——悪い還元

主義（bad reductionism）、破壊的な還元主義（destructive reductionism）も同義——と呼ぶものである＊130。これは「ある現象を最小の要素やもっとも単純な要素で説明しようとする試み」を指す＊131。貪欲な還元主義の例には、「第一次世界大戦の原因を電子やクォークの立場から説明しようと」する研究が挙げられる＊132。しかしこうした研究の成果として、「第一次世界大戦が、途方もなく複雑なパターンで動く途方もない数のクォークでできていた」ことが判明しても、「そういう記述の方法からはどんな洞察も得られない」のである＊133。

　他方、生産的なタイプの還元主義は、デネットやピンカーが階層的還元主義（hierarchical reductionism）（よい還元主義（good reductionism）も同義）と呼ぶものである。これは「ある知識分野をほかの知識分野で置き換えるのではなく、それらを結びつける、あるいは一つにまとめる」ものを指す＊134。階層的還元主義によれば、「複数の分野の知識が結びつくとブラックボックスが開かれて、いわば約束手形が現金化されるように、それぞれの分野がたがいの知識を実際的に使えるようになる」＊135。ピンカーは大陸移動の研究を例に挙げて、このことを以下のようにわかりやすく説明している。

　　たとえば地理学者が、アフリカ大陸の海岸線がアメリカ大陸の海岸線とぴったりあうのは、かつて隣接していた陸塊が別々のプレートの上にのっていて、そのプレートが離れていったからだと説明する。なぜプレートが動いたのかという問いは地理学者にまわされ、地理学者は、プレートを押し離すマグマの噴出の話をする。どうしてマグマがそんなに熱くなるのかという点については、物理学者に頼んで地球のコアやマントルで起こっている反応の解説をしてもらう。どの科学者も不可欠だ。地理学者が孤立していたら、大陸の移動に魔法をもちださなくてはならないだろうし、物理学者が孤立していたら、南アメリカ大陸の形を予測することはできないだろう＊136。

こうした良性の還元主義こそが、進化政治物学者エドワード・O・ウィ

ルソン（Edward Osborne Wilson）の述べるコンシリエンス（consilience）
の中核にあるテーマである＊137。

　還元主義を別の視点から論じれば、以下の点も指摘に値しよう。自然界
には階層性が純然たる事実として存在する。それは大きさによって分類さ
れ、あるいは大きさの逆数であるエネルギーによって指標づけられる。各
階層は大きさが1000倍ほども異なることすらある。これはイズムや哲学と
は無縁の単なる観測的事実である。そして、事実は政治科学を含む科学の
出発点である。むろん、歴史的には理論と技術の深化に伴って階層性が見
出されてきたわけだが、そういう発見の時代は20世紀中盤に終わった。そ
れでは、こうした階層性は古典的な要素還元主義によって説明できるのだ
ろうか。あるいは、ある階層の現象をそのひとつ下の階層の現象の組み合
わせですべて説明できるのだろうか。さてまた、下の階層は上の階層より
真に本質的なのだろうか。これらの問いにたいする答えは否である。

　むろん、正確には、非常に理想的な問題に限り下の階層から上の階層の
導出が出来る場合もあるかもしれないが、これは還元主義の問題を考える
とき、必ずしも本質ではなかろう。つまるところ、還元主義を議論する際
にむしろ本質的なのは、ある階層の現象は、その下の階層の情報を「知ら
なくても」矛盾なく説明できるという点にあるのである。これこそが現代
物理学に牽引されて発展してきた科学の根幹にある。

　ただし、デネットが階層的還元主義という言葉で含んでいるように、還
元主義には狭義のそれ（「貪欲な還元主義」）と広義のそれ（階層的還元主
義）があり、後者は「何らかの現象にはそれに適した本質的な説明が存在
して、それは必ずしも要素の還元とは限らない」という含みを備えた考え
方を指す。もっとも、「簡潔な説明が存在しうる」という直感そのものが
ある意味で還元主義的なので、広義の還元主義と呼べるし、その簡潔な説
明というものが、対象ごとに複数の階層に想定されるのである。

　したがって、物理学において、ティコ・ブラーエ（Tycho Brahe）、ヨハ
ネス・ケプラー（Johannes Kepler）、あるいはガリレオ・ガリレイ
（Galileo Galilei）ですら、その主張はある意味において、「自然を客観的
に観測したら宗教と異なる事実がわかった」というものに過ぎなかったよ

うに、人間を対象とした諸学もダーウィン登場以前には至近要因しか射程に収めていなかった。しかし、物理学において一歩話をすすめて「なぜ、どうして」にはじめて答えたことでニュートンの功績が他の学者と一線を画するように、人間科学においてダーウィンが果たした役割は圧倒的であった。そしてそのことを至近要因と究極要因の区別という意味で明示化した、進化生物学者リチャード・ドーキンスの師匠のニコ・ティンバーゲン（Niko Tinbergen）の功績もまた重大である＊138。

つまるところ、哲学者であり脳科学者でもあるパトリシア・チャーチランド（Patricia Smith Churchland）の言葉を借りれば、階層的還元主義を目指した「科学はけっして芸術や人文学に取って代わろうとして」いないので、そこにおいて「シェークスピアやモーツァルト、カラヴッジョは、プロテインキナーゼやマイクロ RNA と競合」しないのである＊139。

おわりに

本章では、前章で行った進化政治学に関する考察を受けて、人間行動を説明する包括的なモデル——本書では進化行動モデルと呼ぶ——を構築した。第 1 節では、ラカトシュ的にいえば、進化政治学の堅固な核（hard core）＊140であり、かつ、進化行動モデルの理論的出発点となる分析アプローチである適応主義を再考した。第 2 節では、進化政治学の視点から、人間行動を包括的に説明する因果モデルである、進化行動モデルを構築した。第 3 節では、進化政治学——より具体的には本章で構築した進化行動モデル、逆により広義には進化社会科学全般——に想定される批判に答えることを試みた。具体的には、ここでは、自然主義的誤謬とステレオタイプ、道徳主義的誤謬、自由意思と決定論、進化学の一貫性、「生まれ」と「育ち」の論争、還元主義を再考した。

第 1 章、第 2 章までは純粋に進化政治学に特化した研究であったが、次章から国際政治学に舞台を移して、進化政治学的視点から新たなリアリスト理論を構築していく。これにより、一部の例外を除いて、国際政治学ではじめて戦争の根本的原因——正確には究極要因（ultimate cause）——

を実在論的な意味での科学的根拠が備わった形で説明可能な、リアリスト
理論を提示する＊141。

註

＊1 D. Marr, *Vision: A Computational Investigation into the Human
Representation and Processing of Visual Information* (San Francisco, CA:
Freeman, 1982).

＊2 Geoff A. Parker, "Assessment Strategy and Evolution of Fighting Behavior,"
Journal of Theoretical Biology, Vol. 47, No. 1 (September 1974), pp. 223-243;
John Archer, *The Behavioural Biology of Aggression* (New York: Cambridge
University Press, 1988).

＊3 Richard Wrangham and Dale Peterson, *Demonic Males: Apes and the
Origins of Human Violence* (Boston: Houghton Mifoin, 1996); Richard W.
Wrangham, "Evolution of Coalitionary Killing," *Yearbook of Physical
Anthropology*, Vol. 42 (1999), pp. 1-30

＊4 Martin Daly and Margo Wilson, *Sex, Evolution, and Behavior* (Boston,
MA: Willard Grant Press, 1983); Ernst Mayr, "How to Carry Out the
Adaptationist Program?" *The American Naturalist*, Vol. 121, No. 3 (1983),
pp. 324-334; Leda Cosmides and John Tooby, "From Evolution to Behavior:
Evolutionary Psychology as the Missing Link," in John Dupre, ed., *The
Latest on the Best: Essays on Evolution and Optimality* (Cambridge, MA:
MIT Press, 1987), pp. 276-306; Jerome H. Barkow, Leda Cosmides, and
John Tooby, eds., *The Adapted Mind: Evolutionary Psychology and the
Generation of Culture* (New York: Oxford University Press, 1992); Michael
S. Gazzaniga, *The Cognitive Neurosciences* (Cambridge, MA: MIT Press,
2009); スティーブン・ピンカー（椋田直子訳）『心の仕組み』全2冊（筑摩書
房、2013年）; Leda Cosmides and John Tooby, "Neurocognitive Adaptations
Designed for Social Exchange." in David M. Buss, ed., *The Handbook of
Evolutionary Psychology* (Hoboken, NJ: Wiley, 2005), pp. 584-627; Joseph P.
Forgas, Martie Haselton, and William von Hippel, *Evolution and the Social
Mind: Evolutionary Psychology and Social Cognition* (New York, NY:
Psychology Press, 2007); T. J. H. Morgan, L. E. Rendell, M. Ehn, W. Hoppitt,
and K. N. Laland, "The Evolutionary Basis of Human Social Learning,"

Proceedings of the Royal Society B: Biological Sciences, Vol. 282, No. 1817 (2011), pp. 653-662.

＊5　Parker, "Assessment Strategy and Evolution of Fighting Behavior"; Archer, *The Behavioural Biology of Aggression*.

＊6　Richard Dawkins, "Good Strategy or Evolutionarily Stable Strategy?" in George W. Barlow and James Silverberg, eds., *Sociobiology: Beyond Nature/Nurture?* (Boulder, CO: Westview Press, 1980), pp. 331-367.

＊7　R・アクセルロッド（松田裕之訳）『つきあい方の科学――バクテリアから国際関係まで』（ミネルヴァ書房、1998年）。

＊8　この意味において、学習は行動の生物学的モデルのオルタナティブではなく、むしろ、それはその過程の不可分な要素を構成し続ける。実際、学習はそれ自体が、識別とカテゴリー化を可能にする連想を表象・想起できるようにする、一連の心理メカニズムによって可能になり、また逆にそれを必要ともしている。Charles R. Gallistel, *The Organization of Learning* (Cambridge, Mass.: MIT Press, 1990); Dan Sperber, *Explaining Culture: A Naturalistic Approach* (Oxford: Blackwell, 1996).

＊9　Donald Symons, "On the Use and Misuse of Darwinism in the Study of Human Behavior," in Jerome H. Barkow, Leda Cosmides, and John Tooby, eds., *The Adapted Mind: Evolutionary Psychology and the Generation of Culture* (New York: Oxford University Press, 1992), pp. 137-162.

＊10　ランドルフ・M・ネシー／ジョージ・C・ウィリアムズ（長谷川真理子・青木千里・長谷川寿一訳）『病気はなぜ、あるのか――進化医学による新しい理解』（新曜社、2001年）。

＊11　Michael Bang Petersen, "Public Opinion and Evolved Heuristics: The Role of Category-Based Inference," *Journal of Cognition and Culture*, Vol. 9, No. 3 (2009), pp. 367-389.

＊12　R. I. M. Dunbar, "Neocortex Size as a Constraint on Group Size in Primates," *Journal of Human Evolution*, Vol. 22, No. 6 (June 1992), pp. 469-493; ロビン ダンバー（藤井留美訳）『友達の数は何人？―ダンバー数とつながりの進化心理学』（インターシフト、2011年）。

＊13　P. Godfrey-Smith and Wilkins, J. F. Wilkins "Adaptationism," in S. Sarkar & A. Plutynski, eds., *A Companion to the Philosophy of Biology* (Oxford: Blackwell, 2008), pp. 186-202; G. C. Williams, *Adaptation and*

Natural Selection: A Critique of Some Current Evolutionary Thought (Princeton, NJ: Princeton University Press, 1966); Ernst Mayr "How to Carry Out the Adaptationist Program?"; Cosmides and Tooby, "From Evolution to Behavior.

*14 Dominic D. P. Johnson, Richard W. Wrangham, and Steven P. Rosen, "Is Military Incompetence Adaptive? An Empirical Test with Risk-Taking Behaviour in Modem Warfare," *Evolution and Human Behavior*, Vol. 23, No. 4 (2002), pp. 245-264; J. K. Choi, and S. Bowles, "The Coevolution of Parochial Altruism and War," *Science*, Vol. 318, No. 5850 (2007), pp. 636-640; Richard W. Wrangham, and Luke Glowacki, "Intergroup Aggression in Chimpanzees and War in Nomadic Hunter-Gatherers: Evaluating the Chimpanzee Model," *Human Nature*, Vol. 23, No. 1 (2012), pp. 5-29.

*15 Jonathan Gottschall, *The Storytelling Animal: How Stories Make Us Human* (New York, NY: Houghton Mifflin Harcourt, 2012); Pascal Boyer, *Religion Explained: The Evolutionary Origins of Religious Thought* (New York, NY: Basic Books, 2002); Jeremy Ginges, and Scott Atran, "War as a *Moral Imperative (Not Just Practical Politics by Other Means),"* Proceedings of the Royal Society B: Biological Sciences*, Vol. 278, No. 1720 (2011), pp. 2930-2938; James R. Liddle and Todd K. Shackelford, eds., *The Oxford Handbook of Evolutionary Psychology and Religion* (New York: Oxford University Press, 2021).

*16 Pascal Boyer, and Michael B. Petersen, "The Naturalness of (Many) Social Institutions: Evolved Cognition as Their Foundation," *Journal of Institutional Economics*, Vol. 8, No. 1 (2011), pp. 1-25.

*17 Kevin Smith, John R. Alford, Peter K. Hatemi, Lindon J. Eaves, Carolyn Funk, and John R. Hibbing, "Biology, Ideology, and Epistemology: How Do We Know Political Attitudes are Inherited and Why Should We Care?" *American Journal of Political Science* Vol. 56, No. 1 (2012), pp. 17-33.

*18 Barkow, Cosmides, and Tooby, eds., *The Adapted Mind*. See also, David Buss, ed., *The Handbook of Evolutionary Psychology, Volume 1: Foundation* (Hoboken, N.J.: John Wiley and Sons, 2015); Buss, ed., *The Handbook of Evolutionary Psychology, Volume 2*.

＊19　Boyer, and Petersen, "The Naturalness of (Many) Social Institutions."

＊20　Scott Atran and Jeremy Ginges, "Religious and Sacred Imperatives in Human Conflict," *Science*, Vol. 336, No. 6083 (2021), pp. 855-857.

＊21　Daniel Nexon, *The Struggle for Power in Early Modern Europe: Religious Conflict, Dynastic Empires, and International Change* (Princeton: Princeton University Press, 2009); バーバラ・W・タックマン（大社淑子訳）『愚行の世界史――トロイアからベトナムまで』上巻（中央公論新社、2009年）第三章。

＊22　https://www.theguardian.com/world/2002/nov/24/theobserver

＊23　Sam Harris, *The Moral Landscape: How Science Can Determine Human Values* (New York: Simon and Schuster, 2011); Sam Harris, *The End of Faith: Religion, Terror, and the Future of Reason* (New York: W. W. Norton & Company, 2004); Michael Shermer, *The Moral Arc: How Science Makes Us Better People* (New York: St. Martin's Griffin, 2016); Michael Shermer, *Giving the Devil his Due: Reflections of a Scientific Humanist* (Cambridge: Cambridge University Press, 2020); リチャード・ドーキンス（垂水雄二訳）『神は妄想である――宗教との決別』（早川書房、2007年）；リチャード・ドーキンス（大田直子訳）『さらば、神よ――科学こそが道を作る』（早川書房、2020年）；リチャード・ドーキンス（大田直子訳）『魂に息づく科学――ドーキンスの反ポピュリズム宣言』（早川書房、2018年）。

＊24　John Tooby and Leda Cosmides, "The Theoretical Foundation of Evolutionary Psychology," in David Buss, ed., *The Handbook of Evolutionary Psychology, Foundation*: Vol. 1 (Hoboken, N.J.: John Wiley and Sons, 2015), pp. 33-46; David M. Buss, *Evolutionary Psychology: The New Science of the Mind*, Fifth edition. (Boston: Pearson, 2015), pp. 53-54.

＊25　ピンカー『人間の本性を考える（上）』第7章。

＊26　Donald Brown, *Human Universals* (New York, NY: McGraw-Hill, 1991); Gazzaniga, *The Cognitive Neurosciences*; Paul J. Zak and Jacek Kugler, "Neuroeconomics and International Studies: A New Understanding of Trust," *International Studies Perspectives*, Vol. 12, No. 2 (2011), pp. 136-152.

＊27　Steve Stewart-Williams, *The Ape that Understood the Universe: How the Mind and Culture Evolve* (New York: Cambridge University Press, 2019), pp. 42-43.

＊28　Godfrey-Smith and Wilkins "Adaptationism"; Williams, *Adaptation and*

Natural Selection; Mayr "How to Carry Out the Adaptationist Program?";
Cosmides and Tooby, "From Evolution to Behavior."

＊29 Parker, "Assessment Strategy and Evolution of Fighting Behavior";
Archer, *The Behavioural Biology of Aggression*.

＊30 Aaron Sell, Leda Cosmides, John Tooby, Daniel Sznycer, Christopher
von Rueden, and Michael Gurven, "Human Adaptations for the Visual
Assessment of Strength and Fighting Ability from the Body and Face,"
Proceedings of the Royal Society of London Series B-Biological Sciences, Vol.
276, No. 1656 (2009), pp. 575-584; A. Sell, John Tooby, and Leda Cosmides,
"Formidability and the Logic of Human Anger," *Proceedings of the National
Academy of Sciences of the United States of America*, Vol. 106, No. 35
(September 2009), pp. 15073-15078.

＊31 A. Sell et al., "The Grammar of Anger: Mapping the Computational
Architecture of a Recalibrational Emotion," *Cognition*, Vol. 168 (November
2017), pp. 110-128; Sell, Tooby, and Cosmides, "Formidability and the Logic
of Human Anger"; A. Sell, Liana S. E. Hone, and Nicholas Pound, "The
Importance of Physical Strength to Human Males," *Human Nature*, Vol. 23,
No. 1 (March 2012), pp. 30-44; Michael Bang Petersen et al., "The Ancestral
Logic of Politics: Upper-Body Strength Regulates Men's Assertion of Self-
Interest over Economic Redistribution," *Psychological Science*, Vol. 24, No. 7
(May 2013), pp. 1098-1103; Michael Bang Petersen, Aaron Sell, John Tooby,
and Leda Cosmides, "Evolutionary Psychology and Criminal Justice: A
Recalibrational Theory of Punishment and Reconciliation," in Henrik Hogh-
Olesen, ed., *Human Morality and sociality: Evolutionary and comparative
perspectives* (Basingstoke: Palgrave Macmillan, 2010), chap. 5; John Tooby
and Leda Cosmides, "Groups in Mind: The Coalitional Roots of War and
Morality," in Hogh-Olesen, ed., *Human Morality and sociality*, chap. 8.

＊32 Sell, Tooby, and Cosmides, "Formidability and the Logic of Human
Anger."

＊33 Sell, Hone, and Pound, "The Importance of Physical Strength to Human
Males."

＊34 Ibid., p. 30.

＊35 Ibid., pp. 38-41.

＊36 Ibid., pp. 40-41.

＊37 Michael Bang Petersen, "The Evolutionary Psychology of Mass Politics," in S. Craig Roberts, ed., *Applied Evolutionary Psychology* (New York: Oxford University Press, 2012), chap. 8.

＊38 Petersen et al., "The Ancestral Logic of Politics."

＊39 David A. Puts, Coren L. Apicella and Rodrigo A. C?rdenas, "Masculine Voices Signal Men's Threat Potential in Forager and Industrial Societies," *Proceedings of the Royal Society B: Biological Sciences*, Vol. 279, No. 1728 (2012), pp. 601-609; Brian R. Spisak, "The General Age of Leadership: Older-Looking Presidential Candidates Win Elections during War," *PLoS ONE*, Vol. 7, No. 5 (2012), e36945.

＊40 Anthony C. Lopez and Rose McDermott, "Adaptation, Heritability, and the Emergence of Evolutionary Political Science," *Political Psychology*, Vol. 33, No. 3 (June 2012), pp. 343-362.

＊41 John Tooby, and Leda Cosmides, "On the Universality of Human Nature and the Uniqueness of the Individual: The Role of Genetics and Adaptation," *Journal of Personality*, Vol. 58, No. 1 (1990), pp. 17-67; David M. Buss and Heidi Greiling, "Adaptive Individual Differences," *Journal of Personality*, Vol. 67, No. 2 (1999), pp. 209-243; Lopez and McDermott, "Adaptation, Heritability, and the Emergence of Evolutionary Political Science."

＊42 J. Archer, "Testosterone and Human Aggression: An Evaluation of the Challenge Hypothesis," *Neuroscience & Biobehavioral Reviews*, Vol. 30, No. 3 (2006), pp. 319-345; Dminic D. P. Johnson, Rose McDermott, Emily S. Barrett, Jonathan Cowden, Richard W. Wrangham, Matthew H. McIntyre, and Stephen P. Rosen, "Overconfidence in Wargames: Experimental Evidence on Expectations, Aggression, Gender and Testosterone," *Proceedings of the Royal Society of London Series B-Biological Sciences*, Vol. 273, No. 1600 (2006), pp. 2513-2520.

＊43 Godfrey-Smith and Wilkins "Adaptationism"; Williams, *Adaptation and Natural Selection*; Mayr "How to Carry Out the Adaptationist Program?"; Cosmides and Tooby, "From Evolution to Behavior."

＊44 Karin J. H. Verweij, Jian Yang, Jari Lahti, Juha Veijola, Mirka Hintsanen, Laura Pulkki-Råback, Kati Heinonen, et al, "Maintenance of Genetic

Variation in Human Personality: Testing Evolutionary Models by Estimating Heritability Due to Common Causal Variants and Investigating the Effect of Distant Inbreeding," *Evolution*, Vol. 66, No. 10 (2012), pp. 3238-3251.

*45 Stephen J. Gould, and Richard C. Lewontin, "The Spandrels of San Marco and the Panglossian Paradigm: A Critique of the Adaptationist Programme," *Proceedings of the Royal Society of London Series B-Biological Sciences*, Vol. 205, No. 1161 (1979), pp. 581-598. See also, Godfrey-Smith and Wilkins "Adaptationism."

*46 Williams, *Adaptation and Natural Selection*.

*47 Stathis Psillos, *Scientific Realism: How Science Tracks Truth* (London: Routledge, 1999); Anjan Chakravartty, *A Metaphysics for Scientific Realism: Knowing the Unobservable* (Cambridge: Cambridge University Press, 2007); 戸田山和久『科学的実在論を擁護する』（名古屋大学出版会、2015年）。

*48 Eric J. Hamilton and Brian C. Rathbun, "Scarce Differences: Toward a Material and Systemic Foundation for Offensive and Defensive Realism." *Security Studies*, Vol. 22, No. 3 (July 2013), pp. 436-465; Jeffrey W. Taliaferro, "Security Seeking under Anarchy: Defensive Realism Revisited." *International Security*, Vol. 25, No. 3 (Winter 2000/2001), pp. 128-161.

*49 Godfrey-Smith and Wilkins "Adaptationism"; Williams, *Adaptation and Natural Selection*; Mayr "How to Carry Out the Adaptationist Program?"; Cosmides and Tooby, "From Evolution to Behavior."

*50 Tooby, and Cosmides, "On the Universality of Human Nature and the Uniqueness of the Individual"; Buss and Greiling, "Adaptive Individual Differences"; Lopez and McDermott, "Adaptation, Heritability, and the Emergence of Evolutionary Political Science."

*51 こうした点を主張して、ブランク・スレート（blank slate）論を喝破した最も代表的な書籍は、スティーブン・ピンカー（山下篤子訳）『人間の本性を考える——心は「空」白の石版」か』全3巻（NHK出版、2004年）を参照。

*52 John Tooby and Leda Cosmides, "Adaptation for Reasoning About Social Exchange," in Buss, ed., *The Handbook of Evolutionary Psychology*, Volume 1, chap. 25; L. Cosmides, H. C. Barrett, and J. Tooby, "Adaptive Specializations, Social Exchange, and the Evolution of Human Intelligence," *Proceedings of the National Academy of Sciences of the United States of*

America, Vol. 107, Supplement 2 (May 2010), pp. 9007-9014; L. Cosmides, "The Logic of Social-Exchange: Has Natural-Selection Shaped How Humans Reason? Studies with the Wason Selection Task," *Cognition*, Vol. 31, No. 3 (May 1989), pp. 187-276.

＊53 D. Pietraszewski, L. Cosmides, and J. Tooby, "The Content of Our Cooperation, Not the Color of Our Skin: An Alliance Detection System Regulates Categorization by Coalition and Race, but Not Sex," *Plos One*, Vol. 9, No. 2 (February 2014), e88534.

＊54 David Buss et al., "International Preferences in Selecting Mates: a Study of 37 Cultures," *Journal of cross-cultural psychology*, Vol. 21, No. 1 (March 1990), pp. 5-47; David Buss, "Sex differences in human mate preferences: Evolutionary hypotheses tested in 37 cultures," *Behavioral and Brain Sciences*, Vol. 12, No. 1 (March 1989), pp. 1-49.

＊55 Parker, "Assessment Strategy and Evolution of Fighting Behavior"; Archer, *The Behavioural Biology of Aggression*.

＊56 Dawkins, "Good Strategy or Evolutionarily Stable Strategy?"

＊57 ジョン・J・ミアシャイマー（奥山真司訳）『大国政治の悲劇――米中は必ず衝突する』（五月書房、2007年）Eric J. Labs, "Beyond Victory: Offensive Realism and the Expansion of War Aims," *Security Studies*, Vol. 6, No. 4 (Summer 1997), pp. 1-49; Colin Elman, "Extending Offensive Realism: The Louisiana Purchase and America's Rise to Regional Hegemony," *American Political Science Review*, Vol. 98, No. 4 (November 2004), pp. 563-576; D. D. P. Johnson, and Bradley A. Thayer, "The Evolution of Offensive Realism," *Politics and the life sciences*, Vol. 35, No. 1 (Spring 2016), pp. 1-26.

＊58 Norrin M. Ripsman and Jack S. Levy, "The Preventive War that Never Happened: Britain, France, and the Rise of Germany in the 1930s," *Security Studies*, Vol. 16, No. 1 (April 2007), pp. 32-67.

＊59 Leda Cosmides and John Tooby, "Origins of Domain Specificity: The Evolution of Functional Organization," in Lawrence A. Hirshfeld and Susan A. Gelman, eds., *Mapping the Mind: Domain Specificity in Cognition and Culture* (New York: Cambridge University Press, 1994), pp. 85-116.

＊60 Bradley A. Thayer, "Bringing in Darwin: Evolutionary Theory, Realism, and International Politics," *International Security*, Vol. 25, No. 2 (Fall 2000), pp. 124-151; Bradley A. Thayer, *Darwin and International Relations: On the Evolutionary Origins of War and Ethnic Conflict* (Lexington: University Press of Kentucky, 2004).

＊61 Adam Goodwin, "Evolution and Anarchism in International Relations: The Challenge of Kropotkin's Biological Ontology," *Millennium-Journal of International Studies*, Vol. 39, No. 2 (2010), pp. 417-437.

＊62 Duncan S. A. Bell, Paul K. MacDonald, and Bradley A. Thayer, "Start the Evolution without Us," *International Security*, Vol. 26, No. 1 (Summer 2001), pp. 187-198. See also, Duncan Bell "Beware of False Prophets: Biology, Human Nature and the Future of International Relations Theory." *International Affairs*, Vol. 82, No. 3 (May 2006), pp. 493-510.

＊63 Symons, "On the Use and Misuse of Darwinism in the Study of Human Behavior."

＊64 Cosmides and Tooby, "Origins of Domain Specificity."

＊65 Rose McDermott, Dustin Tingley, Jonathan Cowden, Giovanni Frazetto, and Dominic D. P. Johnson, "Monoamine Oxidase A Gene (MAOA) Predicts Behavioral Aggression Following Provocation," *Proceedings of the National Academy of Sciences*, Vol. 106, No. 7 (2009), pp. 2118-2123; J. Tiihonen, M.-R. Rautiainen, H. M. Ollila, E. Repo-Tiihonen, M. Virkkunen, A. Palotie, O. Pietiläinen, et al. "Genetic Background of Extreme Violent Behavior," *Molecular Psychiatry*, Vol. 20 (October 2014) pp. 786-792.

＊66 Tooby, and Cosmides, "On the Universality of Human Nature and the Uniqueness of the Individual"; Buss and Greiling, "Adaptive Individual Differences"; Lopez and McDermott, "Adaptation, Heritability, and the Emergence of Evolutionary Political Science."

＊67 Robert Trivers, *Deceit and Self-Deception: Fooling Yourself the Better to Fool Others* (London: Allen Lane, 2011) ; Robert Trivers, "The Elements of a Scientific Theory of Self-Deception," *Annals of the New York Academy of Sciences*, Vol. 907, No. 1 (April 2000), pp. 114-131; William von Hippel and Robert Trivers, "The evolution and psychology of self-deception," *Behavioral and Brain Sciences*, Vol. 34, No. 1 (February 2011), pp. 1-16; ロバート・クルツバン（高橋洋訳）『だれもが偽善者になる本当の理由』（柏書房、2014年）；ケヴィン・シムラー／ロビン・ハンソン（大槻敦子訳）『人が自分をだます理由─

―自己欺瞞の進化心理学』（原書房、2019年）。

＊68　ナルシスト的パーソナリティと国際政治のインプリケーションは、Ralph
Pettman, "Psychopathology and World Politics," *Cambridge Review of
International Affairs*, Vol. 23, No. 3 (September 2010), pp. 475-492; Ralph
Pettman, *Psychopathology and World Politics* (London: World Scientific,
2011)を参照。トランプが強力なナルシスト的パーソナリティの持ち主であるこ
とを明らかにする心理学的・進化論的研究は、
https://www.psychologytoday.com/intl/blog/evil-deeds/201710/lies-self-decepti
on-and-malignant-narcissism;
https://www.alternet.org/2020/04/leading-psychologists-explain-how-trumps-s
elf-delusions-and-narcissism-make-him-uniquely-effective-at-predatory-decep
tion/を参照。なお多くの心理学者が、トランプがナルシスト的パーソナリティ
障害であることを認めている。
https://www.psychologytoday.com/intl/basics/president-donald-trump

＊69　これまでトランプらにみられるこの自己欺瞞は、遺伝的欠陥や権威主義的な
パーソナリティと解釈されがちだった。ところが興味深いことに進化政治学は、
我々一般人もまた多かれ少なかれ同じ楽観的な特徴を示し、それが「程度の問
題」である可能性を示唆している。

＊70　https://www.alternet.org/2020/04/leading-psychologists-explain-how-trum
ps-self-delusions-and-narcissism-make-him-uniquely-effective-at-predatory-d
eception/

＊71　細谷千博「三国同盟と日ソ中立条約」日本国際政治学会・太平洋戦争原因研
究部編『太平洋戦争への道（5）三国同盟・日ソ中立条約』新装版（朝日新聞社、
1987年）285頁。

＊72　同上。

＊73　細谷千博「松岡洋右と飛翔する外交」細谷千博著作選集刊行委員会『国際政
治のなかの日本外交――細谷千博著作選集　第2巻――』（龍溪書舎、2012年）
269頁；細谷「三国同盟と日ソ中立条約」286頁。

＊74　John R Alford and John R. Hibbing, "The Origin of Politics: An
Evolutionary Theory of Political Behavior," *Perspectives on Politics*, Vol. 2,
No. 4 (2004), pp. 707?23; John Alford, R., Carolyn L. Funk, and John R.
Hibbing, "Are Political Orientations Genetically Transmitted?" *American
Political Science Review*, No. 99, No.2 (2005), pp. 153?67; Peter K. Hatemi,

Carolyn L. Funk, Hermine Maes, Judy Silberg, Sarah E. Medland, Nicholas Martin, and Lyndon Eaves, "Genetic Influences on Political Attitudes Over the Life Course," *Journal of Politics*, No. 71, No. 3 (2009), pp. 1141-1156; Hatemi, Peter K., John R. Alford, John R. Hibbing, Nicholas G. Martin and Lindon J. Eaves, "Is There a 'Party' in Your Genes?" *Political Research Quarterly*, Vol. 62, No. 3 (2009), pp. 584-600.

*75 Jim Sidanius and Robert Kurzban, "Evolutionary Approaches to Political Psychology," in Leonie Huddy, David O. Sears, and Jack S. Levy, eds., *Oxford Handbook of Political Psychology* (New York, NY: Oxford University Press, 2003); Thayer, "Bringing in Darwin"; Thayer, *Darwin and International Relations*; Azar Gat, "The Human Motivational Complex: Evolutionary Theory and the Causes of Hunter-Gatherer Fighting, Pt. 1: Primary Somatic and Reproductive Causes," *Anthropological Quarterly*, Vol. 73, No. 1 (January 2000), pp. 20-34; Azar Gat, *The Causes of War and the Spread of Peace: But Will War Rebound?* (New York: Oxford University Press, 2017); アザー・ガット（石津朋之・永末聡・山本文史監訳）『文明と戦争』全2巻（中央公論新社、2012年）; R. McDermott, J. H. Fowler, and O. Smirnov, "On the Evolutionary Origin of Prospect Theory Preferences," *Journal of Politics*, Vol. 70, No. 2 (April 2008), pp. 335-350; Petersen, "Public Opinion and Evolved Heuristics"; Bradley A. Thayer and Valerie M. Hudson, "Sex and the Shaheed: Insights from the Life Sciences on Islamic Suicide Terrorism," *International Security*, Vol. 34, No. 4 (March 2010), pp. 37-62; Mia Bloom, Bradley A. Thayer, Valerie M. Hudson, "Life Sciences and Islamic Suicide Terrorism," *International Security*, Vol. 35, No. 3 (December 2010), pp. 185-192; Dominic D. P. Johnson and James H. Fowler, "The Evolution of Overconfidence," *Nature*, Vol. 477, No. 7364 (2011), pp. 317-320; Anthony C. Lopez, Rose McDermott, and Michael Bang Petersen, "States in Mind: Evolution, Coalitional Psychology, and International Politics," *International Security*, Vol. 36, No. 2 (Fall 2011), pp. 48-83.

*76 McDermott, Tingley, Cowden, Frazetto, and Johnson, "Monoamine Oxidase A Gene (MAOA) Predicts Behavioral Aggression Following Provocation"; Tiihonen, Rautiainen, Ollila, Repo-Tiihonen, Virkkunen, Palotie, Pietiläinen, et al., "Genetic Background of Extreme Violent

Behavior."

＊77 スティーブン・ピンカー（幾島幸子・塩原通緒訳）『暴力の人類史』全2巻
（青土社、2015年）。*International Studies Review* は2013年に、「暴力の衰
退」説をめぐる特集号を組んでいる。Nils Petter Gleditsch et al., "The Forum:
The Decline of War," *International Studies Review*, Vol. 15, No. 3
(September 2013), pp. 396-419. 社会における通念に反して、内戦、ジェノサ
イド、テロリズムといった冷戦後の新たな形の暴力ですら衰退傾向にあり、ピ
ンカーはこのことを「新たな平和（new peace）」と呼んでいる。

＊78 スティーブン・ピンカー『21世紀の啓蒙――理性、科学、ヒューマニズム』
全2巻（草思社、2019年）。

＊79 Shermer, The Moral Arc ; ピンカー『暴力の人類史』全2巻；マッド・リ
ドレー（大田直子・鍛原多惠子・柴田裕之訳）『繁栄――明日を切り拓くための
人類10万年史』（早川書房、2013年）。

＊80 進化心理学者のピンカーが元来、人間本性の悲惨さの強力な提唱者であるこ
とは指摘に値する。ピンカー『人間の本性を考える』全3巻。この意味におい
て、ピンカーの啓蒙主義的主張は、決してナイーブなリベラル楽観論でなく、
統計的データに基づく頑強な合理的楽観主義なのだ。

＊81 ピンカー『21世紀の啓蒙』；ピンカー『暴力の人類史』下巻、430〜447頁。

＊82 John Orbell, Tomonori Morikawa, Jason Hartwig, James Hanley, and
Nicholas Allen, "'Machiavellian' Intelligence as a Basis for the Evolution of
Cooperative Dispositions," *American Political Science Review*, Vol. 98, No.1
(2004), pp. 1-15.

＊83 Irenäus Eibl-Eibesfeldt, *The Biology of Peace and War: Men, Animals,
and Aggression* (New York, NY: Viking Press, 1979); John Archer, *The
Behavioural Biology of Aggression* (Cambridge: Cambridge University Press,
1988); James Silverberg, and J. Patrick Gray, *Aggression and Peacefulness
in Humans and Other Primates* (New York, NY: Oxford University Press,
1992).

＊84 Dawkins, "Good Strategy or Evolutionarily Stable Strategy?"

＊85 Robert Trivers, "The Evolution of Reciprocal Altruism," *The Quarterly
Review of Biology*, Vol. 46, No. 1 (1971), pp. 35-57; Robert Axelrod and
William D. Hamilton, "The Evolution of Cooperation," *Science*, Vol. 211, No.
4489 (1981), pp. 1390-1396.

＊86 Tooby and Cosmides, "Adaptation for Reasoning About Social Exchange"; Cosmides, Barrett, and Tooby, "Adaptive Specializations, Social Exchange, and the Evolution of Human Intelligence"; Cosmides, "The Logic of Social-Exchange."

＊87 Tooby and Cosmides, "Adaptation for Reasoning About Social Exchange," chap. 25; Cosmides, Barrett, and Tooby, "Adaptive Specializations, Social Exchange, and the Evolution of Human Intelligence"; Cosmides, "The Logic of Social-Exchange."

＊88 Cosmides and Tooby, "Neurocognitive Adaptations Designed for Social Exchange"; Toshio Yamagishi, Shigehito Tanida, Rie Mashima, Eri Shimoma, and Satoshi Kanazawa. "You Can Judge a Book by its Cover: Evidence That Cheaters May Look Different from Cooperators," *Evolution and Human Behavior*, Vol. 24, No. 4 (2003), pp. 290-301.

＊89 Symons, "On the Use and Misuse of Darwinism in the Study of Human Behavior."

＊90 Cosmides and Tooby, "Origins of Domain Specificity."

＊91 Bell, MacDonald, and Thayer, "Start the Evolution without Us"; Lopez, McDermott, and Petersen, "States in Mind," pp. 55-61.

＊92 Thayer, *Darwin and International Relations*, pp. 273-274.

＊93 ダグラス・ケンリック（山形浩生・森本正史訳）『野蛮な進化心理学——殺人とセックスが解き明かす人間行動の謎』（白揚社、2014年）。この原著は、Douglas T. Kenrick, Sex, *Murder, and the Meaning of Life: A Psychologist Investigates How Evolution, Cognition, and Complexity Are Revolutionizing Our View of Human Nature* (New York: Basic Books, 2011) を参照。

＊94 ピンカー『心の仕組み（下）』406頁。

＊95 ピンカー『人間の本性を考える（上）』9頁。

＊96 マーティン・デイリー/マーゴ・ウィルソン（長谷川眞理子・長谷川寿一訳）『人が人を殺すとき——進化でその謎をとく』（新思索社、1999年）；マーティン・デイリー/マーゴ・ウィルソン（竹内久美子訳）『シンデレラがいじめられるほんとうの理由』（新潮社、2002年）。

＊97 ピンカー『人間の本性を考える（中）』59頁。

＊98 デイリー/ウィルソン『シンデレラがいじめられるほんとうの理由』。

＊99 自然主義の誤謬という概念は、Ｇ・Ｅ・ムア（泉谷周三郎・寺中平治・星野

勉訳）『倫理学原理』（三和書籍、2010年）に由来する。ヒュームのギロチン（Hume's guillotine）── is から ought を導きだせないというテーゼ──も自然主義の誤謬と類似したことを含んでいる。デイヴィッド・ヒューム（伊勢俊彦・石川徹・中釜浩一訳）『人間本性論（第 3 巻）道徳について』（法政大学出版局、2012年）22〜23頁。ヒュームのギロチンや自然主義の誤謬についての明晰な分析は、パトリシア・S・チャーチランド（信原幸弘・樫則章・植原亮訳）『脳がつくる倫理──科学と哲学から道徳の起源にせまる』（化学同人、2013年）6〜12、262〜268頁；Harris, *The Moral Landscape*, pp. 10-12 を参照。

＊100　ピンカー『人間の本性を考える（中）』54〜60頁。

＊101　こうした思考様式の思想的起源には、ピンカーが述べるところのルソーの「高貴な野蛮人」説がある。「高貴な野蛮人」説によれば、人間は原始時代には清く純粋だったが、西洋文明の進展により次第に腐敗してきた。ここで重要なことは、ピンカーが現代科学の知見に依拠して、こうしたルソーの自然状態論の陥穽を指摘しているということである。ピンカー『人間の本性を考える（上）』28〜30頁。ルソーの見方に反して、文明化や科学の進展により、逆に人間の道徳水準は大幅に向上してきた。ピンカーはその後の研究において、「暴力の衰退（decline of violence）」テーゼを提示する中で、リベラル啓蒙主義が普及するにつれて、国内外における多様な暴力が大幅に衰退してきたことを立証している。ピンカー『暴力の人類史』；ピンカー『21世紀の啓蒙』。

＊102　ピンカー『人間の本性を考える（中）』54頁。

＊103　小田「進化と人間行動」34頁。

＊104　Stewart-Williams, *The Ape that Understood the Universe*, chap. 3.

＊105　Steven L. Neuberg and Peter DeScioli, "Prejudices: Managing Perceived Threats to Group Life," in David Buss, ed., *The Handbook of Evolutionary Psychology, Foundation*: Volume 1 (Hoboken, N.J.: John Wiley and Sons, 2015), chap 28；アラン・S・ミラー/サトシ・カナザワ（伊藤和子訳）『進化心理学から考えるホモサピエンス──一万年変化しない価値観』（パンローリング株式会社、2019年）21〜23頁；ポール・ブルーム（竹田円訳）『ジャスト・ベイビー──赤ちゃんが教えてくれる善悪の起源』（NTT 出版、2015年）131〜132、135〜136頁。

＊106　Harris, *The Moral Landscape*.

＊107　ピンカー『人間の本性を考える（中）』54頁。

＊108　これと同じことが国際政治理論のリアリズムにも当てはまる。リアリズム

はしばしば悲惨な国際政治像を描きだすが、このことはリアリズムが非道徳的だということを意味するわけではない。むしろリアリズムは単に、アナーキーの下で繰り広げられる国家間紛争を冷徹に描写しているだけなのである。

＊109 Bernard Davis, "The Moralistic Fallacy," *Nature*, Vol. 272, No. 5652 (1978), p. 390.

＊110 Matt Ridley, *The Origins of Virtue: Human Instincts and The Evolution of Cooperation* (New York: Viking Adult, 1997), p. 257.

＊111 ピンカー『人間の本性を考える（下）』54頁。

＊112 ジョナサン・ハイト（高橋洋訳）『社会はなぜ左と右にわかれるのか——対立を超える道徳心理学』（紀伊國屋書店、2014年）78〜79頁。

＊113 ハイト『社会はなぜ左と右にわかれるのか』76〜77頁。

＊114 J. Haidt, "The Emotional Dog and its Rational Tail: A Social Intuitionist Approach to Moral Judgment," *Psychological Review*, Vol. 108, No. 4 (2001), pp. 814-834; ハイト『社会はなぜ左と右にわかれるのか』; ハイト『しあわせ仮説』。

＊115 ダニエル・カーネマン（村井章子）『ファスト＆スロー——あなたの意思はどのように決まるか？』全2巻（早川書房、2014年）。

＊116 カーネマン『ファスト＆スロー』。

＊117 J. D. Greene et al, "An fMRI Investigation of Emotional Engagement in Moral Judgment," *Science*, Vol. 293, No. 5537 (September 2001), pp. 2105-2108; ジョシュア・グリーン（竹田円訳）『モラル・トライブズ——共存の道徳哲学へ』上巻（岩波書店、2015年）第4章。

＊118 Tooby and Cosmides, "The Theoretical Foundation of Evolutionary Psychology," pp. 33-46; Buss, Evolutionary *Psychology*, pp. 53-54.

＊119 ピンカー『人間の本性を考える（上）』第7章。

＊120 Tooby and Cosmides, "The Theoretical Foundation of Evolutionary Psychology," pp. 33, 38-41; Buss, *Evolutionary Psychology*, p. 16; Denise Dellarosa Cummins and Robert Cummins, "Biological Preparedness and Evolutionary Explanation," *Cognition*, Vol. 73, No. 3 (December 1999), pp. b37-b53.

＊121 小田亮「進化と人間行動」五百部裕・小田亮編『心と行動の進化を探る』（朝倉書店、2013年）23頁。

＊122 同上。

＊123 Tooby and Cosmides, "The Theoretical Foundation of Evolutionary Psychology," pp. 38-41; Buss, *Evolutionary Psychology*, pp. 53-54.

＊124 Cummins and Cummins, "Biological Preparedness and Evolutionary Explanation," pp. 37-38; Andre Ariew, "Innateness and Canalization," *Philosophy of Science*, Vol. 63, Supplement (September 1996), pp. 519-527; J. A. McKenzie and K. O'farrell, "Modification of Developmental Instability and Fitness: Malathion-Resistance in the Australian Sheep Blowfly, Lucilia Cuprina," *Genetica*, Vol. 89, No. 1-3 (February 1993), pp. 67-76; Conrad Hal Waddington, *The Evolution of an Evolutionist* (Ithaca, NY: Cornell University Press, 1975), especially p. 99.

＊125 小田「進化と人間行動」24頁。

＊126 McDermott, Tingley, Cowden, Frazetto, and Johnson, "Monoamine Oxidase A Gene (MAOA) Predicts Behavioral Aggression Following Provocation"; Tiihonen, Rautiainen, Ollila, Repo-Tiihonen, Virkkunen, Palotie, Pietiläinen, et al. "Genetic Background of Extreme Violent Behavior."

＊127 ピンカー『人間の本性を考える（上）』142〜143頁。

＊128 同上、142頁。

＊129 同上。

＊130 Daniel C. Dennett, *Darwin's Dangerous Idea: Evolution and the Meaning of Life* (New York: Simon & Schuster, 1995), pp. 80-84, especially pp. 82-83.

＊131 同上。

＊132 同上、143頁。

＊133 同上。

＊134 同上。

＊135 同上。

＊136 ピンカー『人間の本性を考える（上）』143-144頁。

＊137 *Consilience*という概念は、エドワード・O・ウィルソン（山下篤子訳）『知の挑戦——科学的知性と文化的知性の統合』（角川書店、2002年）に由来する。同様の主張は、C・P・スノー（松井巻之助訳）『二つの文化と科学革命』（みすず書房、1967年）を参照。

＊138 Niko Tinbergen, "On Aims and Methods of Ethology," *Animal Biology*,

Vol. 55, No. 4 (December 2005), pp. 297-321 に由来する。心理学実験で明ら
かにされた個別的観察事実が至近要因だとすれば、それを進化論的視点から統
合するのが究極要因である。

＊139 チャーチランド『脳がつくる倫理』5頁。

＊140 Imre Lakatos, "Falsification and the Methodology of Scientific Research
Programs," in Lakatos and Alan Musgrave, eds., *Criticism and the Growth
of Knowledge* (Cambridge: Cambridge University Press, 1970), pp. 132-196.

＊141 その一部の例外については、Thayer, "Bringing in Darwin; Thayer,
Darwin and International Relations; D. D. P. Johnson and Bradley A.
Thayer, "Crucible of Anarchy: Human Nature and the Origins of Offensive
Realism," paper presented at the 2013 annual convention of the
International Studies Association, San Francisco, CA, cited in D. D. P.
Johnson, "Survival of the Disciplines: Is International Relations Fit for the
New Millennium?" *Millennium*, Vol. 43, No. 2 (January 2015), p. 758;
Johnson and Thayer, "The Evolution of Offensive Realism" を参照。これら
よりも本書で提示する理論的枠組みの方が優れているのは、適応の条件性・コ
ンテクスト依存性、その環境的要因との相互作用といった重要な点をより包括
的に理論に包含できている点にある。

第3章

進化的リアリズム
──進化政治学に基づいたリアリズム

　前章では、進化政治学に基づいた、適応主義的な視点から人間行動に関する包括的な因果モデル──進化行動モデル──を構築した。本章の目的は、前著『進化政治学と国際政治理論』で提示した進化のリアリスト理論を再考することにある。第一は外在的な分析であり、既存の戦争原因理論を戦争原因のアプローチ、分析レベルの問題という二つの視座から考察するなかで、国際政治理論内部における進化のリアリスト理論の位置づけを改めて明らかにする。第二は内在的な分析であり、進化のリアリスト理論内部のロジックを掘り下げて考察する。

　その際、本書では前著で進化のリアリスト理論と呼ぶものを一括して、進化的リアリズム（evolutionary realism）と呼ぶことにする。その理由は今後刊行予定の書籍で提示する進化的リベラリズムと対比する形で、分かりやすいネーミングの方がより望ましいと考えるからである。進化的リアリズムという用語それ自体は進化政治学者のブラッドレイ・セイヤー（Bradley A. Thayer）が最初に述べたものである*1。しかし、セイヤーの進化政治学に基づいたリアリスト理論には、心理学的適応の条件性を過少評価している、あるいは環境的要因との相互作用を軽視している、といった問題があるため、本書ではそれらを克服したより体系的な理論として進化的リアリズムを再構築する。

第1節　戦争原因理論

　実際、なぜ人間は戦争をするのだろうか、という重大な問いをめぐり、古代から現代にかけて多くの思想家や科学者はさまざまな答えを提示してきた。戦争の原因をめぐる理論的知見には進化政治学以外にも数多くのアプローチが存在する。すなわち、ネオリアリズム、合理的選択理論、政治心理学的知見等、数多くの理論的知見が戦争の起源を論じてきた。

　そこで以下ではまず、なぜ人間は戦争をするのかという問いを、政治学が提示している以下の三つの視角から再検討したい。ここにおける目的は、先行する国際政治理論が戦争の起源をいかに説明してきたのかを確認することで、その意義と限界を明らかにすることにある。これにより、進化政治学やそれに由来する進化的リアリズムが、政治学の戦争原因理論にいかなる独自の貢献ができるのかを、より相対化した形で示せよう。

（1）戦争原因のアプローチ

　これまで、なぜ戦争は起こるのかという問いに、国際政治学者は様々なアプローチから答えてきた。ここではそれらアプローチを合理的理論、社会構成主義、政治心理学という三つのマックス・ウェーバーが理念型と呼ぶものに大別して説明する。

　①合理的アプローチ

　第一に、合理的アプローチ（攻撃的リアリズム、一部の防御的リアリズム、合理的選択理論）によれば、戦争は引き合うから行われるということになる*2。こうした点についてリアリストのピーター・リーバーマン（Peter Liberman）は高度産業化が進んだ現代社会においても侵略は引きあうと主張して、このことを実証的に示している*3。こうした見方によれば、たとえば、ナチス・ドイツの第二次世界大戦における行動も、対英侵略で膠着して無謀な独ソ戦を開始するまでは、一定程度の軍事的・政治的な合理性のあるものだったとも解釈できるのかもしれない。あるいは、中国は今でも南シナ海や南西諸島で既成事実的に領土拡大を図っているが、こうし

た拡張主義的行動も引き合うことの好例といえるだろう。

　もちろん、ここではそのソロバンのたたき方に学派間で若干のバリエーションがあり、攻撃的リアリストは戦争がしばしば引きあうと主張するのに対して、防御的リアリストや合理的選択理論家は戦争が滅多に引きあわないと考える。攻撃的リアリストは、国際システムにおけるアナーキーの構造的制約を強く見積もり、安全保障のジレンマ（security　dilemma）を緩和することはできないため、国家はそもそも現状維持国でなく現状打破国であると主張する*4。それに対して、防御的リアリストは、全ての国家は本来的には現状維持国で、戦争は情報の不完備や意図の不確実性に由来するのだから、透明性を向上させたり、「コストのかかるシグナリング（costly signaling）」を行ったりして、安全保障のジレンマを低減させることで、アナーキーという無政府状態のもとでも国家間協調は可能になると反論する*5。

②社会構成主義的アプローチ

　第二に、アレクサンダー・ウェント（Alexander　Wendt）のような社会構成主義的なアプローチによれば、国家が戦争をおこすのは、たとえば、そのアイデンティティがホッブズ的な獰猛なものだから、といった説明になる*6。イギリスの哲学者トマス・ホッブズ（Thomas　Hobbes）は『リヴァイアサン』で、以下のような悲惨な人間本性を描写している。

　　これによって明らかなように、人間は、全ての人を畏怖させる共通権力をもたずに生きるときには、戦争と呼ばれる状態にあり、そうした戦争は万人が万人と敵対する戦いである…そして何より悪いことに、絶えず恐怖と暴力による死の危険がある。そして、人間の一生は、孤独で貧しく、きたならしく、野蛮で、短い*7。

　ホッブズは、人間がこうした悲惨な自然状態を逃れるためには、自主性を統治者か議会にゆだねるほかないと考えて、それをリヴァイアサン（中央集権政府）とよんだ。国内政治が国際政治と違って「万人の万人に対す

る闘争」、すなわち内乱や犯罪の横行がおきないのは、中央集権政府があるので、ホッブズ的な悲惨な自然状態を回避できるからである。これに対して、ウェント型のコンストラクティヴィズムが提示する処方箋は、「戦争や紛争をなくすためには、社会的相互作用を通じて国家が平和的アイデンティティ（ロックやカントのようなもの）を身につける」、というものとなる。

　あるいは、ピーター・カッツェンスタイン（Peter Joachim Katzenstein）ら国内レベルのコンストラクティヴィストによれば、第二次世界大戦後の日本やドイツにみられるように、非軍事主義的文化を国家が内面化することが、平和主義を実現するうえで重要だということになる＊8。たとえば日本国憲法第九条や非核三原則にみられるように、第二次世界大戦後、日本には非軍事的な規範や文化が根づいてきた。すなわち、吉田ドクトリンともいわれるように、日本は軍事的な安全保障をアメリカに依存する一方、自国の軍備拡大を最小限にとどめて経済発展に注力してきたのである＊9。

　③政治心理学的アプローチ
　第三に、進化政治学を含む政治心理学的アプローチによれば、戦争は人間の心のしくみに由来するということになる。スティーヴン・ピンカー（Steven Arthur Pinker）らが論じているように、心のしくみとは人間本性とも言いかえられるが、それにはバイアスや感情といった我々の脳に埋め込まれた様々な心理メカニズムが含まれる＊10。国際政治学における心理学的アプローチのパイオニア、ロバート・ジャービス（Robert Jervis）は誤認識（misperception）の理論を提示する中で、人間の認知能力の限界に起因する非合理的な対外政策の問題を指摘してきた＊11。つまるところ、人間は情報があれば、いつでも正しい決断ができるわけではないのである。

　我々は自らが見たいと思うものをより選択的に認識しようとしたり、不都合な情報を無意識のうちに情報処理プロセスから排除したりしてしまう。たとえば、独ソ戦において、スターリンは独ソ戦前にヒトラーがソ連に侵攻してくるという情報を再三受けとっていたが、情報を誤認識して、それらを徹底的に無視し続けていた。逆にこのときヒトラーは対ソ侵攻がもた

らす経済的コストや時間を過少評価して、無理のある戦争計画にもとづい
てソ連に侵攻して大敗を喫した＊12。

　後述するように、その後、進化生物学や進化心理学をはじめとする進化
論的知見が政治学に入ってきて、進化政治学が生まれ、こうした心理的要
因が実は進化論的には合理性を備えたものであることが明らかになってき
た。この進化論的な合理性のことを進化学では生態学的合理性（ecological
rationality）という＊13。

　これは、単に短期的な収支決算を指すのではなく、自らの遺伝子を後世
に伝えるという目標を達するための生物学的な合理性であり、進化的適応
環境において包括適応度（inclusive fitness）を極大化する上でいかに有利
であったかという基準に規定されるものである＊14。筆者はこの進化政治
学を体系化して、『進化政治学と国際政治理論──人間の心と戦争をめぐ
る新たな分析アプローチ』を記したが、本書はこの前著をもとにしつつそ
れを発展させたものである＊15。

（2）分析レベルの問題

　これまで、戦争へのアプローチとして、政治心理学的アプローチ、コン
ストラクティヴィスト的アプローチ、合理的アプローチという三つのもの
を説明してきた。それではこうした諸アプローチの他に、戦争の起源を考
える上で有益な思考法はあるのだろうか。

　そこで重要になるのが、分析レベルの問題（level of analysis problem）
である。分析レベルの問題とは、ネオリアリズムのパイオニア、ケネス・
ウォルツ（Kenneth Neal Waltz）が三つのイメージ論として提示したもの
を、デイヴィッド・シンガー（Joel David Singer）が分析レベルの問題と
いう用語に置き直し、それをジャーヴィスらが体系的に援用したことで普
及していった方法論的枠組みである＊16。そのエッセンスは、戦争の原因、
あるいはより広義には政治的現象を分析するに際しては、三つの次元があ
るということである。すなわち、第一レベルの個人要因、第二レベルの国
内社会・政治要因、第三レベルの国際システム要因である。これらは上記
のアプローチ論と意味的に重複する点も部分的にはあるが、そのロジック

は異なり、別のアングルから戦争原因を探るものである。

　なお、分析レベルの問題それ自体は、戦争の原因を国際システムの構造に帰するネオリアリズムとは独立である。むしろ分析レベルの問題は、戦争の原因を国際システムの構造だけでなく、国内要因にも帰することができることを示すものであり、なぜ戦争が起こるのかという問いを、空間的な意味で多角的に理解できるようにする思考ツールといえよう。以下、第一レベルから第三レベルまで順に説明していく。

　①第一レベル──指導者個人要因
　第一レベル（個人要因）によれば、戦争は指導者の個性・認識・認知バイアスなどに起因する。これによれば、たとえば第一次世界大戦の勃発を理解するうえでは、その当時の各国指導者やエリートに着目すべきだということになる。
　オーストリア・ハンガリー皇帝フランツ・ヨーゼフ一世（Franz Joseph I）はすでに疲れきった老人であり、その側近であるフォン・ヘツェンドルフ将軍と二枚舌の外相レオポルド・フォン・ベルヒトルトの言いなりであった。もしサラエボで暗殺された皇位継承者のフランツ・フェルディナントが生きていれば、彼はリベラルな考え方の持ち主だったので、戦争を抑制する勢力になっていたかもしれない。あるいは、政策の実権をにぎっていたわけではなかったが、オーストリア・ハンガリー帝国に接していたドイツで、その対外政策に大きな影響力をもっていたドイツ皇帝カイザーは、性格が弱く感情的で強い劣等感にさいなまれており、すぐに周囲のものを怒鳴りちらした。こうしたカイザーの劣等感が、ドイツが「陽のあたる場所」を求めてヴェルトポリティーク（Weltpolitik）を展開するのに重要な影響をおよぼしていたのである*17。
　ちなみに本書で紹介する進化政治学という政治心理学的アプローチは、分析レベルの問題という視点からいうと、この第一レベルにあたる。なぜなら進化政治学がもっとも重視する淘汰レベルは遺伝子であり、進化政治学は集団のことを論じるときにおいてですら、「遺伝子が集団を包括適応度極大化のためのヴィークルとして利用する」というシナリオを措定して

いるからである。

②第二レベル——国内の政治的・社会的要因

　第二レベル（国内政治・社会要因）によれば、国内のイデオロギーや政治体制（共産主義、ファシズム・自由民主主義等）、国内文化（アメリカの例外主義、戦前日本の軍国主義等）、官僚機構（ログローリング、陸海軍間の予算獲得競争等）、国内政治（政党間競争、エリート間競争）等が戦争の原因とされる*18。

　たとえば、なぜ日本が太平洋戦争を起こしたかという問いに対しては、軍国主義や陸海軍間の予算獲得競争が、その答えとして提示される*19。あるいは、20世紀で最も重要なドイツ人の歴史学者といわれるフリッツ・フィッシャー（Fritz Fischer）の第一次世界大戦の起源論も、理論的にいえば、この第二レベルの説明である*20。フィッシャーによれば、ドイツの社会問題こそが第一次世界大戦の根本的な原因であり、ドイツによる覇権追求の試みは、ドイツ社会の貧困さから目をそらさせようとするエリートたちの企てであった。ドイツは「ライ麦と鉄の連合」とよばれる、土地貴族と大産業資本家たちにより支配されており、これら連合は国内改革のかわりに冒険主義的な拡張主義をおし進め、「パン」のかわりに「サーカス」をみせたのである。なお、このフィッシャーの解釈はドイツ主戦論といえるが、近年の第一次世界大戦をめぐる新資料発掘をうけて、同論の妥当性は再び見直されている*21。

③第三レベル——国際システムの構造的要因

　第三レベル（国際システムの構造レベル）によれば、国際システムにおける相対的パワーの分布状況や同盟構造が戦争勃発のカギとなる。以下、国際システムにおける超大国の数に着目して、多極構造、三極構造、二極構造、単極構造の順に説明していこう。

・**多極構造——第一次世界大戦以前のヨーロッパ**

　多極構造の安定性については、いくつかの議論がある。古典的リアリス

トはしばしば、欧州の古典的な勢力均衡を例にあげ、多極構造は為政者が様々な国家の動きを常に気にしなければならないため、注意が喚起されて、むしろ国際政治は安定的になりやすいと考える*22。これに対して、現代のリアリストは、多極システムは為政者がとり扱うべき変数が多すぎるが故、不安定になりやすいと考える傾向にある*23。

　新古典派リアリストのトマス・クリステンセン（Thomas J. Christensen）とジャック・スナイダー（Jack Snyder）が論じているように、多極システムのもとで、攻撃防御バランス（国家が採用する政策として攻撃と防御のどちらが有効か）が、客観的あるいは認識的に攻撃に有利なときは「第一次世界大戦のようなチェイン・ギャンギング（chain-ganging）が起こりやすく、防御に有利な時は「第二次世界大戦のようなバックパッシング（backpassing）に起因する戦争」が起こりやすいと予測している*24。後者はヒトラーへの対抗を欧州諸国が互いに責任転嫁したため、ドイツが欧州を席捲するにいたったというケースである。

・三極構造——第二次世界大戦の構造的起源

　それでは国際システムに三つの超大国がいる状況、すなわち、三極構造（tripolarity）は戦争勃発の蓋然性にどのような影響を及ぼすのだろうか。結論からいえば、新古典派リアリストのランドール・シュウェラー（Randall L. Schweller）が主張しているように、三極構造は戦争の蓋然性が非常に高い*25。なぜなら三極構造では二極が手を組み一極を打倒するインセンティブが偏在するため、国際システムは根源的に不安定になるからである。シュウェラーが例に挙げるのは第二次世界大戦であり、この期の国際システムはアメリカ、ドイツ、ソ連からなる三極構造が存在したが故、戦争勃発の蓋然性が非常に高かった。シュウェラーはこの三極構造（第三レベルの説明）とヒトラーの現状打破的な動機（第一レベルの説明）を組み合わせて、第二次世界大戦の起源を説明している。

・二極構造——ペロポネソス戦争と米ソ冷戦

　それでは国際システムに二つの超大国がいる状況、すなわち二極構造は

どうだろうか。冷戦期の米ソ二極構造を例にあげ、ネオリアリズムのパイオニア、ケネス・ウォルツらは二極構造が安定的だと主張する*26。すなわち、二極構造は二つの超大国間の力が均衡しているため、両国に大戦争を起こすインセンティブが低いのである。

　他方、こうしたウォルツらの主張にたいして、動態性差異理論（dynamic differentials theory）の提唱者デール・コープランド（Dale C. Copeland）は、歴史上、二極システムは必ずしも安定的ではないと反論している*27。この好例がペロポネソス戦争（アテナイ率いるデロス同盟とスパルタ率いるペロポネソス同盟との間に発生した、古代ギリシャ世界全域を巻きこんだ大戦争）である。これは、アテナイとスパルタという二つの超大国の間の戦争であり、こうした戦争の存在は、二極構造でもしばしば大戦争が勃発することを示唆している。

・単極構造――アメリカ覇権の安定性をめぐる論争

　最後に、国際システムに一つの超大国しかいない状況、すなわち単極構造はどうだろうか。ウィリアム・ウォルフォース（William C. Wohlforth）ら単極リアリスト（unipolar）によれば、冷戦後のアメリカ単極構造にみられるように、単極構造はしばしば安定的である*28。これは理論的には、ロバート・ギルピン（Robert Gilpin）の覇権安定理論（hegemonic stability theory）と、スティーブン・ウォルト（Stephen M. Walt）の脅威均衡理論（balance of threat theory）をマージした議論である*29。なぜなら、20世紀後半におけるアメリカの「世界の警察論」にみられるように、覇権国が善意をもっていて下位国に脅威とならず、国際システムのメンテナンスのために公共財を提供する限りにおいて、下位国が覇権国に戦争をしかけるインセンティブも、覇権国が下位国に予防戦争をしかけるそれも、相対的に低いからである。つまるところ、覇権国に下位国が対抗するにも、後者にとり前者はあまりにも強すぎるので、大きな紛争がおこる蓋然性が低いのである。

　これに対して、ヌノ・モンテーロ（Nuno P. Monteiro）はウォルフォースらの議論には、2003年におきたイラク戦争を例とする非対称紛争の視点

が欠如していると批判している*30。単極国家が核兵器を保有して、台頭国に対して経済成長を許容する防御的な政策をとれば、単極システムは持続しやすく、大国間平和が維持されやすいかもしれない。ただし、それでも単極国家と小国の非対称紛争（asymmetric conflict）は起こりやすい。なぜなら核兵器の存在する世界において、卓越したパワーをもつ米国は、対抗行動をあまり恐れずに行動できるため、安易に小国へ軍事力行使を行うインセンティブが高く、逆に小国は安全保障上、単極国家に過剰に反応しがちだからである。こうした理由から、モンテーロによれば、単極世界ではしばしば非対称紛争が起こりやすいのである。

第2節　国際政治理論研究のパラダイムシフト

（1）「生物学の時代」と政治学

　以上、戦争原因論を多角的な視点から再考してきたが、そのなかでも現代科学の発展を受けてとりわけ重要とされているのが、第一イメージと政治心理学的アプローチであろう。実際、「生物学の時代（age of biology）」*31とも呼ばれる近年、自然科学の進展を受けて、戦争とは人間本性に根差したものであるという、トマス・ホッブズ（Thomas Hobbes）、ハンス・モーゲンソー（Hans Joachim Morgenthau）をはじめとした政治的現実主義の洞察が再び脚光を浴びている*32。こうした研究潮流は進化政治学——進化論的視点から政治現象を分析するアプローチ——を科学的基盤とするものであり、たとえば、ローズ・マクデーモット（Rose McDermott）、ブラッドレイ・セイヤー（Bradley A. Thayer）等の有力な理論家が進化政治学の戦争研究への応用を試みている*33。

　ところがこれら先行研究は、依然として、進化政治学の適応主義的な論理に沿って、戦争の原因を体系的な形で理論化するには至っていない。あるいは、既存のリアリスト理論は、なぜ戦争が起こるのかという究極要因からの説明に、実在論的な意味での科学的根拠を備えた説明を提供できていない*34。さらには、多くの先行研究は仮説の提示・検証にとどまり理論構築には至っていない。こうした状況はジョン・ミアシャイマー（John

152

J. Mearsheimer）とスティーブン・ウォルト（Stephen M. Walt）が「単純な仮説検証（simplistic hypothesis testing）」——理論構築を軽視して、単純な仮説の検証に終始する態度——と呼び批判しているものの典型例といえよう＊35。ミアシャイマーとウォルトは、この「単純な仮説検証」が近年の政治心理学的研究にみられると指摘しているが＊36、それはまさに進化政治学に基づいたリアリスト理論研究が抱えている問題の一つでもあるのである。

　本書の目的はこうした先行研究の空白を埋めるべく、進化学が明らかにする戦争原因の適応主義的なミクロファンデーションと、リアリズムがこれまで積み上げてきた豊かな国際政治学的なエッセンスを統合することにある。進化学という科学的知見とリアリズムという人文社会科学的知見の統合、すなわち、コンシリエンス（consilience）——自然科学と人文社会科学の統合——を実現することで、戦争の原因を明らかにする人間本性に根差した包括的なリアリスト理論を構築することが、ここでの究極的なゴールである。

　進化論のみに依拠した説明では、戦争の原因を記述的妥当性が備わった形で説明できない。たしかに我々に備わった心理学的適応は、進化的適応環境で包括適応度極大化を実現するように最適化されているが、それが実際にいかなる形で現実世界において作用しているのかを、記述的妥当性を備えた形でスケッチするためには、現実の歴史において用いられた言説や学説——ナショナリズム、ナショナリスト的神話づくり、誤った楽観主義、その他——を踏まえなければならない。他方、リアリズムのみに依拠した説明では、人文・社会科学的な意味での記述的豊かさを備えているものの、その実在論的な意味での科学的根拠が脆弱である。そしてこのことは、セイヤー、ドミニク・ジョンソン（Dominic D. P. Johnson）、マクデーモットといった先駆者が共通して抱いていた問題意識でもあった＊37。

　たとえば、防御的リアリズムが提起する攻勢至上主義（cult of offensive）という概念は、第一次世界大戦に欧州各国が踏み切った理由を説明する上で有益な社会科学的概念である＊38。ところが、攻勢至上主義それ自体には、実在論的な意味での科学的根拠があるわけではないので、コンシリエ

ンスを通じた基礎付けの作業が不可欠である。こうした空白を埋めようと
したのが、ジョンソンの『過信と戦争』、そして拙著『進化政治学と国際
政治理論』（とりわけ第6章）というわけである*39。

（2）セイヤーの進化的リアリズム

　一部の先見の明のあるリアリストは、既に国際政治学のリアリズムの枠
組みの中で、現在では進化政治学と呼ばれている政治学における重要なリ
サーチプログラムを実践している。セイヤー、ジョンソンによる一連の進
化政治学に基づいたリアリスト理論研究がその代表例である。学会に一石
を投じた *International Security* におけるセイヤーの "Bringing in
Darwin" は、自身の著書 *Darwin and International Relation* のもとに
なり、それらは攻撃的リアリズム（offensive realism）を進化政治学で科学
的に強化することを目指したジョンソンとの共同研究につながっていく*40。
こうしたセイヤーの研究がもつ影響力の大きさは、日本の進化政治学者森
川友義がそれを進化政治学の代表的研究の一つに挙げていることに見てと
れよう*41。なお、セイヤーは進化政治学を科学的基盤としたリアリスト
理論のことを、進化的リアリズムと呼んでいるので*42、ここではこの用
法を踏襲して、進化論に基づいたリアリスト理論のことを、統合的に、進
化的リアリズムと呼ぶことにする。これは『進化政治学と国際政治理論』
で進化のリアリスト理論と呼んだものと同じである。

　むろんあらゆる研究がそうであるように、セイヤーらの研究にも全く問
題がないというわけではない。第一に、アンソニー・ロペス（Anthony C.
Lopez）とマクデーモットが示唆しているように、セイヤーの議論の最大
の欠陥は、進化心理学という進化政治学の基盤にある重要な科学的知見が
十分に反映されていないことにある*43。実際、セイヤーは進化心理学の
代わりに、しばしばその前身とされる社会生物学（sociobiology）という理
論的に未成熟な知見に大きく依存しているため、ダンカン・S・A・ベル
（Duncan S. A. Bell）とポール・K・マクドナルド（Paul K. MacDonald）
から不必要な批判を受けている*44。第二に、セイヤーの議論では、戦争
の適応主義的な論理を体系的に理論化できていない。とりわけ、人間本性

をゼロ百で捉えすぎており、その条件性という重要な特徴を見逃してしまっている。第三に、科学哲学の科学的実在論（scientific realism）に基づいて、進化政治学の学術的意義（その政治学への貢献）を十分に裏付けていない。第四に、進化政治学に基づいたリアリスト理論の論理を十分に体系化していない。

　しかしこうした弱点にもかかわらず、セイヤーの進化的リアリズムには以下の重要性があると考えられる＊45。第一にセイヤーらの研究ほど体系的に、進化政治学がリアリスト理論にもたらす意義を明らかにしたものは、先行研究の中には存在しない。たとえば、同じく International Security に掲載されているマクデーモットらの進化政治学的研究は、セイヤーの研究より進化政治学の国際政治学への貢献を体系的に論じているが＊46、マクデーモットらの研究はセイヤーらのそれほど体系的にリアリズムについて言及していない。第二に、セイヤーらの研究には進化心理学を軽視しているという致命的な問題があるものの、それはリアリズムを進化政治学で科学的に強化するという重要なテーマに体系的な形で取り組んでいる。以上の理由から、本書は進化論に基づいたリアリスト理論研究を進めていく上で、セイヤーの理論が出発点になると考える。

　セイヤーによれば、進化政治学は古典的リアリズム（classical realism）の神学的・形而上学的主張より、リアリズムに優れた科学的基盤を提供できる。第一に、科学哲学者カール・ポパー（Sir Karl Raimund Popper）とカール・ヘンペル（Carl Gustav Hempel）によれば、進化論はこれまでリアリズムの基盤とされてきた古典的リアリズムより優れている＊47。第二に、進化論は広く受けいれられた人間の進化についての科学的説明であるため、リアリズムにこれまで欠けていた科学的基盤となる＊48。第三に、進化論は攻撃的リアリズムを第一イメージ（個人レベル要因）から科学的に裏付けることができる＊49。

　上記の理論を発展させた議論が、セイヤーとジョンソンによる、進化政治学で攻撃的リアリズムを科学的に強化することを目指した研究である。セイヤーとジョンソンによれば、攻撃的リアリズムにおける、①自助（self-help）、②相対的パワー極大化（relative power maximization）、③外

集団（out-group）への恐怖という三つの前提は、進化過程で形成された心の仕組み（すなわち心理メカニズム）に由来する。したがって、攻撃的リアリズムの基盤はこれまで主流であった第三イメージ（国際システムの構造的要因）のアナーキーから、第一イメージ（個人レベル要因）の人間本性に移される必要がある＊50。またセイヤー、ジョンソンらの研究を受けて、クリス・ブラウン（Chris Brown）は進化政治学の科学的知見に基づき、リアリズムの人間本性論を再考している＊51。

　セイヤー、ジョンソンに端を発する一連の研究は、なぜ進化政治学をリアリズムに応用する必要があるのか、という根源的な問いに明確な答えを与えている。すなわち、進化政治学はリアリズムをはじめとする既存の有力な国際政治理論を、実在論的な意味での科学的根拠が備わった形で強化できるのである。ところが残念ながら、セイヤーらをはじめとする先行研究は依然として、進化政治学に基づいたリアリスト理論の論理を体系化できていない。進化政治学はいかなる形でリアリズムを科学的に強化できるのか、理論家はこうした点に関する普遍的な原理を明らかにする必要がある。こうした問題意識から本書では、セイヤーらがはじめた進化的リアリズムというリサーチプログラムを哲学的・科学的に発展させることを試みる。

第3節　進化的リアリズムの体系化

　進化的リアリズムは、中心から周辺に向かい演繹的に理論的要素が派生していく同心円上の四層構造——①科学的実在論（前著で多元的実在論という方法論モデルとして再構成）、②進化政治学（本書で進化行動モデルを構築）、③国際政治学のリアリズム、④具体的な分析概念・モデル（前著でナショナリスト的神話モデル、楽観性バイアスモデル、怒りの報復モデルを提示）——からなるものである。以下、各層を順に説明する。

（1）科学的実在論——多元的実在論
　まず中心の第一層目には科学的実在論＊52、特に前著で構築した多元的

実在論という方法論モデルが位置付けられる＊53。科学的実在論はミアシャイマー、ウォルト、ウェント、アンドリュー・ベネット（Andrew Bennett）をはじめとする有力な国際政治学者が支持する科学哲学の重要な学説である＊54。理論系の主要学術雑誌の一つ *Millennium* でその特集が組まれていることが示唆するように、科学的実在論は数ある科学哲学の学派の中でも、国際政治学の方法論を発展させる上で特に有益なものとされている＊55。国際政治学のリアリズムがそうであるように、科学的実在論内部にも論争があり、それには構造実在論、対象実在論（entity realism）、半実在論（semi realism）といったバリエーションがある。それゆえ科学的実在論を一意に定義するのは難しいのだが、それにもかかわらず、それに一定の特徴を見いだすことは可能である。

　すなわち、科学的実在論では一般的に、①「科学において措定される観察不可能な事物（unobservable：筆者注）が存在する」、②「成熟した科学（mature　science：筆者注）で受け入れられている科学理論は近似的に真（approximately true）である」という前提から＊56、「われわれとは独立に存在する世界について、観察できないところも含め真理を見出すこと」が目指される＊57。換言すれば、科学的実在論において科学や理論の目的は、観察不可能な部分も分析射程に収めつつ、近似的真理へ漸進的に接近していくこととなるのである＊58。

　科学的実在論はしばしば実証主義を堅持しつつアイディアという観察不可能な要因を扱う、ウェントのような穏当な（moderate）コンストラクティビストに固有の方法論とみなされる＊59。しかし特定のリサーチプログラムに属さないベネット、ハードなリアリストのミアシャイマーが支持していることが示唆するように、科学的実在論は必ずしもウェント型の実証主義コンストラクティビストの専売特許ではない＊60。つまるところ、科学的実在論は国際政治学に科学的に従事することを志す、全ての理論家にとって重要な学説なのである。

　真理へのアクセスを拒絶する決定不全性という反実在論（anti-realism）＊61テーゼに、科学的実在論は真っ向から対抗するが、その中でも観点主義（perspectivism）は特に重要なロジックを提供してくれる。観点主義は、

科学哲学会（Philosophy of Science Association）の前会長で米国の哲学者ロ
ナルド・ギャリー（Ronald N. Giere）が体系化した学説である＊62。ギャリ
ーの『科学的観点主義（Scientific　Perspectivism）』は、有力な学術雑誌
『サイエンス（Science）』誌上にその書評が載せられており、そのことは
観点主義の影響力の大きさを物語っている＊63。

　観点主義は決定不全性に対して単純に、理論は事例から検証できると反
論することはしない。むしろそれは決定不全性と同じく、理論が事例から
厳格に検証できるという態度には懐疑的である。しかしそれにもかかわら
ず、観点主義は決定不全性と以下の重要な点で異なる。

　決定不全性からはしばしば、理論は事例から厳格に検証できないので理
論家は真理に近づけない、理論家は補助仮説をアドホックに利用し逸脱事
例を説明できるので研究の客観性・公平性は担保できない、といったポス
トモダニズム的主張——これは懐疑主義・非合理主義・不可知論・相対主
義などの形をとる——が導きだされる。これに対し観点主義は上記の科学
的実在論の原則を前提としつつ、以下の論理から、理論家が多角的視点か
ら世界と一定の類似性を持つモデルを獲得できる、という限定的な実在論
を堅持する。

　理論は特定の観点から世界の特定の局面を表象するものであり、人間が
持ちうる理論は常に実践的目的に規定される。それゆえ、世界についての
あるがままの表象モデルというものを我々は持ちえず、事象に関する唯一
無二の真の記述なるものは絵に描いた餅に過ぎない。したがって、理論を
一意に決めねばならないという決定不全性の前提はそもそも誤っている＊
64。こうした観点主義が含む複数理論の併存を擁護する論理によれば、国
際政治学者はシニカルなポストモダニズムに与することなく、理論的多元
主義を擁護できるようになるのである＊65。

　科学的実在論は、理論が経験により裏付けられることの重要性を認めつ
つも、観察不可能なものの存在をはじめとして、あらゆる研究対象が経験
的に裏付けられるわけではないことを自覚し、過度な経験主義——観察不
可能な事象を研究対象から捨象する道具主義にみられるそれなど——から
は距離をおく。科学的実在論によれば、理論評価基準には経験的妥当性以

外にも多様なもの——統合力、簡潔性、数学的エレガントさ、新奇性、豊
かさ、応用力など——がある。本書では歴史的指導者の脳内データに言及
せず、任意の心理メカニズムが国際政治の動態に及ぼす因果効果を論じる
が、こうした研究上の態度は観察不可能なものを措定する科学的実在論に
より擁護される。

（2）進化政治学——進化行動モデル

　第二層目には進化政治学、とりわけ本書第二章で構築した進化行動モデ
ルが位置づけられる＊66。ここに進化政治学が位置付けられるのは、進化
政治学は科学的実在論というメタ理論により裏付けられ、さらにその進化
政治学はリアリズムを裏付けるからである。進化政治学の論理は以下の三
点にまとめられる。

　第一に、人間の遺伝子は突然変異を通じた進化の所産であり、こうした
遺伝子が政策決定者の意思決定に影響を与えている。第二に、生存と繁殖
が人間の究極的目的であり、こうした目的にかかわる課題に対処するため、
自然淘汰と性淘汰を通じて脳が進化した。第三に、現代の人間の遺伝子は
最後の氷河期を経験した遺伝子から事実上変化していないので、今日の政
治現象は進化的適応環境（environment of evolutionary adaptedness）の行
動様式から説明される必要がある＊67。

　さらに本書では、進化政治学に基づいた新たな行動モデル、すなわち進
化行動モデルを構築したが、進化行動モデルによれば、人間行動は以下の
四つのフェイズから理解することができる。第一に、あらゆる行動の生物
学的なパラメーターは主に適応主義的に決定される＊68。これが、進化学
の適応主義が明らかにする種に典型的な適応である。裏切り者検知メカニ
ズム＊69、同盟検知メカニズム＊70、配偶者選択メカニズム＊71などがその
代表的な例であろう。第二に、独立変数的な役割を果たす普遍的な適応は、
個人間の遺伝的差異が媒介変数として影響して、その具体的な作用の仕方
・程度に変動が生じる（行動遺伝学が明らかにする個人間の遺伝的差異）＊72。
第三に、さらにそれらは二義的な媒介変数である後天的な環境的要因（文
化・教育等）によって、その発現に変動がうまれる。すなわち、これがい

わゆる「生まれ」と「育ち」の論争におけるところの、「育ち」のファクターである。

　第四に、それら適応の実際の作用の仕方は、各々のコンテクストに応じた条件的なものとなる。人間はコンテクストの生き物であり、我々に備わっている心理メカニズムは領域固有的かつ文脈依存的である。我々は外的状況に直面した際、まずその状況がいかなるコンテクストなのかを把握しなければならず、そのコンテクストにおいて適応的な形で心理メカニズムを駆動させている。これには二つの局面がある。

　一つ目は、そもそも直面している領域が何なのかを推定する必要がある。裏切り者検知、同盟検知、配偶者選好などは、各々異なる領域の問題であり、それらには各々異なる適応課題がある。本来心理メカニズムが作用するはずのコンテクストとは違うコンテクストで、当該メカニズムを駆動させてしまうことは、生物学的なエラー（進化的ミスマッチ、適応齟齬）である。二つ目は、たとえ今直面しているコンテクストの種類を適切に同定できたとしても、くわえて、我々は任意のアルゴリズムでそのコンテクストにおいて適応的な意思決定をする必要がある。

　そこで重要なことは、すべての人間の心理メカニズムは、「もしこうならば、こうである（if　then　構文）」という法則のアルゴリズムから成っているということである*73。攻撃システム（aggression system）を例に挙げよう*74。先述したように、進化ゲーム理論的な状況を想定したコンピューター・シュミレーションにおいて、「どのような場合でも攻撃せよ」というアルゴリズムで行動する個体は、「もし相手よりも大きければ、攻撃せよ。もし相手よりも小さければ、服従せよ」というアルゴリズムで行動する個体に、最終的に駆逐される*75。つまるところ、常に攻撃をする個体は、勝てるときにだけ攻撃を仕掛ける個体よりも、無駄に命を落とす確率が高いのである。

　自然淘汰は我々に包括適応度（inclusive fitness）の極大化に資する心理メカニズムを選択させるように有利に働いたが*76、この利害紛争というコンテクストでは、いうまでもなく、この条件的なアルゴリズムからなる心理メカニズムに有利に働くというわけである。つまるところ、どれだけ

人間に種に典型的な適応として攻撃システムが備わっているからといって、我々は常に他者を攻撃したり、いつも他国を征服しようとしたりするわけではないのである。

（3）リアリスト・リサーチプログラム

　第三層目にはリアリズムが位置づけられる。ここにリアリズムが位置付けられるのは、セイヤー、ジョンソンが論じているように、進化政治学はリアリズムの科学的基盤となるからである。各々のリアリスト（古典的リアリスト、ネオリアリスト、新古典派リアリスト等）が採用しているリアリズムの堅固な核（hard core）は、細かい点では相違があるかもしれないが、そのエッセンスは「アナーキーのもとで個人は集団に帰属しており、権力をめぐる集団間の永続的闘争が国際政治の本質である」といった形にまとめられよう*77。

　第一に、リアリズムは国際システムが、ホッブズの想定する自然状態のようなアナーキーであると考える*78。アナーキーとは必ずしも無秩序ということを意味するわけではないが、そこでは他国への恐怖、不信感、意図の不確実性といった要素が幅を利かせており、国家間協調には本質的な限界がある。こうした状況下では、ジャービスがゲーム理論の囚人のジレンマを国際政治に応用して生みだした概念である、安全保障のジレンマが常に付きまとう*79。これは自国の安全を確保しようとする努力が、意図の不確実性のもとで、他国に脅威となり他国の軍拡のインセンティブを煽り、その結果として自国の相対的な安全保障が失われてしまう、というジレンマ的な状況を意味する。攻撃的リアリズムであれば、この安全保障のジレンマの熾烈さを高く見積もるため、国家が信頼できるのは物質的パワーのみであり、国家は相対的パワーを極大化するという予測が導きだされる*80。他方、防御的リアリズムであれば、アナーキーが様々な協調に向けたコストのかかるシグナリングによって緩和可能だと考えるため、アナーキーのもとでも限定的な協調は可能だと考える*81。

　第二に、リアリズムはいずれのバリエーションであれ、権力（すなわち、パワー）の重要性を自覚している。古典的リアリズムは国家の絶対的なパ

ワーの重要性を主張し、マキャベリ（Niccolò Machiavelli）やハンス・モーゲンソーによれば、指導者には権力を求める本性があるという＊82。攻撃的リアリズムの世界では相対的パワーの極大化が国家目標の一義的なものであることは記した通りである。新古典的リアリズムは一見すると、攻撃的リアリズムが想定する国家の合理的行動からの逸脱事例を説明するようだが、これはあくまでベースラインとなる相対的パワー極大化行動を前提とした上での議論である。こうした点を最も的確に指摘しているのが、ランドール・シュウェラーの過小均衡化理論（theory of underbalancing）であろう＊83。シュウェラーの新古典派リアリスト的枠組みによれば、圧倒的な動員能力が備わったリアリスト的な意味での理想的な国家はナチス・ドイツとされるが、その理由は、同国は国家が相対的パワー極大化を図り、他国に領土を拡大していく上で必要となる動員能力を高度に備えていたからなのであった＊84。

　第三にリアリズムは、個人主義を基調とするリベラリズムとは異なり、人間とは本質的に部族主義的な生き物だと考える。そのため、リアリズムと保守主義はこの点で大きく親和的となる。それゆえ、リアリストはナショナリズムという愛国主義的観念が、国家の資源徴収・動員能力にとって決定的な重要性を持つと考える＊85。それゆえ、リアリスト世界において、国家の安危に関わる和戦の決定をめぐり、権謀術数に長けた指導者が操作するナショナリズムが戦争の重大な原因になる。このことはミアシャイマー、スティーヴン・ヴァン・エヴェラ（Stephen Van Evera）、ジャック・スナイダー（Jack Snyder）、バリー・R・ポーゼン（Barry R. Posen）、ジェフリー・W・タリアフェロ（Jeffrey W. Taliaferro）をはじめとする有力なリアリストらが繰り返し指摘してきたテーマである＊86。古くは、マキャベリが『ディスコルシ』において既にナショナリズムの重要性を説いていることは有名な例であろう＊87。

　実際、ナショナリズムと戦争の問題をめぐり、これまでリアリストは一つの普遍的な現象に言及してきた。それは、指導者がしばしば国民のナショナリズムを喚起して、拡張的政策への支持を調達しようとするというものである＊88。理論的に言えば、この時に用いられるのがナショナリスト

的神話作り（nationalist mythmaking）という、自己賛美（self-glorifying）・
自己欺瞞（self-whitewashing）・他者悪意（other-maligning）からなる、排
外主義的なレトリック（政治的プロパガンダ、メディア操作など）である＊89。

　ミアシャイマーが論じているように、ナショナリスト的神話作りとは
「実質的に『われわれ』がつねに正しくて『彼ら』がつねに悪い、という
物語を教えるもの」である＊90。すなわち「エリートたちはこのようなウ
ソを、自分たちの国家や民族グループが実際に行ったことを否定したり、
もしくは実際にやっていないことをあたかもやったかのような間違った主
張をすることによってつかう」のであり、その目的は「国土を守るために
国民に戦う気力をもってもらう」べく、「国民のなかに強力な集団アイデ
ンティティーを作り上げることにある＊91」のである。

　したがって、リアリズムによれば、大衆がしばしば排外主義的なレトリ
ックを受けいれ、コスモポリタニズムよりナショナリズムを好むことは何
の不思議もない。結局のところ、コスモポリタニズムに訴えるヒラリー・
クリントン（Hillary R. Clinton）でなく、アメリカ中心主義を強硬に唱え
るドナルド・トランプ（Donald J. Trump）がアメリカ国民に選ばれたのは、
部分的には、しかし重要な意味において、リアリズムが想定する人間本性
の所産だったのである＊92。

（4）具体的なリアリストモデル・概念
　最後にもっとも外側に位置する第四層目には、具体的な国際政治学の分
析概念やモデルが位置付けられる。

①リアリズムの因果モデル
　前著『進化政治学と国際政治理論』では、ナショナリスト的神話モデル、
楽観性バイアスモデル、怒りの報復モデルという三つのリアリストモデル
を構築した。

・ナショナリスト的神話モデル
　たとえば、部族主義をめぐる進化論的・脳科学的知見＊93をリアリスト

・リサーチプログラムに応用すると、以下の三つの仮説からなる、ナショナリスト的神話モデルが導きだされる。第一に、指導者はしばしばナショナリスト的神話作りで国民の排外的ナショナリズムを駆りたてて、拡張的政策への支持を調達しようとする（仮説①）＊94。第二に、逆にしばしば国民は、指導者のナショナリスト的神話作りで排外的ナショナリズムを駆りたてられ、指導者に拡張的政策への支持を与える（仮説②）＊95。第三に、指導者はしばしば、自らが引き起こした排外的ナショナリズムに対外政策の自律性を拘束される（仮説③）＊96。

　上記の仮説①と仮説②を導きだす上で重要なのは、人間には生来、部族主義の心理メカニズムが備わっているので、指導者はそれに乗じて排外的ナショナリズムを喚起するような好戦的政策をとり、国民から政治的支持を得ようとするということである。旗の下での結集効果（rally-round-the-flag）の論理が、部族主義をめぐる進化論的・心理学的知見で裏付けられているのはこうした理由による＊97。政治的指導者は国民やエリートが部族主義的であることを直感的に理解しているので、このことに乗じてナショナリスト的神話作りに勤しむ。こうした意味において、国民の心に潜んでいる部族主義に乗じていたヒトラーや松岡洋右といった扇動的指導者は、直感的な進化政治学者だったのである。こうした点について、リアリストのミアシャイマーは実に鋭い指摘をしている。

　　「ナショナリスト的な神話」を作る行為というのは、単にエリートがニセの話をでっち上げて国民に広めるだけのものではない。実際のところ、国民というのはこのような神話に飢えているのであり、彼らは自分たちが善なる存在で、敵対する国が悪の権化であるような、過去についての話を聞きたがるものだ。よって、「ナショナリスト的な神話」というのは、実質的には社会の階層の上にいるエリートからだけでなく、下にいる国民の側からも促されるものなのだ＊98。

　仮説③の論理を理解するためには、指導者と国民の間に情報の非対称があることを踏まえる必要がある＊99。指導者自身がナショナリズムに熱狂

することも十分想定できるが、彼と国民の間における大きな違いの一つに、後者と比べて前者が国際政治の状況に関する情報を多く有しているという事実がある。外的世界（この際、国際システムの状況）に関する情報を欠いた状態において、人間がとりうる行動は脳の自動モードに従った部族主義的な熱狂（この際、排外的ナショナリズムへの熱狂）となる。なぜなら、人間行動の多くは自動モードで形成されているが、それらは学習を通じて自身を啓蒙し手動モードを駆動させることで初めて、コントロール可能になるからである＊100。

　他方、国際システムの客観的な状況に触れる機会が多ければ多いほど、人間は部族主義という狩猟採集時代の本能の欠陥を自覚できるようになり、理性により合理的政策——グローバルな視点に立った合理性という意味ではコスモポリタンな政策、リアリスト的視点に立った一国に焦点を当てた合理性という意味ではレアルポリティーク、ここでは後者を指す——の重要性を理解できるようになる。こうした理由から指導者の多くは——彼・彼女のイデオロギーや信念は別としても——、基本的に国民よりはるかにレアルポリティークの重要性を自覚できるのである。

　むろん、こうした情報の非対称性が持つ政治的インプリケーションを理解しているが故、狡猾な政治的指導者は情報統制やメディア操作を試みるし、実際、一定程度の排外的ナショナリズムは国益追及を擁護するものになるという意味で、レアルポリティークの支えになりうる。しかし、必要かつ適切な量のナショナリズムを生みだすという巧妙な策を講じるのは通常困難なので、しばしばナショナリスト的神話作りは横滑りして、国民は指導者が志向するレアルポリティークを阻害するほどの過度な排外的ナショナリズムに熱狂するに至る。たとえば中国政府は普段、学校教育やメディア操作を通じて反日・反米感情や領土をめぐる愛国主義的感情を煽っているが、国民の排外的ナショナリズムが政府のレアルポリティークを阻害するようになると、それをコントロールして国民の怒りを鎮めようと熱心になるのである＊101。

　たとえば、ナショナリスト的神話モデルの視点からいえば、日中戦争がエスカレーションしたのは、以下のような形で理論的に説明される。第一

に、日中戦争拡大の過程で、近衛内閣はしばしばナショナリスト的神話——この際、華北派兵声明、「暴支膺懲」声明、東亜新秩序声明など——に訴えて国民の排外的ナショナリズムを喚起し、日中戦争拡大への支持を調達しようとしていた（仮説①）。第二に、国民はしばしばこうした政府のナショナリスト的神話作りに呼応して、近衛内閣に日中戦争拡大への支持を与えていた（仮説②）、第三に、近衛内閣はしばしば自らが喚起した国民の排外的ナショナリズムに拘束されて、日中交渉における政策の自律性を拘束されていた（仮説③）。こうしたナショナリズムをめぐる統治者と非統治者の間の相互作用により、日本は日中戦争の泥沼にはまっていったのである。

あるいは、第一次世界大戦の前、帝政ドイツは工業化とそれに伴う社会的・経済的地位の格差増大により、大衆からの強力な政治的圧力に直面していた。こうした政治的圧力は、ドイツ帝国議会における社会民主党員の増大、保守的エリートへの不信任といった形で表出していた＊102。このような状況のもと、ドイツの保守的指導者は権力の喪失に対処すべく——かつてビューロー（Bernhard Heinrich Karl Martin von Bülow）が「酒場の政治談議」から政策を形成することはできないと力説していたにもかかわらず——、排外的ナショナリズムを煽り、国内の愛国主義的勢力と結託するに至っていたのである＊103。

ドイツの体制エリートにとり、国内の排外的ナショナリズムは諸刃の剣であった＊104。たしかに第一次世界大戦前のドイツの保守的エリートにとり、排外的ナショナリズムはラディカルな社会的改革を要求する革新派に対抗する上で有効な政治的レトリックになっていた。汎ドイツ連盟のハインリッヒ・クラス（Heinrich Class）が、「我々が嫌悪するリベラルな観念という意味での人道主義は、わが民族にとって悪いものをもたらすだろう」と述べているように＊105、ドイツの右派エリートはしばしば排外的ナショナリズムがドイツ帝国の保守的体制を守る上で有益なものであると考えていた。しかし他方でこうして排外的ナショナリズムを煽り、愛国主義的な国民に依存すればするほど、ドイツ政府は対外政策の自律性を拘束され、国際的舞台でレアルポリティークを実践する力を失っていったのであ

る。

・楽観性バイアスモデル

　次に、過信をめぐる進化論的・脳科学的知見＊106をリアリスト・リサーチプログラムに応用すると、以下の三つの仮説からなる楽観性バイアスモデルが導きだされる。第一に、指導者は自国・同盟国の力（相対的パワー、交渉力）と事態のコントロール可能性（戦争回避の可能性）を過大評価する（仮説①）。第二に、指導者は敵の力（相対的パワー、交渉力）、同盟国からの評判を失うリスク、不都合な情報を過小評価する（仮説②）。第三に、指導者はネガティブな事柄・政策を自己に都合の良い形で肯定的に捉え直して、過信を保ち続ける（仮説③）。

　仮説①・②は、楽観性バイアスが生む肯定的幻想の因果論理を、リアリスト的視点から対外政策決定という文脈に応用したものである。仮説③は、楽観性バイアスが生む不協和低減効果により、政策の失敗や望ましくない国際情勢といったネガティブな出来事に直面しても——ネオリアリズムが示唆するように合理的に信念を更新するのではなく——、指導者はそれを自己に都合良く捉え直して、過信を保ち続けることを示すものである。不協和低減効果は自ら進んでネガティブな事柄を引き起こした場合や、自らの意思でネガティブなオプションを選択した場合に特に顕著となる（エージェンシーの効果）。

　たとえば、楽観性バイアスモデルによれば、なぜ日本が日ソ中立条約という次善の政策を選択したのか、という謎は以下のような形で理論的に理解できる。1940年11月27日、東郷茂徳大使は「独ソ関係は近来変調をきたし」「日ソ間懸案の解決など思いにもよらない」として、近衛文麿に続いて松岡を説得した。しかしそれは四国協商実現を目指す、「対独伊ソ交渉案要綱」策定に際する松岡の情勢判断に影響を与えなかった＊107。その後、訪欧直前の1941年2月には、ウィーン駐在の山路章・総領事から、ドイツのバルカン工作の結果が独ソ間の不和を招来したとの詳細な報告、来栖三郎大使から独ソ関係の悪化を示唆する発言といったように、訪欧後に予定される対ソ交渉の見通しに関するネガティブな情報が松岡に伝わってい

る＊108。合理的アクターであれば、こうしたネガティブな情報を受けた時点で、当初目標としていた四国協商が実現不可能と判断して、訪欧中止を検討して然るべきだろう。ところが松岡はむしろ意気揚々と旅路に就き、細谷によれば、その様相は「ヒトラーもスターリンもその薬籠中のものにしうる自己の外交手腕への自信のほどに満ち溢れて」いたという＊109。

　したがって、つまるところ、四国協商構想から日ソ中立条約締結に至る日本外交は、「『世界がつねに自己を中心に動く（大橋忠一）』といった、松岡の自信過剰さにもとづくところが大き」く、それは「イマジネーションがあまりに飛翔しすぎ、実践がしばしば客観的制約の枠をこえた目的の追求に飛躍する、自意識過剰の外交」の産物であった＊110。こうした政策決定者が抱く過信は、合理性を重視するリアリスト理論では説明できない逸脱事象であり、楽観性バイアスモデルにはそれを楽観性バイアスという進化政治学的視点から説明できるという強みがある。

・ 怒りの報復モデル

　さらには、怒りの修正理論（recalibrational theory of anger）＊111を活用して、怒りに駆られた攻撃行動という逸脱事象を説明する、以下の三つの仮説からなる新たなリアリストモデル（怒りの報復モデル）を構築できる。第一に、敵国からの不当な行為は政策決定者の憤りを生みだし、彼・彼女に敵国への攻撃的政策を選好させる（仮説①）。第二に、政策決定者は敵国の悪意を利用して国内アクターの憤りを駆りたて、攻撃的政策への支持を調達しようとする（仮説②）。第三に、憤りは国内アクター間で攻撃的政策に向けた選好収斂をもたらし、国家という集団が敵国へ攻撃行動をとることを可能とする（仮説③）。

　仮説①は、憤りが政策決定者個人の攻撃の選好を上昇させることを示すものである。仮説②は、政策決定者が動員のハードル（mobilization hurdle）を克服すべく、国内アクターの憤りを政治的に利用しようとすることを示すものである。なお同仮説は、こうした政治的な説得工作の成否まで問うものではない。仮説③は、憤りを契機として、国内アクターの政策選好が攻撃的政策に向けて収斂することを示すものである。

　たとえば、怒りの報復モデルによれば、日本の真珠湾奇襲というパズルは以下のように理論的に解釈できる。11月26日、アメリカは日本にハル・ノートを手交したが、それは、①ハル四原則の無条件承認、②日本の中国・仏印からの全面撤兵、③国民政府の否認、④三国同盟の空文化を求める強硬なものだった＊112。日本側が「米側の六月案に向けて、まがりなりにも譲歩を積み重ねてきた」にもかかわらず、「ハル・ノートは逆に条件をつり上げた＊113」ものであった。ハル・ノートにみられる「無理難題の諸条件は、ドライな語調とも相まって、日本がいまだに国際社会で虐待される被害者だという共通認識を強固なものとし＊114」、「政治信条の違いにもかかわらず、日本の首脳陣は、概して『ハル・ノート』を挑発的で、侮辱的な文書だと受け止め＊115」た。こうした形で怒りの報復モデルの仮説①——敵国からの不当な行為は政策決定者の憤りを生みだし、彼・彼女に敵国への攻撃的政策を選好させる——の論理に従って、憤りに駆られた日本の政策決定者は対米開戦を決意したのである。

　駐日米国大使ジョセフ・C・グルー（Joseph Clark Grew）は戦後、太平洋戦争勃発の「ボタンが押されたのは、ハル・ノートを（日本が：筆者注）接到した時の頃だというのが、ずっと私の確信である＊116」と証言している。また駐日英国大使ロバート・L・クレーギー（Robert Leslie Craigie）は最終報告の中で、「米国政府の日本への『最後回答（final reply）（ハル・ノート：筆者注）』は日本が拒否することが確実な条項からなっていた」と述べている。すなわちクレーギーによれば、「日本の開戦決意は27日頃（ハル・ノート受領日）に下され」、「日本の11月20日の妥協案（乙案：筆者注）が交渉の基礎になっていたら、この決定は下されていないか、いずれにしても延期されていた」のである＊117。以上から分かることは、ハル・ノートという主観的に不当に思われる覚書を受けて、日本の政策決定者はアメリカへの攻撃的選好を急激に高めたということである（仮説①）。

②分析概念

　さらに、進化的リアリズムは、具体的な国際政治学上の分析概念を、実

在論的な意味で科学的に理論化できる。具体的には、アナーキー、誤認識
（misperception）、安全保障のジレンマ、過信、リスク追求（risk
seeking）・損失回避（loss aversion）行動、権力政治、ナショナリズム、感
情などである。以下、順に説明していこう。

・アナーキー
　第一に、進化的リアリズムは、リアリズムが前提とするアナーキー観を、
実在論的な意味で科学的に裏付けられる＊118。リアリズムは国際システム
のアナーキーがホッブズのいう悲惨な自然状態（state of nature）——司法
・警察が機能する余地のない無慈悲な自助の体系——であると考える＊119。
こうしたリアリストが想定する悲惨なアナーキー観に対して、リベラリス
トはそれが過度に悲観的であり、民主主義やグローバリゼーションの拡大
により、アナーキーの下でも平和は実現できると反論する＊120。
　あるいはコンストラクティヴィストは、リアリズムの悲惨なアナーキー
観が自己充足の予言（self-fulfilling prophecy）＊121であると反論する。コン
ストラクティヴィズムの泰斗ウェントによれば、政策決定者がリアリスト
的な発想を抱いて行動するからアナーキーの下で戦争が生まれるのであり、
人々がリベラル的な発想に基づき国際制度・規範を遵守して行動すれば、
アナーキーの下でも国家間協調は可能となる＊122。つまるところ、アナー
キーをめぐるリベラル的・コンストラクティヴィズム的見解——自然状態
についてのロック的・ルソー的見解とも言い換えられよう——が正しいな
らば、リアリズムのアナーキー観に反して、人間本性や国家選好は平和的
あるいは可変的なものとして捉えられるのである。
　ところが残念ながらこうした批判に対して、これまでリアリストは実在
論的な意味で十分な科学的根拠を備えた答えを与えられていない。こうし
た問題を解決するために、進化政治学をリアリズムの科学的基盤に据える
ことが必要になる。進化政治学によれば、リアリズムが依拠するホッブズ
の自然状態論は、進化心理学をはじめとする現代の科学的知見によって裏
付けられる。人間はアナーキーな進化的適応環境（狩猟採集時代）のもと
で小規模集団を形成し、敵集団との恒常的な紛争状態の中で過ごしてきた

＊123。こうした状況が我々に、集団内協調と集団間競争を同時に志向する心の仕組みを形成するよう仕向けたのである。

　このことは特に、進化論の生みの親チャールズ・R・ダーウィン（Charles R. Darwin）が萌芽的に示唆して、現代では生物学者デイヴィッド・スローン・ウィルソン（David Sloan Wilson）、エドワード・O・ウィルソン（Edward O. Wilson）、心理学者ジョナサン・ハイト（Jonathan Haidt）らが支持しているマルチレベル淘汰論（multi-level selection theory）や集団淘汰論（group selection）により説明される＊124。すなわち進化的適応環境では、上手く団結して協力体制を作った集団はそれに失敗した集団に打ち勝ってきたので、人間は本性的に集団内協調と集団間競争を志向する本性を備えてきた＊125。この偏狭な利他主義（parochial altruism）の論理は、「遺伝子が集団をヴィークルとして利用して包括適応度極大化を図っている」というシナリオとして再解釈しても良いだろう＊126。

　包括適応度理論とマルチレベル淘汰論の数理等価性を措定すれば、ここにおいて、集団淘汰論をめぐる非生産的な論争を繰り返す必要はもはやなかろう。記述的に考えてもわかると思うが、他の集団との闘争に勝利できる集団に所属していた方が、そうでない団結性の欠ける集団に所属しているよりも、その内部の集団における個体の包括適応度も極大化しやすいのは、論理的必然である。同じ結論に至るに際しても、数理的根拠をマルチレベル淘汰論（プライス方程式）におくか、血縁淘汰理論におくのかは、究極的には理論家の数学的な態度の選択にかかっているといっても過言でなかろう。

　したがって、淘汰レベルの問題において遺伝子レベルを重視するピンカーと、集団レベルを重視するサミュエル・ボールズ（Samuel Bowles）らが進化的適応環境における戦争の悲惨さについてしばしば一致しているのは偶然ではない。ピンカーが主張しているように、現代の自然科学の進展はロックやルソーでなく、ホッブズが想定する悲惨なアナーキー観が正しかったことを明らかにしている。すなわち、ピンカーやマイケル・シャーマー（Michael Shermer）ら合理的楽観主義者が強く主張するように、進化的適応環境ではホッブズ的な「万人による万人のための闘争」が繰り広

げられていたのである＊127。

　またこうした進化政治学に裏付けられるホッブズ的な自然状態論は、有力な社会心理学的知見によっても支持されている。政治心理学者であり国際政治学者でもあるジョナサン・メーサー（Jonathan Mercer）は、リアリスト的な悲惨なアナーキー観がヘンリ・タジフェル（Henri Tajfel）の内集団バイアス（in-group　bias）により裏付けられると主張している＊128。タジフェルが最小条件集団実験（minimal　group　paradigm）で明らかにしたところによると、人間には自動的に内集団（in-group）に好意、外集団（out-group）に敵意を感じる性質、すなわち内集団バイアスが備わっている。人間は内集団の絶対的利得を犠牲にしてでも、外集団との間における相対的利得の上昇を望む。たとえば我々は「内集団のメンバーに110円、外集団のメンバーに160円」と「内集団のメンバーに90円、外集団のメンバーに60円」という分配方法に直面したとき、後者を選んでしまうのである。

・誤認識

　第二に、進化的リアリズムは、誤認識（misperception）という重要な理論的概念を、実在論的な意味で科学的に強化できる。心理学を国際政治学に応用した先駆者のジャーヴィスは、人間の脳に備わっている認知機能が世界を限定的にしか正しく写しとれないという事実が、国際政治にもたらす諸問題を体系的に論じている＊129。ジャーヴィスの *Perception and Misperception in International Politics* 以降、誤認識は合理的選択理論とネオリアリズムにおいて国家の非合理的行動の原因とされるようになり、リアリストの中でも特に防御的リアリストや新古典派リアリストは、誤認識を国内要因として利用して、国際システムの構造的制約から逸脱した非合理的な国家行動を説明しようと試みてきた＊130。

　ところが、既存のリアリスト理論はどのように（how）誤認識が起こるのか——至近要因からの説明——を論じてはいるものの、なぜ（why）誤認識が起こるのか——究極要因からの説明——を実在論的な意味で科学的に説明できていない。このことは理論研究における重大な欠陥であろう。

なぜなら、ノーベル医学生理学賞受賞者の生物学者ニコ・ティンバーゲン（Niko Tinbergen）が論じているように、我々はいかにして当該事象が起こるのかだけでなく、なぜ当該事象が起こるのかに答える必要があるからである*131。

　これに対して、進化政治学は楽観性バイアスの視点から、なぜ誤認識が起こるのかを明らかにできる。すなわち究極要因からの説明を提供できるのである。脳科学者ターリ・シャーロット（Tali Sharot）らが明らかにしているように、人間には楽観性バイアスという、肯定的事象を過大評価する一方で否定的事象を過小評価する傾向が備わっている。こうした楽天的なバイアスのため我々は、しばしば事象を客観的に認識できず、脅威を過小評価したり、不都合な事象を肯定的に捉え直したりしてしまうのである*132。

・　安全保障のジレンマ

　第三に、進化的リアリズムは、安全保障のジレンマを科学的に強化することができる*133。安全保障のジレンマは、ゲーム理論の繰り返しのある囚人のジレンマ（RPD: Repeated Prisoners' Dilemma、以下 RPD と記す）を国際政治学に応用したもので、今ではリアリズムのみならず国際政治学全般における重要な概念になっている*134。RPD における最適解がしっぺ返し戦略で、コストのかかるシグナリング（costly signaling）や不確実性の低減を通じて、アクター間の協調が可能になることは広く知られている。

　ところが既存の国際政治研究は、RPD で協調が可能となる重要な心理メカニズムを見逃している。それが裏切り者検知メカニズム（cheater detection mechanism）である。裏切り者検知メカニズムは、進化心理学のパイオニアのジョン・トゥービー（John Tooby）とレダ・コスミデス（Leda Cosmides）が、社会契約仮説を提示する中で生みだしたものである。トゥービーとコスミデスによると、他者の裏切りを検知する（detect）力がなければ、アクターは搾取され続けてしまい協調は進化しえないので、人間は進化過程で裏切り者を検知する心理メカニズムを備えるに至った。つまるところ我々は常に、協調相手が自らを欺くのではない

かという疑いを潜在的に抱き続けているのである。

　たとえば冷戦期、アメリカは日本が日米同盟にただ乗りをしようとしているのではないかと疑念を抱いていたし、中国や韓国は日本が専守防衛を放棄し軍国主義を復活させるのではないかと疑い続けてきた。こうした猜疑心の背後に裏切り者検知メカニズムがあるのである。また同メカニズムは国家の合理的な政策決定において重要である。たとえば独ソ戦勃発に際して、スターリンはヒトラーを盲目的に信じるあまり、ドイツの対ソ侵攻の意図を見抜けず、それに大きな衝撃を受けたが、裏切り者検知メカニズムに支えられる健全な猜疑心を欠くとき、しばしばこうした惨劇が引きおこされるのである。

　裏切り者検知メカニズムが国際政治学にもたらす興味深い知見は、安全保障のジレンマを緩和して国家間協調を成立させるためには、逆説的だが他国を盲目的に信頼するのでなく、他国の裏切りを検知する力が必要だということである＊135。換言すれば、アナーキーな国際政治で国家間協調が成り立つためには、相手国からの潜在的な裏切りを常に頭の片隅に置きつつ、他国とやり取りするような健全な猜疑心が必要なのである。

・過信

　第四に、楽観性バイアスモデルを説明するところで示唆したように、進化的リアリズムは、過信——誤った楽観主義（false optimism）とも呼ばれる——という概念・現象に実在論的な意味を科学的な説明を与えることができる。和戦の決定をめぐり為政者が抱く過信は、戦争の大きな原因となり対外政策の失敗——誤認識、インテリジェンスの失敗、勝ち目のない開戦、リスクの高い軍事計画等——をもたらすとされている＊136。このことはバーバラ・タックマン（Barbara Wertheim Tuchman）、ゲオフリー・ブレイニー（Geoffrey Blainey）、ジョンソンをはじめとした、多くの有力な安全保障問題にかかわる研究者が主張してきた＊137。

　過信の問題はこれまでとりわけリアリスト理論家に指摘されてきた。たとえば防御的リアリストのエヴェラは、戦争原因理論を構築する中で、指導者がしばしば過信に陥り、対外政策の失敗を犯すと論じている＊138。と

ころがこれまで国際政治学者は、なぜ指導者が過信に陥るのかという根源的な問いに、実在論的な意味での科学的根拠を備えた答えを与えてこなかった。こうしたパズルに対して、進化政治学は以下の実在論的な意味で科学的な説明を与えられる。すなわち、過信は楽観性バイアスという進化論的特性の所産である。先ほど誤認識の部分でも説明したが、進化の過程で人間は楽観性バイアスという、肯定的事象を過大評価する一方、否定的事象を過小評価する傾向を備えるに至った。進化政治学によれば、こうした脳に深く刻まれた楽天的なバイアスが指導者の過信を引きおこすのである[*139]。

　進化政治学的視点から国際政治における過信の問題を分析した研究には、以下のものがある。ジョンソンとドミニク・ティアニー（Dominic Tierney）は、近年の歴史研究の進展を踏まえて第一次世界大戦の勃発を検討する中で、戦争のルビコン理論（rubicon theory of war）という、過信が戦争を起こす論理を説明する新たな戦争原因理論を提示している[*140]。またジョンソンは『過信と戦争』の中で複数事例を検討しつつ、肯定的幻想理論（optimism illusion theory）という過信が戦争をもたらす論理を説明する新たな戦争原因理論を提示している。ジョンソンは第一次世界大戦、ミュンヘン危機、ヴェトナム戦争、湾岸戦争をはじめとする重要な歴史的事例を検討する中で、過信という進化論的特性が指導者の開戦決定に重大な影響を及ぼすことを経験的に示している[*141]。

　また自然科学系の有力な学術雑誌で、ジョンソン、ニールス・B・ウェイドマン（Nils B. Weidmann）、ラース＝エリック・シダーマン（Lars-Erik Cederman）はエージェント・ベース・モデル（agent-based models）というコンピューター・シュミレーションに基づき、過信の問題を数理的に検証して、リアリスト理論をはじめとする国際政治研究へのインプリケーションを導きだしている[*142]。伊藤隆太は、国際政治における過信が楽観性バイアスに起因するものであることを明らかにして、同バイアスに基づいたリアリスト理論を構築しその理論を、日ソ中立条約（1941年）を定性的に検討する中で例示している[*143]。これらを体系化したモデルが、先述した楽観性バイアスモデルである。

・損失回避傾向

　第五に、進化的リアリズムは、プロスペクト理論に基づく国際政治研究を実在論的な意味で科学的に強化することができる。タリアフェロは、プロスペクト理論に依拠したリスク均衡理論（balance of risk theory）という、新たな新古典派リアリスト理論を構築して、同理論に基づき、なぜ大国はしばしば非合理的な周辺地域へ介入——太平洋戦争に至る日本の行動（1940〜41年）、モロッコ危機（1904〜05年）、朝鮮戦争（1950年）——するのかというパズルの解明を試みている＊144。カイ・フー（Kai He）とホイユン・フォン（Huiyun Feng）はプロスペクト理論に基づき、政治的正当性のプロスペクトモデル（political legitimacy-prospect model）という新たな新古典派リアリスト理論を構築して、同理論に基づき、冷戦初期におけるアメリカの対ソ政策や北朝鮮の核政策（1990年代〜現在）といった重要な事例を分析している＊145。

　しかしこうした既存のリアリスト理論は、なぜそもそも政策決定者にリスク追求・損失回避の傾向性が備わっているのか、という根源的な問いに実在論的な意味での科学的根拠を備えた形で答えられていない。これに対して、進化政治学は、なぜ人間にリスク追求（risk seeking）・損失回避（loss aversion）の傾向性が備わっているのかを実在論的な意味で科学的に説明できる。すなわち進化政治学によれば、プロスペクト理論が明らかにする現代世界で非合理的なリスク追求行動（損失回避行動）は、以下の理由から進化的適応環境（狩猟採集時代）では合理的だったので（生態学的合理性）、現代の人間はいまだにしばしばリスク追求行動をとってしまうのである。

　進化的適応環境において、我々の先祖は恒常的な飢餓状態にあったが（損失の領域）、こうした状況で少量の食料をどれだけ確実に獲得できても、その総量が生存に不十分であれば結局は生き残れなかった。それゆえ進化的適応環境ではたとえ成功確率が低くても、生存に必要な量の食料が獲得できる一か八かの賭け（リスク追求行動）がしばしば合理的であった。こうした理由から人間は損失回避に際して、リスク追求を選好する心理メカ

ニズムを備えるに至った。多くの現代の人間は恒常的な飢餓状態にあるわけではない。しかし、心理メカニズムの変化は環境の変化よりはるかに遅いため、リスク追求行動は進化的適応環境から環境が大きく変わった現代世界でも作用してしまうのである＊146。こうした点について、進化政治学者のジョンソンはプロスペクト理論が含むリスク追求性は、広義にはネガティヴィティ・バイアスの一種だと主張している＊147。

　たとえば、日本の対米開戦（1941年）を考えてみよう。アメリカからの石油全面禁輸を受け日本の政策決定者は、プロスペクト理論で述べるところの損失の領域に陥った。この苦境を打開するために、日本の政策決定者は一か八かの策である対米開戦に打って出た。日本におけるリアリズムの泰斗である土山實男が指摘しているように、「単純なパワーシフト論（基本的に合理性を暗黙裡に前提とする理論的枠組み：筆者注）とは逆に、日本は戦略の対米優位からではなく、その戦略的脆弱性のゆえに自暴自棄になって攻勢に出た」のであり、「プロスペクト理論の言う損失の次元で行われたこと」が、「これらの一連の日本の意思決定において特徴的」であった＊148。

　それでは真珠湾奇襲は単なる状況や偶然の産物で、国家は過去の失敗を学習すれば、こうした愚かなリスク追求行動を自制できるようになるのだろうか。プロスペクト理論それ自体はこのような重要な問いに、実在論的な意味で十分な科学的根拠を備えた答えを与えられない。これに対して進化政治学は以下の答えを明らかにできる。損失回避は進化過程で形成された心理メカニズムなので、学習を通じて容易に克服できるものではない。あるいは合理的選択理論やベイズ理論が前提とするように、人間は歴史や経験から合理的に学習できるわけではない。進化政治学はこうした人間の生物学的限界を踏まえた上で、政策決定者がこれまで考えられている以上に自覚的に、リスク追求行動を自制する必要があるという政策処方箋を提供してくれる＊149。

・感情
　第六に、進化的リアリズムは、近年、国際政治学者の間で注目を浴びて

いる感情（emotion）をめぐる国際政治研究を実在論的な意味で科学的に強化できる*150。かつて心理学において、感情は意思決定の阻害要因であるという見方が一般的だったが、近年の科学的知見はむしろ感情が合理的な意思決定に不可欠であることを明らかにしている。すなわち、感情には人間に特定の行動を促す役割があり（action tendency）、各々個別の感情には特定の機能がある——たとえば、怒りは人間に攻撃を駆り立て、恐怖は人間に逃避行動をとらせる——のである*151。

　重要なことに、こうした感情をめぐる進化論的知見は国際政治学に導入されはじめている。これまで感情に着目した国際政治研究を、特に体系的に行ってきたのはメーサーであり、彼は理論系の一角を担う有力な学術雑誌 *International Organization* に、国際政治における感情の役割をめぐる複数の研究を発表している*152。たとえば、メーサーは感情には政策決定者に特定の行動を促すシグナルとしての役割があることをアチソン、毛沢東といった歴史上の指導者を事例として説明している*153。こうした進化政治学が明らかにする感情が持つ適応的機能は、スティーブン・ピーター・ローゼン（Stephen Peter Rosen）によっても明らかにされている。たとえば、ローゼンは第二次世界大戦におけるフランクリン・ローズベルト（Franklin Delano Roosevelt）大統領の急激な選好変化を事例として、感情には政策決定者へ特定の行動を促すシグナルとしての役割があることを説明している*154。

　レオーニ・ハディ（Leonie Huddy）、スタンレー・フェルドマン（Stanley Feildman）、エリン・カセーセ（Erin Cassese）らは感情知能理論（affective intelligence theory）に基づき、イラク戦争に関する国民の態度を事例として、不安と怒りが異なる政治的効果を及ぼすことを検証した。その結果、怒りは戦争のリスク認識を下げて軍事介入への支持を促進する一方、不安はリスク認識を上げて戦争への支持を減少させることが明らかになった*155。伊藤は感情知能理論と評価傾向性枠組み（appraisal tendency framework）に基づいて、感情（伊藤はそれを情動と記しているが、それが含む意味内容は同義）を変数として導入した新たなリアリスト理論を構築し、同理論を、日独伊三国軍事同盟（1940年）を検討する中で例示している*156。また先

述した怒りの報復モデルは、感情のなかでも怒りに焦点を当てて、それを
リアリスト理論に組みこんだものである。

　つまるところ、こうしたこれまで科学的根拠が脆弱だった諸概念を科学
的に強化することが、進化的リアリズムの政治学への主な貢献、すなわち
インプリケーションなのである。

おわりに

　本章では、進化的リアリズムという進化政治学に基づいたリアリスト理
論を再考した。第一に、既存の戦争原因理論を戦争原因のアプローチ、分
析レベルの問題という二つの視座から考察するなかで、国際政治理論内部
における進化的リアリズムの位置づけを改めて明確にした。第二に、進化
的リアリズム内部のロジックを掘り下げて説明した。科学哲学の科学的実
在論（多元的実在論）、進化政治学（進化行動モデル）、リアリスト・リサー
チプログラム、具体的な因果モデル・概念という四層構成からなる、進化
的リアリズムについて、その各層の内容を再考することで体系化を試みた。
次章では、進化的リアリズムの主要仮説である、「戦争は人間本性に由来
する」という戦争適応仮説を提示する。これには、古典的リアリズム以来
の国際政治学の戦争原因理論にとっては馴染みのある人間本性論を、実在
論的な意味での科学的根拠が備わった形で再興するという重要な意義が見
こまれよう。

＊国際政治理論における進化的リアリズムの位置づけ

(A)アプローチ　(B)分析レベル　(C)科学哲学的基盤　(D)所属する国際政治理論・学派

---

①モーゲンソーの古典的リアリズム ＊157
　(A)政治思想　(B)第一イメージ　(C)特になし、思想的アプローチ
　(D)リアリズム(特に古典的リアリズム)

---

②ウォルツの国際政治の理論（ theory of international politics ）＊158
　(A)ミクロ経済学・社会学　(B)第三イメージ　(C)道具主義
　(D)リアリズム(特に防御的リアリズム・ネオリアリズム)

③ミアシャイマーの攻撃的リアリズム＊159
(A)政治学・軍事学　(B)第三イメージ　(C)科学的実在論
(D)リアリズム(特に攻撃的リアリズム・ネオリアリズム)

④グレイザーの国際政治の合理的理論
(rational theory of international politics)＊160
(A)ミクロ経済学　(B)折衷的　(C)道具主義
(D)リアリズム(特に防御的リアリズム・新古典派リアリズム)

⑤ウェントの国際政治の社会理論 (social theory of international politics)＊161
(A)社会学　(B)第三イメージ　(C)科学的実在論
(D)コンストラクティヴィズム(特にシステムレベル・実証主義タイプ)

⑥セイヤーの進化的リアリズム
(A)進化政治学(特に社会生物学)　(B)第一イメージ
(C)ヘンペルのD-Nモデル、ポパー哲学　(D)リアリズム(第一イメージ・人間本性)

⑦修正版・進化的リアリズム
(A)進化政治学(適応主義)　(B)第一イメージ　(C)科学的実在論
(D)リアリズム(第一イメージ・人間本性)

註

＊1　Bradley A. Thayer, *Darwin and International Relations: On the Evolutionary Origins of War and Ethnic Conflict* (Lexington: University Press of Kentucky, 2004), p. 79.

＊2　ケネス・ウォルツ（河野勝・岡垣知子訳）『国際政治の理論』（勁草書房、2010年）；ジョン・J・ミアシャイマー（奥山真司訳）『大国政治の悲劇——米中は必ず衝突する』（五月書房、2007年）；James D. Fearon, "Rationalist Explanations for War," *International Organization*, Vol. 49, No. 3 (1995), pp. 379-414; Charles L. Glaser, *Rational Theory of International Politics: The Logic of Competition and Cooperation* (Princeton: Princeton University

Press, 2010).

＊3 Peter Liberman, "The Spoils of Conquest," *International Security*, Vol. 18 No. 2 (1993), pp. 125-153; Peter Liberman, *Does Conquest Pay?: The Exploitation of Occupied Industrial Societies* (Princeton: Princeton University Press, 1996).

＊4 ミアシャイマー『大国政治の悲劇』; Eric J. Labs, "Beyond Victory: Offensive Realism and the Expansion of War Aims," *Security Studies*, Vol. 6, No. 4 (Summer 1997), pp. 1-49; Colin Elman, "Extending Offensive Realism: The Louisiana Purchase and America's Rise to Regional Hegemony," *American Political Science Review*, Vol. 98, No. 4 (November 2004), pp. 563-576. See also, Shiping Tang, "Fear in International Politics: Two Positions," *International Studies Review*, Vol. 10, No. 3 (September 2008), pp. 451-471

＊5 Shipping Tang, *A Theory of Security Strategies for Our Time: Defensive Realism* (Basingstoke: Palgrave Macmillan, 2010); Glaser, *Rational Theory of International Politics*; Stephen Van Evera, *Causes of War: Power and the Roots of Conflict* (Ithaca, N.Y.: Cornell University Press, 1999); Jeffrey W. Taliaferro, *Balancing Risks: Great Power Intervention in the Periphery* (Ithaca, N.Y.: Cornell University Press, 2004); Jack Snyder, *Myths of Empire: Domestic Politics and International Ambition* (Ithaca, N.Y.: Cornell University Press, 1991).

＊6 Alexander Wendt, "Anarchy Is What States Make of It: The Social Construction of Power Politics," *International Organization*, Vol. 46, No. 2 (Spring 1992), pp. 391?425; Alexander Wendt, "Constructing International Politics," *International Security*, Vol. 20, No. 1 (Summer 1995), pp. 71-81; Alexander Wendt, *Social Theory of International Politics* (Cambridge: Cambridge University Press, 1999).

＊7 Thomas Hobbes, *Leviathan* (New York: Oxford University Press, 1651/ 1957), pp. 185-186.

＊8 Alexandra Sakaki, Hanns W. Maull, Kerstin Lukner, Ellis S. Krauss, and Thomas U. Berger, *Reluctant Warriors: Germany, Japan, and Their U.S. Alliance Dilemma* (Washington, D.C.: Brookings Institution Press, 2020); ピーター・J・カッツェンスタイン（有賀誠訳）『文化と国防——戦後日本の警察と軍隊』（日本経済評論社、2007年）。

＊9 なお、こうした日本の行動はコンストラクティヴィズムが論じるような規範的要因を用いなくても、純粋な功利主義的視点からも説明可能である。リチャード・サミュエルズ（Richard J. Samuels）らは戦後日本外交が本質的に商人リアリズム（mercantile realism）であったと論じている。Eric Heginbotham, Richard J. Samuels, "Mercantile Realism and Japanese Foreign Policy," *International Security*, Vol. 22, No. 4 (April 1998), pp. 171-203. ジェニファー・リンド（Jennifer M. Lind）は第二次世界大戦後の日本の安全保障政策の核心は、バックパッシング（backpassing）——アメリカへの軍事政策の責任転嫁——にあったと述べている。 Jennifer M. Lind, "Pacifism or Passing the Buck? Testing Theories of Japanese Security Policy," *International Security*, Vol. 29, No. 1 (2004), pp. 92-121.

＊10 スティーブン・ピンカー（椋田直子訳）『心の仕組み』全2巻（筑摩書房、2013年）。

＊11 Robert Jervis, *Perception and Misperception in International Politics* (Princeton, N.J.: Princeton University Press, 1976); Robert Jervis, "Hypotheses on Misperception," *World Politics*, Vol. 20, No. 3 (April 1968), pp. 454-479; Robert Jervis, "War and Misperception," *Journal of Interdisciplinary History*, Vol. 18, No. 4 (Spring 1988), pp. 675-700.

＊12 Edward E. Ericson, *Feeding the German Eagle: Soviet Economic Aid to Nazi Germany, 1933-1941* (Westport, CT: Greenwood, 1999), p. 162.

＊13 J. Tooby and L. Cosmides, "Evolutionary Psychology, Ecological Rationality, and the Unification of the Behavioral Sciences," *Behavioral and Brain Sciences*, Vol. 30, No. 1 (February 2007), pp. 42-43; J. Tooby and L. Cosmides, "Better Than Rational: Evolutionary Psychology and the Invisible Hand," *American Economic Review*, Vol. 84, No. 2 (May 1994), pp. 327-332.

＊14 W. D. Hamilton, "The Genetical Evolution of Social Behavior. I," and W. D. Hamilton, "The Genetical Evolution of Social Behavior. II," both in *Journal of Theoretical Biology*, Vol. 7, No. 1 (July 1964), pp. 1-16 and 17-52, respectively. See also, リチャード・ドーキンス（日高敏隆・岸由二・羽田節子・垂水雄二訳）『利己的な遺伝子』増補新装版（紀伊國屋書店、2006年）。

＊15 伊藤隆太『進化政治学と国際政治理論——人間の心と戦争をめぐる新たな分析アプローチ』（芙蓉書房出版、2020年）。

＊16 ケネス・ウォルツ（渡邉昭夫・岡垣知子訳）『人間・国家・戦争——国際政

治の3つのイメージ』（勁草書房、2013年）；J. David Singer, "The Level-of-
Analysis Problem in International Relations," *World Politics*, Vol. 14, No. 1
(October 1961), pp. 77-92. See also, Jervis, *Perception and Misperception in
International Politics*, chap. 1.

＊17　Stig Förster, "Dreams and Nightmares: German Military Leadership and
the Images of Future Warfare, 1871-1914," in Manfred F. Boemeke, Roger
Chickering, and Forster, eds., *Anticipating Total War: The German and
American Experiences, 1871-1914* (Washington, D.C.: German Historical
Institute, 1999), pp. 343-376; Holger H. Herwig, "Germany and the 'Short-
War' Illusion: Toward a New Interpretation?" *The Journal of Military
History*, Vol. 66, No. 3 (July 2002), pp. 681-693; Annika Mombauer, "Of War
Plans and War Guilt: The Debate Surrounding the Schlieffen Plan," *Journal
of Strategic Studies*, Vol. 28, No. 5 (October 2005), pp. 857-885. 第一次世界
大戦研究の国際政治理論研究へのインプリケーションは、Keir A. Lieber, "The
New History of World War I and What it Means for IR Theory,"
International Security, Vol. 32, No. 2 (Fall 2007), pp. 155-191 を参照。

＊18　Snyder, *Myths of Empire; Barry R. Posen, The Sources of Military
Doctrine: France, Britain, and Germany between the World Wars* (Ithaca,
N.Y.: Cornell University Press, 1984); Colin Dueck, *Reluctant Crusaders:
Power, Culture, and Change in American Grand Strategy* (Princeton, NJ:
Princeton University Press: 2006) ；クリストファー・レイン（奥山真司訳）
『幻想の平和——1940年から現在までのアメリカの大戦略』（五月書房、2011
年）。

＊19　Snyder, *Myths of Empire*, chap. 4.

＊20　Fritz Fischer, *Germany's Aims in the First World War* (New York: W.W.
Norton, 1967). (The original version in German appeared in 1961) .

＊21　Lieber, "The New History of World War I and What it Means for IR
Theory"; Jack Snyder and Keir A. Lieber, "Defensive Realism and the "New"
History of World War I," *International Security*, Vol. 33, No. 1 (Summer
2008), pp. 174-194; D. D. P. Johnson and D. Tierney, "The Rubicon Theory
of War: How the Path to Conflict Reaches the Point of No Return,"
International Security, Vol. 36, No. 1 (Summer 2011), pp. 7-40.

＊22　Hans Morgenthau, *Scientiac Man vs. Power Politics* (Chicago: University of Chicago Press, 1946); Hans J. Morgenthau, *Politics among Nations: The Struggle for Power and Peace*, 5th revised. (New York: Knopf, 1978).

＊23 ウォルツ『国際政治の理論』; ミアシャイマー『大国政治の悲劇』。See also, Patrick James, *International Relations and Scientific Progress: Structural Realism Reconsidered* (Columbus: Ohio State University Press, 2002).

＊24 Thomas J. Christensen and Jack Snyder, "Chain Gangs and Passed Bucks: Predicting Alliance Patterns in Multipolarity," *International Organization*, Vol. 44, No. 2 (Spring 1990), pp. 137-168.

＊25 Randall L. Schweller, "Tripolarity and the Second World War," *International Studies Quarterly*, Vol. 37, No. 1 (March 1993), pp. 73-103; Randall L. Schweller, *Deadly Imbalances: Tripolarity and Hitler's Strategy of World Conquest* (New York: Columbia University Press, 1998).

＊26 ウォルツ『国際政治の理論』。

＊27 Dale C. Copeland, "Neorealism and the myth of bipolar stability: Toward a new dynamic realist theory of major war," *Security Studies*, Vol. 5. No. 3 (1996), pp. 29-89.

＊28 William C. Wohlforth, "The Stability of Unipolar World," *International Security*, Vol. 24, No. 1 (Summer 1999), pp. 5-41. 単極安定論へのリアリスト視点からの一貫した批判は、Christopher Layne, "The Unipolar Illusion: Why New Great Powers Will Rise," *International Security*, Vol. 17, No. 4 (1993), pp. 5-51; Christopher Layne, "The Unipolar Illusion Revisited: The Coming End of the United States' Unipolar Moment," *International Security*, Vol. 31, No. 2 (2006), pp. 7-41.

＊29 Robert Gilpin, War and Change in World Politics (Cambridge: Cambridge University Press, 1981); Stephen M. Walt, *The Origins of Alliances* (Ithaca, N.Y.: Cornell University Press, 1987).

＊30 Nuno P. Monteiro, "Unrest Assured: Why Unipolarity Is Not Peaceful," *International Security*, Vol. 36, No. 3 (2012), pp. 9-40; Nuno P. Monteiro, *Theory of Unipolar Politics* (Cambridge: Cambridge University Press, 2014).

＊31 J. Stavridis, "The Dawning of the Age of Biology," *Financial Times*, 19, January 2014.

＊32 Azar Gat, "So Why Do People Fight? Evolutionary Theory and the Causes of War," *European Journal of International Relations*, Vol.15, No. 4

(November 2009), pp. 571-599; A. C. Lopez, "The Evolution of War: Theory and Controversy," *International Theory*, Vol. 8, No. 1 (October 2016), pp. 97-139; Stephen Peter Rosen, *War and Human Nature* (Princeton: Princeton University Press, 2007).

＊33 Bradley A. Thayer, "Bringing in Darwin: Evolutionary Theory, Realism, and International Politics," *International Security*, Vol. 25, No. 2 (Fall 2000), *pp. 124-151; Bradley A. Thayer, Darwin and International Relations: On the Evolutionary Origins of War and Ethnic Conflict* (Lexington: University Press of Kentucky, 2004); Anthony C. Lopez, Rose McDermott, and Michael Bang Petersen, "States in Mind: Evolution, Coalitional Psychology, and International Politics," *International Security*, Vol. 36, No. 2 (Fall 2011), pp. 48-83; D. D. P. Johnson and D. Tierney, "The Rubicon Theory of War: How the Path to Conflict Reaches the Point of No Return," *International Security*, Vol. 36, No. 1 (Summer 2011), pp. 7-40 ; 伊藤隆太『進化政治学が明かす「太平洋戦争」敗北の原因』（集英社、2021年予定）；伊藤隆太『進化政治学と国際政治理論』。

＊34 至近要因と究極要因の区別は、ノーベル医学生理学賞受賞者ニコ・ティンバーゲン（Niko Tinbergen）が生みだした。至近要因は、「その行動が引き起こされている直接の要因は何か」を問うものである。他方、究極要因は「その行動は何の機能があるから進化したのか」を問うものである。Niko Tinbergen, "On Aims and Methods of Ethology," *Animal Biology*, Vol. 55, No. 4 (December 2005), pp. 297-321 に由来する。

＊35 John J. Mearsheimer and Stephen M. Walt, "Leaving Theory Behind: Why Simplistic Hypothesis Testing Is Bad for International Relations," *European Journal of International Relations*, Vol. 19, No. 3 (September 2013), pp. 427-457.

＊36 Ibid., especially pp. 448-449.

＊37 Thayer, "Bringing in Darwin"; Thayer, *Darwin and International Relations*; Lopez, McDermott, and Petersen, "States in Mind" ; Johnson and Tierney, "The Rubicon Theory of War" ; 伊藤『進化政治学と国際政治理論』。

＊38 Jack Snyder, "Civil-Military Relations and the Cult of the Offensive, 1914 and 1984," *International Security*, Vol. 9, No. 1 (Summer, 1984), pp. 108-146; Lieber, "The New History of World War I and What It Means for

International Relations Theory."

*39 D. D. P. Johnson, *Overconfidence and War: The Havoc and Glory of Positive Illusions* (Cambridge, Mass.: Harvard University Press, 2004); 伊藤『進化政治学と国際政治理論』。

*40 Thayer, "Bringing in Darwin; Thayer, *Darwin and International Relations*; D. D. P. Johnson and Bradley A. Thayer, "Crucible of Anarchy: Human Nature and the Origins of Offensive Realism," paper presented at the 2013 annual convention of the International Studies Association, San Francisco, CA, cited in D. D. P. Johnson, "Survival of the Disciplines: Is International Relations Fit for the New Millennium?" *Millennium*, Vol. 43, No. 2 (January 2015), p. 758; D. D. P. Johnson and Bradley A. Thayer, "The Evolution of Offensive Realism," *Politics and the life sciences*, Vol. 35, No. 1 (Spring 2016), pp. 1-26.

*41 森川友義「進化政治学とは何か」『年報政治学』第59号第2巻（2008年）233頁。

*42 Thayer, *Darwin and International Relations*, p. 79.

*43 Anthony C. Lopez and Rose McDermott, "Adaptation, Heritability, and the Emergence of Evolutionary Political Science," *Political Psychology*, Vol. 33, No. 3 (June 2012), p. 345, note 4.

*44 Duncan S. A. Bell, Paul K. MacDonald, and Bradley A. Thayer, "Start the Evolution without Us," *International Security*, Vol. 26, No. 1 (Summer 2001), pp. 188-192.

*45 セイヤーの進化的リアリズムの重要性については、Lopez and McDermott, "Adaptation, Heritability, and the Emergence of Evolutionary Political Science," p. 345, note 4; 森川「進化政治学とは何か」228、233頁を参照。

*46 Lopez, McDermott, and Petersen, "States in Mind."

*47 Thayer, "Bringing in Darwin," pp. 137-138.

*48 Ibid., p. 138.

*49 Ibid.

*50 Johnson and Thayer, "Crucible of Anarchy"; Johnson and Thayer, "The Evolution of Offensive Realism."

*51 Chris Brown, "Structural Realism, Classical Realism and Human Nature," *International Relations*, Vol. 23, No. 2 (June 2009), pp. 257-270.

*52 Stathis Psillos, *Scientific Realism: How Science Tracks Truth* (London:

Routledge, 1999); Anjan Chakravartty, *A Metaphysics for Scientific Realism: Knowing the Unobservable* (Cambridge: Cambridge University Press, 2007); 戸田山和久『科学的実在論を擁護する』（名古屋大学出版会、2015年）。科学哲学の科学的実在論と国際政治学のリアリズムは共に realism を標榜するが、両者に特別な関係があるというわけではない。また科学的実在論と関連するものに批判的実在論（critical　realism）があるが、本書では一貫して科学的実在論に焦点を当てる。

＊53　伊藤『進化政治学と国際政治理論』第3章。

＊54　Mearsheimer and Walt, "Leaving Theory Behind"; Wendt, *Social Theory of International politics*; Bennett, "The Mother of All Isms."

＊55　Jonathan Joseph, "Forum: Scientific and Critical Realism in International Relations: Editors' Introduction Philosophy in International Relations: A Scientific Realist Approach," *Millennium*, Vol. 35, No. 2 (March 2007), pp. 343-344. 科学的実在論と国際政治学をめぐる体系的な論文集は、Joseph　and Wight, *Scientific Realism and International Relations* を参照。科学的実在論を国際政治学に導入することへの批判は、Fred Chernoff, "Scientific Realism as a Meta-Theory of International politics," *International Studies Quarterly*, Vol. 46, No. 2 (June 2002), pp. 189-207 を参照。同批判への科学的実在論の視点からの再批判は、Colin Wight, "A Manifesto for Scientific Realism in IR: Assuming the Can-Opener Won't Work!" *Millennium*, Vol. 35, No. 2 (March 2007), pp. 379-398 を参照。

＊56　伊勢田哲治「科学的実在論はどこへいくのか」『Nagoya Journal of Philosophy』7巻、54～84頁。成熟した科学とは、「きちんとした理論をもち、ある程度以上の成功をおさめ、科学者の共同体において支持されている（あるいはそれを支持する科学者の共同体がある）」ということを意味する。伊勢田哲治『疑似科学と科学の哲学』（名古屋大学出版会、2003年）123頁。たとえば国際政治学には多様なリアリスト理論があり、それらは種々の歴史的事象（第一次世界大戦、冷戦等）を一定程度説明することに成功し、リアリストの共同体に一定程度支持されている。こうした意味において、筆者は科学的実在論を支持する他の国際政治学者と同じく、方法論的自然主義（methodological naturalism ——自然科学と社会科学を連続的に捉える立場——に基づき、自然科学のような厳格な統制実験が困難にもかかわらず、国際政治学を成熟した科学とみなしている。

＊57 戸田山『科学的実在論を擁護する』131頁。ワイトによれば、国際制度や相対的パワーは観察不可能だが、国際政治学者がそれらを措定することは妥当である。Wight, "A Manifesto for Scientific Realism in IR," p. 389.

＊58 近似的真理とは、「ある条件のもとではおおむね」、「理論の言っている内容が世界のありかたと対応している」ということを意味する。伊勢田『疑似科学と科学の哲学』123〜124頁。

＊59 Wendt, *Social Theory of International politics.*

＊60 Mearsheimer and Walt, "Leaving Theory Behind"; Bennett, "The Mother of All Isms."

＊61 反実在論とは、決定不全性や道具主義を含む、科学的実在論に対抗する科学哲学上の立場の総称を指す。

＊62 Ronald N. Giere, *Scientific Perspectivism* (Chicago: University of Chicago Press, 2006); Ronald N. Giere, "Scientific perspectivism: Behind the stage door," *Studies in History and Philosophy of Science*, Vol. 40, No. 2 (June 2009), pp. 221-223. 観点主義に対する有力な批判は、Anjan Chakravartty, "Perspectivism, Inconsistent Models, and Contrastive Explanation," *Studies in History and Philosophy of Science*, Vol. 41, No. 4 (December 2010), pp. 405-412 を参照。同論文への観点主義の立場からの再批判は、Michela Massimi, "Scientific Perspectivism and Its Foes," *Philosophica*, Vol. 84 (2012), pp. 25-52 を参照。観点主義の社会科学への含意は、Thomas Brante, "Review Essay: Perspectival Realism, Representational Models, and the Social Sciences," *Philosophy of the Social Sciences*, Vol. 40, No. 1 (December 2010), pp. 107-117 を参照。観点主義は日本では有力な科学哲学者戸田山和久に支持されている。戸田山『科学的実在論を擁護する』特に275〜279頁。

＊63 Peter Lipton, "The World of Science," *Science*, Vol. 316, No. 5826 (May 2007), p. 834.

＊64 Giere, *Scientific Perspectivism*; Chakravartty, "Perspectivism, Inconsistent Models, and Contrastive Explanation," pp. 405-407; Massimi, "Scientific Perspectivism and Its Foes," pp. 29-30; 戸田山和久『科学的実在論を擁護する』158〜159、285〜286、288〜289頁。

＊65 リアリストのジェニファー・ステーリング・フォーカー（Jennifer Sterling-Folker）は、「我々の理論は常に誰かのため（for some purpose）、何かの目的のため（for some purpose）」であると述べ、観点主義的発想の妥当性を示唆し

ている。Jennifer Sterling-Folker, "Realist Theorizing as Tradition: Forward Is as Forward Does," in Annette Freyberg-Inan, Ewan Harrison, and Patrick James, eds., *Rethinking Realism in International Relations: Between Tradition and Innovation* (Baltimore, Md.: Johns Hopkins University Press, 2009), p. 198.

＊66　この層にはさまざまな進化政治学的知見が含まれており、その中心にあるのが進化心理学である。Lopez and McDermott, "Adaptation, Heritability, and the Emergence of Evolutionary Political Science."

＊67　森川「進化政治学とは何か」219頁。

＊68　P. Godfrey-Smith and Wilkins, J. F. Wilkins "Adaptationism," in S. Sarkar & A. Plutynski, eds., *A Companion to the Philosophy of Biology* (Oxford: Blackwell, 2008), pp. 186-202; G. C. Williams, *Adaptation and Natural Selection: A Critique of Some Current Evolutionary Thought* (Princeton, NJ: Princeton University Press, 1966); Ernst Mayr "How to Carry Out the Adaptationist Program?" *The American Naturalist*, Vol. 121, No. 3 (1983), pp. 324-334; Leda Cosmides and John Tooby, "From Evolution to Behavior: Evolutionary Psychology as the Missing Link," in eds., *The Latest on the Best: Essays on Evolution and Optimality* (Cambridge, MA: MIT Press, 1987), pp. 276-306.

＊69　John Tooby and Leda Cosmides, "Adaptation for Reasoning About Social Exchange," in Buss, ed., *The Handbook of Evolutionary Psychology*, Volume 1, chap. 25; L. Cosmides, H. C. Barrett, and J. Tooby, "Adaptive Specializations, Social Exchange, and the Evolution of Human Intelligence," *Proceedings of the National Academy of Sciences of the United States of America*, Vol. 107, Supplement 2 (May 2010), pp. 9007-9014; L. Cosmides, "The Logic of Social-Exchange: Has Natural-Selection Shaped How Humans Reason? Studies with the Wason Selection Task," *Cognition*, Vol. 31, No. 3 (May 1989), pp. 187-276.

＊70　D. Pietraszewski, L. Cosmides, and J. Tooby, "The Content of Our Cooperation, Not the Color of Our Skin: An Alliance Detection System Regulates Categorization by Coalition and Race, but Not Sex," *Plos One*, Vol. 9, No. 2 (February 2014), e88534.

＊71　David Buss et al., "International Preferences in Selecting Mates: a Study of 37 Cultures," *Journal of cross-cultural psychology*, Vol. 21, No. 1 (March 1990), pp. 5-47; David Buss, "Sex differences in human mate preferences: Evolutionary hypotheses tested in 37 cultures," *Behavioral and Brain Sciences*, Vol. 12, No. 1 (March 1989), pp. 1-49.

∗72 John Tooby, and Leda Cosmides, "On the Universality of Human Nature and the Uniqueness of the Individual: The Role of Genetics and Adaptation," *Journal of Personality*, Vol. 58, No. 1 (1990), pp. 17-67; David M. Buss and Heidi Greiling, "Adaptive Individual Differences," *Journal of Personality*, Vol. 67, No. 2 (1999), pp. 209-243; Lopez and McDermott, "Adaptation, Heritability, and the Emergence of Evolutionary Political Science."

∗73 Richard Dawkins, "Good Strategy or Evolutionarily Stable Strategy?" in George W. Barlow and James Silverberg, eds., *Sociobiology: Beyond Nature/Nurture?* (Boulder, CO: Westview Press, 1980), pp. 331-367.

∗74. Geoff A. Parker, "Assessment Strategy and Evolution of Fighting Behavior," *Journal of Theoretical Biology*, Vol. 47, No. 1 (September 1974), pp. 223-243; John Archer, *The Behavioural Biology of Aggression* (New York: Cambridge University Press, 1988).

∗75 Dawkins, "Good Strategy or Evolutionarily Stable Strategy?"

∗76 W. D. Hamilton, "The Genetical Evolution of Social Behavior. I," and W. D. Hamilton, "The Genetical Evolution of Social Behavior. II," both in *Journal of Theoretical Biology*, Vol. 7, No. 1 (July 1964), pp. 1-16 and 17-52, respectively.

∗77 リアリスト・リサーチプログラムにおける堅固な核は、1996年にロバート・ギルピン（Robert G. Gilpin）、1997年にランドール・シュウェラー（Randall L. Schweller）とデイヴィッド・プリース（David Priess）、2009年にはジェフリー・タリアフェロ（Jeffrey W. Taliaferro）らが編集した新古典派リアリズムの重要な論文集の中で定式化されている。Robert G. Gilpin, "No One Loves a Political Realist," *Security Studies*, Vol. 5, No. 3 (Spring 1996), pp. 3-26; Randall L. Schweller and David Priess, "A Tale of Two Realisms: Expanding the Institutions Debate," *Mershon International Studies Review*, Vol. 41, No. 1 (May 1997), pp. 1-32; Steven E. Lobell, Norrin M. Ripsman, and Jeffrey W. Taliaferro, "Introduction: Neoclassical realism, the state, and foreign policy," in Steven E. Lobell, Norrin M. Ripsman, and Jeffrey W.

Taliaferro, eds., *Neoclassical Realism, the State, and Foreign Policy* (Cambridge: Cambridge University Press, 2009), pp. 14-15.

＊78　Michael C. Williams, "Hobbes and International Relations: A Reconsideration," *International Organization*, Vol. 50, No. 2 (Spring 1996), pp. 213-236.

＊79　Robert Jervis, "Cooperation under the Security Dilemma," *World Politics*, Vol. 30, No. 2 （January 1978）, pp. 167-214; Shipping Tang "The Security Dilemma: A Conceptual Analysis," *Security Studies*, Vol. 18, No. 3 (October 2009), pp. 587-623.

＊80　ミアシャイマー『大国政治の悲劇』; Labs, "Beyond Victory"; Elman, "Extending Offensive Realism." See also, Tang, "Fear in International Politics."; Eric J. Hamilton, and Brian C. Rathbun, "Scarce Differences: Toward a Material and Systemic Foundation for Offensive and Defensive Realism." *Security Studies*, Vol. 22, No. 3 (July 2013), pp. 436-465.

＊81　Tang, *A Theory of Security Strategies for Our Time;* Glaser*, Rational Theory of International Politics;* Evera*, Causes of War*; Taliaferro, *Balancing Risk;* Snyder, *Myths of Empire.*

＊82　ニッコロ　マキアヴェッリ （河島英昭訳）『君主論』（岩波書店、1998年）; Morgenthau, *Scientiac Man vs. Power Politics*; Morgenthau, *Politics among Nations.*

＊83　Randall L. Schweller, "Unanswered Threats: A Neoclassical Realist Theory of Underbalancing," *International Security*, Vol. 29, No. 2 (Fall 2004), pp. 159-201; Randall L. Schweller, *Unanswered Threats: Political Constraints on the Balance of Power* (Princeton, N.J.: Princeton University, 2006).

＊84　Randall L. Schweller, "Neoclassical Realism and State Mobilization: Expansionist Ideology in the Age of Mass Politics," in Steven E. Lobell, Norrin M. Ripsman, and Jeffrey W. Taliaferro, eds., *Neoclassical Realism, the State, and Foreign Policy* (Cambridge: Cambridge University Press, 2009), chap. 8.

＊85　Jeffrey W. Taliaferro, "Neoclassical Realism and Resource Extraction: State Building for Future War," in Steven E. Lobell, Norrin M. Ripsman, and Jeffrey W. Taliaferro, eds., *Neoclassical Realism, the State, and Foreign*

Policy (Cambridge: Cambridge University Press, 2009), chap. 7.

＊86 John J. Mearsheimer, *The Great Delusion: Liberal Dreams and International Realities* (Yale University Press, 2018); Barry R. Posen, "Nationalism, the Mass Army, and Military Power," *International Security*, Vol. 18, No. 2 (Fall 1993), pp. 80-124; Jack Snyder and Karen Ballentine, "Nationalism and the Marketplace of Ideas," International Security, Vol. 21, No. 2 (Fall 1996), pp. 5-40; Snyder, *Myths of Empire*; Stephen Van Evera, "Hypotheses on Nationalism and War," *International Security*, Vol. 18, No. 4 (Spring 1994), especially pp. 26-39.

＊87 ニッコロ・マキァヴェッリ（永井三明訳）『ディスコルシ——ローマ史論』（筑摩書房、2011年）。

＊88 Posen, "Nationalism, the Mass Army, and Military Power"; Snyder and Ballentine, "Nationalism and the Marketplace of Ideas"; Evera, "Hypotheses on Nationalism and War"; Taliaferro, "Neoclassical realism and resource extraction"; ミアシャイマー『なぜリーダーはウソをつくのか』第6章。

＊89 Evera, "Hypotheses on Nationalism and War," especially pp. 26-39. ナショナリスト的神話作りは「ナショナリスト的教義（nationalist doctrines）のための支援を動員するため、あるいは敵の評判をおとしめるために疑わしい主張を用いる試み」のことを指す。Snyder and Ballentine, "Nationalism and the Marketplace of Ideas," p. 10.

＊90 ミアシャイマー『なぜリーダーはウソをつくのか』47頁。

＊91 同上。

＊92 Jonathan Haidt, "When and why nationalism beats globalism," *Policy: A Journal of Public Policy and Ideas*, Vol. 32, No. 3 (Spring 2016), pp. 46-53.

＊93 W. D. Hamilton, "The Genetical Evolution of Social Behavior. I," and W. D. Hamilton, *"The Genetical Evolution of Social Behavior. II," both in Journal of Theoretical Biology*, Vol. 7, No. 1 (July 1964), pp. 1-16 and 17-52, respectively; Samuel Bowles, "Warriors, Levelers, and the Role of Conflict in Human Social Evolution," *Science*, Vol. 336, No. 6083 (May 2012), pp. 876-879; and Samuel Bowles "Being Human: Conflict: Altruism's Midwife," *Nature*, Vol. 456, No. 7220 (November 2008), pp. 326-327; David Sloan Wilson and E. O. Wilson, "Rethinking the theoretical foundation of sociobiology," *The Quarterly Review of Biology*, Vol. 82, No. 4 (December

2007), pp. 327-348; David Sloan Wilson and E. O. Wilson, "Evolution 'for the Good of the Group'," *American Scientist*, Vol. 96, No. 5 (September 2008), pp. 380-389; ジョシュア・グリーン『モラル・トライブズ──共存の道徳哲学へ』（岩波書店、2015年）; J. D. Greene, "Dual-Process Morality and the Personal/Impersonal Distinction: A Reply to McGuire, Langdon, Coltheart, and Mackenzie," *Journal of Experimental Social Psychology*, Vol. 45, No. 3, (May 2009), pp. 581-584; Henri Tajfel, "Experiments in Intergroup Discrimination," *Scientific American*, Vol. 223 (November 1970), pp. 96-102; Henri Tajfel and John C. Turner, "The Social Identity Theory of Intergroup Behavior," in Stephen Worchel and William G. Austin, eds., *Psychology of Intergroup Relations*, 2nd ed. (Chicago: Nelson-Hall, 1986), pp. 7-24, especially p. 14; Michael Billig and Henri Tajfel, "Social Categorization and Similarity in Intergroup Behaviour," *European Journal of Social Psychology*, Vol. 3, No. 1 (January/March 1973), pp. 27-52, especially p. 29.

＊94　同仮説の論理の政治学的妥当性については、Taliaferro, "Neoclassical Realism and Resource Extraction," pp. 219-221; Snyder, Myths of Empire, pp. 35-38; ミアシャイマー『なぜリーダーはウソをつくのか』第6章を参照。

＊95　同仮説の論理の政治学的妥当性については、Taliaferro, "Neoclassical Realism and Resource Extraction," pp. 220-221; ミアシャイマー『なぜリーダーはウソをつくのか』特に124頁を参照。

＊96　同仮説の論理の政治学的妥当性については、Ja Ian Chong and Todd H. Hall, "The Lessons of 1914 for East Asia Today: Missing the Trees for the Forest," *International Security*, Vol. 39, No. 1 (Summer 2014), pp. 27-30; Joseph S. Nye Jr, "Inevitability and War," Richard N. Rosecrance and Steven E. Miller, eds., *The Next Great War? The Roots of World War I and the risk of U. S. -China Conflict* (Cambridge, Mass.: The MIT Press, 2003), p. 183 を参照。

＊97　Tobias Theiler, "The Microfoundations of Diversionary Conflict," *Security Studies,* Vol. 27, No. 2 (October 2017), pp. 318-343. これまで旗の下での結集効果をめぐる研究は、主として定量的に検証されてきたが、それらにはしばしば心理学的・脳科学的な意味での科学的裏付けがないという欠陥がある。ナショナリスト的神話モデルは、こうした研究上の空白を埋めることを意図したものである。

＊98 ミアシャイマー『なぜリーダーはウソをつくのか』124頁。

＊99 政治過程における情報の問題についてはたとえば、Terry M. Moe, *The Organization of Interests: Incentives and the Internal Dynamics of Political Interest Groups* (Chicago: University of Chicago Press, 1988), chap. 2 を参照。

＊100 これは人間個人の発達過程についても当てはまることである。近年の発達心理学の知見が明らかにしているように、人間の成長過程で最も暴力的なのは二歳の時——いわゆる「魔の二歳（terrible twos）」——で、それ以降、人間は学習を通じて自らを啓蒙することで暴力的な本性を抑制することが可能になっていく。Sylvana M. Côté et al., "The Development of Physical Aggression from Toddlerhood to Pre-Adolescence: A Nation Wide Longitudinal Study of Canadian Children," *Journal of Abnormal Child Psychology*, Vol. 34, No. 1 (March 2006), pp. 71-85.

＊101 Suisheng Zhao, "Foreign Policy Implications of Chinese Nationalism Revisited: the strident turn," *Journal of Contemporary China*, Vol. 22, No. 82, (March 2013), pp. 535-553, especially pp. 540-543; Suisheng Zhao, "China's pragmatic nationalism: Is it manageable?" *The Washington Quarterly*, Vol. 29, No. 1, (December 2005), pp. 131-144, especially pp. 139-142.

＊102 Snyder, *Myths of Empire*, chap. 3; Michael R. Gordon, "Domestic Conflict and the Origins of the First World War: The British and German Cases," *Journal of Modern History*, Vol. 46, No. 2 (June 1974), pp. 198-199; Wolfgang J. Mommsen, "Domestic Factors in German Foreign Policy before 1914," *Central European History*, Vol. 6, No. 1 (March 1973), pp. 3-43.

＊103 ウィリアム・マリガン（赤木完爾・今野茂充訳）『第一次世界大戦への道——破局は避けられなかったのか』（慶應義塾大学出版会、2017年）250頁。

＊104 Chong and Hall, "The Lessons of 1914 for East Asia Today," pp. 27-30.

＊105 Heinrich Class, *Wider den Strom* [Against the current] (Leipzig, Germany: K.F. Koehler, 1932), p. 17, quoted in Geoff Eley, "Reshaping the Right: Radical Nationalism and the German Navy League, 1898-1908," *Historical Journal*, Vol. 21, No. 2 (June 1978), p. 348.

＊106 論者により使用する用語や定義は異なるが、楽観性バイアス、自己欺編（self-deception）、過信（自信過剰）などが含むところは概して類似している。D. D. P. Johnson et al., "Overconfidence in Wargames: Experimental

Evidence on Expectations, Aggression, Gender and Testosterone,"
Proceedings of the Royal Society of London B: Biological Sciences, Vol. 273,
No. 1600 (October 2006), pp. 2513-2520; D. D. P. Johnson "Leadership in
War: Evolution, Cognition, and the Military Intelligence Hypothesis," in
David Buss, ed., *The Handbook of Evolutionary Psychology, Vol. 2:
Integrations* (Hoboken, N.J.: John Wiley and Sons, 2015), pp. 732-733; D. D.
P. Johnson, Nils B. Weidmann, Lars-Erik Cederman, "Fortune Favours the
Bold: An Agent-Based Model Reveals Adaptive Advantages of Overconfidence
in War," *Plos One*, Vol. 6, No. 6 (June 2011), e20851; Robert Trivers, *Deceit
and Self-Deception: Fooling Yourself the Better to Fool Others* (London:
Allen Lane, 2011); シェリー・E・テイラー（宮崎茂子訳）『それでも人間は、
楽天的な方がいい――ポジティブ・マインドと自己説得の脳科学』（日本教文社、
1998 年）；スティーブン・ピンカー（幾島幸子・塩原通緒訳）『暴力の人類史』
下巻（青土社、2015年）247〜252頁；ターリ・シャーロット（斉藤隆央訳）『脳
は楽観的に考える』（柏書房、2013年）。なお楽観性バイアスという用語は、
Neil D. Weinstein, "Unrealistic Optimism About Susceptibility to Health
Problems: Conclusions from a Community-Wide Sample," *Journal of
behavioral medicine*, Vol. 10, No. 5 (October 1987), pp. 481-500 に由来する。

＊107　細谷千博「三国同盟と日ソ中立条約」日本国際政治学会・太平洋戦争原因
研究部編『太平洋戦争への道 (5) 三国同盟・日ソ中立条約』新装版（朝日新聞
社、1987年）285頁。

＊108　同上。

＊109　細谷千博「松岡洋右と飛翔する外交」細谷千博著作選集刊行委員会『国際
政治のなかの日本外交――細谷千博著作選集　第 2 巻――』（龍溪書舎、2012
年）269頁；細谷「三国同盟と日ソ中立条約」286頁。

＊110　細谷「松岡洋右と飛翔する外交」276頁。

＊111　A. Sell et al., "The Grammar of Anger: Mapping the Computational
Architecture of a Recalibrational Emotion," *Cognition*, Vol. 168 (November
2017), pp. 110-128; A. Sell, J. Tooby, and L. Cosmides, "Formidability and
the Logic of Human Anger," *Proceedings of the National Academy of
Sciences of the United States of America*, Vol. 106, No. 35 (September 2009),
pp. 15073-15078; A. Sell, Liana S. E. Hone, and Nicholas Pound, "The
Importance of Physical Strength to Human Males," *Human Nature*, Vol. 23,

No. 1 (March 2012), pp. 30-44; M. B. Petersen et al., "The Ancestral Logic of Politics: Upper-Body Strength Regulates Men's Assertion of Self-Interest over Economic Redistribution," *Psychological Science*, Vol. 24, No. 7 (May 2013), pp. 1098-1103; M. B. Petersen, A. Sell, J. Tooby, and L. Cosmides, "Evolutionary Psychology and Criminal Justice: A Recalibrational Theory of Punishment and Reconciliation," in Henrik Hogh-Olesen, ed., *Human Morality and sociality: Evolutionary and comparative perspectives* (Basingstoke: Palgrave Macmillan, 2010), chap. 5; J. Tooby and L. Cosmides, "Groups in Mind: The Coalitional Roots of War and Morality," in Hogh-Olesen, ed., *Human Morality and sociality*, chap. 8.

＊112 JACAR（アジア歴史資料センター）Ref.B02030723500、日、米外交関係雑纂／太平洋ノ平和並東亜問題ニ関スル日米交渉関係（近衛首相「メッセージ」ヲ含ム）第六巻（A-1-3-1-1_3_006）（外務省外交史料館）。

＊113 森山優『日本はなぜ開戦に踏み切ったか──「両論併記」と「非決定」』（新潮社、2012年）198頁。

＊114 堀田江理『1941　決意なき開戦──現代日本の起源』（人文書院、2016年）345頁。

＊115 同上。

＊116 United States Congress Joint Committee, *Pearl Harbor Attack: Hearings Before the Joint Committee on the Investigation of the Pearl Harbor Attack*, Part 2 (Washington: U. S. Government Printing Office, 1946), p. 576.

＊117 Llewellyn Woodward, *British Foreign Policy in the Second World War* (London: Her Majesty's Stationery Office, 1971), p. 177.

＊118 Thomas Hobbes, *Leviathan* (New York: Oxford University Press, 1651/1957).

＊119 ウォルツ『国際政治の理論』第6章；ミアシャイマー『大国政治の悲劇』第2章。

＊120 Michael W. Doyle, "Kant, Liberal Legacies and Foreign Affairs," Part I, *Philosophy and Public Affairs*, Vol. 12, No. 3 (summer and fall 1983), pp. 205-235; Michael W. Doyle, "Liberalism and World Politics," *American Political Science Review*, Vol. 80, No. 4 (December 1986), pp. 1151-1169.

＊121 自己充足の予言という概念は、Robert K. Merton, "The Self-Fulfilling Prophecy," *The Antioch Review*, Vol. 8, No. 2 (Summer 1948), pp. 193-210 に

由来する。

＊122　Wendt, "Anarchy Is What States Make of It"; Wendt, "Constructing International Politics." Wendt, *Social Theory of International Politics*.

＊123　Lopez, McDermott, and Petersen, "States in Mind."

＊124　ジョナサン・ハイト（高橋洋訳）『社会はなぜ左と右にわかれるのか』（紀伊國屋書店、2014年）; Wilson and Wilson, "Rethinking the theoretical foundation of sociobiology"; Wilson and Wilson, "Evolution 'for the Good of the Group'."

＊125　ここでは紙幅の都合上説明を割愛するが、集団淘汰論の系譜とそれをめぐる論争は、Steven Pinker, "The False Allure of Group Selection," in David Buss, ed., *The Handbook of Evolutionary Psychology, Volume 2: Integrations* (Hoboken, N.J.: John Wiley and Sons, 2015), chap. 36 を参照。

＊126　集団淘汰論の「由来における記述」は、Charles Darwin, *The Origin of the Species and the Descent of Man* (New York: The Modern Library, 1871/1977), p. 134 を参照。ウィン・エドワーズ（V. C. Wynne-Edwards）らにより提起された、第一世代のナイーブな集団淘汰論は、V. C. Wynne-Edwards, *Animal Dispersion in Relation to Social Behaviour* (London: Oliver and Boyd, 1962)を参照。淘汰レベルの問題において、複数の淘汰レベルの可能性を受容することで戦略的撤退を図り、復興を果たした現代版の集団淘汰論ともいえるマルチレベル淘汰理論の概要は、David S. Wilson, "Human Groups as Units of Selection," *Science*, Vol. 276, No. 5320 (1997), pp. 1816-1817; Elliott Sober, and David S. Wilson, *Unto Others: The Evolution and Psychology of Unselfish Behavior* (Cambridge, MA: Harvard University Press, 1999)を参照。その中でも、戦争が脳における向社会的な心理メカニズムにたいする生物学的な淘汰圧として機能すると措定する遺伝的集団淘汰論は、Jung-Kyoo Choi and Samuel Bowles, "The Coevolution of Parochial Altruism and War," *Science*, Vol. 318, No. 5850 (October 2007), pp. 636-640; Samuel Bowles, "Did Warfare among Ancestral Hunter-Gatherers Affect the Evolution of Human Social Behaviors?" *Science*, Vol. 324, No. 5932 (June 2009), pp. 636-640; Samuel Bowles, "Being Human: Conflict: Altruism's Midwife," *Nature*, Vol. 456, No. 7220 (November 2008), pp. 326-327; and Samuel Bowles, "Warriors, Levelers, and the Role of Conflict in Human Social Evolution," *Science*, Vol. 336, No. 6083 (May 2012), pp. 876-879; Laurent Lehmann, and

Marcus W. Feldman, "War and the Evolution of Belligerence and Bravery," *Proceedings of the Royal Society B: Biological Sciences*, Vol. 275, No. 1653 (2008): 2877-2885 を参照。戦争という集団間闘争の文化的副産物として生まれる、社会規範の内容と分布の分析に力点が置かれる、文化的集団淘汰論は、Jeremy Ginges, and Scott Atran, "War as a Moral Imperative (Not Just Practical Politics by Other Means)," *Proceedings of the Royal Society B: Biological Sciences*, Vol. 278, No. 1720 (2011), pp. 2930-2938; Sarah Mathew, and Robert Boyd, "Punishment Sustains Large-Scale Cooperation in Prestate Warfare," *Proceedings of the National Academy of Sciences*, Vol. 108, No. 28 (2011), pp. 11375-11380 ; ジョセフ・ヘンリック (今西康子訳)『文化がヒトを進化させた—人類の繁栄と〈文化-遺伝子革命〉』(白揚社、2019年) を参照。

* 127 スティーブン・ピンカー (幾島幸子・塩原通緒訳)『暴力の人類史』全2巻 (青土社、2015年);スティーブン・ピンカー『21世紀の啓蒙——理性、科学、ヒューマニズム』(草思社、2019年)。See also, Michael Shermer, The Moral Arc: How Science Makes Us Better People (New York: St. Martin's Griffin, 2016); マット・リドレー (大田直子・鍛原多惠子・柴田裕之訳)『繁栄——明日を切り拓くための人類10万年史』(早川書房、2013年)。

* 128 メーサーによる内集団バイアスの議論は、Jonathan Mercer, "Anarchy and Identity," *International Organization*, Vol. 49, No. 02 (March 1995), pp. 229-252 を参照。内集団バイアスそれ自体は、Henri Tajfel, "Experiments in Intergroup Discrimination," *Scientific American*, Vol. 223 (November 1970), pp. 96-102 に由来する。

* 129 Robert Jervis, *Perception and Misperception in International Politics* (Princeton, N.J.: Princeton University Press, 1976); Robert Jervis, "Hypotheses on Misperception," *World Politics*, Vol. 20, No. 3 (April 1968), pp. 454-479; Robert Jervis, "War and Misperception," *Journal of Interdisciplinary History*, Vol. 18, No. 4 (Spring 1988), pp. 675-700.

* 130 D. D. P. Johnson, *Overconfidence and War: The Havoc and Glory of Positive Illusions* (Cambridge, Mass.: Harvard University Press, 2004), especially pp. 29-31.

* 131 Niko Tinbergen, "On Aims and Methods of Ethology," *Animal Biology*, Vol. 55, No. 4 (December 2005), pp. 297?321.

＊132 ターリ・シャーロット（斉藤隆央訳）『脳は楽観的に考える』（柏書房、2013年）。楽観性バイアスという用語は、Neil D. Weinstein, "Unrealistic Optimism About Susceptibility to Health Problems: Conclusions from a Community-Wide Sample," *Journal of behavioral medicine*, Vol. 10, No. 5 (October 1987), pp. 481-500 に由来する。

＊133 Robert Jervis, "Cooperation under the Security Dilemma," *World Politics,* Vol. 30, No. 2 （January 1978）, pp. 167-214.

＊134 安全保障のジレンマに関する包括的な考察は、Shiping Tang, "The Security Dilemma: A Conceptual Analysis," *Security Studies*, Vol. 18, No. 3 (2009 October), pp. 587-623 を参照。

＊135 John Tooby and Leda Cosmides, "Adaptation for Reasoning About Social Exchange," in David Buss, ed., *The Handbook of Evolutionary Psychology, Foundation*: Volume 1 (Hoboken, N.J.: John Wiley Sons, 2015), chap. 25; Leda Cosmides, H. C. Barrett, and John Tooby, "Adaptive Specializations, Social Exchange, and the Evolution of Human Intelligence," *Proceedings of the National Academy of Sciences of the United States of America*, Vol. 107, Supplement 2 (May 2010), pp. 9007-9014; Leda Cosmides, "The Logic of Social-Exchange: Has Natural-Selection Shaped How Humans Reason? Studies with the Wason Selection Task," *Cognition*, Vol. 31, No. 3 (May 1989), pp. 187-276.

＊136 過信は「結果の真の可能性を上回るレベルの自信」と定義される。D. D. P. Johnson and D. Tierney, "The Rubicon Theory of War: How the Path to Conflict Reaches the Point of No Return," *International Security*, Vol. 36, No. 1 (Summer 2011), pp. 8-9.

＊137 Geoffrey Blainey, *The Causes of War* (New York: Free Press, 1973), p. 35 ; Jennifer Mitzen and Randall L. Schweller, "Knowing the Unknown Unknowns: Misplaced Certainty and the Onset of War," *Security Studies*, Vol. 20, No. 1 (March 2011), pp. 2-35; Stephen Van Evera, *Causes of War: Power and the Roots of Conflict* (Ithaca: Cornell University Press, 1999), p. 16; Johnson and Tierney, "The Rubicon Theory of War"; Johnson, *Overconfidence and War*; Daniel Kahneman and Jonathan Renshon, "Why Hawks Win," *Foreign Policy*, No. 158 (January/February 2007), pp. 34-38; Daniel Altman, "The Strategist's Curse: A Theory of False Optimism as a

Cause of War," *Security Studies*, Vol. 24, No. 2 (June 2015), pp. 284-315; 土山實男『安全保障の国際政治学――焦りと傲り』第2版（有斐閣、2014年）270〜271頁；バーバラ・W・タックマン（大社淑子訳）『愚行の世界史――トロイアからベトナムまで』全2冊（中央公論新社、2009年）；伊藤隆太「過信のリアリズム試論――日ソ中立条約を事例として」『国際安全保障』第44巻第4号（2017年3月）58〜73頁。

*138 Evera, *Causes of War*, p. 16.

*139 シャーロット『脳は楽観的に考える』。

*140 Johnson and Tierney, "The Rubicon Theory of War."

*141 Johnson, *Overconfidence and War*.

*142 D. D. P. Johnson, Nils B. Weidmann, and Lars-Erik Cederman, "Fortune Favours the Bold: An Agent-Based Model Reveals Adaptive Advantages of Overconfidence in War," *Plos One*, Vol. 6, No. 6 (June 2011), p. e20851.

*143 伊藤「過信のリアリズム試論」58〜73頁。

*144 Taliaferro, *Balancing Risks*. ジェフリー・タリアフェロの認知的リアリズム（cognitive realism）も同様の手続きからなるリアリスト理論である。タリアフェロは認知的リアリズムに基づき、1940年7月から1941年12月の日本の対外行動を分析している。Jeffrey W. Taliaferro, "Quagmires in the Periphery: Foreign Wars and Escalating Commitment in International Conflict," *Security Studies*, Vol. 7, No. 3 (Spring 1998), pp. 94-144.

*145 Kai He and Huiyun Feng, *Prospect Theory and Foreign Policy Analysis in the Asia Pacific: Rational Leaders and Risky Behavior* (New York: Routledge, 2013). See also Kai He and Huiyun Feng, "'Why Is There No Nato in Asia?' Revisited: Prospect Theory, Balance of Threat, and Us Alliance Strategies," *European Journal of International Relations*, Vol. 18, No. 2 (June 2012), pp. 227-250.

*146 進化政治学はこうしたリスク追求行動が、生存（安全保障）にかかる領域で特に強力に作用することを明らかにしている。R. McDermott, J. H. Fowler, and O. Smirnov, "On the Evolutionary Origin of Prospect Theory Preferences," *Journal of Politics*, Vol. 70, No. 2 (April 2008), pp. 335-350; and E. Ermer, L. Cosmides, and J. Tooby, "Relative Status Regulates Risky Decision Making

About Resources in Men: Evidence for the Co-Evolution of Motivation and Cognition," *Evolution and Human Behavior*, Vol. 29, No. 2 (March 2008), pp. 106-118.

＊147 Dominic D.P. Johnson and Dominic Tierney, "Bad World: The Negativity Bias in International Politics," *International Security*, Vol. 43, No. 3 (Winter 2018/19), pp. 96-140. ネガティヴィティ・バイアスの権威的な研究は、Paul Rozin and Edward B. Royzman, "Negativity Bias, Negativity Dominance, and Contagion," *Personality and Social Psychology Review*, Vol. 5, No. 4 (November 2001), pp. 296-320; Roy F. Baumeister et al., "Bad Is Stronger Than Good," *Review of General Psychology*, Vol. 5, No. 4 (December 2001), pp. 323-370 を参照。

＊148 土山『安全保障の国際政治学』186、270頁。

＊149 McDermott, Fowler, and Smirnov, "On the Evolutionary Origin of Prospect Theory Preferences"; Ermer, Cosmides, and Tooby, "Relative Status Regulates Risky Decision Making About Resources in Men."

＊150 Neta C. Crawford, "The Passion of World Politics: Propositions on Emotion and Emotional Relationships," *International Security*, Vol. 24, No. 4 (Spring 2000), pp. 116-156; A. A. G. Ross, "Realism, Emotion, and Dynamic Allegiances in Global Politics," *International Theory*, Vol. 5, No. 2 (July 2013), pp. 273-299.

＊151 ジョセフ・ルドゥー（松本元・川村光毅他訳）『エモーショナル・ブレイン──情動の脳科学』（東京大学出版会、2003年）。

＊152 Jonathan Mercer, "Rationality and Psychology in International Politics," *International Organization*, Vol. 59, No. 1 (January 2005), pp. 77-106; Jonathan Mercer "Emotional Beliefs," *International Organization*, Vol. 64, No. 1 (January 2010), pp. 1-31; and Jonathan Mercer, "Emotion and Strategy in the Korean War," *International Organization*, Vol. 67, No. 2 (April 2013), pp. 221-252. See also Jonathan Mercer, "Human Nature and the First Image: Emotion in International Politics," *Journal of International Relations and Development*, Vol. 9, No. 3 (September 2006), pp. 288-303.

＊153 Mercer "Emotion and Strategy in the Korean War."

＊154 Rosen, *War and Human Nature*, pp. 56-57.

＊155 Leonie Huddy, Stanley Feldman, and Erin Cassese, "On the Distinct

Political Effects of Anxiety and Anger," in W. Russell Neuman, George E. Marcus, Ann N. Crigler, and Michael Mackuen, eds., *The Affect Effect: Dynamics of Emotion in Political Thinking and Behavior* (Chicago: University of Chicago Press, 2007), pp. 202-230.

*156 伊藤隆太「国際政治における情動とリアリズム——日独伊三国軍事同盟を事例として——」『法学政治学論究』第100号（2014年春季号）155〜185頁。

*157 Morgenthau, *Scientiac Man vs. Power Politics*; Morgenthau, *Politics among Nations*.

*158 ウォルツ『国際政治の理論』。

*159 ミアシャイマー『大国政治の悲劇』。ミアシャイマーの哲学的立場については、Mearsheimer and Walt, "Leaving Theory Behind," p. 433 を参照。

*160 Glaser, *Rational Theory of International Politics*.

*161 Wendt, *Social Theory of International Politics*.

第4章

戦争の原因とその進化
——戦争適応仮説

　前章では、ブラッドレイ・セイヤー（Bradley A. Thayer）、ドミニク・ジョンソン（D. D. P. Johnson）らが開始したリサーチ・プログラムである進化的リアリズムを、第2章で構築した進化行動モデル、科学哲学の科学的実在論（scientific realism）といった知見に基づいて強化・洗練して体系化することを試みた＊1。ここで構築した進化的リアリズムは、①科学的実在論（多元的実在論）、②進化政治学（進化行動モデル）、③リアリズム、④具体的な因果モデル・概念という四層の演繹的構造からなるものであった。

　ところで、前著『進化政治学と国際政治理論』では、「戦争は人間本性に由来する」という進化政治学の基本的なテーゼを所与として、上記の④の因果モデルとして、ナショナリスト的神話モデル、楽観性バイアスモデル、怒りの報復モデルを構築した。本章の目的は、この前著において所与とした「戦争は人間本性に由来する」というテーゼそれ自体を再考し、改めて、人間には戦争をする本性が備わっているという主張を提示することにある。

　これは進化的リアリズムにとっては主要仮説に当たるものであり、それを本書では「戦争適応仮説（war-adaptation hypothesis）」を呼ぶことにする。ここでの作業は実質的には、なぜ戦争が自然淘汰によって選択されたのか、あるいは、なぜ人間には戦争の適応が備わるに至ったのか、といった「戦争の進化（evolution of war）」がテーマとなる。そして、この「戦

争の進化」を説明するということは、戦争の原因、すなわち、ノーベル医学生理学賞受賞者の動物行動学者ニコ・ティンバーゲン（Niko Tinbergen）がいうところの究極要因（ultimate cause）を論じることとも深くかかわっている*2。

　これまでの国際政治学が戦争原因を論じるというとき、実は国際政治学者は物事の原因——すなわち究極要因——を論じているのではなくて、単にその因果メカニズム——ティンバーゲン的にいえば、至近要因——を論じているに過ぎなかった。しかし、因果性の深さ、理論の統合力、といった科学的実在論にかかる理論評価基準によれば、いかにして当該行動・事象が生起するのかという *how* の問いで不十分なのは明確であり、なぜ当該行動が生起したのか——その普遍的な進化的理由——という *why* の問いが重要なのは自明の理である。この単純な理論研究における方法論的な事実から、本書ではこれまで国際政治学で見逃されてきた戦争の究極要因を実存論的視点から明らかにする。

第1節　戦争と人間本性

（1）ネオリアリズムと標準社会科学モデル

　進化政治学は、なぜ戦争が人間本性に由来するものだと主張しているのだろうか。そこにはいかなる進化論的、適応主義的なロジックが内在しているのであろうか。セイヤーの進化政治学に基づいたリアリスト理論はこうした点について——その研究の実在論的な態度は評価できるものの——、十分な科学的な説明を提示できているとは言い難い*3。とりわけ、進化政治学の適応主義的なロジックを適切な形でリアリスト理論に導入できていない。この点に関する研究上の空白を埋めるのが、以下における中心的な作業である。換言すれば、なぜ人間には戦争をする本性が備わっているのかを明らかにするのが、ここからのテーマとなる。

　このことには、進化政治学に基づいて、人間本性をめぐる古典的リアリズムの豊かな国際政治思想（ナショナリズム、権力政治などをめぐるもの）を、実在論的な意味での科学的裏付けを備えた形で再興するという重要なイン

プリケーションが見こまれる。ネオリアリズムが国際政治学者の間に普及するにつれて、古典的リアリズムはその思想性が故に非科学的であると批判されるようになった。ネオリアリストは、第一イメージに着目した理論は非科学的であると考えて――「人間の本性が邪悪だから戦争が起きる」という説明はトートロジカルである――、第三イメージ（third image、国際システム要因）を重視する理論研究を進めてきた。

こうしたネオリアリストの主張にたいして、本書は古典的リアリストが思想的に論じてきた人間本性論は、進化過程で備わった心理メカニズムの所産として実在論的な意味で科学的に捉えなおせると主張する*4。たとえば、ルネサンス期の政治思想家であり、フィレンツェ共和国の外交官でもあった、マキャベリ（Niccolo Machiavelli）は、ナショナリズムの重要性を歴史的・思想的に論じているが、現代のリアリストは進化政治学が明らかにする部族主義の心理メカニズムを踏まえることで、こうした古典的リアリストの豊かな現実主義思想を、実在論的な意味での科学的根拠が備わった形で再興できよう*5。

結局、人間本性を分析射程から捨象するネオリアリズムは、標準社会科学モデル（standard social science model）*6の陥穽（心の問題を分析射程から捨象するという研究上の誤謬）に陥っており、人間本性を実在論的な科学的根拠が備わった形で再び導入した、第一イメージに立つリアリスト理論が必要とされている。ネオリアリズムがアナーキーのインパクトを強く見積もる点は正しい。しかし、国際システムの無政府状況はそれ自体が重要でなく、そうした外的環境が指導者の人間本性に外的環境のキュー（cue）として与える因果効果が重要なのである。

（2）戦争原因としての人間本性

方法論的に精緻化された表現をすれば、進化政治学が適応主義的アプローチに基づいて、戦争が人間本性の所産だと実在論的視点から主張するためには、二つの作業をする必要がある*7。第一は、任意の心理メカニズムをうみだしたと推定される、進化的適応環境における淘汰圧を考察することである。淘汰圧とは、自然淘汰の強さの度合いを指すものである。淘

汰圧が高い際、進化のスピードは急速になり、形質による適応度の差異が大きいとき、淘汰圧は高くなる。たとえば，環境が悪化して多くの個体が子孫を残さずに死んでいき、適応度の高いごく少数の個体だけが繁殖を成功させられるような状況では、淘汰圧は高くなる。適応度は形質によって異なるので、高い適応度を生む形質が自然淘汰で選ばれていき、適応度を下げる形質は失われていく。他方、逆に淘汰圧が低い状況においては、形質が異なったとしても適応度への大きな差はうまれないため、世代を経ても形質の変化はあまり見られない。

　第二は、課題分析（task analysis）を行うことである＊8。課題分析とは、仮に任意の心理メカニズムが固有の適応課題を解決するために設計された適応であると推定されるならば、それがどのような論理的な特徴を備えているべきなのかを明らかにすることである。たとえば、人間が仮に攻撃システム（aggression system）を有しているならば、演繹的な論理的推論によれば、我々は当該アクターが自己と他者（あるいは自集団と他集団）の間の物理的パワーを推定して、こうした推定に基づいて、勝利がみこまれるときに攻撃を開始するような心理メカニズムを持っていると考えられる＊9。

　なぜなら、負け戦は自らの生存・繁殖可能性を失わせるため、包括適応度を下げるので、自然淘汰が戦前に自分と相手のパワー差を把握することを可能にするような心理学的適応に有利に働いたと考えることは、論理的妥当性を備えた推論だからである。そして実際、ジョン・アーチャー（John Archer）、ジェフリー・パーカー（Geoff A. Parker）、アーロン・セル（Aaron Sell）、ジョン・トゥービー（John Tooby）らは、人間が肉体的な強靭さをキューとして、他者へ攻撃を行うことを明らかにしている＊10。

　そこで、以下では上記の二点——淘汰圧の考察、課題分析の実施——を念頭におきつつ、進化政治学の適応主義的アプローチに基づき戦争の原因を実在論的視点から明らかにしていく。戦争はいかなる条件において進化しうるのだろうか。適応主義的アプローチに基づいて、なぜ戦争が起こるのかという問いに答えようとするとき、最初に踏まえなければならないことは、個人レベルの攻撃行動は、集団レベルの攻撃行動を説明するうえで有益な出発点になりうるものの、その論理が若干異なるということである。

たとえ最終的な心理メカニズムの機能が多少類似するとしても、個人レベルの攻撃と集団レベルの攻撃にかかる適応課題は異なり、そうした適応課題の間における相違は、個人間攻撃と集団間攻撃という二つの異なる領域をめぐって、各々異なる心理メカニズムをうみだす。実際、同種の個体間における攻撃や競争は動物学的にしばしばみられるものの、他の種において、集団間における攻撃行動は相対的にあまり多く観察されない。すなわち、集団レベルの攻撃行動に従事する種は少ないのだが、翻ってこのことは間接的に、こうした集団間攻撃を可能にするうえで必要な心理学的適応が存在しない可能性を示唆している。

　戦争とは結局のところ、集団間闘争についての条件的な適応の帰結であり、それは同時に、外的環境にたいする戦略的な反応でもある。しかしながら、こうした事実は環境決定論を含むわけではない。つまるところ、一定の環境上における外的条件のもとであれば、いずれの種も集団間攻撃に従事するというわけではないし、こうした点を支持するような経験的データも少ない。環境はそれ自体が決定論的に行動を引きおこすわけではなく、それが故に、構造決定論——マルキシズム、ネオリアリズム、社会学の構造主義、その他——は誤りなのである。

　ステイシー・ゴダード（Stacie E. Goddard）とダニエル・ネクソン（Daniel H. Nexon）の言葉を借りれば、こうした構造に偏向したパラダイムはマクロ還元論（macro reductionism）に陥っている*11。他方、だからといって、行動がすべて自由意思の産物だというデカルト的な心身二元論も誤りである*12。イギリスの哲学者ギルバート・ライル（Gilbert Ryle）はデカルトの心身二元論を「機械のなかの幽霊」説と述べて揶揄したが*13、こうした戦争をはじめとする人間行動がすべて自由意思の産物だという見方は、進化論や生物学といった現代の科学的知見に耐えうるものではないのである。

　それでは我々は戦争や紛争をはじめとする行動に、いかなる論理で従事するのだろうか。研究者は戦争という現象の普遍性と可変性をいかにして分析できるのだろうか。そこで参照されたいのが、図①で示したダイアグラムである。ここで示したロジックを記述的に表現するならば、「行動は

```
┌─────────────────────────┐
│         図①             │
│   環境（インプット）     │
│         ↓               │
│  適応（心理メカニズム）  │
│         ↓               │
│   行動（アウトプット）   │
└─────────────────────────┘
```
環境にたいする条件的な反応であり、適応は必然的にこの反応の条件性を構造化する」ということである。したがって、なぜ戦争が決まったロジックで行われて、ときとしてその様相にバリエーションが生まれるのか、をよりよく理解するためには、人間という種に典型的・普遍的に備わった「戦争に関する適応（adaptation for warfare）」が有する情報処理構造を分析する必要がある。以下では、まず、個人レベルの攻撃についての適応を簡単に考察して、集団間攻撃、すなわち戦争の分析を行っていく。

第2節　個人レベルの攻撃

（1）性淘汰理論と親の投資理論
　進化学者はこれまで、個人レベルの攻撃（特に人間と霊長類）についての膨大な研究を蓄積してきた。これらの研究によれば、攻撃は利害紛争を交渉するために設計された適応的なアウトプット（敵と自身の力の検知、怒りのメカニズム、暴力の適応的な使用）であり＊14、その発生には実質的な性差がある＊15。このことは、主に、性淘汰理論（sexual selection theory）と親の投資理論（parental investment theory）によって裏付けることができる＊16。性淘汰理論と親の投資理論は、進化学において、人間をふくむ多くの動物が行う攻撃行動を説明する上で不可欠とみなされている有力な理論である。
　性淘汰は、配偶者をめぐる競争に直接資するような適応が自然淘汰により選択されるときにおこり、子孫への親の投資のパターンが、その競争の性質と熾烈さを決定する。多くの霊長類や哺乳類全般と同様に人間においても、子孫への女性側の親の投資は、男性の親の投資よりも圧倒的に膨大である。一方の性による親の投資が大きければ大きいほど、他方の性はより多くを子孫に投資する側の性にたいするアクセスをめぐって、より熾烈に競争することになる＊17。

　この非対称性の存在が故に、男性と女性は各々異なる適応課題に直面することになる。すなわち、高い投資者（女性サイド）の視点からすると、彼女は正しい投資——この際、男性が有する地位や経済力——について選り好みをする（choosy）必要がある。なぜなら、ひとたび投資を行い、それが間違っていること（ダメな投資を選んでしまうことなど）が判明したときのコストは多大だからである。端的にいえば、仮に低い地位や経済力の男性を選んでしまうと、女性はその後の自身の生存と養育活動において多くのデメリットを被ってしまう＊18。

　他方で、少ない投資者の側（男性サイド）にとっての適応課題は、可能なかぎり多くの投資機会にアクセスすることであり、またなるべく繁殖可能性の高い若くて綺麗な——美しさは健康の指標になる——女性を選ぶことになる＊19。なぜなら、仮に必要な投資量が少ないならば、可能なかぎりより多くの投資をするのが適応的だからである。実際、歴史上の多くの指導者はしばしば適応的な繁殖戦略を成功させてきた。チンギス・ハン（Činggis Qan）を例に挙げよう。朝青龍、白鵬といった、日本の大相撲ファンに強烈なインパクトを与え続けているモンゴル人の恐るべき身体能力や闘争心は、ユーラシアに大帝国を築いた稀代のリーダー、チンギス・ハンから引き継がれたものであるかもしれない。というのも、最新の遺伝学の科学的知見は、現代世界において、約1600万人がチンギス・ハンの直系の子孫であることを明らかにしているからである。

　英レイセスター大学の遺伝学者マーク・ジョブリング（Mark Jobling）らの遺伝学研究チームは、アジア人男性の DNA を分析して先祖の起源をさかのぼって分析する研究を行った。それによれば、現在のアジア人男性の約4割が、チンギス・ハンを含む「偉大な父」と呼ばれる11人のいずれかの血脈を受け継いでいることが判明した。ジョブリングらはアジアの中の127の地域に住む計5,321人の男性の DNA を分析し、西暦1100年から紀元前1300年ほどの間の過去に遡って"偉大な父"を突き止める試みを行なった。具体的にいえば、DNA の中の男性にしかない「Y染色体」の塩基配列をサンプリング調査したのである。

　収集されたY染色体を分析してみると大半はまったく共通点のないラン

ダムな塩基配列をしていたが、分析の数を重ねていくといくつかのグループに分けられることが徐々にわかり、最終的に11のグループの存在が明らかになった。すなわち、調査対象となった男性の約4割にあたる37.8%のY染色体はこの11のいずれかに分類されることが判明したのである。これを実際の人口に照らし合わせると、実質的にいえば、約8億3000万人のアジア人男性がこの11人のいずれかの血脈を継いでいることになるのである。

　いうまでもなく、この11人の「偉大な父」の筆頭に挙げられるのが、チンギス・ハンである。12～13世紀にかけてユーラシア大陸に巨大なモンゴル帝国を築きあげたチンギス・ハンだが、その「直系の子孫」は、統計上、現在でも1,600万人は存在しているということになる。むろん、そこには朝青龍や白鵬が含まれているかは不明なのだが、こうした圧倒的に強力な男の祖先が現在のアジア人だということである。チンギス・ハンは本妻の他に幾人も愛人を抱えていたといわれ、生涯で産ませた子供の数は百人を超えているともいわれている[20]。

　上記のチンギス・ハンは一例に過ぎないが、つまるところ、低い投資者は高い投資者へのアクセスをめぐって競争し、高い投資者と低い投資者の間の投資における非対称性が大きければ大きいほど、男性間競争はより熾烈になる。このとき、自然淘汰は女性（高い投資者）へのアクセスをめぐる男性（低い投資者）の間の競争における暴力の行使に有利に働く。

　男女間における初期の投資上の非対称性は、進化のプロセスにおけるあらゆる局面——たとえば、精子と卵子の製造コスト、妊娠という女性に固有の生理学的現象——で起きており、実際、いずれの文化・地域・歴史を対象にした研究においても、一貫して、女性よりも男性の方が圧倒的に暴力的なことが分かっている[21]。

　第一に、男性は利害紛争において暴力行使の成功可能性を過大評価する[22]。第二に、男性は女性メンバーの魅力的な写真を事前にみせると、より戦争を支持するようになる[23]。第三に、男性は女性よりも暴力的なシチュエーションに遭遇する確率が高い。すなわち、男性は女性よりも、暴力を行使する主体になったり、逆に暴力の被害者になったりしやすい[24]。第四に、男性は女性よりも外集団という脅威にたいして、よりよそ者嫌い

の反応を強くみせる＊25。第五に、男性は目立つ自己犠牲を通して自己顕示をしようとする＊26。

　性淘汰理論と親の投資理論の相互作用により、攻撃や暴力は女性よりも男性にとって繁殖上有意義な戦略となる。また、男性間における利害紛争は、進化的適応環境における有意な適応課題だったので、自然淘汰は男性間闘争において、攻撃行動を適応的に調整するための力（自らと敵）の評価についての心理学的適応に有利に働いた＊27。実際、男性の（女性でなく）身体・顔・声におけるキューは確実に攻撃性と相関し、人間はこれらのキューをもとに、男性の強靭さを推測するのに、いちじるしく長けていることが分かっている＊28。つまるところ、こうした暴力や戦争といったイシューは多くの場合、もっぱら男性の領域の問題なのである。

（2）怒りの修正理論

　怒りの修正理論（recalibrational theory of anger）＊29をめぐる累積的知見が明らかにしているように、人間は無意識に、狩猟採集時代において潜在的な脅威や敵の強靭さと相関したと考えられる顔や声における手がかりを検知する。強い男性ほど、①怒りの傾向、②攻撃の経験、③個人的・政治的攻撃の支持、④好待遇獲得の期待、⑤紛争での成功経験を備えている＊30。強い兵士ほど、①良い結果を得て然るべきと感じ、②怒りの生起と攻撃実施における閾値が低く、③自己に都合の良い政治的態度をとり、④戦争の効用を信じる傾向にある＊31。ハリウッド俳優を被験者として、肉体的強靭性（戦闘能力）と戦争の効用への信念の関係を調べると、予想通り、アーノルド・シュワルツェネッガー（Arnold Schwarzenegger）やシルベスター・スタローン（Sylvester Stallone）といった強靭な肉体を持つアクション俳優は、肉体的に弱い俳優より、紛争解決に際して戦争を有用な戦術と信じる傾向にあることが明らかになっている＊32。

　男性の上半身の強さと戦争に対する態度の関係は相関し、上半身の強い男性ほど武力行使に積極的となり、肉体的に強靭な人間や強国ほど武力行使を選好する＊33。男性の上半身の強さと再配分に対する態度の関係は相関し、①強い労働者階級の男性は弱い労働者階級の男性よりも所得の再配

分に賛成する、②強い上層階級の男性は弱い上層階級の男性よりも所得再配分に反対する＊34。つまるところ、強い人間ほど自らの望む政策を他者に強要しようとするし、強い人間ほど戦争や暴力を好み、他国への侵略や拡張主義的政策を選好するのである。

　またこのとき重要な留保は、これは古典的リアリストが神学的・思想的アプローチによって論じてきたように、人間本性が邪悪だから、人間が無条件に暴力や戦争を望むということを意味するわけではないということである＊35。というのも、本書で進化行動モデルを提示するなかで体系的に説明してきたように、人間の攻撃性や戦争の適応は条件的なアルゴリズムで作用するようにできているからである。それゆえ、セイヤーやジョンソンが主張しているように、攻撃的リアリズムが想定する人間観がより妥当なものとなる＊36。すなわち、様々な攻撃的リアリストが的確にしているように、国家や人間にとって、「可能な時に」他国を征服して相対的パワーを極大化することは、しばしば引き合うのである＊37。さらにいえば、ピーター・リーバマン（Peter Liberman）が明らかにしているように、こうした征服のアドバンテージは高度産業化が実現した現代社会においても一定程度変わらない＊38。

第3節　集団間闘争の進化

（1）奇襲と会戦

　さて、これまで性淘汰理論と親の投資理論をめぐる諸知見を通して、女性より男性にとって攻撃や暴力が繁殖戦略の一手段として適応的になりうる論理を説明してきた。換言すれば、ここまでは人間に暴力の本性が備わっており、それは男性の繁殖戦略の一つであることを明らかにしてきた。もちろん、こうした個人レベルの攻撃行動は戦争を理解する上で無関係というわけではない。しかし、戦争という国家の攻撃行動を理解するためには、これに加えて、集団レベルの攻撃行動に固有のロジックも理解する必要がある。

　そこで、国家の暴力を考える上でまず踏まえなければならないことは、

戦争が多様な形態をとりうるということである。進化学者はこれまで集団間攻撃の普遍的な形態として、以下の二つのものを明らかにしてきた。すなわち、第一に奇襲（raid）、第二に会戦（pitched battle）——消耗戦（attrition war）、殲滅戦もほぼ同じ意味で用いる——である＊39。前者はステルス、急襲、迅速な撤退といった方法によって、主に夜間に敵の集団にたいして奇襲をしかけるものであり、これは領土紛争や個別的な攻撃的事象として起こりうる。これにたいして、会戦は相対的に規模が等しい二つの政治集団が、しばしば消耗戦のような熾烈な戦闘をくりひろげるものである。会戦は襲撃よりも悲惨だが相対的にその頻度は低い。

　重要なのは、集団間攻撃をめぐる進化政治学的研究は、奇襲と会戦の間におけるこうした違いをふまえて分析を進める必要があるということである。なぜなら、奇襲は他の動物種でもしばしばみられる説明が比較的容易な現象だが、会戦はとりわけ人間という種に固有の集団間闘争であり、そこには興味深い研究上のパズルが存在するからである。

　人間はリスクの高い相対的に力が均衡した殲滅戦にしばしば従事するが、我々の従妹であるチンパンジーはこうした闘争に滅多に従事しない。すなわち、戦争や紛争といった集団間攻撃は、人間以外の霊長類や動物には極めて少ないのである。実際、四個体以上が集団を形成して他の雄を攻撃しようとするのは、ヒト、チンパンジー、イルカ、そしてボノボくらいであり、これらの中でも、人間がとりわけ集団間闘争に従事することが分かっている。たとえば、二番目、三番目、四番目に強いゾウアザラシが協力すれば、最強のリーダーの雄を殺して、ハーレムを山分けにできるように思えるかもしれないが、こうした進化人類学者クリストファー・ボーム（Christopher Boehm）がリバース・ドミナンス（reverse dominance）——社会科学的かつ現代的にいえば、革命やクーデターなど——と呼ぶ現象は、なかなか起こらないというわけである＊40。

　したがって、我々は、なぜ人間という種にかぎって、会戦というリスクの高い殲滅戦に従事するのかを解明する必要がある。そのためには以下の究極的な問いに答える必要がある。それは、自然淘汰が集団の攻撃行動を可能にする適応に有利に働くためには、いかなる条件が満たされる必要が

あるのだろうか、というものである。そして結論からいえば、それは、①繁殖上の利益と、② n-person 協調（cooperation）のメカニズムとなる。以下、順に説明していこう。

（2）繁殖上の利益

　第一に、繁殖戦略として、集団が行う攻撃の適応的利益は、その有意なコストを凌駕しなければならない*41。奇襲の適応度利益はよく研究されており、進化学者の間に一定のコンセンサスがある。霊長類学者は、チンパンジーの集団間暴力は、一方の集団が他方のそれの約三倍の人数がいるとき、高い確率で起こることを示している*42。これらの例における集団間暴力が繁殖上成功的であったのは、こうした戦争や紛争が、領土的拡張、将来の闘争におけるより大きな成功の可能性、物質的・繁殖的資源へのアクセスの容易化などと相関するからである*43。チンパンジーの集団間暴力は力の非対称性というコンテクストのもとでもっぱら起こり、こうしたシチュエーションにおいて、強力な集団に属する男性にとって、弱小集団に対する圧倒的な勝利がどれほど繁殖上有利だったのかを理解するのは、想像に難しくない。

　人間においても同様に、奇襲は集団間暴力の最も頻発する形態であり続けており、それはチンパンジー・モデルを驚くべきほどよく反映している*44。そして、ここで重要なことは、進化的適応環境における集団生活が、戦争にかかる「ランチェスターの法則（Lanchester's laws)」に近似するということである*45。ランチェスターの法則とは、自動車・航空機のエンジニアとして活躍したイギリス人フレデリック・ランチェスター（Frederick William Lanchester）が第一次世界大戦の際に、航空機での集団戦闘を分析することで発見した数理モデルである*46。

　コロンビア大学で数学者バーナード・クープマン（B. O. Koopman）とアメリカ海軍作戦研究班によって軍事研究に応用されたこの法則は、戦争学における重要な基礎となり、さらに戦略学・マーケティング・進化人類学などの様々な分野に応用されている*47。ランチェスターの法則の最も基本的な概念として知られているのが、「武器の性能が同じであると仮定

した場合、必ず兵力数の多い方が勝つ」というものである。ランチェスターの法則は実際の戦争を事例とした研究においても経験的に検証されており、たとえば、J. H. エンゲル（J. H. Engel）は二次法則に従って硫黄島の戦いを分析して、わずかな誤差でランチェスターの法則が成り立つことを検証している*48。

　あるいは、ルイス・フライ・リチャードソン（L. F. Richardson）は第二次世界大戦中にランチェスター方程式に基づき、数学的モデルを構築した。とりわけ、リチャードソンは、主に軍拡競争を分析すべく、微分方程式を使用し、二国間関係の安定性を数学的に分析することが可能であることを示した*49。そして、ここから分かることは、成功的な非対称的攻撃の物質的・繁殖的利益は実質的に有意かつ重大だということなのである。

　上記のように、奇襲の繁殖上の利益が膨大なことは明確な事実だが、人間の集団間闘争は、相対的に同等の規模の集団間における消耗戦、すなわち先述した会戦の形も取りうる。そして、ここにおいて決定的に重要なことは、勝利は「獲得した利益（resources　gained）」というより、むしろ、「生き残った兵士（fighters　left　standing）」の関数となるということである。この種の高いリスクと高い損失の双方をともなう活動は、進化論的視点では一見したところでは説明が難しく、実際、集団間闘争に関するチンパンジー・モデルによって同現象を説明するのは困難である。

　したがって、その論理的帰結として、戦争における重要なパズルの一つは、なぜ自らが死ぬ可能性がきわめて高い行動を自発的に望んで行うのか、という点になる。これはいわばロシアン・ルーレットを行いたいと思うような、リスク・テイキングをもとめる心のしくみを、人間が生得的に身に着けているようなものである。それでは、なぜ人間はチンパンジーとは異なり、ロシアン・ルーレットを選好するような心のしくみを備えるに至ったのであろうか。

　そこで想起すべきなのは、進化心理学のパイオニア、ジョン・トゥービーとレダ・コスミデスらが的確に指摘するように、自然淘汰は適応度を「平均的」にあげるような特性を選択するという事実である*50。すなわち、たとえ勝利が連合メンバー全員から1人を除いた人の死を代償とする

ものであっても、自然淘汰が戦争を進化させることは可能なのである。ある形質に寄与する遺伝子は、多数の個体の中に存在するので、ある個体が子供をもうけずに死んでいっても、同じ遺伝子をもつ他の多くの個体が繁殖成功を実現すれば、その分を補える。こうした点を数理的に裏付けるのが、ハミルトンの血縁淘汰理論（kin selection theroy）である。血縁淘汰理論の主な論理は、血縁者間では非血縁者間より協調成立の可能性が高いというものである＊51。

　このことは以下のように数式化できる。血縁者との協調の利得は包括適応度（inclusive fitness）と呼ばれるが、協調成立のためにはこれが上昇すればよい。協調に関わるコストを c，相手が得る利益を b，血縁度を r とすると、血縁者に利他行動をとる際、c を失うが r の確率で b の利益（rb の利益）を得ることとなり、包括適応度は -c + rb となる。協調成立にはこれが正になる必要があるので、-c + rb > 0（c < rb）という不等式（ハミルトン則）が成立する＊52。すなわち、血縁淘汰理論から導きだされることは、包括適応度を上げるような行動であれば、自然淘汰によって選択されるということなのである。

　そこで、再度、死ななければもう一人子供をもてるというルールのロシアン・ルーレットを考えてみよう。このロシアン・ルーレットに参加した個体は、六回に五回は余分の遺伝子コピーを遺伝子プールに残すことができて、何も残せないのは、六回に一回だけだとする。そうすると、このとき、平均すると、このルーレットゲームに参加しないときよりも、参加するときの方が83パーセント多く遺伝子コピーを作ることができるので、このゲームに参加するという行為は自然淘汰により選択される。

　そしてここで重要なことは、一人は死ぬが、残った五人は確実に女を手に入れられるという攻撃集団に参加するのは、実質的にこれと同じ選択だということである。すなわち、この攻撃集団に加わって戦争に従事すると、単独では得られない利益を獲得できて、リスクに応じて戦利品が分配されるのである。むろん、そこには様々な補助条件のようなものがあるだろうが、エッセンスはこの通りであろう。戦勝に際して女という戦利品を確実に手に入れることができて、さらに、それが公正に分配されるのであれば、

リスクの度合いは戦争へ参加するか否かという意思決定に影響を及ぼさない。たとえば、あなたの側に味方のメンバーが11人いて、5人からなる敵集団を襲撃して、敵集団の女を手に入れることができるとしよう。自らの集団に犠牲者が一人出るのであれば、あなたが生存できる可能性は11分の1であり、生き残れば、2分の1の確率で女を手に入れられるのだから、（捕まえる女が5人、生き残る男が10人）、妻を獲得する期待値は0.45となる。

　味方のメンバーのうち、二人が殺されるケースにおいて、あなたが生存可能な確率は11分の9と下がるが、仮に生存できたならば、戦死した味方の男は女を手に入れられないので、あなたが女を獲得できる可能性は上がり、平均獲得率は0.45（11分の9×9分の5）と同じアウトカムになる。味方が6人殺される確率の際、あなたが生き残れる可能性はさらに低下して11分の5になるが、このケースにおいても、戦利品の女を受けとる味方の人数が減り（5人の勝利者に5人の女）、生存すれば確実に女を獲得できるので、期待値は同じく0.45となる。

　むろん、ここにおいては男が死んでもその子供はきちんと生き残れることを前提にしており、戦死による適応度の損失はゼロとなっている。なぜトゥービーとコスミデスがこうした前提を立てているのかというと、それは、集団が相対的に裕福なケースにおいて、父親がいない子供が生き延びる確率はそれほど大きくは低下しないだろうから、こうした損失を考慮にいれても、男が襲撃するのは引き合うのではないか、と推測されるからである。

　トゥービーとコスミデスの予測では、男たちが自発的に戦争に従事するのは、勝利を確信しているが、だれが戦死や負傷するのかが、誰にも分からないというケース（ある種の無知のベール）にかぎられるはずである。なぜなら、負けることが予想されるのであれば、戦う意味はない。あるいは、仲間が自らを危険にさらす可能性があるといった、一定程度のリスクを負う場合においても、戦うことは非適応的となる。そこで、リスクを公平に分け合うということが、戦争に参加する際には重要になる。

　内集団のメンバーは各々、自分の危険を避けて他の人間を危険にさらそうとするインセンティブを持っている。社会契約というコンテクストにお

いて、裏切り者を検知して処罰するような心理メカニズムがなければ、協調が進化しえないように、集団間攻撃においても、戦士である男がフリーライダーを検知して処罰できなければ進化しえない。人間以外の動物界に相対的に会戦スタイルの戦争が少ないのは、リスクを公平に分け合うための多数の社会契約を強制させるような、計算機能が進化するような認知機構を彼らが備えていないからである。

　実際、チンパンジーは「意図の共有」という心の仕組みを備えておらず、マイケル・トマセロ（Michael Tomasello）が的確に指摘するように、二頭のチンパンジーが丸太を一緒に運ぶのは困難なのである。たしかにチンパンジーはエサを手に入れるために協力なければならないシチュエーションで協力者を募ることができるが、募った協力者と意図を共有して真に協力し合うことは難しいということである＊53。人間の認知能力は、この「意図の共有」を発達させたとき、他の霊長類とは異なる方向に発展しはじめたのであり、集団に属する複数のメンバーの間で、多様な課題を心に描いて共有して、共同で解決を試みる能力を我々は獲得した。また、人類は狩猟に際して、獲物を挟み撃ちにできるが、チンパンジーがそれを行うとき（獲物を挟み撃ちにするとき）、実際には彼らは協力し合っているのではなくて、単に状況を見回しつつ、自分にとり都合の良い行動を利己的にとっているに過ぎない。

　上記の点に鑑みると、チンパンジーなど他の動物とは異なり、人間という種にとっては、こうした殲滅戦も繁殖戦略として、一定の生態学的合理性（ecological　rationality）＊54──進化的適応環境において包括適応度極大化を図る上での合理性──があることが分かる。すなわち、仮に全ての集団構成員から一人を除いた戦死者というコストにおける勝利であったとしても、自然淘汰は戦争の進化に有利に働きうるのである。これはなぜなら、上述のように、男性の繁殖上の成功はしばしば配偶者へのアクセスによってのみ制約されるからである。

　つまるところ、仮に繁殖上の成功がゼロサムなのであれば、戦死者が失った繁殖上の機会は、生き残った戦勝者が獲得した繁殖上の機会と等しくなる。こうした点を総括すると、トゥービーとコスミデスによれば、ホモ

サピエンスを戦争に駆りたてる、遺伝的に引き継がれたアルゴリズムには以下の条件がある、ということになる。すなわち、①当該連合が平均して勝利的である、②繁殖上の機会が生き残った者の間で再配分される、③個人的リスクの認識上の戦前配分が効果的にランダムである、という三つの条件である＊55。

さて、ここまで本書では奇襲と会戦（殲滅戦、消耗戦）といった戦争に二つの形態が進化しうる条件を特定してきた。こうした条件が狩猟採集時代に主流なものであったことは、考古学的、文化人類学的、進化ゲーム理論的な研究によって明らかにされており、こうした淘汰圧が実際に人間の進化史をとおして継続していた。その結果、進化的適応環境における戦争は、平均的な適応上の利益が身体的・直接的・物理的リスク・コストをしばしば凌駕する、繁殖上有意な試みとなっていた。こうした事実から、本書のテーゼの一つ、「人間には戦争に従事する本性が備わっている」という結論、すなわち「戦争適応仮説（war-adaptation hypothesis）」が導きだされる。

つまるところ、会戦のコンテクストでブラフの機能をはたすと考えられている戦争における男性の自己欺瞞＊56、リスク追求傾向、瀬戸際外交、相対的にパワーの等しい集団間における闘争が人間の集団間紛争の不可欠な要素であったことは驚くべきことではない。そして、この分析の結果は、当初のパズルを逆にするものである。すなわち、なぜ人間が相対的に規模の等しい集団間で消耗戦を行うのかではなく、なぜチンパンジーは行わないのか、である。実際、その答えの一部は集団間闘争が進化するうえで必要な、以下において説明する第二の条件によって示唆されている。

（3）n-person協調のための適応

第二に、集団間闘争が進化するためには、n-person 協調のメカニズムが存在する必要がある。すなわち、人間における戦争の進化のために満たされなければならない最初の条件が、「繁殖上有益である」ということならば、第二のそれは、認知的課題として、集合行為としての集団間攻撃は、n-person 変数を同時並行的にたどることを可能にする脳における洗練さ

れた情報処理システム（他のアクターの参加度、相対的リスクの分布状況、外集団の強靭さ、成功の蓋然性等）が必要である、ということになる*57。換言すれば、戦争の遂行には、集団内協調に関連する認知的課題を遂行するのに必要な一連の認知的適応の存在が必要となるのである。

　それでは、自然淘汰は人間にそうした心理学的適応を与えたのだろうか。実際、現代の進化学は脳科学、心理学などと連動して、人間が自然淘汰により連合心理学（coalitional psychology）を進化させたことを明らかにしている*58。すなわち、自然淘汰は集団内外における行動を調整する洗練された心理学的適応に有利に働いたのである。換言すれば、人間には部族内外における政治学的ダイナミクスを管理・交渉するように設計された連合心理学が備わっているのである。この連合心理学という視点によれば、現代世界における戦争という現象は、進化政治学が明らかにする進化的適応環境における小規模集団間の闘争という見方で上手く理解することができる。

　集団行動は共通の目標を達成して、利益を共有するために、諸個人が団結する相互作用を含んでいる。それは、集団内における裏切り者検知、集合行為のための動員、集団的努力を通じた利益分配、集団内外での競争、地位をめぐる競争、暴力等、多くの適応課題にかかる一連の特定の領域を構成する。我々はこれらの領域の各々が、独自の、それにもかかわらずしばしば重複する手がかり構造を持つと予測する。人間の心理メカニズムはこれらの課題を処理・対処するために設計されており、それは進化の時を経て、平均して繁殖上の成功に寄与するような行動を生み出す。このことは、たとえそれが、進化的ミスマッチ（適応齟齬）——すなわち、現代の進化論的に新奇な環境において非合理的あるいは不適応にみえる行動——に帰結したとしても、それが進化的適応環境において包括適応度を極大化する上で有益であったという事実（生態学的合理性）は変わらない。

　集団行動は個人レベルの行動とくらべて、質的に独自の適応課題と解決法を必要とし、そのことは、集団行動が単なる個人行動の集計以上のものを含むことを示唆している。たとえば、個人レベルの攻撃は動物学的に一般的だが、連合的な攻撃はそうでない。連合行動は一般的に、複数個体の

協調や競争を理解するように設計された、特別な情報処理システムを必要とするが、こうした n-person 交換を可能にする心理メカニズムを備えた動物種は人間以外にほとんどいない。

それでは、こうした n-person 協調を可能にする心のしくみには、いかなるものがあるのだろうか。その重要なしくみの一つは、「意図の共有」（intention　sharing）であろう。先述したように、デューク大学教授、マックス・プランク進化人類学研究所名誉所長のマイケル・トマセロによれば、こうした人類の強力な社会性（「超社会性」ともよばれる）は二つのステップを経て生じたという。

第一のステップは狩猟採集を共同で行う2、3の集団において、意図を共有する能力が発展したことである。トマセロは「二頭のチンパンジーが丸太を一緒に運ぶところを見たことなどないだろう」と問いかけるが、この点は示唆的である＊59。というのも、人間の認知能力は「意図の共有」を発達させたとき、他の霊長類とは異なる方向に発展しはじめたからである。これにより人類は小集団に属する複数のメンバーの間で、多様な課題を心に描いて共有して、共同で解決を試みる能力を獲得したのである。別の例を挙げると、一人が枝を抑えているあいだに別の一人が果物をもぎ取って、二人で共有するといったことをチンパンジーはできない。また人類は狩猟に際して、獲物を挟み撃ちにできるが、チンパンジーがそれを行うとき（獲物を挟み撃ちにするとき）、実際には彼らは協力し合っているのではなくて、単に状況を見回しつつ、自己にとり都合の良い行動を利己的にとっているに過ぎない。

人類の社会性が生じた二つ目のステップは、「意図の共有」の範囲を拡大させて、集団間競争に打ち勝つグループを形成したことである。人類が「意図の共有」を発達させてから数十年にわたり、遊牧狩猟採集民の間で共有や協業が発達したあと、敵対集団からの脅威に対抗するため、協調的な集団はその規模を拡大し始めた。その結果、「意図の共有」の有効範囲は、3人程度から300人、3000人へと拡張することに成功した。

トマセロはこの「集団を志向する傾向」のことを「集合的志向性（collective intentionality）」と呼び、自然淘汰は「集団志向性」のレベルが

上がるように作用するという＊60。つまり、集団志向性が高い集団のほうが、進化的適応環境において生き残れる可能性が高かったので、結果として自然淘汰により、集団志向性が高い集団が選択されたというわけである。このように書くと集団淘汰論的な説明を提示しているように思われるが、同じことは、「遺伝子が集団をヴィークルとして利用して包括適応度極大化を図っている」というシナリオとして再解釈してもよい。包括適応度理論とマルチレベル淘汰論の数理等価性を措定すれば、ここにおいて、集団淘汰論をめぐる非生産的な論争を繰り返す必要はもはやなかろう。記述的に考えてもわかると思うが、他の集団との闘争に勝利できる集団に所属していた方が、そうでない団結性の欠ける集団に所属しているよりも、その内部の集団における個体の包括適応度も極大化しやすいのは、論理的必然である。同じ結論に至るに際しても、数理的根拠をマルチレベル淘汰論（プライス方程式）におくか、血縁淘汰理論におくのかは、究極的には理論家の数学的な態度の選択にかかっているといっても過言でなかろう。

　さて、この集団志向性には、社会規範を学び、それを遵守する能力や、集団にかかる情動を感じてシェアする力、さらには宗教を含む社会制度を構築してそれを遵守する力などがふくまれる。さらにこの淘汰圧は、集団内ではたとえば違反者を罰するという形で、集団間では結束力の高い集団がそうでない集団を戦争で駆逐するといった形で作用する。つまるところ、リアリストらがナショナリスト的神話づくり（nationalist myth-making）という概念で説明しているように、人間は社会規範、制度、神をまつりあげ道徳的な共同体を作りあげて、それを死守するために集団間で殺しあいをしてきた。そして、これらが戦争の起源の一つなのである＊61。

（4）マルチレベル淘汰論

　戦争の適応主義的な分析は、進化的適応環境における集団間闘争にかかる淘汰圧に対して自然淘汰により設計された、人間の脳における適応的な心理メカニズムを考察するものである。しかしながら、上記の議論は多くの場合、これらの適応が個人レベルで起こる自然淘汰により設計されたものであると仮定している。このことは、遺伝的特性は、それがそれを保有

する個人の相対的な適応的利益をうむ限りにおいて、後世に受け継がれて
広まるということを意味する。この場合、我々は適応が「個人の利益のた
めに」作用するように設計されているといえる。しかしながら、理論的に
いえば、上記で示唆したように、心理学的適応が集団の利益のために作用
するように存在している、と論じることもできる。これらの適応は集団レ
ベルで作用する自然淘汰により設計されたといえるのである。

　すなわち、我々がチーム、リーグ、クラブ、その他、様々な形態の集団
に属したがり、集団のアイデンティティを身に着けて、他の集団と競争し
つつ、集団内部のメンバーと協力するのは、まるで人間の心がチームワー
クを求めるように設計されているようでもある。実際、歴史をふりかえる
と、上手に団結して協調的なシステムを構築した集団は、それに失敗した
集団に打ち勝ってきた。このことを進化学では集団淘汰やマルチレベル淘
汰と呼ぶ。集団淘汰の一例は進化学の祖チャールズ・ダーウィン
（Charles Robert Darwin）の研究にも見てとれる。ダーウィンは『人間の
進化と性淘汰』において集団淘汰論に関する萌芽的な記述をしている。

　　　同じ地域に住む太古の二つの部族が、戦闘を始めたとしよう。一方
　　の種族は、勇敢で忠実、かつ共感力にあふれる多数のメンバーからな
　　り、つねに危険を警告し合い、助け合いながら敵の攻撃を防御する準
　　備を整えていたなら、（また、他のすべての条件は等しいとすると）、
　　この部族が優勢に戦いを進め、敵の部族を征服する可能性は高い ...
　　烏合の集に対する規律ある兵士の優位はおもに、おのおのの兵士が仲
　　間に対して感じる信頼に由来する ....利己的で争いを好む人々は、一
　　つにまとまろうとしない。だがまとまりなくしては、何事も達成し得
　　ない。したがって先に述べた特徴を十分に備えた部族は勢力を広げ、
　　次々に他の部族に勝利していくことだろう＊62。

　これらのプロセスは明らかに相互排他的ではなく、分析上、以下の問い
によって区別されよう。すなわち、自然淘汰により設計された適応は、そ
れを保有する個人に資する利益のために存在しているのか、それとも個人

が生活する集団に資する利益のために存在しているのか、である。あるいは、何が世代をこえた遺伝子頻度における方向上の変化を決めるのか——個人の成功か（個人淘汰）、それとも、集団の成功か（集団淘汰）——といった点である。

　集団淘汰論は当初、上記のダーウィンの「由来における記述」以降、ウィン・エドワーズ（V. C. Wynne-Edwards）によって、遺伝学的な自己利益の機能として説明するのが難しい、特定の形態の利他主義を説明するのに役立つものとして提案された＊63。これらは集団内における他の個体に利益を授けるため、個人がネットコストを受けいれるケースを指す。ところが、20世紀の中ごろまでに、ゲーム理論の諸モデルは集団淘汰が起こるために備えなければならない条件が、一般的でないことを明らかにするようになった＊64。さらに、包括適応度と互恵的利他主義に関する研究は、いかにして人の協調行動や利他主義が、遺伝子レベルや個人レベルの淘汰によって選択されうるのかを明らかにした＊65。しかしながら、20世紀末までに、集団淘汰論者は、これらの制約が誇張されたものだと主張するようになった＊66。ここではこうした現代のマルチレベル淘汰論が、戦争原因を理解するのにいかなる貢献をするのかを考えてみたい。

　集団淘汰論が戦争の起源を理解するうえで生産的となるには、まず、遺伝的集団淘汰（genetic group selection）と、文化的集団淘汰（cultural group selection）の間における区別をすることが有益であろう。サミュエル・ボールズ（Samuel Bowles）をはじめとする論者が提唱する遺伝的な集団淘汰論によれば、進化的適応環境における戦争は、たとえそれらが各々の個体にとって不利益だとしても、集団の利益のための行動を駆りたてるような心理メカニズム——過信、ヒロイズム、リスクテイキング、偏狭な利他主義など——を個体に授けるうえで、十分頻繁かつ熾烈であったと考える＊67。すなわち、遺伝的な集団淘汰論によれば、戦争は脳における向社会的な心理メカニズムにたいする生物学的な淘汰圧として機能するのである。

　これにたいして、ロバート・ボイド（Robert Boyd）らが開拓して今ではジョセフ・ヘンリック（Joseph Henrich）らにより牽引されている文化的

集団淘汰論は、戦争という集団間闘争の文化的副産物として生まれる、社会規範の内容と分布を分析することに焦点を当てている＊68。これらの文化的集団淘汰論者は、熾烈かつ再発的な紛争というコンテクストにおいて、自己犠牲や向社会性といった社会規範を身に着けた集団が、そのような社会規範を欠く協調能力が低い集団にたいして、戦争において勝利をおさめやすいと考える。すなわち、文化的集団淘汰論によれば、戦争は文化淘汰というプロセスを通じて、向社会的規範を選択するのである。もちろん、遺伝的集団淘汰論と文化的集団淘汰論はあくまでマックス・ウェーバー（Max Weber）がいうところの理念型（ideal type）であるので、必ずしも相互排他的なものではない。そして、重要なことに、これら双方のアプローチにおいて、戦争はしばしば独立変数であって従属変数ではない。

　ここまでは遺伝的集団淘汰と文化的集団淘汰について論じてきた。くりかえしになるが、近年の集団淘汰論の復興を支えているのは、マルチレベル淘汰論の精緻化である。すなわち、オリジナルの集団淘汰論は、その後いくつかの論争を経て、現在では遺伝子文化共進化、マルチレベル淘汰といった形として再び勢力を盛りかえしてきた。紙幅の都合上、マルチレベル淘汰論をここで十分議論できないが、実質的には、それは単一の淘汰レベルを強調する、すなわち一つの次元で作用する淘汰圧の卓越さを強調する、古典的な集団淘汰論の主張からの戦略的撤退といえよう。マルチレベル淘汰論の視点からすると、所与の心理学的適応の設計を理解するうえでの課題は、いずれの淘汰レベルが作用するのか、遺伝子頻度変化へのそれらの相対的なインパクトがいかなるものか、といった点を特定することになる＊69。

　人類学者、ピーター・リチャードソン（Peter Richardson）とボイドによれば、遺伝子と文化の共進化によって、人間は、他の霊長類にみられる小集団の社会性から、今日のあらゆる人間社会にみとめられる部族主義的な超社会に移行したという＊70。リチャードソンとボイドが提唱するこの部族本能仮説（tribal instincts hypothesis）によれば、人間集団は程度の差はあるが、つねに隣接集団と競争状態にあり、家族より規模が大きな集団を形成して、集団内部で協力できる文化的イノベーションを達成した集団

は、この戦争に勝つ見込みが高かった*71。

　たとえば、こうした文化的イノベーションの中で使用される手がかりに、シンボル的な「印」の仕様がある。入れ墨や、アユダヤ人の男子割札、タトゥーなど、人間はコストと苦痛にたえて、集団の一員であることを誇示しようとしてきた*72。これらをくりかえしていた集団は、血族関係をこえた「われわれ」という大きな集団を維持する方法をあみだしてきた。そして集団が部族制度という文化的イノベーションを発展させると、遺伝的変化が生じる環境が変わる。そこでは反社会的なものや集団規範を遵守できないものは、集団の構成員として不適格だとみなされて、避けられ罰せられて、極端な例では殺される。これは自己家畜化（self-domestication）のプロセスともかかるものだが、こうした因果経路を通じて、集団内協調と集団間競争が可能になってきたのである*73。

　ところで、こうした進化学における集団淘汰論をめぐる議論の状況にかかわらず、歴史学・外交史が経験的に示し、国際政治理論研究が明らかにしてきたことは、つまるところ、為政者がナショナリズムやエスノセントリズムを煽り、政治的な正統性や政策への支持を調達しようとしてきたということである。すなわち、国家の安危に関わる和戦の決定をめぐり、権謀術数に長けた指導者が操作するナショナリズムは戦争の重大な原因とされている。このことはジョン・J・ミアシャイマー（John J. Mearsheimer）、スティーヴン・ヴァン・エヴェラ（Stephen Van Evera）、ジャック・スナイダー（Jack Snyder）、バリー・R・ポーゼン（Barry R. Posen）、ジェフリー・W・タリアフェロ（Jeffrey W. Taliaferro）をはじめとする有力なリアリストらに指摘されてきた*74。こうした現象のことを国際政治学のリアリストは、ナショナリスト的神話づくりと呼ぶ。ナショナリズムと戦争の問題をめぐり、これまでリアリストは一つの普遍的な現象に言及してきた。すなわちそれは、指導者がしばしば国民のナショナリズムを喚起して、拡張的政策への支持を調達しようとするということである*75。理論的に言えば、この時に用いられるのがナショナリスト的神話作りという、自己賛美（self-glorifying）・自己欺瞞（self-whitewashing）・他者悪意（other-maligning）からなる、排外主義的なレトリック（政治的プロパガンダ、メディア操作な

ど）なのである＊76。

　つまるところ、攻撃的リアリストのミアシャイマーが論じているように、ナショナリスト的神話づくりとは、指導者が排外的ナショナリズムを駆りたてて、攻撃的政策への支持を調達しようとする企てのことを指す＊77。為政者は主に自国民（しばしば他国の国民）にたいして自国の歴史や過去の行為を偽るような嘘をつく。国家の政策決定者はこうした愛国主義的な神話を、自国や自民族が実際に行った行為を否定したり、実際に行っていないことをあたかも行ったかのように論じたりする。なぜエリートがナショナリスト的神話づくりに従事するのかというと、国民に備わっている部族主義を駆りたてて、「われわれ」と「かれら」という図式を強調し、国民の間に祖国のために自らを犠牲にするような強固な集団的アイデンティティを作りあげたいからである。これにより、国内の団結を高めることができて、国民として他国に対抗する上での強い集団的な意志を生みだすことができる。

おわりに

　本章では進化的リアリズムの主要仮説である、「戦争は人間本性に由来する」というものを、国際政治理論のリアリスト・リサーチプログラムを踏まえつつ、戦争適応仮説として体系化して提示した。このことには古典的リアリズムが神学的・思想的アプローチで論じてきた、「戦争は人間本性に由来する」という主張を、実在論的な意味での科学的根拠が備わった形で再構築するというインプリケーションがみこまれる＊78。より現代的な先行研究との関係では、セイヤーとジョンソンが萌芽的に構築・提起してきた進化論に基づいたリアリスト理論研究——第一世代の進化的リアリズムと呼べよう——を、戦争に関する適応（広義には人間本性）の条件性、それ以外の適応との相互作用、環境的要因の影響、といった点をふまえて、強化・洗練するという意義が想定される＊76。

註

＊1 Bradley A. Thayer, "Bringing in Darwin: Evolutionary Theory, Realism, and International Politics," *International Security*, Vol. 25, No. 2 (Fall 2000), pp. 124-151; Bradley A. Thayer, *Darwin and International Relations: On the Evolutionary Origins of War and Ethnic Conflict* (Lexington: University Press of Kentucky, 2004); D. D. P. Johnson and Bradley A. Thayer, "The Evolution of Offensive Realism," *Politics and the life sciences*, Vol. 35, No. 1 (Spring 2016), pp. 1-26; D. D. P. Johnson and Bradley A. Thayer, "Crucible of Anarchy: Human Nature and the Origins of Offensive Realism," paper presented at the 2013 annual convention of the International Studies Association, San Francisco, CA, cited in D. D. P. Johnson, "Survival of the Disciplines: Is International Relations Fit for the New Millennium?" *Millennium*, Vol. 43, No. 2 (January 2015), p. 758.

＊2 至近要因と究極要因の区別は、ノーベル医学生理学賞受賞者ニコ・ティンバーゲン（Niko Tinbergen）が生みだした。至近要因は、「その行動が引き起こされている直接の要因は何か」を問うものである。他方、究極要因は「その行動は何の機能があるから進化したのか」を問うものである。Niko Tinbergen, "On Aims and Methods of Ethology," *Animal Biology*, Vol. 55, No. 4 (December 2005), pp. 297-321 に由来する。心理学実験で明らかにされた個別的観察事実が至近要因だとすれば、それを進化論的視点から統合するのが究極要因である。

＊3 Thayer, "Bringing in Darwin; Thayer, Darwin and International Relations ; Johnson and Thayer, "The Evolution of Offensive Realism" ; Johnson and Thayer, "Crucible of Anarchy."

＊4 Jennifer Sterling-Folker, "Realism and the Constructivist Challenge: Rejecting, Reconstructing, or Rereading." *International Studies Review*, Vol. 4, No. 1 (Spring 2002), pp. 73-97; Thayer, "Bringing in Darwin"; Johnson and Thayer, "The Evolution of Offensive Realism."

＊5 ニッコロ・マキァヴェッリ（永井三明訳）『ディスコルシ──ローマ史論』（筑摩書房、2011年）。

＊6 Jerome H. Barkow, Leda Cosmides, and John Tooby, eds., *The Adapted Mind: Evolutionary Psychology and the Generation of Culture* (New York: Oxford University Press, 1992). See also, David Buss, ed., *The Handbook of*

Evolutionary Psychology, Volume 1: Foundation (Hoboken, N.J.: John Wiley and Sons, 2015); Buss, ed., *The Handbook of Evolutionary Psychology, Volume 2.*

＊7　P. Godfrey-Smith and Wilkins, J. F. Wilkins "Adaptationism," in S. Sarkar & A. Plutynski, eds., *A Companion to the Philosophy of Biology* (Oxford: Blackwell, 2008), pp. 186?202; G. C. Williams, *Adaptation and Natural Selection: A Critique of Some Current Evolutionary Thought* (Princeton, NJ: Princeton University Press, 1966); Ernst Mayr "How to Carry Out the Adaptationist Program?" *The American Naturalist*, Vol. 121, No. 3 (1983), pp. 324-334; Leda Cosmides and John Tooby, "From Evolution to Behavior: Evolutionary Psychology as the Missing Link," in eds., *The Latest on the Best: Essays on Evolution and Optimality* (Cambridge, MA: MIT Press, 1987), pp. 276-306.

＊8　D. Marr, *Vision: A Computational Investigation into the Human Representation and Processing of Visual Information* (San Francisco, CA: Freeman, 1982).

＊9　Geoff A. Parker, "Assessment Strategy and Evolution of Fighting Behavior," *Journal of Theoretical Biology*, Vol. 47, No. 1 (September 1974), pp. 223-243; John Archer, *The Behavioural Biology of Aggression* (New York: Cambridge University Press, 1988); Aaron Sell, John Tooby, and Leda Cosmides, "Formidability and the Logic of Human Anger," *Proceedings of the National Academy of Sciences*, Vol. 106, No. 35 (September 2009), pp. 15073-15078.

＊10　Geoff A. Parker, "Assessment Strategy and Evolution of Fighting Behavior," *Journal of Theoretical Biology*, Vol. 47, No. 1 (September 1974), pp. 223-243; John Archer, *The Behavioural Biology of Aggression* (New York: Cambridge University Press, 1988); Irenäus Eibl-Eibesfeldt, *The Biology of Peace and War: Men, Animals, and Aggression* (New York, NY: Viking Press, 1979); James Silverberg, and J. Patrick Gray, *Aggression and Peacefulness in Humans and Other Primates* (New York, NY: Oxford University Press, 1992); Aaron Sell, Leda Cosmides, John Tooby, Daniel Sznycer, Christopher von Rueden, and Michael Gurven, "Human Adaptations for the Visual Assessment of Strength and Fighting Ability from the Body and Face," *Proceedings of the Royal Society of London Series B-Biological Sciences*, Vol. 276, No. 1656 (2009), pp. 575-584; Sell, Tooby, and Cosmides, "Formidability and the Logic of Human Anger."

＊11 Stacie E. Goddard and Daniel H. Nexon, "Paradigm Lost?: Reassessing Theory of International politics," *European Journal of International Relations*, Vol. 11, No. 1 (March 2005), p. 13.

＊12 ルネ・デカルト（山田弘明訳）『省察』（ちくま学芸文庫、2006年）。デカルトの心身二元論の誤りについては、アントニオ・R・ダマシオ（田中三彦訳）『デカルトの誤り——情動、理性、人間の脳』（筑摩書房、2010年）を参照。

＊13 Gilbert Ryle, *The Concept of Mind* (London: penguin, 1949), pp. 13-17.

＊14 マーティン・デイリー／マーゴ・ウィルソン（長谷川眞理子・長谷川寿一訳）『人が人を殺すとき——進化でその謎をとく』（新思索社、1999年）; David M. Buss, and Todd Shackelford, "Human Aggression in Evolutionary Psychological Perspective," *Clinical Psychology Review*, Vol. 17, No. 6 (1997), pp. 605-619; Richard W. Wrangham, "Evolution of Coalitionary Killing," *Yearbook of Physical Anthropology*, Vol. 42 (1999), pp. 1-30; A. Sell, John Tooby, and Leda Cosmides, "Formidability and the Logic of Human Anger," *Proceedings of the National Academy of Sciences of the United States of America*, Vol. 106, No. 35 (September 2009), pp. 15073-15078.

＊15 Martin Daly and Margo Wilson, Sex, *Evolution, and Behavior*, 2d ed. (Boston: Willard Grant, 1983); Mark Van Vugt, "Sex Differences in Intergroup Competition, Aggression, and Warfare: The Male Warrior Hypothesis," *Annals of the New York Academy of Sciences*, Vol. 1167, No. 1 (2009), pp. 124-134.

＊16 Robert Trivers "Parental Investment and Sexual Selection," in Bernard G. Campbell, ed., *Sexual Selection and the Descent of Man* (Chicago, IL: Aldine Publishing,1972); Donald Symons, *The Evolution of Human Sexuality* (New York, NY: Oxford University Press, 1979).

＊17 Trivers "Parental Investment and Sexual Selection"; Symons, *The Evolution of Human Sexuality.*

＊18 Trivers "Parental Investment and Sexual Selection"; Symons, *The Evolution of Human Sexuality*; Steve Stewart-Williams, *The Ape that Understood the Universe: How the Mind and Culture Evolve* (New York:

Cambridge University Press, 2019), chap. 3.

＊19 Trivers "Parental Investment and Sexual Selection"; Symons, *The Evolution of Human Sexuality*; Stewart-Williams, *The Ape that Understood the Universe*, chap. 3; ナンシー・エトコフ（木村博江訳）『なぜ美人ばかりが得をするのか』（草思社、2000年）。

＊20 Patricia Balaresque, Nicolas Poulet, Sylvain Cussat-Blanc, Patrice Gerard, Lluis Quintana-Murci, Evelyne Heyer and, Mark A Jobling, "Y-chromosome descent clusters and male differential reproductive success: young lineage expansions dominate Asian pastoral nomadic populations," *European Journal of Human Genetics*, Vol. 23 (October 2015), pp. 1413-1422.

＊21 Stewart-Williams, *The Ape that Understood the Universe*, chap. 3

＊22 Dominic D. P. Johnson, Richard W. Wrangham, and Steven P. Rosen, "Is Military Incompetence Adaptive? An Empirical Test with Risk-Taking Behaviour in Modem Warfare," *Evolution and Human Behavior*, Vol. 23, No. 4 (2002), pp. 245-264; D. D. P. Johnson et al., "Overconfidence in Wargames: Experimental Evidence on Expectations, Aggression, Gender and Testosterone," *Proceedings of the Royal Society of London B: Biological Sciences*, Vol. 273, No. 1600 (October 2006), pp. 2513-2520.

＊23 Lei Chang, Hui Jing Lu, Hongli Li, and Tong Li, "The Face That Launched a Thousand Ships: The Mating-Warring Association in Men," *Personality and Social Psychology Bulletin*, Vol. 37, No. 7 (2011), pp. 976-984.

＊24 デイリー／ウィルソン『人が人を殺すとき』; Van Vugt, "Sex Differences in Intergroup Competition, Aggression, and Warfare."

＊25 Mark Schaller, Justin H. Park, and Annette Mueller, "Fear of the Dark: Interactive Effects of Beliefs About Danger and Ambient Darkness on Ethnic Stereotypes," *Personality & Social Psychology Bulletin*, Vol. 29, No.5 (2003), pp. 637-649.

＊26 Francis T. McAndrew, and Carin Perilloux, "Is Self-Sacrificial Competitive Altruism Primarily a Male Activity?" *Evolutionary Psychology*, Vol. 10, No. 1 (2012), pp. 50-65.

＊27 Parker, "Assessment Strategy and Evolution of Fighting Behavior"; Archer, *The Behavioural Biology of Aggression*.

＊28 Aaron Sell, Leda Cosmides, John Tooby, Daniel Sznycer, Christopher von Rueden, and Michael Gurven, "Human Adaptations for the Visual Assessment of Strength and Fighting Ability from the Body and Face," *Proceedings of the Royal Society of London Series B-Biological Sciences*, Vol. 276, No. 1656 (2009), pp. 575-584; Michael P. Haselhuhn and Elaine M. Wong, "Bad to the Bone: Facial Structure Predicts Unethical Behaviour," *Proceedings of the Royal Society B: Biological Sciences*, Vol. 282, No. 1817 (2011), pp. 571-576; David A. Puts, Coren L. Apicella, and Rodrigo A. Cárdenas, "Masculine Voices Signal Men's Threat Potential in Forager and Industrial Societies," *Proceedings of the Royal Society B: Biological Sciences*, Vol. 279, No. 1728 (2012), pp. 601-609; Lindsey A. Short, Catherine J. Mondloch, Cheryl M. McCormick, Justin M. Carré, Ruqian Ma, Genyue Fu, and Kang Lee, "Detection of Propensity for Aggression Based on Facial Structure Irrespective of Face Race," *Evolution and Human Behavior*, Vol. 33, No. 2 (2012), pp. 121-129.

＊29 A. Sell et al., "The Grammar of Anger: Mapping the Computational Architecture of a Recalibrational Emotion," *Cognition*, Vol. 168 (November 2017), pp. 110-128; Sell, Tooby, and Cosmides, "Formidability and the Logic of Human Anger"; A. Sell, Liana S. E. Hone, and Nicholas Pound, "The Importance of Physical Strength to Human Males," *Human Nature*, Vol. 23, No. 1 (March 2012), pp. 30-44; Michael Bang Petersen et al., "The Ancestral Logic of Politics: Upper-Body Strength Regulates Men's Assertion of Self-Interest over Economic Redistribution," *Psychological Science*, Vol. 24, No. 7 (May 2013), pp. 1098-1103; Michael Bang Petersen, Aaron Sell, John Tooby, and Leda Cosmides, "Evolutionary Psychology and Criminal Justice: A Recalibrational Theory of Punishment and Reconciliation," in Henrik Hogh-Olesen, ed., *Human Morality and sociality: Evolutionary and comparative perspectives* (Basingstoke: Palgrave Macmillan, 2010), chap. 5; John Tooby and Leda Cosmides, "Groups in Mind: The Coalitional Roots of War and Morality," in Hogh-Olesen, ed., *Human Morality and sociality*, chap. 8.

＊30 Sell, Tooby, and Cosmides, "Formidability and the Logic of Human Anger."

＊31 Ibid., p. 30.

＊32 A. Sell, Liana S. E. Hone, and Nicholas Pound, "The Importance of Physical Strength to Human Males," *Human Nature*, Vol. 23, No. 1 (March 2012), pp. 30-44.

＊33 Michael Bang Petersen, "The Evolutionary Psychology of Mass Politics," in S. Craig Roberts, ed., *Applied Evolutionary Psychology* (New York: Oxford University Press, 2012), chap. 8.

＊34 Petersen et al., "The Ancestral Logic of Politics."

＊35 Reinhold Niebuhr, *The Nature and Destiny of Man: A Christian Interpretation,* 2 vols. (New York: Charles Scribner's Sons, 1941, 1943); Reinhold Niebuhr, *Faith and History: A Comparison of Christian and Modern Views of History* (London: Nisbet, 1938); Reinhold Niebuhr, *The Children of Light and the Children of Darkness: A Vindication of Democracy and a Critique of Its Traditional Defense* (New York: Charles Scribner's Sons, 1944); Reinhold Niebuhr, *Christianity and Power Politics* (New York: Charles Scribner's Sons, 1940); Hans Morgenthau, *Scientiac Man vs. Power Politics* (Chicago: University of Chicago Press, 1946); Hans J. Morgenthau, *Politics among Nations: The Struggle for Power and Peace*, 5th revised. (New York: Knopf, 1978).

＊36 Thayer, "Bringing in Darwin"; Thayer, *Darwin and International Relations*; Johnson and Thayer, "The Evolution of Offensive Realism"; Johnson and Thayer, "Crucible of Anarchy."

＊37 ジョン・J・ミアシャイマー（奥山真司訳）『大国政治の悲劇——米中は必ず衝突する』（五月書房、2007年）; Eric J. Labs, "Beyond Victory: Offensive Realism and the Expansion of War Aims," *Security Studies*, Vol. 6, No. 4 (Summer 1997), pp. 1-49; Colin Elman, "Extending Offensive Realism: The Louisiana Purchase and America's Rise to Regional Hegemony," *American Political Science Review*, Vol. 98, No. 4 (November 2004), pp. 563-576. See also, Shiping Tang, "Fear in International Politics: Two Positions," *International Studies Review*, Vol. 10, No. 3 (September 2008), pp. 451-471; Eric J. Hamilton, and Brian C. Rathbun, "Scarce Differences: Toward a Material and Systemic Foundation for Offensive and Defensive Realism", *Security Studies*, Vol. 22, No. 3 (July 2013), pp. 436-465.

＊38 Peter Liberman, "The Spoils of Conquest," *International Security*, Vol.

18, No. 2 (1993), pp. 125-153; Peter Liberman, Does Conquest Pay?: *The Exploitation of Occupied Industrial Societies* (Princeton: Princeton University Press, 1996).

＊39 Johnson, Wrangham, and Rosen, "Is Military Incompetence Adaptive?" ; Richard W. Wrangham, and Luke Glowacki, "Intergroup Aggression in Chimpanzees and War in Nomadic Hunter-Gatherers: Evaluating the Chimpanzee Model," *Human Nature*, Vol. 23, No.1 (2012), pp. 5-29.

＊40 Christopher Boehm et al., "Egalitarian Behavior and Reverse Dominance Hierarchy," *Current Anthropology*, Vol. 34, No. 3 (June 1993), pp. 227-254; Christopher Boehm, *Hierarchy in the Forest: The Evolution of Egalitarian Behavior* (Cambridge: Harvard University Press, 1999).

＊41 Wrangham, "Evolution of Coalitionary Killing"; James R. Liddle, Todd K. Shackelford, and Viviana A. Weekes? Shackelford, "Why Can't We All Just Get Along? Evolutionary Perspectives on Violence, Homicide, and War," *Review of General Psychology*, Vol. 16, No. 1 (2012), pp. 24-36; Melissa M. McDonald, Carlos D. Navarrete, and Mark Van Vugt, "Evolution and the Psychology of Intergroup Conflict: The Male Warrior Hypothesis," *Philosophical Transactions of the Royal Society B: Biological Sciences*, Vol. 367, No. 1589 (2012), pp. 670-679.

＊42 Joseph H. Manson, and Richard W. Wrangham, "Intergroup Aggression in Chimpanzees and Humans," *Current Anthropology*, Vol. 32, No. 4 (1991), pp. 369-390.

＊43 John C. Mitani, David P. Watts, and Amsler J. Sylvia, "Lethal Intergroup Aggression Leads to Territorial Expansion in Wild Chimpanzees," *Current Biology*, No. 20, No. 12 (2010), pp. R507-R508.

＊44 Wrangham, and Glowacki, "Intergroup Aggression in Chimpanzees and War in Nomadic Hunter-Gatherers.

＊45 Dominic D. P. Johnson, and Niall J. MacKay, "Fight the Power: Lanchester's Laws of Combat in Human Evolution," *Evolution and Human Behavior*, Vol. 36, No. 2 (2015), pp. 152-163.

＊46 Frederick William Lanchester, *Aircraft in Warfare: The Dawn of the Fourth Arm* (Charleston: BiblioLife, 2009).

＊47 B. O. Koopman, *Quantitative Aspect of Combat*, Office of Scientific

Research and Development, AMP Note No. 6 (August 1943).

＊48 J. H. Engel, "A Verification of Lanchester's Law," *Journal of the Operations Research Society of America*, Vol. 2, No. 2 (May 1954), pp. 163-171.

＊49 L. F. Richardson, *Arms and insecurity* (Pittsburgh: Boxwood, 1947); L. F. Richardson, *Statistics of deadly quarrels* (Chicago: Quadrangle Books, 1950).

＊50 John Tooby and Leda Cosmides, "The Evolution of War and Its Cognitive Foundations," *Institute for evolutionary studies technical report*, Vol. 88, No. 1 (April 1988), pp. 1-15; McDonald, Navarrete, and Vugt, "Evolution and the Psychology of Intergroup Conflict."

＊51 自然淘汰理論は自然淘汰の単位を個体とするが、血縁淘汰理論はそれを遺伝子とする。W. D. Hamilton, "The Genetical Evolution of Social Behavior. I," and W. D. Hamilton, "The Genetical Evolution of Social Behavior. II," both in *Journal of Theoretical Biology*, Vol. 7, No. 1 (July 1964), pp. 1-16 and 17-52, respectively　ハミルトンの難解な理論的説明を巧妙かつ多彩な比喩で記述的に解釈し、研究者間のみならず一般社会にその意義を普及させたのは、イギリスの進化生物学者リチャード・ドーキンス（Richard Dawkins）である。リチャード・ドーキンス（日高敏隆・岸由二・羽田節子・垂水雄二訳）『利己的な遺伝子』増補新装版（紀伊國屋書店、2006年）。

＊52 Hamilton, "The Genetical Evolution of Social Behaviour. I"; Hamilton, "The Genetical Evolution of Social Behaviour. II."

＊53 Michael Tomasello, Malinda Carpenter, Josep Call, Tanya Behne, and Henrike Moll, "Understanding and sharing intentions: The origins of cultural cognition," *Behavioral and Brain Sciences*, Vol. 28 (2005), pp. 675-735; Michael Tomasello, Alicia P. Melis, Claudio Tennie, Emily Wyman, and Esther Herrmann, "Two Key Steps in the Evolution of Human Cooperation: The Interdependence Hypothesis," *Current Anthropology*, Vol. 53, No. 6 (December 2012), pp. 673-692；マイケル・トマセロ（中尾央訳）『道徳の自然誌』（勁草書房、2020年）；マイケル・トマセロ（橋彌和秀訳）『思考の自然誌』（勁草書房、2021年）。

＊54 J. Tooby and L. Cosmides, "Evolutionary Psychology, Ecological Rationality, and the Unification of the Behavioral Sciences," *Behavioral and Brain Sciences*, Vol. 30, No. 1 (February 2007), pp. 42-43; J. Tooby and L.

Cosmides, "Better Than Rational: Evolutionary Psychology and the Invisible Hand," *American Economic Review*, Vol. 84, No. 2 (May 1994), pp. 327-332.

* 55 Tooby and Cosmides, "The Evolution of War and Its Cognitive Foundations."

* 56 Richard Wrangham, "Is Military Incompetence Adaptive?" *Evolution and Human Behavior*, Vol. 20, No. 1 (1999), pp. 3-17; Johnson, Wrangham, and Rosen, "Is Military Incompetence Adaptive?"

* 57 Tooby and Cosmides, "The Evolution of War and Its Cognitive Foundations"; J. Tooby and L. Cosmides, "Groups in Mind: The Coalitional Roots of War and Morality," in Henrik Hogh-Olesen, ed., *Human Morality and sociality: Evolutionary and comparative perspectives* (Basingstoke: Palgrave Macmillan, 2010), chap. 8; John Tooby, Leda Cosmides, and Michael E. Price, "Cognitive Adaptations for n-Person Exchange: The Evolutionary Roots of Organizational Behavior," *Managerial and Decision Economics*, Vol. 27, Nos. 2-3 (March-May 2006), pp. 103-129.

* 58 Joseph P. Forgas, Martie Haselton, and William von Hippel, *Evolution and the Social Mind: Evolutionary Psychology and Social Cognition* (New York, NY: Psychology Press, 2007); Mark Schaller, Jeffry A. Simpson, and Douglas T. Kenrick. *Evolution and Social Psychology* (New York, NY: Psychology Press, 2006); Robert Kurzban, and Steven Neuberg, "Managing Ingroup and Outgroup Relations," in David M. Buss, ed., *The Handbook of Evolutionary Psychology* (Hoboken, NJ: John Wiley & Sons, 2005), pp. 653-675; David C. Navarrete, Robert Kurzban, Daniel M. T. Fessler, and L. A. Kirkpatrick, "Anxiety and Intergroup Bias: Terror Management or Coalitional Psychology?" *Group Processes & Intergroup Relations*, Vol. 7, No. 4 (2004), pp. 370-397; John D. Wagner, Mark V. Flinn, and Barry G. England, "Hormonal Response to Competition Among Male Coalitions," *Evolution and Human Behavior*, Vol. 23, No.6 (2002), pp. 437-442; Robert Kurzban, John Tooby, and L. Cosmides, "Can Race Be Erased? Coalitional Computation and Social Categorization," *Proceedings of the National Academy of Sciences*, Vol. 98, No. 26 (2001), pp.15387-15392; Anthony C. Lopez, Rose McDermott, and Michael Bang Petersen, "States in Mind: Evolution, Coalitional Psychology, and International Politics," *International Security*, Vol. 36, No.

2 (Fall 2011), pp. 48-83.

＊59　Tomasello, Carpenter, Call, Behne, and Moll, "Understanding and sharing intentions"; Tomasello, Melis, Tennie, Wyman, and Herrmann, "Two Key Steps in the Evolution of Human Cooperation"；トマセロ『道徳の自然誌』；トマセロ『思考の自然誌』。

＊60　トマセロ『思考の自然誌』第4章。

＊61　Jack Snyder and Karen Ballentine, "Nationalism and the Marketplace of Ideas," *International Security*, Vol. 21, No. 2 (Fall 1996), pp. 5-40; Stephen Van Evera, "Hypotheses on Nationalism and War," *International Security*, Vol. 18, No. 4 (Spring 1994), especially pp. 26-39; ジョン・ミアシャイマー（奥山真司訳）『なぜリーダーはウソをつくのか――国際政治で使われる5つの「戦略的なウソ」』（中央公論新社、2017年）第6章。

＊62　Charles Darwin, *The Origin of the Species and the Descent of Man* (New York: The Modern Library, 1871/1977), p. 134.

＊63　V. C. Wynne-Edwards, *Animal Dispersion in Relation to Social Behaviour* (London: Oliver and Boyd, 1962).

＊64　Hamilton, "The Genetical Evolution of Social Behaviour. I"; Hamilton, "The Genetical Evolution of Social Behaviour. Ⅱ"; Williams, *Adaptation and Natural Selection*; Smith J. Maynard, "Group Selection," *Quarterly Review of Biology*, Vol. 51 (1976), pp. 277-283.

＊65　Hamilton, "The Genetical Evolution of Social Behaviour. I"; Hamilton, "The Genetical Evolution of Social Behaviour. Ⅱ"; Williams, *Adaptation and Natural Selection*; Robert Trivers, "The Evolution of Reciprocal Altruism," *The Quarterly Review of Biology*, Vol. 46, No. 1 (1971), pp. 35-57; Max M. Krasnow, Andrew W. Delton, John Tooby, and Leda Cosmides, "Meeting Now Suggests We Will Meet Again: Implications for Debates on the Evolution of Cooperation," *Scientific Reports*, Vol. 3, No. 1747 (2013), pp. 1-8.

＊66　David S. Wilson, "Human Groups as Units of Selection," *Science*, Vol. 276, No. 5320 (1997), pp. 1816-1817; Elliott Sober, and David S. Wilson, *Unto Others: The Evolution and Psychology of Unselfish Behavior* (Cambridge, MA: Harvard University Press, 1999).

＊67　Jung-Kyoo Choi and Samuel Bowles, "The Coevolution of Parochial

Altruism and War," *Science*, Vol. 318, No. 5850 (October 2007), pp. 636-640; Samuel Bowles, "Did Warfare among Ancestral Hunter-Gatherers Affect the Evolution of Human Social Behaviors?" *Science*, Vol. 324, No. 5932 (June 2009), pp. 636-640; Samuel Bowles, "Being Human: Conflict: Altruism's Midwife," *Nature*, Vol. 456, No. 7220 (November 2008), pp. 326-327; Samuel Bowles, "Warriors, Levelers, and the Role of Conflict in Human Social Evolution," *Science*, Vol. 336, No. 6083 (May 2012), pp. 876-879; Laurent Lehmann, and Marcus W. Feldman, "War and the Evolution of Belligerence and Bravery," *Proceedings of the Royal Society B: Biological Sciences*, Vol. 275, No. 1653 (2008), pp. 2877-2885.

*68 Jeremy Ginges, and Scott Atran, "War as a Moral Imperative (Not Just Practical Politics by Other Means)," *Proceedings of the Royal Society B: Biological Sciences*, Vol. 278, No. 1720 (2011), pp. 2930-2938; Sarah Mathew, and Robert Boyd, "Punishment Sustains Large-Scale Cooperation in Prestate Warfare," *Proceedings of the National Academy of Sciences*, Vol. 108, No. 28 (2011), pp. 11375-11380 ; ジョセフ・ヘンリック（今西康子訳）『文化がヒトを進化させた―人類の繁栄と〈文化-遺伝子革命〉』（白揚社、2019年）。

*69 Anthony C. Lopez, "The Hawkish Dove: Evolution and the Logic of Political Behaviour," *Millennium-Journal of International Studies*, Vol. 43, No. 1 (2014), pp. 66-91.

*70 Peter J. Richerson and Robert Boyd, *Not by Genes Alone: How Culture Transformed Human Evolution* (Chicago: University of Chicago Press, 2004).

*71 Peter J. Richerson and Robert Boyd & J. Henrich, "Cultural Evolution of Human Cooperation," in Peter Hammerstein, ed., *Genetic and Cultural Evolution of Cooperation* (Cambridge: The MIT press, 2003), pp. 357-388.

*72 Curtis W. Marean, Miryam Bar-Matthews, Jocelyn Bernatchez, Erich Fisher, Paul Goldberg, Andy I. R. Herries, Zenobia Jacobs, Antonieta Jerardino, Panagiotis Karkanas, Tom Minichillo, Peter J. Nilssen, Erin Thompson, Ian Watts & Hope M. Williams, "Early Human Use of Marine Resources and Pigment in South Africa during the Middle Pleistocene," *Nature*, Vol. 449 (2007), pp. 905-908.

*73 Richard W. Wrangham, "Hypotheses for the Evolution of Reduced

Reactive Aggression in the Context of Human Self-Domestication," *Frontier in Psychology*, Vol. 10 (August 2019); リチャード・ランガム（依田卓巳訳）『善と悪のパラドックス――ヒトの進化と〈自己家畜化〉の歴史』（NTT 出版、2020年）。

＊74 John J. Mearsheimer, *The Great Delusion: Liberal Dreams and International Realities* (New Heaven: Yale University Press, 2018; Barry R. Posen, "Nationalism, the Mass Army, and Military Power," *International Security*, Vol. 18, No. 2 (Fall 1993), pp. 80-124; Snyder and Ballentine, "Nationalism and the Marketplace of Ideas"; Jack Snyder, *Myths of Empire: Domestic Politics and International Ambition* (Ithaca, N.Y.: Cornell University Press, 1991); Stephen Van Evera, "Hypotheses on Nationalism and War," *International Security*, Vol. 18, No. 4 (Spring 1994), especially pp. 26-39.

＊75 Posen, "Nationalism, the Mass Army, and Military Power" ; Snyder and Ballentine, "Nationalism and the Marketplace of Ideas"; Evera, "Hypotheses on Nationalism and War"; Jeffrey W. Taliaferro, "Neoclassical Realism and Resource Extraction: State Building for Future War," in Steven E. Lobell, Norrin M. Ripsman, and Jeffrey W. Taliaferro, eds., *Neoclassical Realism, the State, and Foreign Policy* (Cambridge: Cambridge University Press, 2009), chap. 7; ミアシャイマー『なぜリーダーはウソをつくのか』第6章。

＊76 Evera, "Hypotheses on Nationalism and War," especially pp. 26-39. ナショナリスト的神話作りは「ナショナリスト的教義（nationalist doctrines）のための支援を動員するため、あるいは敵の評判をおとしめるために疑わしい主張を用いる試み」のことを指す。Snyder and Ballentine, "Nationalism and the Marketplace of Ideas," p. 10.

＊77 ミアシャイマー『なぜリーダーはウソをつくのか』47頁。

＊78 Niebuhr, *The Nature and Destiny of Man;* Niebuhr, *Faith and History;* Niebuhr, *The Children of Light and the Children of Darkness;* Niebuhr, *Christianity and Power Politics;* Morgenthau, *Scientiac Man vs. Power Politics;* Morgenthau, *Politics among Nations.*

＊79 Thayer, "Bringing in Darwin"; Thayer, *Darwin and International Relations;* Johnson and Thayer, "The Evolution of Offensive Realism"; Johnson and Thayer, "Crucible of Anarchy."

第5章

戦争適応仮説に想定される批判

はじめに

　前章では人間には戦争をする本能が備わっているという、戦争適応仮説を提示した。本章ではこの戦争適応仮説への批判を検討するのだが、その前に同仮説の内容を簡単に振り返ろう。人間が従事する戦争には奇襲と会戦（消耗戦）という二つの形態があり、特に後者は動物のなかでもとりわけ人間が従事するものである。奇襲であれ消耗戦であれ、自然淘汰が人間に戦争にむけた適応を形成する際には、満たされる必要のある二つの条件がある。第一は繁殖上の利益*1、第二は n-person 協調のメカニズムである*2。

　前者の繁殖上の利益についてはジョン・トゥービー（John Tooby）とレダ・コスミデス（Leda Cosmides）が指摘しているように、仮に繁殖上の成功がゼロサムなのであれば、戦死者が失った繁殖上の機会は、生き残った戦勝者の獲得した繁殖上の機会と等しくなるという点が、これまでの戦争原因をめぐる進化論的議論における盲点であった。こうした点を総括すると、人間を戦争に駆りたてる、遺伝的に引き継がれた進化論的アルゴリズムにおいては、①当該連合が平均して勝利的である、②繁殖上の機会が生き残った者の間で再配分される、③個人的リスクの認識上の戦前配分が効果的にランダムである、という三つの条件が重要となる*3。

　後者の n-person 協調のための適応としては、意図の共有が重要であり、

近年マルチレベル淘汰論として再興した集団淘汰論*4、あるいは連合心理学（coalitional psychology）*5は、淘汰圧が集団間闘争のコンテクストで作用した可能性を示唆している。ただし集団淘汰論も連合心理学も、「遺伝子が集団をヴィークルとして用いる」シナリオとして捉えることもでき、包括適応度理論とマルチレベル淘汰論は数理的に等価といえる。そして、こうした数理的な仮定をとるとき、初期のナイーブな集団淘汰論をめぐる論争は既に克服されている。つまるところ、進化的適応環境においては、人間集団が戦争を進化させうるうえで十分な淘汰圧があり、それが故に、国際政治学のリアリズムが主張するように、我々は古来から現代にいたるまで悲惨な集団間闘争に従事してきたのである。

　本章では、戦争適応仮説——人間には戦争にかかる条件的適応が備わっている——にたいして想定される諸批判を克服することを目指す。その手順は以下の通りである。第1節では、戦争適応仮説に想定される「決定論批判」を再考する。戦争適応の存在にもかかわらず、戦争が必ずしも不可避にならないのは、①環境的要因による相殺、②協調へ向けた心理学的適応の存在、③心理メカニズムの条件性、④人間本性が持つ失敗から学習する傾向、により根拠づけられる。第2節では、適応それ自体の普遍性と、そのアウトプットである行動の多様性を混同する誤謬を指摘する。適応主義が想定する心理学的適応は種に普遍的・典型的なものだが、そのアウトプットは行動遺伝学的な個人間の遺伝的差異、環境的要因、具体的なコンテクストといった異なる次元の変数の因果効果を受けて、多様性を帯びることになる。第3節では、進化的適応環境における戦争に向けた淘汰圧の熾烈さをめぐる誤解を解消する。ここでは戦争の直接的証拠、戦争の定義、霊長類学との関係といった問題を論じる。第4節では、戦争の性質が進化的適応環境から現代世界では変わったのではないか、という批判に答える。結論からいえば、我々の戦争に関する適応は直接的・間接的（この際、進化的ミスマッチ）に現代世界における戦争のダイナミクスに影響を与えつづけている。したがって、狩猟採集時代と現代世界の差異いかんにかかわらず、戦争適応仮説は有意でありつづけるのである。

第1節　決定論の誤謬

　戦争適応仮説に最初に想定される批判や疑問は、人間に戦争を行う本性が備わっているならば、戦争は不可避になってしまうのではないか、という決定論に関するものである。批判的な論者であれば、進化政治学によれば、戦争が不可避になってしまうにもかかわらず、実際には戦争はそれほど起きていない。それゆえ、この現代世界における戦争の相対的な不在は、進化政治学に対する反証事例なのではないか、といった反論を提起するかもしれない。この主張は重要な論点を示しているように思われるので、以下でじっくり答えていこう。結論からいえば、なぜ戦争のための心理学的適応の存在が戦争を不可避としないのか、については、少なくても四つの説明が考えられる。すなわち、①環境的要因による相殺、②協調に向けた心理学的適応の存在、③心理メカニズムの条件性、④失敗からの学習、である。

（1）環境的要因による相殺

　第一に、戦争のための生得的な人間本性は、後天的な環境的要因によって相殺されうる。これは、進化心理学者スティーヴン・ピンカー（Steven Arthur Pinker）が提示して多くの進化学者に受けいれられている「暴力の衰退（decline of violence）」説である*6。「暴力の衰退」説とは、人類史を通じて、暴力はほぼ一貫して低下する傾向にあったというものである。実は『暴力の人類史』で論じられているこの「暴力の衰退」説は、ピンカーが『人間の本性を考える』で萌芽的に議論していたものを、膨大な統計データと定性的推論を駆使して体系化したものである。本書で後述するように、自由や民主主義にかかる西洋文明の先進性を否定して——すなわち、ルソーの「高貴な野蛮人（noble savage）」説を支持する*7——、世界を悲観的に認識しがちな人文系の学者はしばしば、この学説を驚きと懐疑をもって迎えた。

　とりわけ文明が起こり、国家間戦争が生じるようになる前の狩猟採集社会が非常に暴力的であったことは知られておらず、中世の農村社会は平和

だったと思っている人も多い。二つの世界大戦とホロコースト，全体主義国家による大規模粛正を経験した20世紀、現在の途上国における内戦による荒廃や自爆テロの悲劇についてのメディアの悲観的な報道を考えると、「暴力の衰退」説は一見すると信じがたいかもしれない。こうした懐疑論に対して、ピンカーは，膨大な直接証拠，統計的データに基づき、実際にこうした暴力の衰退があったことを説得的に示し、この学説はマイケル・シャーマー（Michael Shermer）らに続く進化学者の追試によっても裏付けられている＊8。

（2）協調にむけた心理学的適応の存在

　第二に、人間には、戦争のための心理学的適応とともに、集団間協調に向けた心理メカニズムも備わっている。人間には戦争に向けた心理メカニズムのみならず、協調を通じた紛争解決に向けた心理メカニズムも備わっている＊9。すなわち、協調と社会的交換を調整する適応＊10、他者に対する利他主義＊11、個人および集団レベルにおける信頼＊12、などである。たとえば、マイケル・マッカロー（Michael McCullough）、ロバート・クルズバン（Robert Kurzban）、ベンジャミン・タバック（Benjamin A. Tabak）らは人間が、復讐を求めるだけでなく、関係を再構築して許しを求めるような、進化的な心理メカニズムを備えていることを明らかにしている＊13。これらの発見は集合的に以下のことを示唆していよう。

　すなわち、人間は、紛争から協調にわたる社会生活における多くの課題に対処するように設計された、確実に発達した心理学的適応を備えている。我々は個人間と連合間の競争にかかるメカニズムを備えているが、同時に我々は、平和構築と紛争解決を可能にして促進する、一連の道徳的直観と協調的メカニズムも備えているというわけである。

（3）心理メカニズムの条件性

　第三に、戦争に向けた心理学的適応は条件的である。すなわち、人間が他の集団に攻撃的になるか否かは、フレーミングとコンテクストに決定的に依拠するということである。たとえば、外集団の脅威は実際に支配反応

と攻撃性にかかるホルモン反応をしばしば引き起こすが、そのエスカレーション的反応は不可避ではない。文化人類学者のマーク・フリン（Mark V. Flinn）らは、連合的競争に対するホルモン反応（特にテストステロン）は、人間の心が自らの敵対者を外集団、内集団のいずれのメンバーでフレーミングするのかに依拠することを明らかにしている*14。換言すれば、紛争の熾烈さは、人間が他の集団のアイデンティティをいかに認識するのか、すなわちフレーミングに影響されるのである。

　たしかに、被験者に他の人種のメンバーの写真を示すと、偏桃体の反応が上昇する。しかし、このよそ者嫌いの反応は、霊長類学者で脳科学者のロバート・サポルスキー（Robert M. Sapolsky）が論じているように、他国の文化を体験するような海外旅行といった単純な実践によって緩和されうることも分かっている*15。人間は部族主義的（trival）であり、この本性は集団間相互作用に決定的な影響を及ぼし続けている*16。このようにして集団間の境界線は、人間の競争と協調の双方の動態に影響を与えているのだが、それは同時に可塑的でもあり、リアリストが主張しているように、野心的な指導者のナショナリスト的神話づくり（nationalist myth-making）によって操作されうる*17。つまるところ、戦争は不可避でないが、平和も容易でないのである。

（4）失敗からの学習

　最後に、重要なことに、人間本性は過去の失敗から学ぶ力も備えており、このことは戦争が不可避であるという決定論の誤りを示唆している。実際、政策の変更はしばしば成功でなく、失敗により引き起こされる*18。ダン・レイター（Dan Reiter）によれば、国家は過去の同盟の選択が良いものでなく悪いものであったと認識する場合、同盟の地位を変更する可能性が高い*19。マイケル・ホロウィッツ（Michael C. Horowitz）は、戦勝国はその後の戦略的思考に比較的保守的傾向があるのに対し、敗戦国は大規模な軍事革新を採用する傾向があると論じている*20。ドミニク・ジョンソン（Dominic D.P. Johnson）とエリザベス・マディン（Elizabeth M.P. Madin）によれば、1945年以降の米国の安全保障政策が実質的に変化した

のは情報、抑止力、戦争のいずれかが災害に見舞われた後であった*21。

　これらが示しているのは、ポジティブな結果よりネガティブな結果の方が記憶に残り、学習される傾向にあるということである*22。ロバート・ジャーヴィス（Robert Jervis）の言葉を借りれば、「紛争、驚き、誤りの事例に目を向けるのは、ほぼ避けられない傾向」であり*23、ジャック・リーヴィ（Jack S. Levy）が的確に指摘しているように、悪い結果は良い結果よりも強い学習の源なのである*24。

　さらに重要なことに、これは歴史のアナロジー（analogy）にも当てはまる*25。指導者は概して、成功より過去の失敗を類推しがちである。ジョンソンとドミニク・ティアニー（Dominic Tierney）によれば、歴史の教訓とアナロジーに関するアーネスト・メイ（Ernest R. May）の古典的研究には、105の歴史的推論の例が含まれているが、そのうち87 のケース（83％）で指導者は歴史的推論を過去の失敗を回避するための警告とした一方、過去の成功が模範とされたのはわずか 18 のケース（17%）であった*26。またティアニーが鮮やかに示しているように、キューバ危機に際し、多くの米国の政策決定者はキューバのソ連軍基地への空爆に反対したが、その一つの重要理由は、日本の真珠湾奇襲のアナロジーに由来する道徳的な嫌悪感であった*27。

　しかし、なぜ指導者は成功より失敗に執着して組織を改革するのだろうか。実はこのことは自明ではない。実際、成功している際には組織の士気が高まっており、積極的に改革がなされやすいという説明も論理的・直感的には妥当である。したがって、こうした成功より失敗に固執する人間本性の正体を解明することは重要な学術的作業である。その際、科学的実在論によれば、社会科学では、単に歴史的事実がそう示唆しているからと論じるだけでなく、その要因やメカニズムをしっかりと科学的に説明する必要がある。

　結論からいえば、指導者が成功でなく失敗に駆られて、すなわち過去の失敗から学んで組織改革に着手しがちなのは、人間にネガティヴィティ・バイアス（negativity bias）——ポジティブな事象・行動よりネガティブなそれらを重視する心の仕組み——が普遍的に備わっているからである*28。

世界的ベストセラー『FACTFULNESS』において、ハンス・ロスリング（Hans Rosling）は、「『世界はどんどん悪くなっている』という思い込み」により、「人は誰しも、物事のポジティブな面より、ネガティブな面に注目しやすい」と述べている＊29。心理学者ポール・ロジン（Paul Rozin）とエドワード・ロイズマン（Edward B. Royzman）は、ネガティヴィティ・バイアスを「広い範囲の領域にまたがる一般的な原理」と定義している＊30。

　ロイ・バウマイスター（Roy F. Baumeister）らは、それを「最も基本的で広範囲に及ぶ心理学的原理の一つ」と述べ＊31、「悪いことは良いことよりも、より大きく、より一貫して、より多面的で、より長続きする効果を生む」と論じている＊32。つまるところ、多くの脳科学や心理学の実験研究が、慎重にコントロールされた実験条件下で、脳が同等のポジティブな刺激よりネガティブなそれに強く反応すること、すなわちネガティヴィティ・バイアスの存在を明らかにしている＊33。

　この否定的なものに過度に執着する本能は、社会政治生活における様々なコンテクストで作用している。第一に、恐怖症は一度のネガティブな学習経験の後に発症するが、ポジティブな経験にはそれに匹敵する良い効果がない＊34。第二に、ネガティブな刺激（ストレス等）は免疫抑制を有意に引き起こすが、ポジティブな代替療法（リラクゼーション療法等）に同等の良い効果はない＊35。第三は基本的感情（basic emotion）——時・場所・文化にかかわらず人間が普遍的に表出する六つの感情（怒り・嫌悪・恐怖・喜び・悲しみ・驚き）——における非対称性である。基本的感情の中でポジティブな感情は一つ（喜び）だけで、ネガティブな感情は四つもある＊36。

　第四に、あらゆる動物に広くみられる「闘争・逃走（fight or flight）」反応は、刺激の源を完全に認識する前にアドレナリン放出を介して生じる＊37。ノーベル経済学賞受賞者のダニエル・カーネマン（Daniel Kahneman）が的確に指摘しているように、「人間に限らず動物の脳には、悪いニュースを優先的に処理するメカニズムが埋め込まれて」おり、「捕食者を感知するのにほんの一〇〇分の一の数秒しか要さないこのメカニズムのおかげで、動物は子供を産むまで生き延びることができる」が、「よいニュースに関

してはこのようなメカニズムは存在しない」のである＊38。

　第五に、流血優先——血が流れているニュースを優先的に報道する——というメディアの記事選別基準は、世界が破滅に向かっているような印象を強化している。ピンカーが記しているように、「『血が流れればトップニュースになる』という報道番組のモットーが『記憶に残るものほど頻繁に感じる』という認知の短絡を助長し、『誤った不信感』と呼ばれるもの」をもたらしている＊39。実際、コミュニケーション研究では、悪い出来事の方が良いそれよりニュース性が高く、読者の注目を集めることが常識とされている＊40。

　ここで挙げる失敗に執着するバイアスはこのネガティヴィティ・バイアスの一種だが、それはたとえば以下の脳科学的・心理学的研究により実証されている。第一にスポーツイベントでの賭けの後、被験者は賭けが成功したときの分析より、失敗したときのそれに多くの時間を費やした＊41。第二に、実験ゲームで協力者と裏切り者に直面した際、被験者は前者でなく後者の顔をより正確に記憶していた＊42。第二に、トラウマを生むような劇的な出来事は記憶に焼き付けられ、喜ばしいポジティブな出来事よりも容易に想起される。心理学でいうところのいわゆる「フラッシュバルブ記憶（flashbulb memories）」である＊43。第三に事故や病気などネガティブな出来事は、出産や結婚などポジティブな出来事より、人間の幸福に永続的な影響を及ぼす＊44。第四に、ネガティブな出来事はポジティブなそれより人間に、その原因を運や環境でなく、特定の個人に帰するように促す＊45。

　以上、ネガティヴィティ・バイアスにより、指導者が成功より失敗に執着することを確認してきたが、それには一体いかなる脳内メカニズムが内在しているのだろうか＊46。実在論的視点に立てば、こうしたミクロファンデーションの探求は、社会科学にとってもきわめて重要であろう。端的にいえば、ネガティブな出来事とポジティブなそれは、脳の神経レベルで異なって扱われる。ポール・ウェイレン（Paul J. Whalen）らの研究を挙げよう。被験者に恐怖に見開かれた目と幸せそうな目が書かれた絵を見せて、脳の MRI 検査を受けてもらう。すると絵を見せるのがほんの一瞬（0.

02秒以下）にもかかわらず、彼らの扁桃体は前者の絵に強く反応していることを示した*47。ここから分かることは、危険にかかる情報は視覚野をバイパスして、超高速の神経系を通り感情を処理する扁桃体に伝達されるということである*48。

　脳の行動接近系（behavioral approach system）（関与を動機づけるシステム）がポジティブな刺激を扱うのに対し、行動抑制系（behavioral inhibition system）（回避を動機づけるシステム）はネガティブな刺激を扱い、人間を含むあらゆる哺乳類は肯定的経験よりも否定的な経験から、より効果的かつ迅速に学習する*49。すなわち、ネガティブな刺激に直面すると神経細胞の接続やその発火パターンは恒久的に変化し、恐怖を誘発する出来事は脳に消えない記憶の痕跡を残すのである*50。これは人間だけではない。たとえば一度毒入りの餌を食べたネズミは、決して再びその食物源に手を出さない。いわゆるトラウマ的回避学習（traumatic avoidance learning）である*51。

　しかし、なぜ人間にはネガティヴィティ・バイアスが備わっているのだろうか。なぜ我々は成功より失敗に執着して、組織の変革に着手するのだろうか*52。社会科学における因果推論では、どのように（how）を考えるだけでなく、なぜ（why）を問うことが重要である。結論からいえば、それは進化史において、良いことより悪いことに執着する傾向が、致死的な危険を避けるために適応的だったからである*53。

　ロジンとロイズマンがまとめているように、ネガティヴィティ・バイアスには、①死の回避を優先することで、繁殖の成功可能性を極大化する、②情報の複雑さを解決して状況に適切な対応する、③意思決定の速度を向上させ捕食者に効果的に対応する、④病原菌の伝染を回避する、という四つの適応的利点がある*54。世界を誤って認識することは一見非合理的に思えるかもしれないが、つまるところ、悪いことに執着するバイアスは進化史上、人間が致命的な危険を避ける上で有益であったのである。

　ネガティヴィティ・バイアスは、進化的適応環境（environment of evolutionary adaptedness）——心の仕組みが形成された時や場所、具体的には狩猟採集時代——における先祖の生存と繁殖の成功に寄与してきたの

で、あらゆる生物にはこのポジティブとネガティブな事象・行動にかかる根源的な非対称性が備わっている＊55。すなわち、ポジティブな事象は歓迎されるものの生死にとり重要でないが、ネガティブな事象は生存・繁殖に直接かかる問題なので、自然淘汰は危険を回避させるような性質に有利に働いたのである＊56。心理学者ジョナサン・ハイト（Jonathan Haidt）がこのバイアスをめぐる一連の研究を総括して、「心は同等の良いものより悪いものに素早く、強く、持続的に反応する」と述べている次第である＊57。

実際、現実の政策決定の場のみならず、アカデミアにおいても政治学や歴史学では、しばしば政策の失敗に焦点を当てて歴史的な期間が定義される。たとえばマイケル・ロズキン（Michael Roskin）は歴史の教訓から外交政策が形成されたとして、米国の外交史をいくつかの理念型に分けている。すなわち、1920～30年代の孤立主義的なヴェルサイユ・パラダイム、冷戦初期の介入主義的な真珠湾パラダイム、そして1970年代の非介入主義的なヴェトナム・パラダイムである。こうしたパラダイムはすべて、過去の失敗の繰り返しを避けることに基づいており、たとえば戦間期や 1970年代の非介入主義は、第一次世界大戦やヴェトナム戦争の失敗を教訓として形成されたものである＊58。

もっとも、指導者が失敗に基づいて組織改革を試みる際、それは必ずしも客観的・中立的な視点からなされるわけでない。ネガティヴィティ・バイアスは歪んだ学習や政策の誤りを生みだすかもしれず、指導者はネガティブな経験に盲目的に執着するかもしれない。あるいは、総論として間違っていた政策の中に、たとえ一部成功していた要素があっても、それらは見逃されたり軽視されたりして、将来の政策決定や組織変革に利用されないかもしれない。たとえば、ロバート・ディプリジオ（Robert C. DiPrizio）とテイラー・シーボルト（Taylor B. Seybolt）が論じているように、失敗に終わったソマリアでのミッション（1992～94）は米国指導者に強いネガティブな記憶を植えつけたが、それが1994 年のルワンダ大虐殺を止めるための介入に、米国が消極的となってしまった主な理由であったのである＊59。

第2節　適応の普遍性と行動の多様性

さて、これまで人間に戦争を行う本性が備わっているならば、戦争は不可避になってしまうのではないか、という決定論に関する、戦争適応仮説への批判に、①環境的要因による相殺、②協調に向けた心理学的適応の存在、③心理メカニズムの条件性、④失敗からの学習、という四つの視点から答えてきた。

もちろん、進化政治学への批判はこれ以外にも様々なものが想定される。戦争適応仮説に想定される批判にはこれに加えて、以下のものが考えられよう。それは、平和的社会が存在しているという事実が、戦争の普遍性、すなわち、人間が戦争のための適応を保有しているという主張を反証しているのではないか、というものである。これが、進化政治学が提起する戦争をめぐる心理学的適応への第二の批判である。この主張の最も有名な例はダグラス・フライ（Douglas P. Fry）の一連の修正主義的な研究に由来する。フライは部分的には、戦争の非普遍性の証拠に基づいて、人間は戦争への適応を保有し得ないと主張する*60。それでは、平和的な文化の存在は、戦争のための適応の存在に対する証拠になるのだろうか。結論からいうと、フライの主張は、人間に備わった「戦争に関する適応」の作用それ自体を普遍的なものとみなしている点で的を射ていないと考えられる。換言すれば、フライが人間に戦争の本性が備わっているというとき、暗黙裡に想定されているのは、集団間闘争を絶え間なく志向するような「殺人サル仮説（"killer ape" hypothesis）」に近いのである*61。

しかし、本書がこれまで明らかにしてきたように、自然淘汰により選択された心理メカニズムは——、それが戦争についてのものであれ、裏切り者検知に関するものであれ——、いずれのものであろうと、条件的（conditional）である。すなわち、戦争についての心理メカニズムそれ自体は普遍的だが、そのアウトプットはコンテクスト依存的かつ多様なのである。したがって、ある文化、地域、時期（たとえば日本の縄文時代など）において戦争が相対的に見られないからといって、人間に戦争の本性が備わっていないと結論づけるのは、論理的妥当性を欠く推論である。

すべての人間の心理メカニズムは、「もしこうならば、こうである（if then 構文）」という法則のアルゴリズムから成っている。攻撃システム（aggression system）を例に挙げよう*62。進化ゲーム理論的な状況を想定したコンピューター・シュミレーションにおいて、「どのような場合でも攻撃せよ」というアルゴリズムで行動する個体は、「もし相手よりも大きければ、攻撃せよ。もし相手よりも小さければ、服従せよ」というアルゴリズムで行動する個体に、最終的に駆逐される*63。定言的に攻撃をする個体はしばしば敗北して命を失うので、勝てるときにだけ選択的に攻撃を仕掛ける条件的な戦略を実装した個体よりも、包括適応度極大化という点で不利になるからである。自然淘汰は繁殖成功に資する心理メカニズムに有利に働いたが、利害紛争や戦争というコンテクストでは、いうまでもなく、この条件的なアルゴリズムからなる心理メカニズムに有利に働くというわけである。ここから分かることは、我々の心理メカニズムには、領域固有性、条件性、情報処理メカニズム（インプット、アウトプット）といった有意な特徴があるということである。

　人間の行動を調整する心理学的適応は条件的であり、実際の行動や動機といったアウトプットは、外的環境にたいする条件的反応となる。こうした点について、トゥービーとコスミデスは、チンパンジーと人間における戦争に関する心理学的適応は、「いくつかの異なる雄を連合に組み入れる反応の適切なパターンを観察・評価・調整する」ように設計されている、と主張している*64。また人間の連合的暴力について、メリッサ・マクドナルド（Melissa M. McDonald）、カルロス・ナバレッテ（Carlos D. Navarrete）、マーク・ヴァン・ヴァグト（Mark Van Vugt）らは、「人間は、雄の連合の強さの評価、あるいはそれが提起する脅威に基づいて、外集団の雄に対する反応を見積もる」と記している*65。あるいは、集団間攻撃に関するチンパンジーの適応の分析において、リチャード・ランガム（Richard W. Wrangham）は、自然淘汰は成人の雄に、暴力の費用便益を評価して、推定されるネット利益が十分高いときにライバルを攻撃する傾向に有利に働いたと記している*66。

　つまるところ、人間がいつでも戦争をしたがるという「殺人ザル仮説」

に反して、人間本性の生得的な条件性を踏まえると、戦争の生起における文化間・歴史間バリエーションが生まれることは、決して不思議なことではない。そして、むしろこれは逸脱事例ではなく、進化政治学の適応主義的アプローチが、まさに予測することである。適応主義モデルにおける普遍性とは、心理メカニズムそれ自体の普遍性に言及するものであり、それらが外的環境という条件性のもとで作用した帰結としてのアウトプット（実際の行動や心理）の普遍性に言及するものではない。進化行動モデルが示唆するように、それらアウトプットは行動遺伝学的な個人間遺伝的差異、環境的要因、直近のコンテクストといったその他の諸要因に影響されて、多様な形で生起する。

　したがって、単に戦争が歴史や文化を横断して変動するからといって、人間に戦争の本性がないと主張するのは、心理学的適応の可変的なアウトプットと、心理学的適応それ自体の普遍性・典型性を混同しており、それが故に誤りである。フライら修正学派がおかしているこの誤謬は、戦争以外の領域をめぐる適応主義的なリサーチ・プログラムへの批判に対してもしばしば浴びせられる誤謬なので、ここでその問題性を指摘することには、狭義の戦争研究をこえた広義の適応主義的アプローチを擁護する上で重要なことであろう。

第3節　戦争にむけた淘汰圧の熾烈さ

　第三の批判は淘汰圧の熾烈さに関するものである。その典型的かつ端的なものは、進化的適応環境における淘汰圧は、戦争に関する心理学的適応を形成するほど熾烈ではなかったという批判である。いうまでもなく、進化政治学が行う適応主義的な分析の切れ味は、進化的適応環境における戦争の動態を分析する能力に依拠している。それゆえ、任意の実験結果が心理的適応の設計に関する仮説を検証するのに失敗したら、それは当該学説が淘汰圧の構造をうまく捉えていないか——そのような淘汰圧は誤っているか、あるいは存在しない——、心理メカニズムとその適応的機能の間の関係性が間違っているのか、のいずれかとなろう＊67。

進化的適応環境において、戦争がいかに進化しえたのかを考えるために
は二つの方法がある。第一は、狩猟採集時代における集団間闘争の経験的
データに関する最新の研究状況を考古学、古人類学、霊長類学といった分
野に基づいて、分析することである＊68。第二に、戦争に関する心理学的
適応の構造に関する諸仮説が、進化的適応環境における淘汰圧の一式と照
らし合わせて検証されうる程度を考察するため、現代人を対象にした実験
的証拠を分析することである。後者については、これまで本書で論じてき
たように、過信、ヒロイズム、リスク追求傾向性、テストステロン、攻撃
システム、怒りのメカニズム（anger　mechanism）などが実験研究により
明らかにされており、こうした適応は戦争という文脈における行動・動
機・認知などを調整するために特化されていることが分かっている＊69。

（1）「直接的な証拠」の問題

　それでは、前者の進化的適応環境における集団間闘争についての経験的
データの状況はいかなるものなのだろうか。進化的適応環境における戦争
をめぐる考古学的証拠は再び熱く議論されており、この場合、中心的な命
題は戦争に関する直接的な証拠があるか否かとなる＊70。戦争の直接的な
考古学的証拠は、要塞の証拠あるいは武器（弓やその他、石でできた道具）
によって引き起こされた骨と頭蓋骨の破砕がその主なものだが、こうした
タイプの物質的なイノベーションは、過去３万年から４万年において生起
しえて、要塞の構築は農耕革命が１万２千年前に起きて定住性の生活様式
に転換してから、はじめて可能になった＊71。

　しかしながら、考古学者のスティーヴン・レブランク（Steven　A.
LeBlanc）とカトリーナ・レジスター（Katherine　E. Register）がルソーの
「高貴な野蛮人（noble　savage）＊72」説の誤謬を喝破するなかで記してい
るように、つまるところ、世界は中国やメソポタミアで銅剣が振り回され
るようになるまで、決して平和ではなかったのである＊73。すなわち、こ
うした破壊的な武器が発明される以前から、世界では常に戦争が起きてお
り、ピンカーやシャーマーら合理的楽観主義者が強く主張するように、進
化的適応環境ではホッブズ的な「万人による万人のための闘争」が繰り広

げられていた*74。

　それゆえ、こうした点に鑑みると、その論理的結論は、研究者は「戦争の有無」を、「武器の有無」と混同してはならないということになる。換言すれば、武器の不在を理由にして、戦争という現象の不在を推論するのは妥当性を欠くということである。同じことはチンパンジーの戦争についてもいえ、これら霊長類の従妹の間で兵器に関連した骨折の化石化された証拠、要塞、共同墓地などは発見されていないが、戦争のための適応がチンパンジーに備わっていることを示す、フィールドワークやその他での圧倒的な経験的データがある*75。

　考古学的証拠にたいする扱いは、戦争についてのみいえることではない。進化学者は宗教や物語といったものが、進化的適応環境において存在していたのか否かについても、近年多くの議論を重ねている。いうまでもなく、進化的適応環境における言い伝えや宗教的信念についての直接的な考古学的証拠が残っているというわけではない。しかし、直接の考古学的な化石的証拠がないからという理由で、宗教的信念や口承伝統といった問題についての心理メカニズムの不在を結論づけるのは誤りである*76。つまるところ、ペン、エンピツや本といったものが比較的現代の発明物だからといって、人間が進化的適応環境において、口承伝統や宗教的言説についての心理メカニズムを備えていないと結論づけるのは早計なのである。

　ところで、なぜ、進化的適応環境において、戦争がどれだけ起きており、それがどの程度悲惨だったというのかというテーマは、多くの研究者を魅了して、また時には苛立たせるようなものなのだろうか。その理由は単純であり、それはこの狩猟採集時代における暴力の動態を理解することが、人間の本性を明らかにするという点には――戦争適応仮説への支持者であれ批判者であれ――コンセンサスがあるからである。

　結論からいえば、合理的楽観主義者らが論じているように、狩猟採集時代における暴力（集団間闘争であれ、集団内闘争であれ）は、現代世界のそれらよりも圧倒的に悲惨であった。ただしこの結論にも留保があり、公平を期すれば、測定手法や分析方法によっては、特定の期間に相対的に連合的な暴力がなかった文化や地域もある。しかしながら、こうした厳格な意

味での完全な普遍性の不在にもかかわらず、調査された圧倒的に多くの文化が実際、何らかの形態の集団間暴力を経験している＊77。それゆえ、ここでの結論は、統計的に平均すると、狩猟採集時代における戦争は今よりもはるかに悲惨だったというものとなる。

　重要なのでくりかえし主張するが──そしてこのことは戦争のみならず、国内紛争、性差、その他すべてのイシューに当てはまる──、つまるところ「例外」があるということは、進化論の適応主義が主張する人間本性の「普遍性」を反証することにはならないのである。

（2）戦争の定義

　さて、ところでくわえて、こうしたピンカー、シャーマー、キーリー、その他、暴力の衰退説を支持する、進化学者や歴史学者の主張にたいして反論が生まれる一つの理由は、戦争の定義が多様だからであろう。クレイグ・パルマー（Craig Palmer）が的確に指摘しているように、戦争の普遍性をめぐる論争の核心は、戦争の定義をめぐる問題であり、後者は必然的に前者に関する結論に影響を与える＊78。しかしながら、概念を定義する上の論争は戦争についての心理メカニズムの存在に関する、研究者の理解を妨げるものではない。むしろ、こうした定義上の問題は、単に人間に戦争についての心理学的適応が備わっているという主張を条件づけるだけであり、それは議論を精緻化するという意味において、場合によっては有益にすらなるかもしれない。

　たとえば、戦争相関因子プロジェクト（Correlates of War Project）は、戦争を「12か月の間における戦闘関連致死者が最低1000人に至る、組織化された軍隊を含む持続的闘争」と定義している＊79。仮に研究者がこの定義をとったとき、この種の戦争に関する適応を人間が備えていないことは明らかである。なぜなら、この種の大規模な戦争は農耕開始後に初めて可能になり、進化的に新しいものだからである。しかし、ピンカーらが的確に指摘しているように、戦争の被害を絶対数で評価することは、人口の総数に明らかな違いがある、現代世界と狩猟採集時代の間では生産的ではない。つまるところ、暴力の被害はその絶対数ではなく、相対数（相対的な

人口比）に基づいて測定すべきなのである＊80。

　そして実際、もし我々が戦争に関するより広義な定義をとれば、そのインプリケーションは異なることになる。進化学者サミュエル・ボールズ（Samuel Bowles）は戦争を、「集団のメンバーの連合が他の集団の一人かそれ以上のメンバーに物理的危害を加えようとしている関係」と定義している＊81。あるいは、政治学者リーヴィとウィリアム・トンプソン（William R. Thompson）は戦争を、「政治組織間における持続的かつ協働的な暴力」と定義している＊82。このように定義すれば、戦争が狩猟採集時代に存在していたことになる。当然のことではあるが、人間には、ドローン爆撃機や核兵器といった新奇な軍事技術に適応した心理メカニズムは備わっていないので、重要なことは、進化的適応環境における暴力の形態が、機械化された現代戦に、いかなるインプリケーションをもたらすのか、ということになる。そしてピンカーらが主張するように、戦争にかかる人間本性を理解する上では戦死者の「絶対数」でなく「相対数」が重要になるのであれば、進化的適応環境における戦争の動態を理解する上では、戦争相関因子プロジェクトよりも、ボールズやレヴィとトンプソンらの定義の方が有益だという結論が導きだされよう。そして、後者の戦争の定義を措定するとき、人間に戦争に関する条件的な心理学的適応が備わっているという結論が導きだされるのである。

（3）霊長類学からの示唆

　霊長類学の多くの研究は、仮に人間の暴力に進化論的起源があるならば、それは少なくても人間とチンパンジーの分岐点にさかのぼることができる、ということを明らかにしている＊83。そこには戦争が進化する上での明らかな淘汰圧があり、そのような活動の適応上の利益は研究においてくりかえし検証されている＊84。霊長類学者ランガムの「力の不均衡仮説（imbalance-of-power　hypothesis）」が明らかにしているように、チンパンジーは集団間における相対的パワーの差異といった手がかりに基づいて、集団間攻撃の表出を適応的に調整する心のしくみを備えている＊85。それにもかかわらず、以下の理由から、ホモサピエンスとチンパンジーの間に

おける明確な進化論的な関係性を推論することは、一見すると複雑なようにも思われる。

　まず問題となるのが、ボノボの間における相対的な平和の存在である。ボノボと人間は遺伝的テストで、チンパンジーと同じくらい近いことが分かっている＊86。遺伝学的テストは、ボノボがチンパンジーと同じくらい人間に近いことを明らかにしているが、我々はその関係の実態の多くをいまだ知らない。さらには、人間がチンパンジーの示さない形態の戦争、すなわち規模が比較的近い集団間の消耗戦に従事するという事実も検討に値する。少なくても上記の点についていえることは、人間はボノボとチンパンジーの双方と多くの類似性を共有しているということである＊87。

　しかしながら、結論が必ずしも相対主義的なものに落ち着くとは限らない。すなわち、チンパンジーと人間には見逃すことのできない、より積極的な経験的な類似性もある。それは、最も一般的な攻撃の方法が奇襲だということである＊88。すなわち、ランガムの「力の不均衡仮説」が示唆するような集団間闘争にかかる功利主義的な計算は、チンパンジーと人間における重要な共通項なのである＊89。チンパンジーと人間は遺伝子の99パーセントを共有しているが、この生得的な共有要素が、奇襲という行動上のアウトカムに表われるのだといえよう。しかし、残りの1パーセントの相違も重要である。この1パーセントの違いが故に、チンパンジーは人間とは違い、n-person 協調のための認知的適応を備えておらず——それゆえ二頭のチンパンジーでうまく協調して丸太すら運べない——、その結果、前者は後者と異なりしばしば消耗戦や殲滅戦といった相対的に規模の等しい集団間における破滅的な闘争に従事しない。

　つまるところ、集団間闘争それ自体はチンパンジーと人間の双方にとって繁殖上有意だが、人間に独自の高度な認知能力は、我々により多くの集団内団結を維持する文化的イノベーションの余地を与えて、その結果、人間はチンパンジーでは不可能な大規模な消耗戦——第一次世界大戦や第二次世界大戦などはその典型例であろう——に従事できるようになった。そして重要なことに、進化政治学的なアプローチによれば、これらの問題は逸脱事例ではなく、あくまで予測可能な問題なのである。

　以上説明してきたように、考古学、霊長類学、文化人類学といったフィールドからの経験的データは、戦争をめぐる心理学的適応や淘汰圧の存在を論証するうえで、各々個別的には不可避に不完全なものとなる。しかしながら、現在の科学的知見を総合して考えると、多くの進化学者らが主張しているように、圧倒的証拠が、戦争が進化的適応環境における支配的かつ繁殖上重要な現象だったことを示唆している*90。さらに加えて、これまで説明してきたように、戦争についての心理メカニズムの存在を調査した科学的研究は、人間の戦争をめぐる新たな進化論的仮説を創出しつづけている。それらは、戦争が進化的適応環境において普遍的であることを前提としたものであり、怒り、過信、瀬戸際政策、戦闘におけるヒロイズム、自己犠牲、顔面のキューに基づいた指導者の認知・支援といった戦争にかかる心理メカニズムの存在を明らかにしている*91。

第4節　戦争の性質

（1）軍事的ホライズン

　さらには、進化的適応環境における戦争についての適応の存在を受けいれたとしても、論者によっては現代世界は進化的適応環境とは大きく異なるため、同時期のために備わった適応は現代戦においては意味をなさないのではないか、といった疑問や批判も想定されよう。この見解は、トゥルニー・ハイ（Harry H. Turney-High）やクインシー・ライト（Quincy Wright）の原初的戦争（primitive warfare）についての古典的な主張に端を発する*92。たとえば、ハイは、軍事的ホライズン（military horizon）以下の戦争は、現代戦の機械化された領域とは質的に異なるという。この見方によれば、狩猟採集時代を含む軍事的ホライズン以下の戦争は、儀式的な闘争であり、それは非実利的な目標で起こり、比較的無害な仕方でなされるのである。

　対照的に、軍事的ホライズン以降の現代戦は、官僚制と合理的政策決定の領域でなされるものであり、それは軍事ホライズン以前のそれよりも被害の度合いが大きい。たしかに、原初的戦争と現代戦では、テクノロジーや政治的・官僚的機構において相違が存在するのは否定できないだろう。

しかしながら、原始的戦争と現代戦の間には、こうした表層的な違いよりもはるかに大きな一貫性が存在している。つまるところ、軍事的ホライズンの以前であろうと以降であろうと、戦争にかかる目標や戦術の多くは、兵站の複雑性や指揮・統制構造における革新にもかかわらず、同じであり続けているのである*93。

　人間が今日保有し続けている心理メカニズムが、進化的適応環境においてくりかえし起きていた適応課題に対処すべく設計されているならば、それらの現代世界へのインプリケーションを評価するには、理論的にいえば、以下の問いに答えることが有益になろう。第一は、現代のコンテクストは進化的適応環境のそれをどの程度反映しているのか、である。こちらはいわゆる適応主義のロジックにより、現代世界において我々があたかも狩猟採集時代で戦争をしているかのように、戦争に従事するようなケースを指す。

　第二に、現代戦のコンテクストと進化的適応環境のそれが異なる時、いったい何が起こるのだろうか。こちらはいわゆる進化的ミスマッチによって、狩猟採集時代には包括適応度極大化のために合理的だった適応が、現代世界では非合理的な帰結をもたらすシナリオである。以下、上記の二つのシナリオを順に考えていきたい。

（2）適応のアドバンテージ

　第一は、現代世界のコンテクストが進化的適応環境に最適化された行動・心理のロジックを引きおこすというシナリオである*94。このシナリオの存在は、論理的に考えてまず、最初に考慮すべきものであろう。すなわち、現代の戦争が進化的適応環境における集団間闘争という領域を反映する程度において、我々は、あたかも現代戦というコンテクストが、狩猟採集時代に最適化された適応の作用を引き起こすと予想できるのである。つまるところ、しばしば進化政治学では人間行動の非合理性が生態学的合理性の観点から説明されるが*95、必ずしも全ての心理学的適応が進化的ミスマッチという非合理的帰結をもたらすというわけではないのである。

　実際、集団間闘争の存在だけで、様々な形態の集団内協調（たとえば、

協調者に報酬を与えて、非協調者を処罰する多大な意思といった向社会性、利他行動）を引き起こすのに十分であることが分かっている＊96。さらには、これら実験室実験の結果は、実際の現実世界における暴力のコンテクストにおけるフィールド実験でも裏付けられている＊97。たとえば、ジェレミー・ギンジズ（Jeremy Ginges）とスコット・アトラン（Scott Atran）は、軍事的介入の現代のシナリオにおける意思決定は、しばしばその目的を達成する上で、戦争の蓋然性に関する合理的な予測とは無関係に作用することを発見している＊98。ジョンソン、ラングム、スティーヴン・ピーター・ローゼン（Steven P. Rosen）は、国家とその指導者は現代の戦略的環境の中で、彼らの勝利の可能性について、積極的に自己欺瞞（self deception）を行うことを示している＊99。つまるところ、たとえ、それらの作用がミクロ経済学的合理性から逸脱的に思えても、これらの迅速かつ確実に作用するヒューリスティクス——すなわち、ノーベル経済学賞受賞者で心理学者のダニエル・カーネマン（Daniel Kahneman）がシステム1と呼ぶもの＊100——はしばしば積極的に現代戦の性質を形成しているのである。

（3）進化的ミスマッチ

　第二のシナリオは、進化的ミスマッチ（適応齟齬）による非合理的行動の創出である。進化政治学の適応主義的アプローチが明らかにする進化的ミスマッチという視角は、現代世界における驚くべき非合理的現象や非理性的行動を説明するのに有益である。たとえ現代の国際政治が適応が予想するように設計されていない環境上の新奇性を備えたものだとしても、進化的適応環境において集団間闘争で勝利するために設計された人間本性は、任意の仕方でしばしば、国際政治の形態と特徴に影響を及ぼしている。換言すれば、そこには適応が対処するように想定されている課題（適応課題）と、適応が実際に直面する環境の間に乖離があるのである。

　①民主主義
　民主主義を例に挙げて考えてみよう。たとえば、集団行動についての我

々の心理学的適応は、強力な制度化された階層性を欠く小規模集団において設計されており、そこにおいてリーダーシップはしばしば非公式かつ不安定であった。こうした状況下において、強力な指導者の存在は、迅速かつ協働された行動が不可欠な集団間闘争というコンテクストにおいては、重要な繁殖上の利益を提供した＊101。その結果、強い男性の指導者を支持するという行動が、顔面特徴や地位の高さといった、適応的に重要なキューによって条件付けされるにいたった＊102。

　こうして、進化的適応環境における強力なリーダーシップには適応的な意義があったわけだが、こうした強力な指導者を信奉する心のしくみはしばしば、現代世界では非合理的な帰結を生みだす。その典型的な例は、発展途上国における開発独裁や、中露にみられる権威主義的体制への信奉であろう。すなわち、こうした非民主的システムからなる国家にとっての課題は、法の支配と自由民主的制度にたいする信頼を確保して、成熟した民主主義を確立することにあるのである。実際、民主化はしばしば権威主義体制などに陥り、しばしば国家の民主的な制度や法の支配よりも、強力な独裁者が宣伝するカルトが国を支配するようになる＊103。

　民主主義や法の支配といった制度への信頼が難しいのは、つまるところ、国家レベルの制度は——指導者への信奉とは異なり——人間の心にとっては進化的に新奇だからである。このことを、大衆が集団間闘争のとき、強力な指導者を選好しがちだという事実と組み合わせて考えると、発展途上国はしばしば、人間に備わった強力かつカリスマ的パーソナリティへの選好をうみだす生得的バイアスの存在が故、自由民主主義や連邦制といった進化的に新奇な政治制度を確立する上で困難に直面しているといえよう。これは、ピンカーがルソーの「高貴な野蛮人」説を喝破したときに現代の狩猟採集民をしばしば引き合いに出すように、多くの発展途上国は教育レベルが依然としてしばしば低く、国際政治学者のアレクサンダー・ウェント（Alexander Wendt）が示唆するように、こうした地域の諸国はしばしばホッブズ的なアイデンティティから成るため、当該国の構成員が理性により本能をコントロールすることが難しい状況下にある可能性とも関連する＊104。

②戦争

　さらに、この進化的ミスマッチを、戦争をテーマにして考えみよう。い
うまでもなく、こうした進化的ミスマッチが引き起こす現代政治における
非合理的な現象は、民主主義と制度の場合だけでなく、戦争においても明
らかである。なぜ、歴史的にいって、大きな軍隊はしばしば体系的に勝利
の可能性を過大評価し、地域の土着の反乱者による戦闘の意思やナショナ
リズムといった無形の心理学的側面を過少評価してしまうのだろうか。進
化政治学の適応主義的アプローチは、この理由を進化的ミスマッチの観点
から、論理的整合性と生態学的合理性を備えた形で説明する。

　進化的適応環境においては、集団構成員の相対的な数が集団間闘争の帰
趨を決する決定的な要因であった。そのような環境のなかでは、より大き
な連合による侵略に対する適応的な反応は、逃げるか領土を明け渡すこと
であった。しかしながら、政治的集団の多くが——国家であれ部族であれ
——、領土的に固定された国民国家がスタンダートになった現代世界にお
いて、逃亡は戦略的に利用可能なオプションではなくなってしまった。こ
うした理由から、逃亡という手段が消滅した現代世界においては、ひるが
って、追い詰められた敵（土着の反乱民など）の戦闘意思を拡大すること
になったのである。

　たとえば、第二次世界大戦の圧倒的勝利を背景として構築された、高度
に合理化されたアメリカのヴェトナム戦争戦略は無残に失敗した。しかし
なぜ超大国アメリカはアジアの小国を迅速に打ちまかすことに失敗したの
だろうか。これは合理的アプローチによれば、逸脱事例である。アメリカ
は核兵器をもっており、北ヴェトナムとの国力差は歴然としたものである。
合理的な視点からいえば、どう考えても、アメリカがこんな小国に負ける
はずはない。では、なぜアメリカはヴェトナム戦争に敗北したのだろうか。

　それは端的にいって、上記の相対的パワーを過剰評価する心理学的適応
が作用した結果、アメリカの政策決定者エリートが北ヴェトナムという敵
国を過小評価し、自国のパワーを過大評価したからである。ヴェトナム戦
争の間、アメリカの政策決定者は自国の圧倒的優越性という幻想をいだい
ていたので、アジアで自国の意思を押しとおすのが当然だと考えていたが、

こうしたおごりは、独力で国家を建設したという建国の自信と、第二次世界大戦における勝利という大国意識に由来していた。アメリカがおかした最大の誤りは、北ヴェトナムの目的遂行の意思を過小評価したことであった。つまるところ、敵国の意思や士気といった無形の心理的要因は、アメリカの指導者が決定的に過小評価していた要素であり、それは経済学的合理性や物質的指標への過度な信奉によりもたらされていたのである*105。

おわりに

　本章では、戦争適応仮説——人間には戦争にかかる条件的な適応が備わっている——にたいして想定される諸批判を克服することを試みた。第1節では、戦争適応仮説に想定される「決定論批判」を再考した。ここでは、戦争適応の存在にもかかわらず、戦争が必ずしも不可避にならないのが、①環境的要因による相殺、②協調へ向けた心理学的適応の存在、③心理メカニズムの条件性、④人間本性が持つ失敗から学習する傾向、などによって根拠づけられることを示した。第2節では、適応それ自体の普遍性と、そのアウトプットである行動の多様性を混同する誤謬を指摘した。進化行動モデルが明らかにするように、適応主義が想定する心理学的適応は種に普遍的・典型的なものだが、そのアウトプットは行動遺伝学的な個人間の遺伝的差異、環境的要因、具体的なコンテクストといった異なる次元の変数の因果効果を受けて、多様性を帯びることになる。

　第3節では、進化的適応環境における戦争に向けた淘汰圧の熾烈さをめぐる誤解を解消した。ここでは戦争の直接的証拠、戦争の定義、霊長類学との関係といった問題を論じるなかで、我々の進化史が常に悲惨な戦争状態にあった可能性を示した。第4節では、戦争の性質が進化的適応環境から現代世界では変わったのではないか、という批判に答えた。結論からいえば、我々の戦争に関する適応は直接的・間接的（この際、進化的ミスマッチ）に現代世界における戦争のダイナミクスに影響を与えつづけており、それが故に、狩猟採集時代と現代世界の差異いかんにかかわらず、戦争適応仮説は有意であると考えられる。

　進化政治学の適応主義的アプローチからの戦争研究は依然として胎動期
にあり、現状における研究上の到達点は、進化的適応環境において自然淘
汰により形成された心理メカニズムを明らかにして、その作用の仕方を分
析するというものである。今後の研究上の課題はいうまでもなく、戦争に
ついての心理学的適応——部族主義、憤りのシステム、自己欺瞞、その他
——が現代世界における新奇な戦略環境と相互作用して、いかなるアウト
プットを生みだすのかを分析することになろう＊106。実際、進化政治学者
はこれまでも国際政治におけるさまざまな非合理的な現象を適応主義的視
点から説明することに成功しており、今後はこうした意義ある研究をさら
に発展させていくことが必要になる＊107。

註

＊1 Richard W. Wrangham, "Evolution of Coalitionary Killing," *Yearbook of
　　Physical Anthropology, Vol. 42 (1999), pp. 1-30; James R. Liddle, Todd K.
　　Shackelford, and Viviana A. Weekes-Shackelford, "Why Can't We All Just
　　Get Along? Evolutionary Perspectives on Violence, Homicide, and War,"
　　Review of General Psychology, Vol. 16, No. 1 (2012), pp. 24-36; Melissa M.
　　McDonald, Carlos D. Navarrete, and Mark Van Vugt, "Evolution and the
　　Psychology of Intergroup Conflict: The Male Warrior Hypothesis,"
　　Philosophical Transactions of the Royal Society B: Biological Sciences, Vol.
　　367, No. 1589 (2012), pp. 670-679.

＊2 John Tooby and Leda Cosmides, "The Evolution of War and Its Cognitive
　　Foundations," *Institute for evolutionary studies technical report*, Vol. 88, No.
　　1 (April 1988), pp. 1-15; J. Tooby and L. Cosmides, "Groups in Mind: The
　　Coalitional Roots of War and Morality," in Henrik Hogh-Olesen, ed., *Human
　　Morality and sociality: Evolutionary and comparative perspectives*
　　(Basingstoke: Palgrave Macmillan, 2010), chap. 8; John Tooby, Leda
　　Cosmides, and Michael E. Price, "Cognitive Adaptations for n-Person
　　Exchange: The Evolutionary Roots of Organizational Behavior," *Managerial
　　and Decision Economics*, Vol. 27, Nos. 2-3 (March?May 2006), pp. 103-129.

＊3 Tooby and Cosmides, "The Evolution of War and Its Cognitive
　　Foundations"; McDonald, Navarrete, and Vugt, "Evolution and the

Psychology of Intergroup Conflict."

＊4 集団淘汰論のいわゆる「由来における記述」は、Charles Darwin, *The Origin of the Species and the Descent of Man* (New York: The Modern Library, 1871/1977), p. 134 を参照。ウィン・エドワーズ（V. C. Wynne-Edwards）らにより提起された、第一世代のナイーブな集団淘汰論は、V. C. Wynne-Edwards, *Animal Dispersion in Relation to Social Behaviour* (London: Oliver and Boyd, 1962)を参照。淘汰レベルの問題において教条的に集団レベルに固執することなく、複数の淘汰レベルの可能性を受容することで、論争における戦略的撤退を図り、一定の勢力を誇る現代におけるマルチレベル淘汰理論は、David S. Wilson, "Human Groups as Units of Selection," *Science*, Vol. 276, No. 5320 (1997), pp. 1816-1817; Elliott Sober, and David S. Wilson, *Unto Others: The Evolution and Psychology of Unselfish Behavior* (Cambridge, MA: Harvard University Press, 1999). その中でもとりわけ、戦争が脳における向社会的な心理メカニズムにたいする生物学的な淘汰圧として機能すると考える、遺伝的集団淘汰論は、Jung-Kyoo Choi and Samuel Bowles, "The Coevolution of Parochial Altruism and War," *Science*, Vol. 318, No. 5850 (October 2007), pp. 636-640; Samuel Bowles, "Did Warfare among Ancestral Hunter-Gatherers Affect the Evolution of Human Social Behaviors?" *Science*, Vol. 324, No. 5932 (June 2009), pp. 636-640; Samuel Bowles, "Being Human: Conflict: Altruism's Midwife," *Nature*, Vol. 456, No. 7220 (November 2008), pp. 326-327; Samuel Bowles, "Warriors, Levelers, and the Role of Conflict in Human Social Evolution," *Science*, Vol. 336, No. 6083 (May 2012), pp. 876-879; Laurent Lehmann, and Marcus W. Feldman, "War and the Evolution of Belligerence and Bravery," *Proceedings of the Royal Society B: Biological Sciences*, Vol. 275, No. 1653 (2008): 2877-2885 を参照。戦争という集団間闘争の文化的副産物として生まれる、社会規範の内容と分布を分析することに焦点を当てる、文化的集団淘汰論は、Jeremy Ginges, and Scott Atran, "War as a Moral Imperative (Not Just Practical Politics by Other Means)," *Proceedings of the Royal Society B: Biological Sciences*, Vol. 278, No. 1720 (2011), pp. 2930-2938; Sarah Mathew, and Robert Boyd, "Punishment Sustains Large-Scale Cooperation in Prestate Warfare," *Proceedings of the National Academy of Sciences*, Vol. 108, No. 28 (2011), pp. 11375-11380 ; ジョセフ・ヘンリック（今西康子訳）『文化がヒトを進化さ

せた——人類の繁栄と〈文化-遺伝子革命〉』（白揚社、2019年）を参照。

＊5 Joseph P. Forgas, Martie Haselton, and William von Hippel, *Evolution and the Social Mind: Evolutionary Psychology and Social Cognition* (New York, NY: Psychology Press, 2007); Mark Schaller, Jeffry A. Simpson, and Douglas T. Kenrick. *Evolution and Social Psychology* (New York, NY: Psychology Press, 2006); Robert Kurzban, and Steven Neuberg, "Managing Ingroup and Outgroup Relations," in David M. Buss, ed., *The Handbook of Evolutionary Psychology* (Hoboken, NJ: John Wiley & Sons, 2005), pp. 653-675; David C. Navarrete, Robert Kurzban, Daniel M. T. Fessler, and L. A. Kirkpatrick, "Anxiety and Intergroup Bias: Terror Management or Coalitional Psychology?" *Group Processes & Intergroup Relations*, Vol. 7, No. 4 (2004), pp. 370-397; John D. Wagner, Mark V. Flinn, and Barry G. England, "Hormonal Response to Competition Among Male Coalitions," *Evolution and Human Behavior*, Vol. 23, No.6 (2002), pp. 437-442; Robert Kurzban, John Tooby, and L. Cosmides, "Can Race Be Erased? Coalitional Computation and Social Categorization," *Proceedings of the National Academy of Sciences*, Vol. 98, No. 26 (2001), pp.15387-15392; Anthony C. Lopez, Rose McDermott, and Michael Bang Petersen, "States in Mind: Evolution, Coalitional Psychology, and International Politics," *International Security*, Vol. 36, No. 2 (Fall 2011), pp. 48-83.

＊6 スティーブン・ピンカー（幾島幸子・塩原通緒訳）『暴力の人類史』全2巻（青土社、2015年）；スティーブン・ピンカー（橘明美・坂田雪子訳）『21世紀の啓蒙——理性、科学、ヒューマニズム、進歩』全2巻（草思社、2019年）。

＊7 Earl Miner "The Wild Man Through the Looking Glass," in Edward Dudley and Maximillian E. Novak eds., *The Wild Man Within: An Image in Western Thought from the Renaissance to Romanticism* (Pittsburgh: University of Pittsburgh Press, 1972), p. 106; Jean-Jacques Rousseau, *Discourse upon the Origin and Foundation of Inequality among Mankind* (New York: Oxford University Press, 1755/1994). See also, Steven A. LeBlanc, and Katherine E. Register, *Constant Battles: The Myth of the Peaceful, Noble Savage* (New York, NY: St. Martin's, 2003); Lawrence H. Keeley, *War Before Civilization: The Myth of the Peaceful Savage* (New York, NY: Oxford University Press, 1996).

＊8 Michael Shermer, *The Moral Arc: How Science Makes Us Better People* (New York: St. Martin's Griffin, 2016); Michael Shermer, *Giving the Devil his Due: Reflections of a Scientific Humanist* (Cambridge: Cambridge University Press, 2020); マッド・リドレー（大田直子・鍛原多惠子・柴田裕之訳）『繁栄——明日を切り拓くための人類10万年史』（早川書房、2013年）。

＊9 W. D. Hamilton, "The Genetical Evolution of Social Behavior. I," and W. D. Hamilton, "The Genetical Evolution of Social Behavior. II," both in *Journal of Theoretical Biology*, Vol. 7, No. 1 (July 1964), pp. 1-16 and 17-52, respectively; Robert Trivers, "The Evolution of Reciprocal Altruism," *The Quarterly Review of Biology*, Vol. 46, No. 1 (1971), pp. 35-57; R・アクセルロッド（松田裕之訳）『つきあい方の科学——バクテリアから国際関係まで』（ミネルヴァ書房、1998年）; Lee A. Dugatkin, *Cooperation Among Animals: An Evolutionary Perspective* (New York, NY: Oxford University Press, 1997); Leda Cosmides and John Tooby, "Neurocognitive Adaptations Designed for Social Exchange," in David M. Buss, ed., *The Handbook of Evolutionary Psychology* (Hoboken, NJ: Wiley, 2005), pp. 584-627.

＊10 Martin A. Nowak, "Five Rules for the Evolution of Cooperation," *Science*, Vol. 314, No. 5805 (2006), pp. 1560-1563; Ernst Fehr, and Klaus M. Schmidt, "A Theory of Fairness, Competition, and Cooperation," *The Quarterly Journal of Economics*, Vol. 114, No. 3 (1999), pp. 817-868; Cosmides and Tooby, "Neurocognitive Adaptations Designed for Social Exchange"; C. Athena Aktipis, "Is Cooperation Viable in Mobile Organisms? Simple Walk Away Rule Favors the Evolution of Cooperation in Groups," *Evolution and Human Behavior*, Vol. 32, No. 4 (2011), pp. 263-276.

＊11 Robert Boyd, and Peter J. Richerson, "Culture and the Evolution of Human Cooperation," *Philosophical Transactions of the Royal Society B: Biological Sciences*, Vol. 364, No. 1533 (2009), pp. 3281-3288; Andrew W. Delton, Max M. Krasnow, Leda Cosmides, and John Tooby, "Evolution of Direct Reciprocity Under Uncertainty Can Explain Human Generosity in One-Shot Encounters," *Proceedings of the National Academy of Sciences*, Vol. 108, No. 32 (2011), pp. 13335-13340.

＊12 Paul Zak, "Neuroactive Hormones and Interpersonal Trust: International Evidence," *Economics and Human Biology*, Vol. 4, No. 3 (2006), pp. 412-429;

Paul J. Zak, and Jacek Kugler, "Neuroeconomics and International Studies: A New Understanding of Trust," *International Studies Perspectives*, Vol. 12, No. 2 (2011), pp. 136-152.

＊13　Michael E. McCullough, Robert Kurzban, and Benjamin A. Tabak, "Cognitive Systems for Revenge and Forgiveness," *The Behavioral and Brain Sciences*, Vol. 36, No. 1 (2013), pp. 1-15.

＊14　John D. Wagner, Mark V. Flinn, and Barry G. England, "Hormonal Response to Competition Among Male Coalitions," *Evolution and Human Behavior*, Vol. 23, No. 6 (2002), pp. 437-442; Mark V. Flinn, Davide Ponzi, and Michael P. Muehlenbein, "Hormonal Mechanisms for Regulation of Aggression in Human Coalitions," *Human Nature*, Vol. 23, No. 1 (2012), pp. 68-88.

＊15　Robert M. Sapolsky, "A Natural History of Peace," *Foreign Affairs*, Vol. 85, No. 1 (2006), pp. 104-120.

＊16　Matt Ridley, *The Origins of Virtue: Human Instincts and the Evolution of Cooperation* (New York, NY: Viking, 1997); Kurzban, Tooby, and Cosmides, "Can Race Be Erased?"

＊17　John J. Mearsheimer, *The Great Delusion: Liberal Dreams and International Realities* (Yale University Press, 2018); Barry R. Posen, "Nationalism, the Mass Army, and Military Power," *International Security*, Vol. 18, No. 2 (Fall 1993), pp. 80-124; Jack Snyder and Karen Ballentine, "Nationalism and the Marketplace of Ideas," *International Security*, Vol. 21, No. 2 (Fall 1996), pp. 5-40.

＊18　Amos Kovacs, "The Nonuse of Intelligence," *International Journal of Intelligence and CounterIntelligence*, Vol. 10, No. 4 (Winter 1997), pp. 383-417; Graham Allison and Philip Zelikow, Essence of Decision: *Explaining the Cuban Missile Crisis* (New York: Longman, 1999).

＊19　Dan Reiter, *Crucible of Beliefs: Learning, Alliances, and World Wars* (Ithaca, N.Y.: Cornell University Press, 1996).

＊20　Michael C. Horowitz, *The Diffusion of Military Power: Causes and Consequences for International Politics* (Princeton, N.J.: Princeton University Press, 2010).

＊21　Dominic D. P. Johnson and Elizabeth M.P. Madin, "Paradigm Shifts in

Security Strategy: Why Does It Take Disasters to Trigger Change?" in Rafe D. Sagarin and Terence Taylor, eds., *Natural Security: A Darwinian Approach to a Dangerous World* (Berkeley: University of California Press, 2008), pp. 209-239.

*22 Jack S. Levy, "Learning and Foreign Policy: Sweeping a Conceptual Minefield," *International Organization*, Vol. 48, No. 2 (Spring 1994), p. 311.

*23 Robert Jervis, *How Statesmen Think: The Psychology of International Politics* (Princeton, N.J.: Princeton University Press, 2017), p. 6.

*24 Levy, "Learning and Foreign Policy," p. 305.

*25 Yuen Foong Khong, *Analogies at War: Korea, Munich, Dien Bien Phu, and the Vietnam Decisions of 1965* (Princeton, N.J.: Princeton University Press, 1992), pp. 6-7.

*26 Ernest R. May, *Lessons of the Past: The Use and Misuse of History in American Foreign Policy* (Oxford: Oxford University Press, 1973).

*27 Dominic Tierney, "'Pearl Harbor in Reverse': Moral Analogies in the Cuban Missile Crisis," *Journal of Cold War Studies*, Vol. 9, No. 2 (Summer 2007), pp. 49-77.

*28 ネガティヴィティ・バイアスの政治的イデオロギーや国内政治へのインプリケーションについてはたとえば、John R. Hibbing, Kevin B. Smith, and John R. Alford, "Differences in Negativity Bias Underlie Variations in Political Ideology," *Behavioral and Brain Sciences*, Vol. 37, No. 3 (June 2014), pp. 297-307 を参照。その国際政治へのインプリケーションについては、Dominic D.P. Johnson and Dominic Tierney, "Bad World: The Negativity Bias in International Politics," *International Security*, Vol. 43, No. 3 (Winter 2018/19), pp. 96-140 を参照。

*29 ハンス・ロスリング/オーラ・ロスリング/アンナ・ロスリング・ロンランド（上杉周作・関美和訳）『FACTFULLNESS ——10の思い込みを乗り越え、データを基に世界を正しく見る習慣』（日経 BP 社、2019年）第2章、特に63頁。ロスリングらはネガティヴィティ・バイアスをネガティブ本能という言葉で表現を用いているが、ネガティヴィティ・バイアスが進化過程で備わった人間本性の一つなのであれば、それを本能と表現するのは実に的確であろう。

*30 Paul Rozin and Edward B. Royzman, "Negativity Bias, Negativity Dominance, and Contagion," *Personality and Social Psychology Review*, Vol.

5, No. 4 (November 2001), p. 297.

＊31 Roy F. Baumeister et al., "Bad Is Stronger Than Good," *Review of General Psychology*, Vol. 5, No. 4 (December 2001), p. 357.

＊32 Ibid., p. 325.

＊33 N. Kyle Smith et al., "May I Have Your Attention, Please: Electrocortical Responses to Positive and Negative Stimuli," *Neuropsychologia*, Vol. 41, No. 2 (2003), pp. 171-183; J. Kiley Hamlin. Karen Wynn, and Paul Bloom, "Three‐month‐olds show a negativity bias in their social evaluations," *Developmental Science*, Vol. 13, No. 6 (November 2010), pp. 923-929; Tiffany A. Ito et al., "Negative Information Weighs More Heavily on the Brain: The Negativity Bias in Evaluative Categorizations," *Journal of Personality and Social Psychology*, Vol. 75, No. 4 (October 1998), pp. 887-900.

＊34 Rozin and Royzman, "Negativity Bias, Negativity Dominance, and Contagion," p. 303.

＊35 Baumeister et al., "Bad Is Stronger Than Good," pp. 353-354.

＊36 なお、残りの一つの感情である驚きはポジティブかネガティブか同定しがたい。Donald E. Brown, *Human Universals* (New York: McGraw-Hill, 1991).

＊37 Rose McDermott, "The Feeling of Rationality: The Meaning of Neuroscientiac Advances for Political Science," *Perspectives on Politics,* Vol. 2, No. 4 (December 2004), pp. 691-706, esp. pp. 692-693.

＊38 ダニエル・カーネマン『ファスト＆スロー――あなたの意思はどのように決まるか？』下巻（早川書房、2013年）103頁。

＊39 ピンカー『暴力の人類史』上巻521頁。

＊40 Baumeister et al., "Bad Is Stronger Than Good," p. 343.

＊41 Thomas Gilovich, "Biased Evaluation and Persistence in Gambling," *Journal of Personality and Social Psychology*, Vol. 44, No. 6 (June 1983), pp. 1110-1126.

＊42 Dan Chiappe, Adam Brown, and Brian Dow, "Cheaters Are Looked at Longer and Remembered Better Than Cooperators in Social Exchange Situations," *Evolutionary Psychology*, Vol. 2, No. 1 (January 2004), pp. 108-120.

＊43 Daniel L. Schacter, *Searching for Memory: The Brain, the Mind, and the*

Past (New York: Basic Books, 1996), pp. 192-217; Roger Brown and James Kulik, "Flashbulb Memories," *Cognition,* Vol. 5, No. 1 (1977), pp. 73-99.

＊44 Philip Brickman, Dan Coates, and Ronnie Janoff-Bulman, "Lottery Winners and Accident Victims: Is Happiness Relative?" *Journal of Personality and Social Psychology*, Vol. 36, No. 8 (August 1978), pp. 917-927.

＊45 Carey K. Morewedge, "Negativity Bias in Attribution of External Agency," *Journal of Experimental Psychology*, Vol. 138, No. 4 (November 2009), pp. 535-545.

＊46 脳科学は、「いかにしてこうした心の仕組みが作用しているのか」、すなわち至近要因（proximate cause）からの説明を提供してくれる。Niko Tinbergen, "On Aims and Methods of Ethology," *Animal Biology*, Vol. 55, No. 4 (December 2005), pp. 297-321.

＊47 Paul J. Whalen et al., "Human Amygdala Responsivity to Masked Fearful Eye Whites," *Science*, Vol. 306, No. 5704 (December 2004), p. 2061. なお、扁桃体は感情的刺激を感受した際に活性化する部位で、不安や恐怖等の感情的反応の処理において中心的役割を担っている。

＊48 ジョセフ・ルデゥー（松本元・川村光毅ほか訳）『エモーショナル・ブレイン』（東京大学出版会、2003年）。このことは同じくネガティブな表情である怒りについてもいえる。Elaine Fox et al., "Facial Expressions of Emotion: Are Angry Faces Detected More Efficiently?" *Cognition & Emotion*, Vol. 14, No. 1 (January 2000), pp. 61-92.

＊49 Jeffrey A. Gray, *The Psychology of Fear and Stress* (Cambridge: Cambridge University Press, 1987).

＊50 Baumeister et al., "Bad Is Stronger Than Good," p. 336.

＊51 John Garcia, Walter G. Hankins, and Kenneth W. Rusiniak, "Behavioral Regulation of the Milieu Interne in Man and Rat," *Science*, Vol. 185, No. 4154 (September 1974), pp. 824-831; Richard L. Solomon and Lyman C. Wynne, "Traumatic Avoidance Learning: The Principles of Anxiety Conservation and Partial Irreversibility," *Psychological Review*, Vol. 61, No. 6 (November 1954), pp. 353-385.

＊52 進化政治学をはじめとする進化論的知見が提示する、なぜ（why）に答える説明のことを究極要因（ultimate cause）からの説明という。Tinbergen, "On Aims and Methods of Ethology."

＊53 Rozin and Royzman, "Negativity Bias, Negativity Dominance, and Contagion"; Baumeister et al., "Bad Is Stronger Than Good."

＊54 Rozin and Royzman, "Negativity Bias, Negativity Dominance, and Contagion," p. 314.

＊55 Martie G. Haselton and Daniel Nettle, "The Paranoid Optimist: An Integrative Evolutionary Model of Cognitive Biases," *Personality and Social Psychology Review*, Vol. 10, No. 1 (February 2006), pp. 47-66; Dominic D.P. Johnson et al., "The Evolution of Error: Error Management, Cognitive Constraints, and Adaptive Decision-Making Biases," *Trends in Ecology & Evolution*, Vol. 28, No. 8 (August 2013), pp. 474-481.

＊56 カーネマン『ファスト＆スロー』下巻、103頁。

＊57 Tony Schwartz, "Overcoming Your Negativity Bias," *New York Times*, June 14, 2013, https://dealbook.nytimes.com/2013/06/14/overcoming-your-negativity-bias.

＊58 Michael Roskin, "From Pearl Harbor to Vietnam: Shifting Generational Paradigms and Foreign Policy," *Political Science Quarterly*, Vol. 89, No. 3 (Fall 1974), pp. 563-588.

＊59 Robert C. DiPrizio, *Armed Humanitarians: U.S. Interventions from Northern Iraq to Kosovo* (Baltimore, Md.: Johns Hopkins University Press, 2002), pp. 71, 148-149; Taylor B. Seybolt, *Humanitarian Military Intervention: The Conditions for Success and Failure* (Oxford: Oxford University Press, 2007), p. 21.

＊60 Douglas P. Fry, *Beyond War: The Human Potential for Peace*, 1st ed. (New York: Oxford University Press, 2007); Douglas P. Fry, *The Human Potential for Peace: An Anthropological Challenge to Assumptions About War and Violence* (New York: Oxford University Press, 2005). See also, Hisashi Nakao, Kohei Tamura, Yui Arimatsu, Tomomi Nakagawa, Naoko Matsumoto, and Takehiko Matsugi, "Violence in the prehistoric period of Japan: the spatio-temporal pattern of skeletal evidence for violence in the Jomon period," *Biology Letters*, Vol. 12, No. 3 (March 2016), pp. 1-4. なお、本書では、レブランクとレジスター、エンバー、アザー・ガット（Azar Gat）、ピンカー、ローレンス・キーリー（Lawrence H. Keeley）、マイケル・シャーマー等の進化的適応環境における戦争の悲惨さを主張する学説を正統学派とみ

なした上で、戦争適応仮説を提示するなかで、その妥当性を改めて論じている。このとき、本書では、後発のフライや中尾らの研究を修正主義学派に位置づけて、①仮に修正学派が提示する事実関係が妥当だとしても、「戦争が人間の本性に由来する」という正統学派の主張が損なわれるわけではなく、②戦争原因論の総論についていえば、依然として修正学派よりも正統学派の主張の方がはるかに妥当だという、結論を提示している。なお、この際、本書は修正学派が提示しているデータに異議を申し立てようとはしておらず、仮に修正学派によって提示されたデータがすべて妥当だとしても、本文中で示した推論上の理由によって、戦争の究極要因に関する議論については、正統学派の主張の方が妥当であるという結論が導きだしうる、と考えている。つまるところ、修正学派は発見された各論的な議論から主張を過度に普遍化しており、進化的適応環境における戦争の熾烈さについての総論的な見解をめぐる、正統学派による蓄積された研究上の主張を覆すには、理論的・経験的な根拠が弱いと考えられる（それゆえ、本書は、修正学派が提示するデータを必ずしも否定しているわけではなく、むしろ、その含意の導きだし方に警鐘を促している）。ピンカー『暴力の人類史』；ピンカー『21世紀の啓蒙』； Shermer, *The Moral Arc;* Michael Shermer, *Giving the Devil his Due: Reflections of a Scientific Humanist* (Cambridge: Cambridge University Press, 2020); マッド・リドレー（大田直子・鍛原多惠子・柴田裕之訳）『繁栄——明日を切り拓くための人類10万年史』（早川書房、2013年）； C. R. Ember, "Myths About Hunter-Gatherers," *Ethnology*, Vol. 17, No. 4 (1978), pp. 439-448; Lawrence H. Keeley, *War Before Civilization: The Myth of the Peaceful Savage* (New York, NY: Oxford University Press, 1996); LeBlanc, and Register, *Constant Battles;* Azar Gat, *War in Human Civlization* (Oxford: Oxford University Press, 2006). なお、『暴力の人類史』で提示された「暴力の衰退」説は、ピンカーが『人間の本性を考える』で萌芽的に議論していたものを、膨大な統計データと定性的推論を駆使して体系化したものである。スティーブン・ピンカー（山下篤子訳）『人間の本性を考える——心は「空」白の石版」か』全三巻（NHK 出版、2004年）。

*61 Konrad Lorenz, *On Aggression* (London: Methuen, 1966).

*62 Geoff A. Parker, "Assessment Strategy and Evolution of Fighting Behavior," *Journal of Theoretical Biology*, Vol. 47, No. 1 (September 1974), pp. 223-243; John Archer, *The Behavioural Biology of Aggression* (New

York: Cambridge University Press, 1988).

＊63 Richard Dawkins, "Good Strategy or Evolutionarily Stable Strategy?" in George W. Barlow and James Silverberg, eds., *Sociobiology: Beyond Nature/ Nurture?* (Boulder, CO: Westview Press, 1980), pp. 331-367.

＊64 Tooby and Cosmides, "The Evolution of War and Its Cognitive Foundations."

＊65 McDonald, Navarrete, and Vugt, "Evolution and the Psychology of Intergroup Conflict," p. 672.

＊66 Wrangham, "Evolution of Coalitionary Killing."

＊67 Jaime C. Confer, Judith A. Easton, Diana S. Fleischman, Cari D. Goetz, David M. G. Lewis, Carin Perilloux, and David M. Buss, "Evolutionary Psychology: Controversies, Questions, Prospects, and Limitations," *American Psychologist*, Vol. 65, No. 2 (2010), pp. 110-126.

＊68 John Tooby, and Irven DeVore, "The Reconstruction of Hominid Behavioral Evolution Through Strategic Modeling," in Warren G. Kinzey, ed., *The Evolution of Human Behavior: Primate Models* (Albany, NY: State University of New York Press, 1987).

＊69 Dominic D. P. Johnson, Richard W. Wrangham, and Steven P. Rosen, "Is Military Incompetence Adaptive? An Empirical Test with Risk-Taking Behaviour in Modem Warfare," *Evolution and Human Behavior*, Vol. 23, No. 4 (2002), pp. 245-264; Johnson et al., "Overconfidence in Wargames"; Choi and Bowles, "The Coevolution of Parochial Altruism and War"; Bowles, "Did Warfare among Ancestral Hunter-Gatherers Affect the Evolution of Human Social Behaviors?"; Bowles, "Being Human: Conflict"; Bowles, "Warriors, Levelers, and the Role of Conflict in Human Social Evolution"; Lehmann, and Feldman, "War and the Evolution of Belligerence and Bravery"; D. D. P. Johnson et al., "Overconfidence in Wargames: Experimental Evidence on Expectations, Aggression, Gender and Testosterone," *Proceedings of the Royal Society of London B: Biological Sciences*, Vol. 273, No. 1600 (October 2006), pp. 2513-2520; E. Ermer, L. Cosmides, and J. Tooby, "Relative Status Regulates Risky Decision Making About Resources in Men: Evidence for the Co-Evolution of Motivation and Cognition," *Evolution and Human Behavior*, Vol. 29, No. 2 (March 2008), pp. 106-118; Parker, "Assessment Strategy and Evolution of Fighting Behavior"; Archer, *The Behavioural Biology of*

Aggression; Aaron Sell, Leda Cosmides, John Tooby, Daniel Sznycer, Christopher von Rueden, and Michael Gurven, "Human Adaptations for the Visual Assessment of Strength and Fighting Ability from the Body and Face," *Proceedings of the Royal Society of London Series B-Biological Sciences*, Vol. 276, No. 1656(2009), pp. 575-584; A. Sell, John Tooby, and Leda Cosmides, "Formidability and the Logic of Human Anger," *Proceedings of the National Academy of Sciences of the United States of America*, Vol. 106, No. 35 (September 2009), pp. 15073-15078.

＊70 Brian R. Ferguson, "Violence and War in Prehistory," in David W. Frayer and Debra L. Martin, eds., *Troubled Times: Violence and Warfare in the Past* (Amsterdam: Gordon and Breach Publishers, 1997), pp. 321-56; Keith F. Otterbein, *How War Began*, 1st ed. (College Station: TAMU Press, 2004).

＊71 Ferguson, "Violence and War in Prehistory."

＊72 「高貴な野蛮人」という用語それ自体は、Miner "The Wild Man Through the Looking Glass," p. 106 に由来する。ジョン・ドライデン（John Dryden）が「高貴な野蛮人」というとき、揶揄している対象はルソーの自然状態論である。Rousseau, *Discourse upon the Origin and Foundation of Inequality among Mankind*, pp.61-62.

＊73 LeBlanc, and Register, Constant Battles.

＊74 ピンカー『暴力の人類史』; ピンカー『21世紀の啓蒙』。See also, Shermer, *The Moral Arc*; リドレー『繁栄』。

＊75 Michael L. Wilson, Sonya M. Kahlenberg, Michael Wells, and Richard W. Wrangham, "Ecological and Social Factors Affect the Occurrence and Outcomes of Intergroup Encounters in Chimpanzees," *Animal Behaviour*, Vol. 83, No. 1 (2012), pp. 277-291; Richard W. Wrangham, and Luke Glowacki, "Intergroup Aggression in Chimpanzees and War in Nomadic Hunter-Gatherers: Evaluating the Chimpanzee Model," *Human Nature*, Vol. 23, No. 1 (2012), pp. 5-29.

＊76 Jonathan Gottschall, *The Storytelling Animal: How Stories Make Us Human* (New York, NY: Houghton Mifflin Harcourt, 2012); Pascal Boyer, *Religion Explained: The Evolutionary Origins of Religious Thought* (New York, NY: Basic Books, 2002); Ginges, and Atran, "War as a Moral

Imperative."

＊77 Ember, "Myths About Hunter-Gatherers"; Keeley, *War Before Civilization*; LeBlanc, and Register, *Constant Battles*; Gat, *War in Human Civilzation*.

＊78 Craig Palmer, "The Peacemaking Primate?" *Evolutionary Psychology*, Vol. 4 (2006), pp. 138-141.

＊79 https://correlatesofwar.org/

＊80 ピンカー『暴力の人類史』。

＊81 Bowles, "Did Warfare Among Ancestral Hunter-Gatherers Affect the Evolution of Human Social Behaviors?" pp. 1293-1298.

＊82 Jack S. Levy, and William R. Thompson, *The Arc of War: Origins, Escalation, and Transformation* (Chicago: University of Chicago Press, 2011).

＊83 Joseph H. Manson, and Richard W. Wrangham, "Intergroup Aggression in Chimpanzees and Humans," *Current Anthropology*, Vol. 32, No. 4 (1991), pp. 369-390; Richard Wrangham, and Dale Peterson, *Demonic Males: Apes and the Origins of Human Violence* (Boston, MA: Houghton Mifflin, 1996); Wrangham, "Evolution of Coalitionary Killing."

＊84 John C. Mitani, David P. Watts, and Amsler J. Sylvia, "Lethal Intergroup Aggression Leads to Territorial Expansion in Wild Chimpanzees," *Current Biology*, Vol. 20, No. 12 (2010), R507-508; Michael L. Wilson, Christophe Boesch, Barbara Fruth, Takeshi Furuichi, Ian C. Gilby, Chie Hashimoto, Catherine L. Hobaiter, et al, "Lethal Aggression in Pan is Better Explained by Adaptive Strategies than Human Impacts," *Nature*, Vol. 513, No. 7518 (2014), pp. 414-417.

＊85 Wrangham and Peterson, *Demonic Males*; Wrangham, "Evolution of Coalitionary Killing."

＊86 Kay Prüfer, Kasper Munch, Ines Hellmann, Keiko Akagi, Jason R. Miller, Brian Walenz, Sergey Koren, et al, "The Bonobo Genome Compared with the Chimpanzee and Human Genomes," *Nature*, Vol. 486, No. 7404 (2012), pp. 527-531.

＊87 James K. Rilling, Jan Scholz, Todd M. Preuss, Matthew F. Glasser, Bhargav K. Errangi, and Timothy E. Behrens, "Differences Between

Chimpanzees and Bonobos in Neural Systems Supporting Social Cognition," *Social Cognitive and Affective Neuroscience*, Vol. 7, No. 4 (2011), pp. 369-379; Christopher Boehm, "Ancestral Hierarchy and Conflict," *Science*, Vol. 336, No. 6083 (2012), pp. 844-847.

＊88 Gat, *War in Human Civlization*; Wrangham, and Glowacki, "Intergroup Aggression in Chimpanzees and War in Nomadic Hunter-Gatherers."

＊89 Wrangham and Peterson, *Demonic Males*; Wrangham, "Evolution of Coalitionary Killing."

＊90 Ember, "Myths About Hunter-Gatherers"; Keeley, *War Before Civilization*; LeBlanc, and Register, *Constant Battles*; Gat, *War in Human Civlization*; Azar Gat, "So Why Do People Fight? Evolutionary Theory and the Causes of War," *European Journal of International Relations*, Vol.15, No. 4 (November 2009), pp. 571-599; ピンカー『暴力の人類史』; ピンカー『21世紀の啓蒙』。 See also, Shermer, *The Moral Arc*.

＊91 Johnson, Wrangham, and Rosen, "Is Military Incompetence Adaptive?"; Johnson et al., "Overconfidence in Wargames"; Choi and Bowles, "The Coevolution of Parochial Altruism and War"; Bowles, "Did Warfare among Ancestral Hunter-Gatherers Affect the Evolution of Human Social Behaviors?"; Bowles, "Being Human: Conflict"; Bowles, "Warriors, Levelers, and the Role of Conflict in Human Social Evolution"; Lehmann, and Feldman, "War and the Evolution of Belligerence and Bravery"; D. D. P. Johnson et al., "Overconfidence in Wargames" ; Ermer, Cosmides, and Tooby, "Relative Status Regulates Risky Decision Making About Resources in Men"; Parker, "Assessment Strategy and Evolution of Fighting Behavior"; Archer, *The Behavioural Biology of Aggression*; A. Sell et al., "The Grammar of Anger"; Sell, Tooby, and Cosmides, "Formidability and the Logic of Human Anger"; Sell, Cosmides, Tooby, Sznycer, Rueden, and Gurven, "Human Adaptations for the Visual Assessment of Strength and Fighting Ability from the Body and Face."

＊92 Harry H. Turney-High, *Primitive War: Its Practice and Concepts* (Columbia, SC: University of South Carolina Press, 1949); Quincy Wright, *A Study of War*, 2nd ed., (Chicago: University of Chicago Press, 1983).

＊93 Ember, "Myths About Hunter-Gatherers"; Keeley, *War Before*

Civilization; LeBlanc, and Register, *Constant Battles*; Gat, *War in Human Civlization*; Gat, "So Why Do People Fight? "

＊94 こうした点については、Dominic D. P. Johnson, *Strategic Instincts: The Adaptive Advantages of Cognitive Biases in International Politics* (Princeton, NJ: Princeton University Press, 2020) を参照。

＊95 J. Tooby and L. Cosmides, "Evolutionary Psychology, Ecological Rationality, and the Unification of the Behavioral Sciences," *Behavioral and Brain Sciences*, Vol. 30, No. 1 (February 2007), pp. 42-43; J. Tooby and L. Cosmides, "Better Than Rational: Evolutionary Psychology and the Invisible Hand," *American Economic Review*, Vol. 84, No. 2 (May 1994), pp. 327-332.

＊96 Mikael Puurtinen, and Tapio Mappes, "Between-Group Competition and Human Cooperation," *Proceedings of the Royal Society B: Biological Sciences*, Vol. 276, No. 1655 (2009), pp. 355-360.

＊97 Maxwell N. Burton-Chellew, Adin Ross-Gillespie, and Stuart A. West, "Cooperation in Humans: Competition Between Groups and Proximate Emotions," *Evolution and Human Behavior*, Vol. 31, No. 2 (2010), pp. 104-108; Ayelet Gneezy, and Daniel M. T. Fessler, "Conflict, Sticks and Carrots: War Increases Prosocial Punishments and Rewards," *Proceedings of the Royal Society B: Biological Sciences*, Vol. 279, No. 1727 (2011), pp. 219-232.

＊98 Ginges, and Atran, "War as a Moral Imperative."

＊99 Wrangham, "Is Military Incompetence Adaptive?"; Johnson, Wrangham, and Rosen, "Is Military Incompetence Adaptive?"

＊100 カーネマン『ファスト＆スロー』。

＊101 Kurzban, and Neuberg, "Managing Ingroup and Outgroup Relations"; Van Vugt, Mark, and Rob Kurzban, "Cognitive and Social Adaptations for Leadership and Followership: Evolutionary Game Theory and Group Dynamics," in Joseph P. Forgas, Martie G. Haselton, and William von Hippel, eds., *Evolution and the Social Mind: Evolutionary Psychology and Social Cognition* (New York, NY: Psychology Press, 2007), pp. 229-243.

＊102 Brian R. Spisak, Peter H. Dekker, Max Krüger, and Mark Van Vugt, "Warriors and Peacekeepers: Testing a Biosocial Implicit Leadership Hypothesis of Intergroup Relations Using Masculine and Feminine Faces," *PLoS ONE*, Vol. 7, No. 1 (2012), e30399.

＊103 John T. Ishiyama, and Ryan Kennedy, "Superpresidentialism and Political Party Development in Russia, Ukraine, Armenia and Kyrgyzstan," *Europe-Asia Studies*, Vol. 53, No. 8 (2001), pp. 1177-1191; Zoltan Barany, "Superpresidentialism and the Military: The Russian Variant," *Presidential Studies Quarterly*, Vol. 38, No. 1 (2008), pp. 14-38.

＊104 Rousseau, *Discourse upon the Origin and Foundation of Inequality among Mankind*. See also, Miner "The Wild Man Through the Looking Glass," p. 106. ピンカーの議論は、ピンカー『人間の本性を考える』を参照。Alexander Wendt, "Anarchy Is What States Make of It: The Social Construction of Power Politics," *International Organization*, Vol. 46, No. 2 (Spring 1992), pp. 391-425; Alexander Wendt, "Constructing International Politics," *International Security*, Vol. 20, No. 1 (Summer 1995), pp. 71-81; Alexander Wendt, *Social Theory of International Politics* (Cambridge: Cambridge University Press, 1999).

＊105 Fredrik Logevall, *Choosing War: The Lost Chance for Peace and the Escalation of War in Vietnam* (Berkeley: University of California Press, 1999); Leslie H. Gelb and Richard K. Betts, *The Irony of Vietnam: The System Worked* (Washington: Brookings, 1979); D. D. P. Johnson, *Overconfidence and War: The Havoc and Glory of Positive Illusions* (Cambridge, Mass.: Harvard University Press, 2004), chap. 6.

＊106 前著『進化政治学と国際政治理論』では、部族主義、過信（自己欺瞞）、怒りに焦点を当てたリアリストモデルを構築した。伊藤隆太『進化政治学と国際政治理論──人間の心と戦争をめぐる新たな分析アプローチ』（芙蓉書房出版、2021年）。次著ではこれら各々の心理学的適応をさらに掘り下げて考察して、「なぜ戦争は起こるのか」（究極要因）と同時に、「我々がいかにして戦争に従事するのか」（至近要因）についても、さらなる分析を進める。

＊107 Bradley A. Thayer, "Bringing in Darwin: Evolutionary Theory, Realism, and International Politics," *International Security*, Vol. 25, No. 2 (Fall 2000), pp. 124-151; Bradley A. Thayer, *Darwin and International Relations: On the Evolutionary Origins of War and Ethnic Conflict* (Lexington: University Press of Kentucky, 2004); D. D. P. Johnson and Bradley A. Thayer, "The Evolution of Offensive Realism," *Politics and the life sciences*, Vol. 35, No. 1 (Spring 2016), pp. 1-26; Lopez, Rose McDermott, and Petersen, "States in

Mind"; D. D. P. Johnson and D. Tierney, "The Rubicon Theory of War: How the Path to Conflict Reaches the Point of No Return," *International Security*, Vol. 36, No. 1 (Summer 2011), pp. 7-40; A. C. Lopez, "The Evolution of War: Theory and Controversy," *International Theory*, Vol. 8, No. 1 (October 2016), pp. 97-139; Johnson, *Overconfidence and War*; 伊藤『進化政治学と国際政治理論』。

人間本性を踏まえた平和と繁栄にむけて

第1節　総　括

　まず、本書の内容を簡単に振り返りたい。第1章で進化政治学のロジックを再考して、人間の心理メカニズムが形成された淘汰圧の束となる進化的適応環境それ自体について考察を行った。領域固有性、リバース・ドミナンス（reverse dominance）、自己欺瞞（self-deception）、心理メカニズム、その他、関連する諸概念を再考した。第2章では、進化政治学の視点から、人間行動の関する体系的モデル——進化行動モデル——を構築した。進化行動モデルによれば、種に典型的・普遍的な心理学的適応（適応主義）、個人間の遺伝的差異（行動遺伝学）、環境的要因（教育、文化、その他）、直近のコンテクストが相互作用して人間行動は生みだされる。

　第3章では、進化的リアリズムを外在的・内在的に再考した。第一に、国際政治学における戦争原因理論をアプローチと分析レベルの問題から再考察して、そのなかに進化的リアリズムを外在的に位置づけた。第二に、同心円状の構造からなる進化的リアリズムの内生的なロジックを、科学的実在論（多元的実在論という方法論モデル）、進化政治学（進化的行動モデル）、リアリスト・リサーチプログラム、具体的な概念・モデル各々について再考した。

　第4章では、実在論的視点から進化的リアリズムの主要仮説、すなわち、戦争適応仮説——戦争は人間本性に由来する——を構築した。人間が従事

する戦争には奇襲と会戦（消耗戦）という二つの形態があり、特に後者は動物のなかでとりわけ人間が従事するものである。奇襲であれ消耗戦であれ、自然淘汰が人間に戦争にむけた適応を形成する際には、満たされる必要のある二つの条件がある。それが、繁殖上の利益と n-person 協調のメカニズムであった。

　第5章では、戦争適応仮説に想定される批判——決定論の誤謬、適応の普遍性と行動の多様性、淘汰圧の熾烈さ、戦争の性質——に答えた。結論からいえば、人間に戦争をする本性があるという事実が、人間が戦争を不可避に行うという結論を含むわけではない。つまるところ、古典的な「殺人ザル仮説（killer ape hypothesis）」をこえて、進化政治学者は、環境的要因、戦争適応の条件性、その他、さまざまな観点を考慮した戦争論を提示しているのである。

第2節　本研究のインプリケーション

（1）コンシリエンス——自然科学と社会科学の統合

　第一は自然科学と社会科学の統合、すなわち方法的革新を目指した文理融合の学際的知見の創出である。政治学がさらなる発展を遂げるためには、自らの狭い専門分野に固執するのではなく、哲学、脳科学、進化論といった多様な学問の知見を総動員して、既存のパラダイムの限界を克服する創造的研究を生みだす必要がある。このことを、有力な生物学者エドワード・ウィルソン（Edward O. Wilson）はコンシリエンス（consilience）と呼んだが、本研究はその一つの試論である*1。

（2）合理性仮定のパラダイムシフト

　第二は政治学、広義には社会科学の主流派方法論的仮定である、ミクロ経済学的合理性へのオルタナティブの提示である。本研究では、既存の社会科学理論（ネオリアリズム、ネオリベラリズム、ゲーム理論、合理的選択理論、ミクロ経済学理論等）がしばしば依拠する合理性仮定、すなわちミクロ経済学的合理性へのオルタナティブとなる、生態学的合理性（ecological rationality）——現代における人間の心の仕組みが形成された時代・場所、すなわち狩猟採集時代における合理性——という人間の心理メカニズムに基づいた合理性仮定を紹介した*2。

　生態学的合理性は、ミクロ経済学的合理性への強力なアンチテーゼとなる。前述したように、部族主義などの心理メカニズムはしばしば現代世界では非合理的な帰結を生みだすが、ネオリアリズムや合理的選択理論では、それらは単なる逸脱事象として扱われ、その原因や因果メカニズムの探求はそもそも目指されない。しかしこうした非合理的事象にも一定の因果性があり、それらが国際政治に重要な影響を及ぼしているならば、このような点を科学的に探究することが不可欠であろう。進化政治学の一つの学術的意義は——経済学においては進化経済学がそうであるように——まさにそれを実践することにある。すなわち進化政治学は、現代世界では一見非合理的な心の仕組みが実は、狩猟採集時代には祖先の生存や繁殖に寄与する合理的なものであったことを明らかにして、社会政治現象にかかる重要な因果メカニズムを浮き彫りにするのである。

（3）認知バイアスの陥穽

　第三は、政策決定者に対する認知バイアスの陥穽の指摘である。国家の指導者は政策決定過程において、進化過程で備わった様々な認知バイアスの陥穽に留意する必要がある。たとえば、楽観性バイアス（optimism bias）はアメリカの政策決定者に、中国の脅威を自国の圧倒的な軍事力で抑え込めると過信させるかもしれない*3。こうしたバイアスの陥穽を防ぐためには、悪魔の代弁者（devil's　advocate）を任用するなどして、新たな政策決定構造を構築する必要がある。

　加えて鏡写しの論理であるが、指導者は他国の政策決定者が合理的アクターでない可能性を考慮にいれ、戦略を形成する必要がある。たとえば、我々はイランや北朝鮮の指導者がなぜ瀬戸際外交を続けるのか、なぜアメリカはなぜヴェトナム戦争の泥沼にはまったのか、あるいはなぜ日本はコストのかかる日中戦争をエスカレーションさせたのかと疑問に思うが、それはあくまで人間の心をブランクスレート（blank　slate）——最初は白紙

状態でその人が後天的に情報を書き込めるという考え方、タブラ・ラサ（Tabula rasa）とも同義——とみなす、ミクロ経済学的合理性仮定に立つ際に浮上するパズルである＊4。それに対して、前述した生態学的合理性を踏まえた進化政治学は、指導者が損失に際してリスクを追求したり、サンクコストを回収するためコミットメントをエスカレーションさせたりすることを説明・予測できる＊5。

つまるところ、進化過程で人間はサンクコストを回収するためにコミットメントをエスカレーションさせたり、勝ち目がないと分かっていてもリスクを冒してイチかバチかの開戦に踏み切ったりする心理メカニズムを備えるに至っており、こうした生得的なバイアスを理解することが、より良い政策決定には不可欠なのである。

（4）人間本性リアリズム

第四のインプリケーションは、第一イメージ（first image）に立つリアリスト理論に対するそれである。本書では進化政治学に基づき、リアリスト理論を第一イメージ、特に人間本性の視点から科学的実在論（scientific realism）に基づいて科学的に強化することを試みた。このことには進化政治学に基づいて、人間本性をめぐる古典的リアリズムの豊かな国際政治思想（ナショナリズム、権力政治などをめぐるもの）を、実在論的な意味での科学的根拠を備えた形で再興するというインプリケーションが見込まれる＊6。つまるところ、攻撃的リアリストのジョン・ミアシャイマー（John J. Mearsheimer）が古典的リアリズムを人間本性リアリズム（human nature realism）と呼んでいることが示唆しているように、古典的リアリズムにとって、進化政治学が明らかにする人間本性論を取りいれることは不可欠なのである＊7。

ネオリアリズムが国際政治学者の間に普及するにつれて、古典的リアリズムはその思想性が故に非科学的であると批判されるようになった。ネオリアリストは、第一イメージに着目した理論は非科学的であると考えて——「人間の本性が邪悪だから戦争が起きる」という説明はトートロジカルである——、第三イメージ（third image、国際システム要因）を重視する理

論研究を進めてきたのである。

　こうしたネオリアリズムをはじめとする第三イメージを重視する現代リアリスト理論研究に対して、セイヤー、ドミニク・ジョンソン（D. D. P. Johnson）、ジェニファー・ステーリング＝フォーカー（Jennifer Sterling-Folker）といった先駆的なリアリストは、近年の進化政治学の発展を踏まえて、人間本性を分析射程から捨象するのはむしろ非科学的であると主張している。すなわち彼らが論じるところによれば、古典的リアリストが思想的に論じてきた人間本性論は、進化過程で備わった心理メカニズムの所産として科学的に捉え直せるのである*8。

　たとえば古典的リアリズムの泰斗マキャベリ（Niccolo Machiavelli）は、対外政策決定におけるナショナリズムの重要性を歴史学的アプローチから思想的に論じてきたが、実在論的視点によれば、我々は進化政治学が明らかにする部族主義の心理メカニズムを踏まえることで、こうした古典的リアリストの豊かな現実主義思想を非科学的と排除することなく、科学的に精緻化し再興できるのである*9。

　つまるところ、人間本性を分析射程から捨象するネオリアリズムは、標準社会科学モデルの陥穽（心の問題を分析射程から捨象するという研究上の誤謬）に陥っており、人間本性を実在論的な意味での科学的根拠が備わった形で再び導入した、第一イメージに立つリアリスト理論が必要とされている。本書の一つの重要なインプリケーションは、進化政治学を国際政治研究に応用して、こうした第一イメージ（この際、特に人間本性）に立つリアリスト理論研究の一つの試論を提示したことにある。

（5）科学哲学の科学的実在論

　第五のインプリケーションは、科学哲学の科学的実在論（scientific realism）に基づいた国際政治研究に対するそれである*10。近年、科学的実在論に基づいた国際政治研究が擡頭している。科学的実在論はミアシャイマー、ウォルト、アレクサンダー・ウェント（Alexander Wendt）、ベネットをはじめとする有力な国際政治学者が支持する科学哲学の重要な学説であり*11、理論系の主要学術雑誌の一つ *Millennium* でその特集が組ま

れていることが示唆するように、科学的実在論は数ある科学哲学の学派の中でも、国際政治学の方法論を発展させる上で特に有益なものとされている*12。しかし一部の例外を除けば、依然として国際政治学者は、科学的実在論という科学哲学テーゼに依拠した、新たな社会科学方法論や国際政治理論を生みだすには至っていない*13。

そこで本書は、科学哲学で長きにわたり圧倒的な影響力を誇り、国際政治学でもジョン・ミアシャイマー（John J. Mearsheimer）やアンドリュー・ベネット（Andrew Bennett）といった有力な理論家に支持されている科学的実在論（より具体的にはそれに由来する多元的実在論という方法論モデル）に基づいて*14、進化的リアリズムの論理を哲学的に基礎づけた*15。リアリスト・リサーチプログラムは、科学的実在論に依拠することで、ポストモダニズム（批判理論・非実証主義的コンストラクティヴィズムなど）からの批判——客観・中立的な理論研究は不可能である——を克服可能になろう*16。

第3節　本研究に想定される批判

以下、本書に想定される批判・疑問——①仮説の新奇性（novelty）、②理論の目的、③観察可能性——を科学哲学の科学的実在論の立場から検討する。

（1）仮説の新奇性——既知の現象に対する新たな理論的説明の付与

第一に想定される疑問や批判は、本書が構築した、進化行動モデル、進化的リアリズム、戦争適応仮説等から導きだされる諸仮説は、既存の政治学的研究のそれと実質的に変わらないため、本研究に学術的意義は見いだせないのではないかというものである。こうした批判はたとえば、指導者がナショナリズムを操作して戦争を引き起こすことや、指導者が過信に駆られて攻撃的政策をとることは、これまでも研究者にしばしば言及されてきたので、本書の理論的主張には新奇性がないのではないか、といった形をとろう。このような批判に対して、筆者は科学的実在論の価値論テーゼ（科学・理論の目的・意義は何かを問うもの）によれば、本研究には以下の学術的意義を見いだせると考えている。

　科学的実在論によれば、科学的探究の中で生みだされる理論の意義は、「観察不可能な部分も含めて、近似的真理へ漸進的に接近していくこと」となる。そしてこのことはたとえば、①現象のミクロファンデーション（理論の科学的裏付け）を現在の科学技術の制約の中で、可能な限り掘り下げて詳細に解明する｛エルスター（John Elster）の因果メカニズム*17、チャクラヴァティ（Anjan Chakravartty）の半実在論（semi realism）*18、サモン（Wesley C. Salmon）の因果モデル*19・至近要因からの説明*20など｝、②諸現象の因果構造に統一的説明を与える（キッチャーの統合化モデル*21・究極要因からの説明*22など）、といったことにより可能になる*23。

　このことに鑑みると進化的リアリズムには、①既存の国際政治理論のミクロファンデーションとなる心理メカニズムを扱う（たとえば、ナショナリズムのミクロファンデーションとなる部族主義の心理メカニズムを扱う）、②既存の国際政治理論に進化論的視点から統一的説明を与える（たとえば誤認識という概念に、楽観性バイアスという進化論的視点から統一的説明を与える）といった学術的意義を見いだせよう。

　また上記と関連する疑問や批判には以下のものが想定される。すなわちそれは、進化的リアリズムを例示するために潜在的に行われうる事例研究は、新奇な歴史的事実を発掘しようとするものでなく、既知の現象に新奇な理論的説明を与えようとするものだが、こうしたタイプの事例研究にはいかなる学術的意義があるのだろうか、というものである（こうした事例研究は次著で体系的に行う）。このような問いに対して、筆者はこうしたタイプの事例研究の学術的意義は、使用新奇性（use novelty）という科学哲学の学説により裏付けられると考えている*24。使用新奇性とは、イムレ・ラカトシュ（Imre Lakatos）の系譜を継ぐ構造実在論者のエリ・ザハール（Elie Zahar）、ジョン・ウォラル（John Worrall）らが生みだした理論評価に関するメタ理論的基準のことを指す*25。使用新奇性が含む重要なエッセンスは、分析対象となる現象の存在に気がつくことと、その現象に理論的説明が与えられることは別問題であり、理論は構築時点で既知の現象を予言・説明することによっても確証を得られるということである。

　たとえば原子論（atomism）はブラウン運動の存在を予言・説明するが、

ブラウン運動の存在それ自体は以前から知られていた。あるいは、水星の近日点移動がニュートン力学（Newtonian mechanics）で説明できない逸脱事例であることは以前から知られていたが、こうした現象を実際に予言・説明して、それに理論的説明を与えたのはアインシュタイン（Albert Einstein）の一般相対性理論（general theory of relativity）であった。このように考えていくと、科学史における原子論や一般相対性理論の重要な意義の一つに、「既知の現象に対する新奇な理論的説明の付与」、というものがあることが理解できる。こうした意義のことを使用新奇性というのである。

　上記の原子論や一般相対性理論と同じことが、進化的リアリズムにも当てはまる。たとえば指導者がしばしば排外的ナショナリズムを駆りたてて、国民から政治的支持を調達しようとすることは、国際政治学者の間で広く知られている。しかしこうした事実に対して、これまで国際政治学者は部族主義の視点から科学的説明を与えることはなかった。これに対して、進化政治学はそれを行い、ナショナリズムがしばしば戦争をもたらす論理について新奇な理論的説明を提供するのである。

　つまるところ学術研究においては――自然科学であれ社会科学であれ――、新たな事実の発見だけが重要なわけではない。なぜなら、ある現象が知られているということと、それに新たな理論的説明が与えられるということは別問題であり、後者を通じて我々は当該現象に対する理解を深められるからである。

（2）理論の目的――科学的実在論論争

　第二に想定される批判は、本書が前提としている理論観それ自体の妥当性を問うものである。すなわちそれは、理論はそもそも現実を説明するための単なる道具ならば、それがフィクションであることが、その分析道具としての有用性と引き換えに許されるのではないか、というものである。こうした批判は――批判者がどこまで自覚的か否かは定かでないが――科学的実在論と対抗関係にある反実在論（anti-realism）、その中でも特に、理論を説明のための道具とみなす道具主義（instrumentalism）により擁護

されよう＊26。

　科学的実在論がそうであるように、道具主義も多くの社会科学者により
自覚的・非自覚的に支持されている。経済学者ミルトン・フリードマン
（Milton Friedman）が理論における仮定の誤謬を擁護していることは広く
知られているが＊27、国際政治学ではたとえばイバー・ニューマン（Iver B.
Neumann）が理論をメタファーとみなすことを提案しており＊28、パトリ
ック・ジャクソン（Patrick Thaddeus Jackson）は「理念型はその真偽如何
にかかわらず実践上、有益である」と主張している＊29。またネオリアリ
ズムの提唱者ケネス・ウォルツ（Kenneth Neal Waltz）が暗黙裡に道具主
義に依拠していることは＊30、コリン・ライト（Colin　Wight）をはじめと
する国際政治理論家が指摘しているところである＊31。

　こうした道具主義的な科学観・理論観からは本書に対して、既存の国際
政治理論は既に分析道具として十分機能しているので、わざわざ自然科学
的知見によりそれらを科学的に強化する必要はない、重要なのは理論のミ
クロファンデーションを探究したり、それに科学的裏付けを与えたりする
ことではなく、むしろ社会政治現象をよりよく説明できる分析道具を生み
だすことである、といった批判が想定されよう。こうした点について、フ
リードマンは実に明確な主張をしている。

　　　真に重要かつ有意義な仮説は、現実をきわめて不正確にしか反映し
　ていない「仮定」を付随するものであることに気がつくであろう……
　理論の「仮定」について問うべき妥当な質問は、それらが記述的に
　「現実的」であるか否かではなく──なぜならそのような仮定は決し
　て存在しない──目先の目的に鑑みて優れた模倣として十分か否かで
　ある。そしてこの質問に答える唯一の方法は、理論が機能するか否か、
　すなわちそれが十分に正確な予測を生むか否かを見極めることであ
　る＊32。

　したがって、道具主義という科学的実在論に対抗する立場に立つ場合、
残念ながら本書の研究目的──重要だが科学的根拠を欠く既存の国際政治

研究に実在論的な意味での科学的裏付けを与える——それ自体に意義を見いだすことは難しい。つまるところ、本書が前提としている「科学」や「理論」は科学的実在論に依拠するときのものであり、それは道具主義に依拠するときの「科学」や「理論」とはその意味や内容が大きく異なる。これは国際政治学のパラダイムでリアリズムとリベラリズムのいずれを支持するのか、あるいは社会科学の方法論で定量研究と定性研究のいずれを支持するのか、といった問題と同じく、学者の研究への基本的な態度を規定する根源的な問題なのである*33。

（3）観察可能性——検出と最善の説明への推論

第三に想定される批判は以下のようなものである。すなわち、本書では進化や脳内バイアスといった観察不可能なものを措定して議論を進めているが、なぜこうした経験的に検証不可能なものの存在を所与として、理論を構築できるのだろうか。このような批判はたとえば、なぜ我々が直接観察できない進化的適応環境における戦争の性質を推論できるのか、あるいは、なぜ第一次世界大戦前のドイツで普及していた排外的ナショナリズムが、人間に備わっている部族主義の心理メカニズムの産物だと推論できるのか、といった形をとろう。

こうした疑問や批判に対して、科学的実在論の視点からは少なくても二つの答えが与えられる。一つ目の答えは、検出（detection）という考え方に基づいたものである。研究者は対象を直接観察できなくても、何らかの道具や手段（実験装置、考古学的証拠、統計学的根拠など）でそれにアクセスできれば、その性質について一定の実在論的な評価を下せる——すなわち世界の近似的真理に近づける——。このことを科学的実在論者は検出、操作、介入といった概念で理解している*34。日本における有力な科学的実在論者の戸田山和久の言葉を借りれば、「検出を通して世界の具体的構造と相互作用することを通してモデルはつくられ、受容される」のである*35。

こうした考え方を国際政治学に敷衍すれば、たとえば実際に進化的適応環境（狩猟採集時代）を観察しなくても、アナーキーの悲惨さを裏付ける考古学的証拠や統計学的証拠〔たとえば、スティーブン・ピンカー

（Steven Arthur Pinker）の「暴力の衰退（decline of violence）」論*36〕を通じて近似的真理に接近できるならば、リアリズムのホッブズ的アナーキー観が妥当であると推論することに問題はないということになる。

　二つ目の答えは、最善の説明への推論（IBE: Inference to the Best Explanation、以下 IBE と記す）に基づいたものである*37。IBE は、（1）これまでに分かっている事柄からは説明のつかない新奇な現象Eが生じている、（2）仮説Hを仮定すれば現象Eがうまく説明できる、（3）仮説H以外に今のところ現象Eを説明できるより良い仮説がない（HはEを説明する他の仮説のどれよりも良くEを説明する）という前提から、（4）仮説Hは他のどの仮説よりも真理に近いだろう、という結論を導く推論である*38。

　こうした推論によれば、任意の仮説の妥当性は、複数の仮説のうちそれが相対的にどれだけ優れているかにより判断されることになる。たとえば、たとえ歴史上のアクターの脳内を経験的に観察できなくても、当該アクターが排外的ナショナリズムに熱狂したことの原因に関する複数の説明のうち、部族主義の心理メカニズムによる説明が最善の説明であれば、それに排外的ナショナリズムの原因を帰することは実在論的には妥当なのである*39。

　実際、検出や IBE は、人間の生命・健康にかかわるが故、科学的根拠が特に求められる医療現場で暗黙裡に用いられている。たとえば、臨床心理学者は必ずしも脳画像や脳波などを見ず、カウンセリングで患者が鬱病か否かを判断して、SSRI をはじめとする抗うつ剤を処方する。あるいは、内科医はしばしば血液検査などの精密な検査をせず、臨床で判断できる症状から患者が風邪か否かを判断して薬剤を処方する。ここにおいて脳画像や血液検査といった高次の検出は、患者の病状の原因を探り当てるための一手段に過ぎない。こうしたコストや手間のかかる精密な検出手段を講じなくても、医師はしばしば臨床というより低次の検出手段により（体温計で観測される熱、喉の腫れ、咳の頻度など）、何らかの形で病気を示唆する証拠が見てとれれば病状に関する診断を下す。

　換言すれば、ここで医師は意識的か否かは別として、カウンセリングや臨床といった検出行為を通じて、自らが世界の因果構造（この際、患者の

病気にかかるそれ）とコンタクトを取ったと判断して、病状の診断を下している。この際、彼は病状の原因となる複数の可能な説明のうち、最善の説明を選びとり、それに従って治療法を選定している。これと同じことが実在論的にいえば、国際政治学者がアナーキーの性質を推論したり、ナショナリズムと戦争の問題を分析したりする時にもいえるのである。

仮に研究においてこの種の帰納的推論すら許されないならば、我々は終わりのない懐疑主義や何でもあり（anything goes）の相対主義*40に陥り、現実世界を分析したり、そこを実際に生き抜いたりすることはできなくなってしまうだろう。つまるところ、科学的実在論はこうした問題を抱えるポストモダニスト的主張へのアンチテーゼを提供してくれるのである。

第4節　今後の研究課題

もっとも、本書では紙幅の都合上、論じきれなかった三つの研究課題がある*41。第一は本書で提示した戦争適応仮説が十分に説明しきれていない——本書では主に戦争が進化する上での淘汰圧の一式およびその理論的・経験的証拠を提示した——、戦争に関する適応の中身——部族主義、自己欺瞞、憤りのシステム等——を理論的に考察することである。このことは実質的には、『進化政治学と国際政治理論』で構築し多くの国内外の学会で発表してきた三つの中間レベルのリアリスト理論——ナショナリスト的神話モデル、楽観性バイアスモデル、怒りの報復モデルの各々——を実在論的に強化・洗練することを意味する*42。

第二は、進化的リアリズムが依拠する方法論モデルである、多元的実在論という科学的実在論に基づいた社会科学方法論モデルを強化・洗練することである*43。多元的実在論は、社会科学理論家がシニカルな相対主義に陥ることなく、理論的多元主義を擁護した形で、世界の近似的真理に漸進的に接近可能な理論を構築できることを示すものである。前著で構築したこのモデルに想定される諸批判を克服することが、ここでの中心的テーマとなる。

第三は、上記の進化的リアリズムに由来する三つのモデル各々について、

経験的な事例研究を行うことである。前著が刊行されてから、幾度となく国内学会の学会にてこれらリアリストモデルにかかる事例研究を提示してきた*44。その過程で、独ソ戦、第一次世界大戦、ヴェトナム戦争など、本質的に重要な歴史的な事例について、科学的実在論に基づいて進化政治学の視点から新奇な理論的説明が与えられることが確認されてきた（使用新奇性）。次著ではこうした経験的な研究にも、より多く従事する。

結語――啓蒙を通じた平和と繁栄

　最後に、本書の主張を短くまとめて筆をおさめたい。なぜ人間は戦争をするのだろうか、という究極的な問いをめぐり、これまで社会科学では一つの誤った発想が中心的なドグマとなっていた。それは、「戦争は人間の本性とはかかわりがない」という考え方である。このルソー的なドグマは翻って、「戦争は学習された産物である」、「戦争は西欧文明の退廃さにより引き起こされる」、「人間は本性的には平和的である」といったおなじみの命題に派生していく。さらにはこのルソーの「高貴な野蛮人（noble sarage）」説*45に、ロックのブランク・スレート説*46、デカルトの「機械のなかの幽霊（ghost in the machine）」説*47が加わり、戦争が人間本性に由来するという主張を否定しがちなアカデミアの風土が形成されてきた。実際、戦争は人間本性に由来するという古典的リアリスト（ホッブズ、モーゲンソー等）の先見的な洞察にもかかわらず、1970年代以降行動論が台頭する中で、国際政治学はより道具主義的な意味で「科学的」な理論を目指して、人間本性論を拒絶するに至ったのである。

　しかし、進化論や脳科学といった自然科学の進展を受けて、こうした社会科学のセントラルドグマが〔標準社会科学モデル（standard social science model）と呼ばれるもの〕、実は逆に実在論的な意味で「非科学的」だったことが明らかになってきた*48。本書で論じてきたように、この標準社会科学モデルは、戦争と平和各々の原因について、これまで社会科学者が実在論的な意味で正しい解に到達することを妨げてきた。このことを体系的に主張しているのが進化政治学――進化論的知見を政治学に応

用した学問——であり＊49、本書ではこの進化論に根差した新たな政治学に基づいて、戦争と平和について、実在論的な意味で科学的根拠を備えた説明を提示することを試みた。

そこで、最後に、なぜこれまで社会科学者は、戦争原因を人間本性に帰することを躊躇してきたのだろうか、という点に再び言及することで本書を終えることにしたい。この点は本書でこれまでも何度も論じてきたことだが、重要であるので、そのエッセンスに焦点を当てた形で振りかえることとにする。

第一には上述したことだが、科学的知見をめぐる時代の制約により、人間本性の視点から戦争を科学的に分析するのが困難だったという点が挙げられよう。マキャベリ、ホッブズ、モーゲンソー、ニーバー、これら現実主義政治思想のレジェンドたちはみな、人間には権力を求める性があり、こうした本性が戦争の真の原因だと主張してきた＊50。今からみれば、こうした御大の主張は正しかった。しかしそれが科学的に正しいと社会科学が言えるようになるには、進化心理学や脳科学の進展を待たなければならなったのである。

第二は、道徳主義的誤謬（moralistic fallacy）の問題とかかわる。自然主義的誤謬と逆にベクトルの誤りに、道徳主義的誤謬があり、この誤謬は、ハーバード大学の微生物学者バーナード・デイビス（Bernard Davis）が1970年代に提示したものである＊51。道徳主義的誤謬は自然主義的誤謬とロジックが逆であり、それは「であるべき（ought）」から「である（is）」を導きだす誤謬を指す。すなわち、「こうあるべきだから、こうなのだ」と主張する推論の飛躍を指すのである。

道徳主義的誤謬とは、こうあるべきであるという規範から、特定の学説を導きだそうとする、推論上の誤りのことを指す。俗な言葉で端的にいえば、「人間に戦争を望む本性がある」という主張は、社会においてタブーだったのである。なぜなのか。それは多くの人が、人間本性は暴力的であるべきでない（ought）と考え、こうした願望や規範を実証命題（is）に投影し、誤った推論——この際、「人間は本性的には戦争を望まない」——を導きだしてきたからである。ハーバード大学の心理学者ピンカーが的確

に述べているように、「暴力の場合の『正しい答』とは、暴力は人間の本性とは無関係であり、外部の有害な要素の影響による病的な状態」、すなわち「文化が教える行動であるか、一定の環境に蔓延する伝染性の病気である」というものだったのである＊52。

　本書では、こうした「戦争は人間の本性とはかかわりがない」というピンカーが社会科学のセントラルドグマと呼ぶものが誤りであるばかりでなく、実に危険なものであるという問題意識を抱いている。なぜなら、実在論的な意味で科学的に誤った学説に基づいた政策処方箋は、不完全あるいは誤ったものになる可能性が高いからである。合理性を前提として高度な論理体系で策定された米国のヴェトナム戦争戦略が、無残に失敗したことはその証左であろう。この際、指導者の過信、ヴェトナム兵のトライバリズムなどを戦略策定における変数として考慮すべきだったのである。

　それゆえ本書の重要な政策的なインプリケーションは、平和を実現するためには、戦争の真の原因――すなわち人間本性――から目をそらさずに、それを真摯に議論する必要があるということである。いくら平和に向けた聞こえのよい楽観主義を唱えても、脳に刻み込まれた暴力に向けた様々なプログラムを理解しない限り、人類の進歩を現実的に達成することはできない。カントが世界平和の達成への方途を示しつつ、同時にその困難さを自覚していたのは、このことを直感的に理解していたからであろう。

　合理的客観主義、「暴力の衰退」説、あるいはリベラル啓蒙主義によれば、人間本性の暗黒の部分は、狩猟採集時代から現代にかけて変化しておらず、変化したのは環境（教育、国際制度、中央集権政府の成立等）であり、それが人類史上の平和的進展をもたらした。したがってその論理的帰結として、後者により前者をいかに抑制するかという啓蒙主義的なテーマが、人類の幸福と繁栄を推進していく上での中心命題となるのである＊53。このことは次著でくわしく論じたい。

註
＊1 エドワード・O・ウィルソン（山下篤子訳）『知の挑戦――科学的知性と文化的知性の統合』（角川書店、2002年）。

＊2 J. Tooby and L. Cosmides, "Evolutionary Psychology, Ecological Rationality, and the Unification of the Behavioral Sciences," *Behavioral and Brain Sciences*, Vol. 30, No. 1 (February 2007), pp. 42-43; J. Tooby and L. Cosmides, "Better Than Rational: Evolutionary Psychology and the Invisible Hand," *American Economic Review*, Vol. 84, No. 2 (May 1994), pp. 327-332.

＊3 伊藤隆太「過信のリアリズム試論——日ソ中立条約を事例として」『国際安全保障』第44巻第4号（2017年3月）58～73頁。研究者により使用する用語や定義は異なるが、楽観性バイアス、自己欺編（self-deception）、過信（自信過剰）などが含むところは概して類似している。D. D. P. Johnson et al., "Overconfidence in Wargames: Experimental Evidence on Expectations, Aggression, Gender and Testosterone," *Proceedings of the Royal Society of London B: Biological Sciences*, Vol. 273, No. 1600 (October 2006), pp. 2513-2520; D. D. P. Johnson "Leadership in War: Evolution, Cognition, and the Military Intelligence Hypothesis," in David Buss, ed., *The Handbook of Evolutionary Psychology, Vol. 2: Integrations* (Hoboken, N.J.: John Wiley and Sons, 2015), pp. 732-733; D. D. P. Johnson, Nils B. Weidmann, Lars-Erik Cederman, "Fortune Favours the Bold: An Agent-Based Model Reveals Adaptive Advantages of Overconfidence in War," *Plos One,* Vol. 6, No. 6 (June 2011), e20851; Robert Trivers, *Deceit and Self-Deception: Fooling Yourself the Better to Fool Others* (London: Allen Lane, 2011); シェリー・E・テイラー（宮崎茂子訳）『それでも人間は、楽天的な方がいい——ポジティブ・マインドと自己説得の脳科学』（日本教文社、1998年）；スティーブン・ピンカー（幾島幸子・塩原通緒訳）『暴力の人類史』下巻（青土社、2015年）247～252頁；ターリ・シャーロット（斉藤隆央訳）『脳は楽観的に考える』（柏書房、2013年）。なお楽観性バイアスという用語は、Neil D. Weinstein, "Unrealistic Optimism About Susceptibility to Health Problems: Conclusions from a Community-Wide Sample," *Journal of behavioral medicine*, Vol. 10, No. 5 (October 1987), pp. 481-500 に由来する。

＊4 こうした点は、伊藤隆太『進化政治学と国際政治理論—人間の心と戦争をめぐる新たな分析アプローチ』（芙蓉書房出版、2020年）第2章を参照。

＊5 たとえば、Bradley A. Thayer, "Thinking About Nuclear Deterrence Theory: Why Evolutionary Psychology Undermines Its Rational Actor Assumptions," *Comparative Strategy*, Vol. 26, No. 4 (October 2007), pp. 311-

323; Jeffrey W. Taliaferro, *Balancing Risks: Great Power Intervention in the Periphery* (Ithaca, N.Y.: Cornell University Press, 2004). を参照。

＊6　ここで想定している古典的リアリズムはたとえば、Reinhold Niebuhr, *The Nature and Destiny of Man: A Christian Interpretation*, 2 vols. (New York: Charles Scribner's Sons, 1941, 1943); Reinhold Niebuhr, *Faith and History: A Comparison of Christian and Modern Views of History* (London: Nisbet, 1938); Reinhold Niebuhr, *The Children of Light and the Children of Darkness: A Vindication of Democracy and a Critique of Its Traditional Defence* (New York: Charles Scribner's Sons, 1944); Reinhold Niebuhr, *Christianity and Power Politics* (New York: Charles Scribner's Sons, 1940); Hans Morgenthau, *Scientiac Man vs. Power Politics* (Chicago: University of Chicago Press, 1946); Hans J. Morgenthau, *Politics among Nations: The Struggle for Power and Peace*, 5th rev. ed. (New York: Knopf, 1978)を参照。

＊7　ジョン・J・ミアシャイマー（奥山真司訳）『大国政治の悲劇——米中は必ず衝突する』（五月書房、2007年）。

＊8　Jennifer Sterling-Folker, "Realism and the Constructivist Challenge: Rejecting, Reconstructing, or Rereading." *International Studies Review*, Vol. 4, No. 1 (Spring 2002), pp. 73-97; Thayer, "Bringing in Darwin"; and D. D. P. Johnson, and Bradley A. Thayer, "The Evolution of Offensive Realism," *Politics and the life sciences*, Vol. 35, No. 1 (Spring 2016), pp. 1-26.

＊9　ニッコロ・マキァヴェッリ（永井三明訳）『ディスコルシ——ローマ史論』（筑摩書房、2011年）。

＊10　Stathis Psillos, *Scientific Realism: How Science Tracks Truth* (London: Routledge, 1999); Anjan Chakravartty, A Metaphysics for Scientific Realism: Knowing the Unobservable* (Cambridge: Cambridge University Press, 2007); 戸田山和久『科学的実在論を擁護する』（名古屋大学出版会、2015年）。

＊11　John J. Mearsheimer and Stephen M. Walt, "Leaving Theory Behind: Why Simplistic Hypothesis Testing Is Bad for International Relations," *European Journal of International Relations*, Vol. 19, No. 3 (September 2013), pp. 427-457; Alexander Wendt, *Social Theory of International politics* (Cambridge: Cambridge University Press, 1999); Andrew Bennett, "The Mother of All Isms: Causal Mechanisms and Structured Pluralism in International Relations Theory," *European Journal of International*

Relations, Vol. 19, No. 3 (September 2013), pp. 459-481; 田中マリア「批判的・科学的実在論からみる国際秩序の形態生成——シルクロード経済ベルト（科学的実在論 EB）とアジアインフラ投資銀行（AIIB）の変革的インパクトを事例として」2017年度日本国際政治学会研究大会分科会B-3（2017年10月27日）。

*12 Jonathan Joseph, "Forum: Scientific and Critical Realism in International Relations: Editors' Introduction Philosophy in International Relations: A Scientific Realist Approach," *Millennium*, Vol. 35, No. 2 (March 2007), pp. 343-344. 科学的実在論と国際政治学をめぐる体系的な論文集は、Jonathan Joseph and Colin Wight, *Scientific Realism and International Relations* (Basingstoke: Palgrave Macmillan, 2010)を参照。科学的実在論を国際政治学に導入することへの批判は、Fred Chernoff, "Scientific Realism as a Meta-Theory of International politics," *International Studies Quarterly*, Vol. 46, No. 2 (June 2002), pp. 189-207 を参照。同批判への科学的実在論の視点からの再批判は、Colin Wight, "A Manifesto for Scientific Realism in IR: Assuming the Can-Opener Won't Work!" *Millennium*, Vol. 35, No. 2 (March 2007), pp. 379-398 を参照。

*13 例外的な先駆的研究は、Bennett, "The Mother of All Isms," pp. 459-481 を参照。

*14 Mearsheimer and Walt, "Leaving Theory Behind"; Bennett, "The Mother of All Isms," pp. 459-481.

*15 多元的実在論という社会科学方法論モデルそれ自体は、伊藤『進化政治学と国際政治理論』を参照。紙幅の都合上、このモデルそれ自体のさらなる再考は次著に譲る。

*16 Ryuta Ito, "Reconstructing Positivist Methodology in IR Through Scientific Realism: How to Defend Theoretical Pluralism Without Falling into the Trap of Relativism," paper presented at the 2019 annual convention of the International Studies Association, Toronto, Ontario, pp. 1-15; 伊藤隆太「国際関係理論と事例研究——新たな方法論的枠組みの構築に向けて」『法学研究』第92巻1号（2019年1月）379～404頁。

*17 John Elster, Explaining Technical Change: *A Case Study in the Philosophy of Science* (Cambridge: Cambridge University Press, 1983), pp. 23-24. なおミクロ的基盤はミクロファンデーション（microfoundation）と同義である。

＊18 Chakravartty, *A Metaphysics for Scientific Realism.*

＊19 Wesley C. Salmon, *Scientific Explanation and the Causal Structure of the World* (Princeton: Princeton University Press, 1984).

＊20 至近要因は「その行動が引き起こされている直接の要因は何か」を問うものである。Niko Tinbergen, "On Aims and Methods of Ethology," *Animal Biology*, Vol. 55, No. 4 (December 2005), pp. 297-321.

＊21 Philip Kitcher, "Explanation, Conjunction, and Unification," *The Journal of Philosophy*, Vol. 73, No. 8 (April 1976), pp. 207-212; Philip Kitcher, "Explanatory Unification," *Philosophy of science*, Vol. 48, No. 4 (December 1981), pp. 507-531; Philip Kitcher, "Explanatory Explanation and the Causal Structure of the World," in Philip Kitcher and Wesley Salmon eds., *Scientific Explanation, in Minnesota Studies in the Philosophy of Science*, Vol. XlII (Minneapolis: University of Minnesota Press, 1989), pp. 410-505.

＊22 究極要因は、「その行動は何の機能があるから進化したのか」を問うものである。Tinbergen, "On Aims and Methods of Ethology."

＊23 理論の徳には簡潔性、豊かさ、数学的エレガントさ、説明力など多様なものがあり、ここで挙げるミクロファンデーションの探求と統合力はそれらの一部に過ぎない。

＊24 ここで使用新奇性を挙げる理由は以下の二点にある。第一に、使用新奇性はこれまで国際政治学者がしばしば利用してきた、ラカトシュのリサーチプログラム（research program）論の流れを汲んだ知見であり、こうした意味において、それは信頼性のある方法論である。第二に、使用新奇性はリサーチプログラム論に内在する欠陥の克服を目指した科学哲学的知見であり、こうした意味において、使用新奇性を国際政治学に導入することには研究上の独創性や先駆性が見込まれる。Imre Lakatos, "Falsification and the Methodology of Scientific Research Programs," in Lakatos and Alan Musgrave, eds., *Criticism and the Growth of Knowledge* (Cambridge: Cambridge University Press, 1970), pp. 132-196.

＊25 Imre Lakatos and Elie Zahar, "Why Did Copernicus' Research Program Supersede Ptolemy's?" in Robert S. Westman, ed., *The Copernican Achievement* (Berkeley: University of California Press, 1975), pp. 375-376; Elie Zahar, "Why Did Einstein's Programme Supersede Lorentz's?(I)," *The British Journal for the Philosophy of Science*, Vol. 24, No. 2 (June 1973), p.

103; John Worrall, "The ways in which the methodology of scientific research programmes improves on Popper's methodology," in Gerard Radnitzky and Gunnar Andersson, eds., *Progress and Rationality in Science* (Dordrechat: D. Reidel, 1978), pp. 48-50.

＊26 「科学的実在論」対「道具主義」という構図については、"Leaving Theory Behind," pp. 432-434; 戸田山『科学的実在論を擁護する』6頁を参照。

＊27 Milton Friedman, *Essays in Positive Economics* (Chicago: University of Chicago Press, 1953); Milton Friedman, "The Methodology of Positive Economics," in Daniel M. Hausman, ed., *The Philosophy of Economics* (Cambridge: Cambridge University Press, 1984), chap. 7.

＊28 Iver B. Neumann, "Beware of Organicism: The Narrative Self of the State," *Review of International Studies*, Vol. 30, No. 2 (April 2004), pp. 259-267.

＊29 Patrick Thaddeus Jackson, "'Hegel's House, or 'People Are States Too'," *Review of International Studies*, Vol. 30, No. 2 (April 2004), pp. 281-287.

＊30 ケネス・ウォルツ（河野勝・岡垣知子訳）『国際政治の理論』（勁草書房、2010年）。

＊31 Wight, "A Manifesto for Scientific Realism in IR especially p. 380.

＊32 Friedman, "The Methodology of Positive Economics," p. 218.

＊33 科学哲学に基づいて、理論家が暗黙裡に抱いているメタ理論的見解を再考することは重要な作業である。たとえば、冷戦終結前後よりウォルツのネオリアリズムは批判にさらされてきたが、ウォルツが暗黙裡に依拠する道具主義とはいかなる哲学的立場なのかを知った上で同理論を批判するのと、それを知らずに単に同理論が冷戦終結を説明できなかったといった理由で同理論を批判するのとでは、科学哲学の観点から議論の学術的なクオリティが全く異なると思われる。

＊34 検出という概念は、Chakravartty, *A Metaphysics for Scientific Realism* に由来する。類似した概念には、操作や介入といったものがある。イアン・ハッキング（渡辺博訳）『表現と介入』（産業図書、1986 年）。こうした科学的実在論の知見は多くの場合、自然科学者の研究態度を観察する中で生まれたものだが、ここでは方法論的自然主義（自然科学と社会科学の連続性を前提とする立場）に立ち、それらを社会科学に敷衍した議論を展開している。

＊35 戸田山『科学的実在論を擁護する』296頁。

＊36　ピンカー『暴力の人類史』。

＊37　戸田山『科学的実在論を擁護する』57〜58頁。IBE はアブダクション
（abduction）とも呼ばれる。米盛裕二『アブダクション―仮説と発見の論理』
（勁草書房、2007年）。アブダクションについては、国際政治学者の保城広至が
優れた説明を提示している。保城広至『歴史から理論を創造する方法――社会
科学と歴史学を統合する』（勁草書房、2015年）特に第3章。

＊38　戸田山『科学的実在論を擁護する』58頁。

＊39　たとえば、Tobias Theiler, "The Microfoundations of Diversionary
Conflict," *Security Studies*, Vol. 27, No. 2 (October 2017), pp. 318-343 を参照。

＊40　P・K・ファイヤアーベント（村上陽一郎・村上公子訳）『自由人のための知
―科学論の解体へ』（新曜社、1982年）。

＊41　それらは本書とセットで執筆し、時期をずらして刊行が予定されているもう
一冊の書籍で議論するテーマである。

＊42　Ryuta Ito, "The Causes and Consequences of Nationalism in International
Politics: A New Realist Theory Based on Psychological and Neuroscientific
Research on Tribalism," paper presented at the the 26th IPSA World
Congress of Political Science, pp. 1-20; Ryuta Ito, "Anger and Aggression in
International Politics: A New Realist Theory Based on Recalibrational
Theory of Anger in Evolutionary Psychology," paper presented at the 2021
annual convention of the International Studies Association, International
Studies Association, pp. 1-30; Ryuta Ito, "Why does Nationalism Cause war?
A New Realist Theory Based on Evolutionary and Neuroscientific Research
on Tribalism," paper presented at the 2021 annual convention of the
International Studies Association, International Studies Association, pp. 1-
31; Ryuta Ito, "Overconfidence and War in International Politics: Toward a
New Realist Theory Based on Optimism Bias in Neuroscience," paper
presented at the 2020 annual conference of the International Studies
Association (ISA-Midwest), pp. 1-20; Ryuta Ito, "The Causes and
Consequences of Anger in International Politics: A New Realist Theory
Based on the Recalibrational Theory in Evolutionary Psychology," paper
presented at the 2020 annual conference of the International Studies
Association (ISA-Midwest), pp. 1-23; Ryuta Ito, "Anger and Status
Competition in International Politics: Application of the Recalibrational

Theory of Anger to International Relations," paper presented at the 2020 annual conference of the International Studies Association (ISA-West), pp. 1-18; Ryuta Ito, "Overconfidence and False Optimism in International Politics: A New Realist Theory Based on Evolutionary and Neuroscientific Findings on Optimism Bias," paper presented at the 2020 annual conference of the International Studies Association (ISA-West), pp. 1-21.

＊43 伊藤『進化政治学と国際政治理論』第 3 章；Ryuta Ito, "Reconstructing Positivist Methodology in IR Through Scientific Realism; 伊藤「国際関係理論と事例研究」。

＊44 Ito, "The Causes and Consequences of Nationalism in International Politics";; Ito, "Anger and Aggression in International Politics"; Ito, "Why does Nationalism Cause war?"; Ito, "Overconfidence and War in International Politics"; Ito, "The Causes and Consequences of Anger in International Politics"; Ito, "Anger and Status Competition in International Politics"; Ito, "Overconfidence and False Optimism in International Politics."

＊45 Jean-Jacques Rousseau, *Discourse upon the Origin and Foundation of Inequality among Mankind* (New York: Oxford University Press, 1755/1994). 高貴な野蛮人説という用語は、17世紀のイギリス文人ジョン・ドライデンの書いた悲劇『グラナダ征服』に由来する。Earl Miner "The Wild Man Through the Looking Glass," in Edward Dudley and Maximillian E. Novak eds., *The Wild Man Within: An Image in Western Thought from the Renaissance to Romanticism* (Pittsburgh: University of Pittsburgh Press, 1972), p. 106.

＊46 ジョン・ロック（大槻春彦訳）『人間知性論 1』（岩波書店、1972年）。スティーブン・ピンカー（山下篤子訳）『人間の本性を考える──心は「空」白の石版」か』上巻（NHK 出版、2004年）24頁も参照。

＊47 ルネ・デカルト（山田弘明訳）『省察』（ちくま学芸文庫、2006年）；Gilbert Ryle, *The Concept of Mind* (London: penguin, 1949), pp. 13-17.

＊48 Jerome H. Barkow, Leda Cosmides, and John Tooby, eds., *The Adapted Mind: Evolutionary Psychology and the Generation of Culture* (New York: Oxford University Press, 1992). See also, David Buss, ed., *The Handbook of Evolutionary Psychology, Volume 1: Foundation* (Hoboken, N.J.: John Wiley and Sons, 2015); Buss, ed., *The Handbook of Evolutionary Psychology*, Volume 2.

＊49 Bradley A. Thayer, "Bringing in Darwin: Evolutionary Theory, Realism, and International Politics," *International Security*, Vol. 25, No. 2 (Fall 2000), pp. 124-151; Bradley A. Thayer, *Darwin and International Relations: On the Evolutionary Origins of War and Ethnic Conflict* (Lexington: University Press of Kentucky, 2004); Anthony C. Lopez, Rose McDermott, and Michael Bang Petersen, "States in Mind: Evolution, Coalitional Psychology, and International Politics," *International Security*, Vol. 36, No. 2 (Fall 2011), pp. 48-83; D. D. P. Johnson and D. Tierney, "The Rubicon Theory of War: How the Path to Conflict Reaches the Point of No Return," *International Security*, Vol. 36, No. 1 (Summer 2011), pp. 7-40；伊藤『進化政治学と国際政治理論』。

＊50 Thomas Hobbes, *Leviathan* (New York: Oxford University Press, 1651/ 1957); Reinhold Niebuhr, *The Nature and Destiny of Man* Niebuhr, *Faith and History*; Niebuhr, *The Children of Light and the Children of Darkness*；Niebuhr, *Christianity and Power Politics*；Morgenthau, *Scientiac Man vs. Power Politics*; Morgenthau, *Politics among Nations*；ニッコロ　マキアヴェッリ（河島英昭訳）『君主論』（岩波書店、1998年）。

＊51 Bernard Davis, "The Moralistic Fallacy," *Nature*, Vol. 272, No. 5652 (1978), p. 390.

＊52 ピンカー『人間の本性を考える（下）』54頁。

＊53 一定の限界はあるが、いくつかの領域においては、逆にこの人間本性を利用してリベラルな目標（社会福祉、再配分その他）を実現することも可能である。こうした点についてはたとえば、ジョナサン・ハイト（高橋洋訳）『社会はなぜ左と右にわかれるのか』（紀伊國屋書店、2014年）を参照。その他、こうしたプロジェクトの重要な先行研究はたとえば、ピンカー『暴力の人類史』；スティーブン・ピンカー『21世紀の啓蒙――理性、科学、ヒューマニズム』全２巻（草思社、2019年）；マッド・リドレー（大田直子・鍛原多惠子・柴田裕之訳）『繁栄――明日を切り拓くための人類10万年史』（早川書房、2013年）；Michael Shermer, *The Moral Arc: How Science Makes Us Better People* (New York: St. Martin's Griffin, 2016)を参照。脳科学や進化論の裏付けを備えた形で構築された、建設的なリベラリズムの実現に向けた規範理論としては、たとえば、グリーンの深遠な実用主義（deep　pragmatism）を参照。ジョシュア・グリーン（竹田円訳）『モラル・トライブズ――共存の道徳哲学へ』（全二巻）（岩波書店、2015年）。

あとがき

　本書を記すにあたっては以下の方々をはじめとして、貴重なご支援・ご指導を頂いた。一部ではあるが、ここにおいて、改めて深い御礼を述べたい。

　大学院での指導教授であった慶應義塾大学の赤木完爾先生とは、今は直接お会いする機会は少なくなったが、筆者の全ての研究には赤木先生から教えていただいた学者としての心構えが深く反映されている。慶應義塾大学の宮岡勲先生からは、ご連絡をさせていただくたびに励ましのメッセージを頂いた。広島大学の永山博之先生からは、日々大学でお世話になっているのみならず、進化政治学の普及にあたって大きなお力添えを頂いている。

　北海道大学の橋本努先生からは、今回は紙幅の関係で扱えなかった進化論に根差したリベラリズム（進化的リベラリズムと呼んでいる）について、ご指導いただいている。拓殖大学学事顧問の渡辺利夫先生とも引き続き、定期的にやり取りをさせていただいており、いつも叱咤激励のメッセージを頂いている。岐阜聖徳学園大学の蔵研也先生からは、進化論に基づいた社会科学の普及や学者としての生き方について、貴重なご助言を頂いている。

　本書の出版元である芙蓉書房出版の平澤公裕社長には、出版関係全般について、深くお世話になっており、プライベートにおいても貴重なご支援を頂いている。感謝の念にたえない。株式会社オンザボード代表の和田憲治氏、プレジデントオンラインの星野貴彦編集長、他関係者の方々には、筆者のメディア上での活動をサポートしていただいている。集英社インターナショナルの佐藤眞氏には、本書と並行して執筆している別の書籍の出版にかかることのみならず、プライベートでも日々激励のメッセージを頂いている。上記は筆者がお世話になっている方々の一部であるが、この場を借りて改めて深い御礼を申し上げたい。

ところで、昨年、『進化政治学と国際政治理論』を出版してから、進化政治学への注目が集まり、その最大の命題であるコンシリエンス——自然科学と社会科学の統合——をめぐって、新たな学会が発足した。それがコンシリエンス学会であり、筆者はその学会長に就いている。コンシリエンス学会では、永山先生、金沢大学の永田伸吾先生（政治学）、東京大学の深野祐也先生（生態学、進化心理学）、東京大学の徳増雄大先生（進化心理学、進化人類学）、国際地政学研究所の奥山真司先生（地政学）、立命館大学の和田悠佑先生（国際関係論）などより貴重なサポートを頂いている。ここにおいて、関係者の方々に改めて厚い御礼を申し上げたい。

　本書の副題には「自然科学と社会科学の統合に向けて」とついているが、これはまさに上記のコンシリエンス学会の至上命題でもあり、より広義には、今後アカデミアが発展していくうえで不可欠なテーマでもある。そして、このコンシリエンスを実現する上で、進化政治学はその最も代表的なフィールドの一つであると考えられる。なぜなら、アリストテレスが述べるように、政治学は元来マスターサイエンスと呼ばれる学際的な分野であり、進化論は諸学を統合する包括的なフレームワークだからである。したがって、コンシリエンスという究極的な目的を達成するためにも、これから進化政治学をさらに普及させなければならないと考えている。なお本書では紙幅の都合上、議論できる量に限界があるため、進化政治学に基づいた歴史的事例の研究、進化政治学に基づいた平和論を、別に二冊まとめることを予定している。

　最後に、家族への御礼を述べたい。両親は、幼少時から今にいたるまで、私が学者として成功するために最大限の支援をしてくれており、感謝の念にたえない。そして最も重要なことに、妻の泉は妊娠中にもかかわらず、本書執筆にあたって、全ての面で献身的なサポートをしてくれた。日々の生活を支えてくれるのみならず、本書の全原稿に目を通して的確なアドバイスをくれ、それらは全て本稿に反映されている。妻は筆者のモチベーションが保たれるように日々激励の言葉をかけ続けてくれた。さらに、この原稿の最終稿の校正をしているさなかの9月18日に、娘の慧が誕生した。ここに、最愛の妻への心より深い御礼を記したい。

主要参考文献一覧

■社会科学関連

Altman, Daniel. "The Strategist's Curse: A Theory of False Optimism as a Cause of War." *Security Studies*, Vol. 24, No. 2 (June 2015), pp. 284-315.

Barany, Zoltan "Superpresidentialism and the Military: The Russian Variant." *Presidential Studies Quarterly*, Vol. 38, No. 1 (2008), pp. 14?38.

Bell, Duncan. "Beware of False Prophets: Biology, Human Nature and the Future of International Relations Theory." *International Affairs*, Vol. 82, No. 3 (May 2006), pp. 493-510.

Blainey, Geoffrey. *The Causes of War*. New York: Free Press, 1973.

Brown, Chris. "Structural Realism, Classical Realism and Human Nature." *International Relations*, Vol. 23, No. 2 (June 2009), pp. 257-270.

Chong, Ja Ian and Todd H. Hall, "The Lessons of 1914 for East Asia Today: Missing the Trees for the Forest," *International Security*, Vol. 39, No. 1 (Summer 2014), pp. 27-30.

Christensen, Thomas J. and Jack Snyder, "Chain Gangs and Passed Bucks: Predicting Alliance Patterns in Multipolarity." *International Organization*, Vol. 44, No. 2 (Spring 1990), pp. 137-168.

Copeland, C. Dale. *Economic Interdependence and War*. Princeton: Princeton University Press, 2014.

―――. "A Tragic Choice: Japanese Preventive Motivations and the Origins of the Pacific War." *International Interactions*, Vol. 37, No. 1 (March 2011), pp. 116-126.

―――. "Neorealism and the myth of bipolar stability: Toward a new dynamic realist theory of major war." *Security Studies*, Vol. 5. No. 3 (1996), pp. 29-89.

Crawford, Neta C. "The Passion of World Politics: Propositions on Emotion and Emotional Relationships." *International Security*, Vol. 24, No. 4 (Spring 2000), pp. 116-156.

DiPrizio, Robert C. *Armed Humanitarians: U.S. Interventions from Northern Iraq to Kosovo*. Baltimore, Md.: Johns Hopkins University Press, 2002.

Engel, J. H. "A Verification of Lanchester's Law." *Journal of the Operations Research Society of America*, Vol. 2, No. 2 (May 1954), pp. 163-171.

Evera, Stephen Van. "Hypotheses on Nationalism and War." *International Security*, Vol. 18, No. 4 (Spring 1994), pp. 5-39.

―――. "Offense, Defense, and the Causes of War." *International Security*, Vol. 22, No. 4 (April 1998), pp. 5-43.

―――. *Causes of War: Power and the Roots of Conflict*. Ithaca, N.Y.: Cornell University Press, 1999.

Fearon, James D. "Rationalist Explanations for War." *International Organization*, Vol. 49, No. 3 (Summer 1995), pp. 379-414.

Fischer, Markus. "Machiavelli's Theory of Foreign Politics," *Security Studies*, Vol. 5, No. 2 (Winter 1995-1996), pp. 248-279.

Freedman, Lawrence. "Stephen Pinker and the Long Peace: Alliance, Deterrence and Decline." *Cold War History*, Vol. 14, No. 4 (October 2014), pp. 657-672.

Freyberg-Inan, Annette, Ewan Harrison, and Patrick James, ed., *Rethinking Realism in International Relations: Between Tradition and Innovation*. Baltimore, Md.: Johns Hopkins University Press, 2009.

Gaddis, John Lewis. "International Relations Theory and the End of the Cold War." *International Security*, Vol. 17, No. 3 (Winter 1992-1993), pp. 5-58.

Robert G. "No One Loves a Political Realist." *Security Studies*, Vol. 5, No. 3 (Spring 1996), pp. 3-26.

————. "The Richness of the Tradition of Political Realism." *International Organization*, Vol. 38, No. 2 (March 1984), pp. 287-304.

————. *War and Change in World Politics*. Cambridge: Cambridge University Press, 1981.

Glaser, Charles L. "Realists as Optimists: Cooperation as Self-Help." *International Security*, Vol. 19, No. 3 (Winter 1994/1995), pp. 50-90.

————. *Rational Theory of International Politics: The Logic of Competition and Cooperation*. Princeton, NJ: Princeton University Press, 20e10.

Gleditsch, Nils Petter et al., "The Forum: The Decline of War." *International Studies Review*, Vol. 15, No. 3 (September 2013), pp. 396-419.

Goddard, Stacie E. and Daniel H. Nexon, "Paradigm Lost?: Reassessing Theory of International Politics." *European Journal of International Relations,* Vol. 11, No. 1 (March 2005), pp. 9-61.

Grieco, Joseph M. "State Interests and Institutional Rule Trajectories: A Neorealist Interpretation of the Maastricht Treaty and European Economic and Monetary Union." *Security Studies*, Vol. 5, No. 3 (Spring 1996), pp. 261-306.

Haidt, Jonathan. "When and why nationalism beats globalism," *Policy: A Journal of Public Policy and Ideas*, Vol. 32, No. 3 (Spring 2016), pp. 46-53.

Hamilton, Eric J. and Brian C. Rathbun, "Scarce Differences: Toward a Material and Systemic Foundation for Offensive and Defensive Realism." *Security Studies*, Vol. 22, No. 3 (July 2013), pp. 436-465.

Heginbotham, Eric., Richard J. Samuels, "Mercantile Realism and Japanese Foreign Policy." *International Security*, Vol. 22, No. 4 (April 1998), pp. 171-203.

Hibbing, John R. Kevin B. Smith, and John R. Alford, "Differences in Negativity Bias Underlie Variations in Political Ideology." *Behavioral and Brain Sciences*, Vol. 37, No. 3 (June 2014), pp. 297-307.

Ishiyama, John T., and Ryan Kennedy, "Superpresidentialism and Political Party Development in Russia, Ukraine, Armenia and Kyrgyzstan." *Europe-Asia Studies*, Vol. 53, No. 8 (2001), pp. 1177-1191

Ito, Ryuta, "War and Human Mind: New Hypotheses of Evolutionary Political Science." Paper presented at the 2021 Annual Meeting of American Political Science Association, forthcoming.

———. "The Causes and Consequences of Nationalism in International Politics: A New Realist Theory Based on Psychological and Neuroscientific Research on Tribalism." paper presented at the 26th IPSA World Congress of Political Science, pp. 1-20.

——— "Anger and Aggression in International Politics: A New Realist Theory Based on Recalibrational Theory of Anger in Evolutionary Psychology." paper presented at the 2021 annual convention of the International Studies Association, International Studies Association, pp. 1-30.

———. "Why does Nationalism Cause war? A New Realist Theory Based on Evolutionary and Neuroscientific Research on Tribalism." paper presented at the 2021 annual convention of the International Studies Association, International Studies Association, pp. 1-31.

———. "Why does Nationalism Cause war? A New Realist Theory Based on Evolutionary and Neuroscientific Research on Tribalism." paper presented at the 2021 annual convention of the International Studies Association, International Studies Association, pp. 1-31.

———. "The Causes and Consequences of Hybrid Warfare in International Politics: A New Realist Theory of Hybrid Warfare Based on Classical Realism." paper presented at the 2020 annual conference of the International Studies Association (ISA-Midwest), pp. 1-25.

———. "Overconfidence and War in International Politics: Toward a New Realist Theory Based on Optimism Bias in Neuroscience." paper presented at the 2020 annual conference of the International Studies Association (ISA-Midwest), pp. 1-20.

———. "The Causes and Consequences of Anger in International Politics: A New Realist Theory Based on the Recalibrational Theory in Evolutionary Psychology." paper presented at the 2020 annual conference of the International Studies Association (ISA-Midwest), pp. 1-23.

———. "Anger and Status Competition in International Politics: Application of the Recalibrational Theory of Anger to International Relations." paper

presented at the 2020 annual conference of the International Studies
Association (ISA-West), pp. 1-18.

————. "Overconfidence and False Optimism in International Politics: A New
Realist Theory Based on Evolutionary and Neuroscientific Findings on
Optimism Bias." paper presented at the 2020 annual conference of the
International Studies Association (ISA-West), pp. 1-21.

————. "How the Human Mind Shapes International Politics: The Emergence
of Evolutionary Political Science in International Relations." paper presented
at the 2020 annual conference of the International Studies Association (ISA-
West), pp. 1-28.

————. "Toward a Theory of Hybrid Warfare: the Case of Chinese Maritime
Expansion in the Indo-Pacific Region." paper presented at the 2019 Bridging
the Straits conference held by Sasakawa Peace Foundation, Tokyo.

————. "The Application of Evolutionary Political Science to International
Relations: The Case of Realist Theory." paper presented at the 2019 annual
conference of the American Political Science Association (ISA-ISSS and APSA-
IS), Denver, Colorado, pp. 1-16.

————. "The Causes and Consequences of Overconfidence in International
Politics: A New Realist Theory Based on Optimism Bias in Neuroscience."
paper presented at the 2019 annual conference of the American Political
Science Association (ISA-ISSS and APSA-IS), Denver, Colorado, pp. 1-11.

———— "Reconstructing Positivist Methodology in IR Through Scientific
Realism: How to Defend Theoretical Pluralism Without Falling into the Trap
of Relativism." paper presented at the 2019 annual convention of the
International Studies Association, Toronto, pp. 1-15.

Izumikawa, Yasuhiro. "To Coerce or Reward? Theorizing Wedge Strategies in
Alliance Politics." *Security Studies*, Vol. 22, No. 3 (August 2013), pp. 498-531.

Jackson, Patrick Thaddeus et al., "Bridging the Gap: Toward a Realist-
Constructivist Dialogue." *International Studies Review*, Vol. 6, No. 2 (June
2004), pp. 337?352.

James, Patrick., *International Relations and Scientific Progress: Structural
Realism Reconsidered.* Columbus: Ohio State University Press, 2002.

Jervis, Robert. "Cooperation under the Security Dilemma." *World Politics*, Vol.
30, No. 2 (January 1978) , pp. 167-214.

————. "Hypotheses on Misperception." *World Politics*, Vol. 20, No. 3 (April
1968), pp. 454-479.

————. *Perception and Misperception in International Politics.* Princeton, N.J.:
Princeton University Press, 1976.

————. "War and Misperception." *Journal of Interdisciplinary History*, Vol. 18,

No. 4 (Spring 1988), pp. 675-700.

————. *How Statesmen Think: The Psychology of International Politics*. Princeton, N.J.: Princeton University Press, 2017.

Kovacs, Amos. "The Nonuse of Intelligence." *International Journal of Intelligence and CounterIntelligence*, Vol. 10, No. 4 (Winter 1997), pp. 383-417.

Katznelson, Ira, and Helen V. Milner, eds., *Political Science: State of the Discipline*. New York: W. W. Norton, 2002.

Khong, Yuen Foong. *Analogies at War: Korea, Munich, Dien Bien Phu, and the Vietnam Decisions of 1965*. Princeton, N.J.: Princeton University Press, 1992.

Koopman, B. O. *Quantitative Aspect of Combat*, Office of Scientific Research and Development. AMP Note No. 6 (August 1943).

Kuo, Raymond, D. D. P. Johnson and Monica Duffy Toft. "Correspondence: Evolution and Territorial Conflict." *International Security*, Vol. 39, No. 3 (Winter 2014/2015), pp. 190-201.

Kydd, Andrew H. *Trust and Mistrust in International Relations*. Princeton, N.J.: Princeton University Press, 2005.

Labs, Eric J. "Beyond Victory: Offensive Realism and the Expansion of War Aims." *Security Studies*, Vol. 6, No. 4 (Summer 1997), pp. 1-49.

Lanchester, Frederick William. *Aircraft in Warfare: The Dawn of the Fourth Arm*. Charleston: BiblioLife, 2009.

Layne, Christopher. "Kant or Cant: The Myth of the Democratic Peace." *International Security*, Vol. 19, No. 2 (Fall 1994), pp. 5-49.

————. "The Unipolar Illusion: Why New Great Powers Will Rise." *International Security*, Vol. 17, No. 4 (1993), pp. 5-51.

————. "The Unipolar Illusion Revisited: The Coming End of the United States' Unipolar Moment." *International Security*, Vol. 31, No. 2 (2006), pp. 7-41.

Levy, Jack S. "Prospect Theory, Rational Choice, and International Relations." *International Studies Quarterly*, Vol. 41, No. 1 (March 1997), pp. 87-112.

————. "Learning and Foreign Policy: Sweeping a Conceptual Minefield." *International Organization*, Vol. 48, No. 2 (Spring 1994), pp. 279-312.

Levy, Jack S. and William R. Thompson, *The Arc of War: Origins, Escalation, and Transformation. Chicago:* University of Chicago Press, 2011.

Lieber, Keir A. "The New History of World War I and What It Means for International Relations Theory." *International Security*, Vol. 32, No. 2 (Fall 2007), pp. 155-191.

Lind, Jennifer M. "Pacifism or Passing the Buck? Testing Theories of Japanese Security Policy." *International Security*, Vol. 29, No. 1 (2004), pp. 92-121.

Lobell, Steven E., Norrin M. Ripsman, and Jeffrey W. Taliaferro. *Neoclassical*

Realism, the State, and Foreign Policy. Cambridge: Cambridge University Press, 2009.

Lupton, Danielle L., *Reputation for Resolve: How Leaders Signal Determination in International Politics*. Ithaca, N.Y.: Cornell University Press, 2020.

May, Ernest R., *Lessons of the Past: The Use and Misuse of History in American Foreign Policy*. Oxford: Oxford University Press, 1973.

Mearsheimer, John J. *The Great Delusion: Liberal Dreams and International Realities*. New Heaven: Yale University Press, 2018.

Monteiro, Nuno P. "Unrest Assured: Why Unipolarity Is Not Peaceful." *International Security*, Vol. 36, No. 3 (2012), pp. 9-40.

———. *Theory of Unipolar Politics*. Cambridge: Cambridge University Press, 2014.

Nexon, Daniel H. "Review: The Balance of Power in the Balance." *World Politics*, Vol. 61, No. 2 (April 2009), pp. 330-359.

———. *The Struggle for Power in Early Modern Europe: Religious Conflict, Dynastic Empires, and International Change*. Princeton: Princeton University Press, 2009.

Neumann, Iver B. "Beware of Organicism: The Narrative Self of the State." *Review of International Studies*, Vol. 30, No. 2 (April 2004), pp. 259-267.

Posen, Barry R., *The Sources of Military Doctrine: France, Britain, and Germany between the World Wars*. Ithaca, N.Y.: Cornell University Press, 1984.

———. "Nationalism, the Mass Army, and Military Power." *International Security*, Vol. 18, No. 2 (Fall 1993), pp. 80-124.

Rathbun, B. "A Rose by Any Other Name: Neoclassical Realism as the Logical and Necessary Extension of Structural Realism." *Security Studies*, Vol. 17, No. 2 (May 2008), pp. 294-321.

Reiter, Dan. *Crucible of Beliefs: Learning, Alliances, and World Wars*. Ithaca, N.Y.: Cornell University Press, 1996.

Richardson, L. F. *Arms and insecurity*. Pittsburgh: Boxwood, 1947.

———. *Statistics of Deadly Quarrels*. Chicago: Quadrangle Books, 1950.

Ripsman, Norrin M., and Jack S. Levy, "The Preventive War that Never Happened: Britain, France, and the Rise of Germany in the 1930s." *Security Studies*, Vol. 16, No. 1 (April 2007), pp. 32-67.

Ripsman, Norrin M., Jeffrey W. Taliaferro, and Steven E. Lobell. *Neoclassical Realist Theory of International Politics*. New York: Oxford University Press, 2016.

Roskin, Michael. "From Pearl Harbor to Vietnam: Shifting Generational Paradigms and Foreign Policy." *Political Science Quarterly*, Vol. 89, No. 3

(Fall 1974), pp. 563-588.

Schweller, Randall L., "Tripolarity and the Second World War." *International Studies Quarterly*, Vol. 37, No. 1 (March 1993), pp. 73-103.

———. "Bandwagoning for Profit: Bringing the Revisionist State Back In." *International Security*, Vol. 19, No. 1 (Summer 1994), pp. 72-107.

———. *Deadly Imbalances: Tripolarity and Hitler's Strategy of World Conquest*. New York: Columbia University Press, 1998.

———. *Unanswered Threats: Political Constraints on the Balance of Power*. Princeton, N.J.: Princeton University, 2006.

Schweller, Randall L., and David Priess, "A Tale of Two Realisms: Expanding the Institutions Debate." *Mershon International Studies Review*, Vol. 41, No. 1 (May 1997), pp. 1-32.

Scott, James C. *Seeing Like a State: How Certain Schemes to Improve the Human Condition Have Failed*. New Heaven: Yale University Press, 1998.

Seybolt, Taylor B. *Humanitarian Military Intervention: The Conditions for Success and Failure*. Oxford: Oxford University Press, 2007.

Singer, J. David. "The Level-of-Analysis Problem in International Relations." *World Politics*, Vol. 14, No. 1 (October 1961), pp. 77-92.

Snyder, Jack. *Myths of Empire: Domestic Politics and International Ambition*. Ithaca, N.Y.: Cornell University Press, 1991.

———. "Civil-Military Relations and the Cult of the Offensive, 1914 and 1984." *International Security*, Vol. 9, No. 1 (Summer, 1984), pp. 108-146.

Snyder, Jack., and Karen Ballentine. "Nationalism and the Marketplace of Ideas." *International Security*, Vol. 21, No. 2 (Fall 1996), pp. 5-40.

Snyder, Jack., and Keir A. Lieber, "Defensive Realism and the "New" History of World War I." *International Security*, Vol. 33, No. 1 (Summer 2008), pp. 174-194.

Souleimanov, Emil Aslan, and Huseyn Aliyev. "Blood Revenge and Violent Mobilization: Evidence from the Chechen Wars." *International Security*, Vol. 40, No. 2 (Fall 2015), pp. 158-180.

Sterling-Folker, Jennifer. "Realist Environment, Liberal Process, and Domestic-Level Variables." *International Studies Quarterly*, Vol. 41, No. 1 (December 1997), pp. 1-25.

———. "Realism and the Constructivist Challenge: Rejecting, Reconstructing, or Rereading." *International Studies Review*, Vol. 4, No. 1 (Spring 2002), pp. 73-97.

———. *Theories of International Cooperation and the Primacy of Anarchy: Explaining Us International Monetary Policy-Making after Bretton Woods*. Albany: SUNY Press, 2002.

Taliaferro, Jeffrey W. *Balancing Risks: Great Power Intervention in the Periphery*. Ithaca, N.Y.: Cornell University Press, 2004.

———. "Quagmires in the Periphery: Foreign Wars and Escalating Commitment in International Conflict." *Security Studies*, Vol. 7, No. 3 (Spring 1998), pp. 94-144.

———. "Security Seeking under Anarchy: Defensive Realism Revisited." *International Security*, Vol. 25, No. 3 (Winter 2000/2001), pp. 128-161.

———. "State Building for Future Wars: Neoclassical Realism and the Resource-Extractive State." *Security Studies*, Vol. 15, No. 3 (July?September 2006), pp. 464-495.

Tang, Shiping. "The Security Dilemma: A Conceptual Analysis." *Security Studies*, Vol. 18, No. 3 (October 2009), pp. 587-623.

———. *A Theory of Security Strategies for Our Time: Defensive Realism*. Basingstoke: Palgrave Macmillan, 2010.

———. *The Social Evolution of International Politics*. New York: Oxford University Press, 2013.

Tierney, Dominic. "'Pearl Harbor in Reverse': Moral Analogies in the Cuban Missile Crisis." *Journal of Cold War Studies*, Vol. 9, No. 2 (Summer 2007), pp. 49-77.

Vasquez, John A. "The Realist Paradigm and Degenerative Versus Progressive Research Programs: An Appraisal of Neotraditional Research on Waltz's Balancing Proposition." *The American Political Science Review*, Vol. 91, No. 4 (December 1997), pp. 899-912.

Walt, Stephen M. *The Origins of Alliances*. Ithaca, N.Y.: Cornell University Press, 1987.

———. *Revolution and War*. Ithaca, N.Y.: Cornell University Press, 1995.

Wendt, Alexander. "Anarchy Is What States Make of It: The Social Construction of Power Politics." *International Organization*, Vol. 46, No. 2 (Spring 1992), pp. 391-425.

———. "Constructing International Politics." *International Security*, Vol. 20, No. 1 (Summer 1995), pp. 71-81.

———. *Social Theory of International Politics*. Cambridge: Cambridge University Press, 1999.

———. "Why a World State Is Inevitable." *European Journal of International Relations*, Vol. 9, No. 4 (2003), pp. 491-542.

Williams, Michael C. *The Realist Tradition and the Limits of International Relations*. Cambridge: Cambridge University Press, 2005.

Wohlforth, William Curti. *The Elusive Balance: Power and Perceptions During the Cold War*. Ithaca, N.Y.: Cornell University Press, 1993.

———. "The Stability of Unipolar World." *International Security*, Vol. 24, No. 1 (Summer 1999), pp. 5-41.

Wright, Robert. *Nonzero: The Logic of Human Destiny*. New York: Pantheon, 1999.

伊藤隆太『進化政治学とコンシリエンス——歴史と理論（仮題）』（芙蓉書房出版、2022年予定）。

———『進化政治学が明らかにする「太平洋戦争」敗北の原因（仮題）』（集英社インターナショナル、2021年予定）。

———『進化政治学と国際政治理論——人間の心と戦争をめぐる新たな分析アプローチ』（芙蓉書房出版、2020年）。

———「理性と啓蒙を通じた平和と繁栄——進化的リベラリズム試論（4）」『α-SYNODOS』289号（2021年7月）。

———「科学と理性に基づいたリベラリズムにむけて——進化的リベラリズム試論（3）」『α-SYNODOS』287号（2021年6月）。

———「科学と理性に基づいたリベラリズムにむけて——進化的リベラリズム試論（2）」『α-SYNODOS』287号（2021年5月）。

———「科学と理性に基づいたリベラリズムにむけて——進化的リベラリズム試論（1）」『α-SYNODOS』286号（2021年4月）。

———「安全保障論再考——リアリズムと暴力の衰退」『戦略研究』第28号（2021年2月）121〜136頁。

———「組織変革と政策の失敗——『歴史の教訓』の本質」『戦略研究』第27号（2020年10月）87〜100頁。

———「トランプ政治再考——進化政治学と自己欺瞞の政治的リーダーシップ」『Journal of Consilience』Vol. 1, No. 3 (September 2020), pp. 1-13.

———「『人間の心』をめぐる新たな安全保障——進化政治学の視点から」『Journal of Consilience』Vol. 1, No. 2 (May 2020), pp. 1-12.

———「国際関係理論と事例研究——新たな方法論的枠組みの構築に向けて」『法学研究』第92巻1号（2019年1月）379〜404頁。

———「日中戦争とナショナリズム——リアリスト理論の視点からの一考察」2018年度国際安全保障学会年次大会、1〜20頁。

———「なぜナショナリズムは戦争を起こすのか——新たな理論的枠組みの構築に向けて」2018年度日本国際政治学会研究大会、1〜22頁。

———「国際政治研究への進化政治学の適用——そのリアリスト理論への貢献を例として」2017年度日本国際政治学会研究大会、1〜24頁。

———「リアリスト理論の科学的妥当性——進化政治学による部族主義と権力政治の再検証」2017年度国際安全保障学会第9回定例研究会、2017 年 4 月 22 日。

———「過信のリアリズム試論——日ソ中立条約を事例として」『国際安全保障』第44巻第4号（2017年3月）58〜73頁。

───（博士学位論文）「人間の心と戦争──進化政治学に基づいたリアリズム」
『慶應義塾大学大学院法学研究科』（2017年3月）1〜184頁。

───「国際政治における情動とリアリズム──日独伊三国軍事同盟を事例として
──」『法学政治学論究』第100号（2014年春季号）155〜185頁。

───「国際政治研究におけるプロスペクト理論──方法論的問題と理論的含意─
─」『法学政治学論究』第98号（2013年秋季号）103〜132頁。

───「リアリスト存在論とネオクラシカル・リアリズム──ダーウィン、アナー
キー、リアリスト理論の再解釈」『慶応義塾大学大学院法学研究科論文集』第50
巻（2010年3月）147〜182頁。

泉川泰博「同盟の諸理論と北東アジアの国際関係──同盟分断戦略における政策選
択の研究」2003年度日本国際政治学会年次大会、部会発表論文。

ウォルツ、ケネス（渡邉昭夫・岡垣知子訳）『人間・国家・戦争──国際政治の3
つのイメージ』勁草書房、2013年。

───（河野勝・岡垣知子訳）『国際政治の理論』勁草書房、2010年。

エルマン、コリン/ミリアム・フェンディアス・エルマン編（渡辺昭夫監訳）『国際
関係研究へのアプローチ──歴史学と政治学の対話』（東京大学出版会、2003
年）198〜223頁。

小野直樹『日本の対外行動』ミネルヴァ書房、2011年。

オルソン、マンサー（依田博・森脇俊雅訳）『集合行為論──公共財と集団理論』
新装版、ミネルヴァ書房、1996年。

カッツェンスタイン、ピーター・J（有賀誠訳）『文化と国防──戦後日本の警察と
軍隊』日本経済評論社、2007年。

川崎剛『社会科学としての日本外交研究』ミネルヴァ書房、2015年。

シェリング、トーマス（河野勝・真淵勝監訳）『紛争の戦略──ゲーム理論のエッ
センス』勁草書房、2008年。

田中明彦・中西寛・飯田敬輔編『日本の国際政治学　第1巻　学としての国際政治』
有斐閣、2009年。

田中マリア「批判的・科学的実在論からみる国際秩序の形態生成──シルクロード
経済ベルト（SREB）とアジアインフラ投資銀行（AIIB）の変革的インパクト
を事例として」2017年度日本国際政治学会研究大会分科会B-3（2017年10月27
日）。

土山實男『安全保障の国際政治学──焦りと傲り』第2版、有斐閣、2014年。

野口和彦『パワー・シフトと戦争──東アジアの安全保障』東海大学出版会、2010
年。

長谷川将規「日本の同盟政策──パワーと脅威の視点から」『新防衛論集』第27巻2
号（1999年9月）89〜108頁。

フリードバーグ、アーロン・L.,（八木甫・菊池理夫訳）『繁栄の限界──1895年〜
1905年の大英帝国』新森書房、1989年。

ミアシャイマー、ジョン・J.（奥山真司訳）『大国政治の悲劇──米中は必ず衝突

する』五月書房、2007年。

─── （奥山真司訳）『なぜリーダーはウソをつくのか──国際政治で使われる5つの「戦略的なウソ」』五月書房、2012年。

ミアシャイマー、ジョン・J.／スティーヴン・M・ウォルト（副島隆彦訳）『イスラエル・ロビーとアメリカの外交政策』全2冊、講談社、2007年。

宮岡勲「軍事技術の同盟国への拡散─英国と日本による米軍の統合情報システムの模倣─」『国際政治』第179巻、69～82頁。

モーゲンソー、ハンス・J.（現代平和研究会訳）『国際政治──権力と平和』新装版、福村出版、1998年。

ラセット、ブルース（鴨武彦訳）『パクス・デモクラティア─冷戦後世界への原理』（東京大学出版会、1996年）。

レイン、クリストファー『幻想の平和──1940年から現在までのアメリカの大戦略』五月書房、2011年。

■自然科学関連

Aktipis, C. Athena. "Is Cooperation Viable in Mobile Organisms? Simple Walk Away Rule Favors the Evolution of Cooperation in Groups." *Evolution and Human Behavior*, Vol. 32, No. 4 (2011), pp. 263-276.

Alford, J. R., Funk, C. L., and John Hibbing. "Are Political Orientations Genetically Transmitted?". *American political science review*, Vol. 99, No. 02 (May 2005), pp. 153-167.

Alford, J. R., and John Hibbing. "The Origin of Politics: An Evolutionary Theory of Political Behavior." *Perspectives on Politics*, Vol. 2, No. 4 (December 2004), pp. 707-723.

Archer, John. *The Behavioural Biology of Aggression.* New York: Cambridge University Press, 1988.

───. "Testosterone and Human Aggression: An Evaluation of the Challenge Hypothesis." *Neuroscience & Biobehavioral Reviews*, Vol. 30, No. 3 (2006), pp. 319-345

Ariew, Andre. "Innateness and Canalization." *Philosophy of Science*, Vol. 63, Supplement (September 1996), pp. 519-527.

Atran, Scott. Genesis of Suicide Terrorism, *Science*, Vol. 299, No. 5612 (March 2003), pp. 1534-1539.

Axelrod, Robert M. *The Evolution of Cooperation.* New York: Basic Books, 1984.

Axelrod, Robert M., and William Donald Hamilton, "The Evolution of Cooperation." *Science*, Vol. 211, No. 4489 (March 1981), pp. 1390-1396.

Barkow, Jerome H., Leda Cosmides, and Tooby, John. *The Adapted Mind: Evolutionary Psychology and the Generation of Culture.* New York: Oxford University Press, 1992.

Barlow. George W., and James Silverberg, eds., *Sociobiology: Beyond Nature/ Nurture?* Boulder, CO: Westview Press, 1980.

Baumeister, Roy F. *Evil: Inside Human Violence and Cruelty.* New York: Holt, 1997.

Baumeister, Roy F. et al., "Bad Is Stronger Than Good," *Review of General Psychology*, Vol. 5, No. 4 (December 2001), pp. 323-370.

Bell, Duncan S. A., Paul K. MacDonald, and Bradley A. Thayer, "Start the Evolution without Us." *International Security*, Vol. 26, No. 1 (Summer 2001), pp. 187-198.

Billig, Michael, and Henri Tajfel. "Social Categorization and Similarity in Intergroup Behaviour." *European Journal of Social Psychology*, Vol. 3, No. 1 (January/March 1973), pp. 27-52.

Bloom Mia, Bradley A. Thayer, Valerie M. Hudson, "Life Sciences and Islamic Suicide Terrorism." *International Security*, Vol. 35, No. 3 (December 2010), pp. 185-192.

Boehm, Christopher. "Conflict and the Evolution of Social Control." *Journal of Consciousness Studies*, Vol. 7, Nos. 1?2 (2000), pp. 79-101.

———. "Egalitarian Behavior and Reverse Dominance Hierarchy," *Current Anthropology*, Vol. 34, No. 3 (June 1993), pp. 227-254.

———. *Hierarchy in the Forest: The Evolution of Egalitarian Behavior.* Cambridge: Harvard University Press, 1999.

———. "Ancestral Hierarchy and Conflict." *Science*, Vol. 336, No. 6083 (2012), pp. 844-847.

Bowles, Samuel. "Being Human: Conflict: Altruism's Midwife." *Nature*, Vol. 456, No. 7220 (November 2008), pp. 326-327.

———. "Did Warfare among Ancestral Hunter-Gatherers Affect the Evolution of Human Social Behaviors?" *Science,* Vol. 324, No. 5932 (July 2009), pp. 636-640.

———. "Warriors, Levelers, and the Role of Conflict in Human Social Evolution." *Science*, Vol. 336, No. 6083 (May 2012), pp. 876-879.

Boyd, R. "Is the Repeated Prisoners-Dilemma a Good Model of Reciprocal Altruism." *Ethology and Sociobiology*, Vol. 9, No. 2-4 (July 1988), pp. 211-222.

Boyd, Robert., and Peter J. Richerson, "Culture and the Evolution of Human Cooperation." *Philosophical Transactions of the Royal Society B: Biological Sciences*, Vol. 364, No. 1533 (2009), pp. 3281-3288.

Baron, A. S., and M. R. Banaji, "The Development of Implicit Attitudes. Evidence of Race Evaluations from Ages 6 and 10 and Adulthood." *Psychological Science*, Vol. 17, No. 1 (February 2006), pp. 53-58.

Boyer, Pascal. *Religion Explained: The Evolutionary Origins of Religious*

Thought. New York, NY: Basic Books, 2002.

Boyer, Pascal., and Michael B. Petersen, "The Naturalness of (Many) Social Institutions: Evolved Cognition as Their Foundation.*" Journal of Institutional Economics,* Vol. 8, No. 1 (2011), pp. 1-25.

Brickman, Philip., Dan Coates, and Ronnie Janoff-Bulman, "Lottery Winners and Accident Victims: Is Happiness Relative?" *Journal of Personality and Social Psychology*, Vol. 36, No. 8 (August 1978), pp. 917-927.

Brown, Donald. *Human Universals*. New York, NY: McGraw-Hill, 1991.

Brown, Roger., and James Kulik, "Flashbulb Memories." *Cognition*, Vol. 5, No. 1 (1977), pp. 73-99.

Burton-Chellew, Maxwell N., Adin Ross-Gillespie, and Stuart A. West, "Cooperation in Humans: Competition Between Groups and Proximate Emotions." *Evolution and Human Behavior*, Vol. 31, No. 2 (2010), pp. 104-108

Buss, D. M. *Evolutionary Psychology: The New Science of the Mind*, Fifth edition. Boston: Pearson, 2015.

―――. "Sex differences in human mate preferences: Evolutionary hypotheses tested in 37 cultures." *Behavioral and Brain Sciences*, Vol. 12, No. 1 (March 1989), pp. 1-49.

Buss, D. M., ed. *The Handbook of Evolutionary Psychology*, Vol. 1, Foundation. John Wiley & Sons, 2015.

―――. *The Handbook of Evolutionary Psychology*, Vol, 2, Integrations. John Wiley & Sons, 2015.

Buss, D. M. et al., "International Preferences in Selecting Mates: a Study of 37 Cultures." *Journal of cross-cultural psychology*, Vol. 21, No. 1 (March 1990), pp. 5-47.

Buss, David M., and Heidi Greiling, "Adaptive Individual Differences." *Journal of Personality*, Vol. 67, No. 2 (1999), pp. 209-243.

Buss, David M., and Todd Shackelford, "Human Aggression in Evolutionary Psychological Perspective." *Clinical Psychology Review*, Vol. 17, No. 6 (1997), pp. 605-619.

Campbell, Anne. "Staying Alive: Evolution, Culture, and Women's Intrasexual Aggression." *Behavioral and Brain Sciences*, Vol. 22, No. 2 (April 1999), pp. 203-214

Campbell, Bernard Grant. *Sexual Selection and the Descent of Man, 1871-1971*. Chicago: Aldine de Gruyter, 1972.

Chang, Lei., Hui Jing Lu, Hongli Li, and Tong Li, "The Face That Launched a Thousand Ships: The Mating-Warring Association in Men." *Personality and Social Psychology Bulletin*, Vol. 37, No. 7 (2011), pp. 976-984.

Cheng, Joey T., Jessica L. Tracy, and Joseph Henrich, "Pride, Personality, and the Evolutionary Foundations of Human Social Status." *Evolution and Human Behavior*, Vol. 31, No. 5 (September 2010), pp. 334-347.

Chiappe, Dan., Adam Brown, and Brian Dow, "Cheaters Are Looked at Longer and Remembered Better Than Cooperators in Social Exchange Situations." *Evolutionary Psychology*, Vol. 2, No. 1 (January 2004), pp. 108-120.

Choi, Jung-Kyoo., and Samuel Bowles, "The Coevolution of Parochial Altruism and War." *Science*, Vol. 318, No. 5850 (November 2007), pp. 636-640.

Chowdhury, R., T. Sharot, T. Wolfe, E. Düzel, and R. J. Dolan. "Optimistic Update Bias Increases in older Age." *Psychological Medicine*, Vol. 44, No. 09 (July 2014), pp. 2003-2012.

Confer, Jaime C., Judith A. Easton, Diana S. Fleischman, Cari D. Goetz, David M. G. Lewis, Carin Perilloux, and David M. Buss, "Evolutionary Psychology: Controversies, Questions, Prospects, and Limitations." *American Psychologist*, Vol. 65, No. 2 (2010), pp. 110-126.

Coser, Lewis A. *The Functions of Social Conflict.* New York: Free Press, 1956.

Cosmides, L., "The Logic of Social-Exchange: Has Natural-Selection Shaped How Humans Reason? Studies with the Wason Selection Task." *Cognition,* Vol. 31, No. 3 (May 1989), pp. 187-276.

Cosmides, L., and J. Tooby. "The Evolution of War and Its Cognitive Foundations." *Institute for evolutionary studies technical report*, Vol. 88, No. 1 (April 1988), pp. 1-15.

———. "Beyond Intuition and Instinct Blindness: toward an Evolutionarily Rigorous Cognitive Science." *Cognition*, Vol. 50, No. 1-3 (April-June 1994), pp. 41-77.

———. "Evolutionary Psychology, Ecological Rationality, and the Unification of the Behavioral Sciences." *Behavioral and Brain Sciences*, Vol. 30, No. 1 (February 2007), pp. 42-43.

———. "Than Rational: Evolutionary Psychology and the Invisible Hand." *American Economic Review*, Vol. 84, No. 2 (May 1994), pp. 327-332.

Cosmides, L., H. C. Barrett, and J. Tooby, "Adaptive Specializations, Social Exchange, and the Evolution of Human Intelligence." *Proceedings of the National Academy of Sciences of the United States of America*, Vol. 107, Supplement 2 (May 2010), pp. 9007-9014.

Cummins, D. D. "Evidence for the Innateness of Deontic Reasoning." *Mind & Language*, Vol. 11, No. 2 (June 1996), pp. 160-190.

———. "Deontic Reasoning as a Target of Selection: Reply to Astington and Dack." *Journal of Experimental Child Psychology*, Vol. 116, No. 4 (December 2013), pp. 970-974.

Daly, Martin, and Margo Wilson. *Sex, Evolution, and Behavior.* 2d ed. Boston:

Willard Grant, 1983.

Darwin, Charles. *The Origin of the Species and the Descent of Man*. New York: The Modern Library, 1871/1977.

Dellarosa Cummins, Denise, and Robert Cummins. "Biological Preparedness and Evolutionary Explanation." *Cognition*, Vol. 73, No. 3 (December 1999), pp. B37-B53.

Delton, Andrew W., Max M. Krasnow, Leda Cosmides, and John Tooby, "Evolution of Direct Reciprocity Under Uncertainty Can Explain Human Generosity in One-Shot Encounters." *Proceedings of the National Academy of Sciences*, Vol. 108, No. 32 (2011), pp. 13335-13340.

Dreu, C. K. W. De, Lindred L. Greer, Michel J. J. Handgraaf, Shaul Shalvi, Gerben A. Van Kleef, Matthijs Baas, Femke S. Ten Velden, Eric Van Dijk, Sander W. W. Feith. "The Neuropeptide Oxytocin Regulates Parochial Altruism in Intergroup Conflict Among Humans." *Science*, Vol. 328, No. 5984 (11 June 2010), pp. 1408-1411.

Dugatkin, Lee A., *Cooperation Among Animals: An Evolutionary Perspective*. New York, NY: Oxford University Press, 1997.

Dunbar, R. I. M. "Neocortex Size as a Constraint on Group Size in Primates." *Journal of Human Evolution*, Vol. 22, No. 6 (June 1992), pp. 469-493

Dupre, John ed., *The Latest on the Best: Essays on Evolution and Optimality*. Cambridge, Mass.: MIT Press, 1987.

Eibl-Eibesfeldt, Irenäus., *The Biology of Peace and War: Men, Animals, and Aggression*. New York, NY: Viking Press, 1979.

Ellison, Peter T., and Peter B. Gray, eds., Endocrinology of Social Relationships. Cambridge, Mass.: Harvard University Press, 2009.

Ember, C. R., "Myths About Hunter-Gatherers." *Ethnology*, Vol. 17, No. 4 (1978), pp. 439-448.

Ermer, E., L. Cosmides, and J. Tooby, "Relative Status Regulates Risky Decision Making About Resources in Men: Evidence for the Co-Evolution of Motivation and Cognition." *Evolution and Human Behavior*, Vol. 29, No. 2 (March 2008), pp. 106-118.

Elster, John. *Explaining Technical Change: A Case Study in the Philosophy of Science*. Cambridge: Cambridge University Press, 1983.

Epley, Nicholas and Erin Whitchurch, "Mirror, Mirror on the Wall: Enhancement in Self-Recognition." *Personality and Social Psychology Bulletin*, Vol. 34, No. 9 (September 2008), pp. 1159-1170.

Ermer, E., L. Cosmides, and J. Tooby, "Relative Status Regulates Risky Decision Making About Resources in Men: Evidence for the Co-Evolution of Motivation and Cognition." *Evolution and Human Behavior*, Vol. 29, No. 2

(March 2008), pp. 106-118.

Fletcher, J. A., and M. Zwick, "Strong altruism can evolve in randomly formed groups." *Journal of Theoretical Biology*, Vo. 228, No. 3 (2004), pp. 303-313.

Flinn, Mark V., Davide Ponzi, and Michael P. Muehlenbein, "Hormonal Mechanisms for Regulation of Aggression in Human Coalitions." *Human Nature*, Vol. 23, No. 1 (2012), pp. 68-88.

Forgas, Joseph P., Martie G. Haselton, and William von Hippel, eds., *Evolution and the Social Mind: Evolutionary Psychology and Social Cognition*. New York: Psychology Press, 2007.

Gat, Azar. "So Why Do People Fight? Evolutionary Theory and the Causes of War." *European Journal of International Relations*, Vol. 15, No. 4 (November 2009), pp. 571-599.

———. *The Causes of War and the Spread of Peace: But Will War Rebound?* New York: Oxford University Press, 2017.

———. "The Human Motivational Complex: Evolutionary Theory and the Causes of Hunter-Gatherer Fighting, Pt. 1: Primary Somatic and Reproductive Causes." *Anthropological Quarterly*, Vol. 73, No. 1 (January 2000), pp. 20-34.

Gazzaniga, Michael S. *The Cognitive Neurosciences*. Cambridge, MA: MIT Press, 2009.

Gilovich, Thomas. "Biased Evaluation and Persistence in Gambling." *Journal of Personality and Social Psychology*, Vol. 44, No. 6 (June 1983), pp. 1110-1126.

Ginges, Jeremy and Scott Atran, "War as a Moral Imperative (Not Just Practical Politics by Other Means)." *Proceedings of the Royal Society B: Biological Sciences*, Vol. 278, No. 1720 (2011), pp. 2930-2938.

Gneezy, Ayelet., and Daniel M. T. Fessler, "Conflict, Sticks and Carrots: War Increases Prosocial Punishments and Rewards." *Proceedings of the Royal Society B: Biological Sciences*, Vol. 279, No. 1727 (2011), pp. 219-232.

Gottschall, Jonathan, *The Storytelling Animal: How Stories Make Us Human*. New York, NY: Houghton Mifflin Harcourt, 2012.

Greene, J. D. "Dual-Process Morality and the Personal/Impersonal Distinction: A Reply to McGuire, Langdon, Coltheart, and Mackenzie." *Journal of Experimental Social Psychology*, Vol. 45, No. 3, (May 2009), pp. 581-584.

Greene, J. D. et al, "An fMRI Investigation of Emotional Engagement in Moral Judgment." *Science*, Vol. 293, No. 5537 (September 2001), pp. 2105-2108.

Greene, J. D., R. Brian Sommerville, Leigh E. Nystrom, John M. Darley, Jonathan D. Cohen. "An fMRI Investigation of Emotional Engagement in Moral Judgment." *Science*, Vol. 293, No. 5537 (September 2001), pp. 2105-

2108.

Haidt, J. "The Emotional Dog and its Rational Tail: A Social Intuitionist Approach to Moral Judgment." *Psychological Review*, Vol. 108, No. 4 (2001), pp. 814-834

Hamilton, W. D. "The Genetical E v olution of Social Behaviour. I." *Journal of Theoretical Biology*, Vol. 7, No. 1 (July 1964), pp. 1-16.

———. "The Genetical Evolution of Social Behaviour. Ⅱ." *Journal of Theoretical Biology*, Vol. 7, No. 1 (July 1964), pp. 17-52.

Hammond, Ross A., and Robert Axelrod, "The Evolution of Ethnocentrism." *Journal of Conflict Resolution*, Vol. 50, No. 6 (December 2006), pp. 926-936.

Hamlin, J. Kiley., Karen Wynn, and Paul Bloom, "Three‐month‐olds show a negativity bias in their social evaluations." *Developmental Science*, Vol. 13, No. 6 (November 2010), pp. 923-929.

He, Kai and Huiyun Feng, "'Why Is There No Nato in Asia?' Revisited: Prospect Theory, Balance of Threat, and Us Alliance Strategies." *European Journal of International Relations*, Vol. 18, No. 2 (June 2012), pp. 227-250.

———. *Prospect Theory and Foreign Policy Analysis in the Asia Pacific: Rational Leaders and Risky Behavior*. New York: Routledge, 2013.

Hogg, Michael A., and Dominic Abrams. *Social Identifications: A Social Psychology of Intergroup Relations and Group processes*. New York: Routledge, 1988.

Ito, Tiffany A. et al., "Negative Information Weighs More Heavily on the Brain: The Negativity Bias in Evaluative Categorizations." *Journal of Personality and Social Psychology*, Vol. 75, No. 4 (October 1998), pp. 887-900.

Johnson, D. D. P. *Overconfidence and War: The Havoc and Glory of Positive Illusions*. Cambridge, Mass.: Harvard University Press, 2004.

———. *Strategic Instincts: The Adaptive Advantages of Cognitive Biases in International Politics*. Princeton, NJ: Princeton University Press, 2020.

———. "Survival of the Disciplines: Is International Relations Fit for the New Millennium?" *Millennium*, Vol. 43, No. 2 (January 2015), pp. 749-763.

———. "The Evolution of Error: Error Management, Cognitive Constraints, and Adaptive Decision-Making Biases." *Trends in Ecology & Evolution*, Vol. 28, No. 8 (August 2013), pp. 474-481.

Johnson, D. D. P., and James H. Folwer. "The Evolution of Overconfidence." *Nature*, Vol. 477, No. 7364 (September 2011), pp. 317-320.

Johnson, D. D. P., Rose McDermott, Emily S Barrett, Jonathan Cowden, Richard Wrangham. "Overconfidence in Wargames: Experimental Evidence on Expectations, Aggression, Gender and Testosterone." *Proceedings of the Royal Society B-Biological Sciences*, Vol. 273, No. 1600 (October 2006), pp.

2513-2520.

Johnson, D. D. P., Rose McDermott and Jon Cowden and Dustin Tingley. "Dead Certain Confidence and Conservatism Predict Aggression in Simulated International Crisis Decision-Making." *Human Nature-an Interdisciplinary Biosocial Perspective*, Vol. 23, No. 1 (March 2012), pp. 98-126.

Johnson, D. D. P., and Niall J. MacKay, "Fight the Power: Lanchester's Laws of Combat in Human Evolution." *Evolution and Human Behavior*, Vol. 36, No. 2 (2015), pp. 152-163.

Johnson, D. D. P., Nils B. Weidmann, Lars-Erik Cederman. "Fortune Favours the Bold: An Agent-Based Model Reveals Adaptive Advantages of Overconfidence in War." *Plos One*, Vol. 6, No. 6 (June 2011), e20851.

Johnson, D. D. P. and Bradley A. Thayer, "Crucible of Anarchy: Human Nature and the Origins of Offensive Realism." paper presented at the 2013 annual convention of the International Studies Association, San Francisco, CA.

———. "The Evolution of Offensive Realism." *Politics and the life sciences*, Vol. 35, No. 1 (Spring 2016), pp. 1-26.

Johnson, D. D. P., and Monica Duffy Toft. "Grounds for War: The Evolution of Territorial Conflict." *International Security*, Vol. 38, No. 3 (Winter 2013/2014), pp. 7-38.

Johnson, D. D. P., and Dominic Tierney. "The Rubicon Theory of War: How the Path to Conflict Reaches the Point of No Return." *International Security*, Vol. 36, No. 1 (Summer 2011), pp. 7-40.

———. "Bad World: The Negativity Bias in International Politics." *International Security*, Vol. 43, No. 3 (Winter 2018/19), pp. 96-140.

Johnson, D. D. P., Richard W. Wrangham, and Steven P. Rosen, "Is Military Incompetence Adaptive? An Empirical Test with Risk-Taking Behaviour in Modem Warfare." *Evolution and Human Behavior*, Vol. 23, No. 4 (2002), pp. 245-264.

Kahneman, Daniel., and Jonathan Renshon, "Why Hawks Win." *Foreign Policy*, No. 158 (January/February 2007), pp. 34-38.

Kenrick, Douglas T. *Sex, Murder, and the Meaning of Life: A Psychologist Investigates How Evolution, Cognition, and Complexity Are Revolutionizing Our View of Human Nature*. New York: Basic Books, 2011.

Foster, Kevin R., and Hanna Kokko, "The evolution of superstitious and superstition-like behaviour." *Proceedings of the Royal Society B*, Vol. 276, No. 1654 (September 2008), pp. 31-37.

Smith, Kevin., John R. Alford, Peter K. Hatemi, Lindon J. Eaves, Carolyn

Funk, and John R. Hibbing, "Biology, Ideology, and Epistemology: How Do We Know Political Attitudes are Inherited and Why Should We Care?" *American Journal of Political Science*, Vol. 56, No. 1 (2012), pp. 17-33.

Kinzler Katherine D., Emmanuel Dupoux, and Elizabeth S. Spelke. "The native language of social cognition." *Proceedings of the National Academy of Sciences*, Vol. 104, No. 30, (July 2007), pp. 12577-12580.

Kosfeld, Michael, Markus Heinrichs, Paul J. Zak, Urs Fischbacher, Ernst Fehr, "Oxytocin increases trust in humans." *Nature*, Vol. 435, No. 7042, 2 (June 2005), pp. 673-676.

Krasnow, Max M., Andrew W. Delton, John Tooby, and Leda Cosmides, "Meeting Now Suggests We Will Meet Again: Implications for Debates on the Evolution of Cooperation." *Scientific Reports*, Vol. 3, No. 1747 (2013), pp. 1-8.

Kuo, Raymond, Dominic D. P. Johnson, and Monica Duffy Toft. "Correspondence: Evolution and Territorial Conflict." *International Security*, Vol. 39, No. 3 (Winter 2014/2015), pp. 190-201.

Liddle, James R., and Todd K. Shackelford, eds., *The Oxford Handbook of Evolutionary Psychology and Religion*. New York: Oxford University Press, 2021.

LeBlanc, Steven A., and Katherine E. Register, *Constant Battles: The Myth of the Peaceful, Noble Savage*. New York: St. Martin's, 2003.

Lehmann, Laurent., and Marcus W. Feldman, "War and the Evolution of Belligerence and Bravery." *Proceedings of the Royal Society B: Biological Sciences*, Vol. 275, No. 1653 (2008): 2877-2885.

Liddle, James R., and Todd K. Shackelford, eds., *The Oxford Handbook of Evolutionary Psychology and Religion*. New York: Oxford University Press, 2021.

Liddle, James R., Todd K. Shackelford, and Viviana A. Weekes-Shackelford, "Why Can't We All Just Get Along? Evolutionary Perspectives on Violence, Homicide, and War." *Review of General Psychology*, Vol. 16, No. 1 (2012), pp. 24-36.

Long, William J., and Peter Brecke, *War and Reconciliation: Reason and Emotion in Conflict Resolution*. Cambridge, Mass.: The MIT Press, 2003.

Lopez, Anthony C. "The Evolution of War: Theory and Controversy." *International Theory*, Vol. 8, No. 1 (October 2016), pp. 97-139.

――. "The Hawkish Dove: Evolution and the Logic of Political Behaviour." *Millennium-Journal of International Studies*, Vol. 43, No. 1 (2014), pp. 66-91.

Lopez, Anthony C., and Rose McDermott, "Adaptation, Heritability, and the Emergence of Evolutionary Political Science." *Political Psychology*, Vol. 33,

No. 3 (June 2012), pp. 343-362.

Lopez, Anthony C., Rose McDermott, and Michael Bang Petersen, "States in Mind: Evolution, Coalitional Psychology, and International Politics." *International Security*, Vol. 36, No. 2 (Fall 2011), pp. 48-83.

McDonald, Melissa M., Carlos D. Navarrete, and Mark Van Vugt, "Evolution and the Psychology of Intergroup Conflict: The Male Warrior Hypothesis." *Philosophical Transactions of the Royal Society B: Biological Sciences*, Vol. 367, No. 1589 (2012), pp. 670-679.

Mahajan, Neha., Karen Wynn, "Origins of 'Us' versus 'Them': Prelinguistic infants prefer similar others." *Cognition*, Vol. 124, No. 2 (August 2012), pp. 227-233.

Mahajan, Neha, Margaret A. Martinez, Natashya L. Gutierrez, Gil Diesendruck, Mahzarin Banaji, Laurie R. Santos, "The Evolution of Intergroup Bias: Perceptions and Attitudes in Rhesus Macaques." *Journal of Personality and Social Psychology*, Vol. 100, No. 3 (March 2011), pp. 387-405.

Manson, Joseph H., and Richard W. Wrangham, "Intergroup Aggression in Chimpanzees and Humans." *Current Anthropology*, Vol. 32, No. 4 (August-October 1991), pp. 369-390.

Marr, D. Vision: *A Computational Investigation into the Human Representation and Processing of Visual Information*. San Francisco, CA: Freeman, 1982.

Mathew, Sarah., and Robert Boyd, "Punishment Sustains Large-Scale Cooperation in Prestate Warfare." *Proceedings of the National Academy of Sciences*, Vol. 108, No. 28 (2011), pp. 11375-11380.

McCullough, Michael E., Robert Kurzban, and Benjamin A. Tabak, "Cognitive Systems for Revenge and Forgiveness." *The Behavioral and Brain Sciences*, Vol. 36, No. 1 (2013), pp. 1-15.

McDermott, Rose. "The Feeling of Rationality: The Meaning of Neuroscientiac Advances for Political Science." *Perspectives on Politics*, Vol. 2, No. 4 (December 2004), pp. 691-706, esp. pp. 692-693.

McDermott, R., D. Johnson, J. Cowden, and S. Rosen. "Testosterone and Aggression in a Simulated Crisis Game." *Annals of the American Academy of Political and Social Science*, Vol. 614 (November 2007), pp. 15-33.

McDermott, R., Dustin Tingley, Jonathan Cowden, Giovanni Frazetto, and Dominic D. P. Johnson, "Monoamine Oxidase A Gene (MAOA) Predicts Behavioral Aggression Following Provocation." *Proceedings of the National Academy of Sciences*, Vol. 106, No. 7 (2009), pp. 2118-2123.

McDermott, R., J. H. Fowler, and O. Smirnov, "On the Evolutionary Origin of Prospect Theory Preferences." *Journal of Politics*, Vol. 70, No. 2 (April 2008), pp. 335-350.

McKenzie, J. A., and K. O'farrell. "Modification of Developmental Instability and Fitness: Malathion-Resistance in the Australian Sheep Blowfly, Lucilia Cuprina." *Genetica*, Vol. 89, No. 1-3 (February 1993), pp. 67-76.

Merton, Robert K. "The Self-Fulfilling Prophecy." *The Antioch Review*, Vol. 8, No. 2 (Summer 1948), pp. 193-210.

Mitani, John C., David P. Watts, and Amsler J. Sylvia, "Lethal Intergroup Aggression Leads to Territorial Expansion in Wild Chimpanzees." *Current Biology*, No. 20, No. 12 (2010), pp. R507-508.

Morewedge, Carey K. "Negativity Bias in Attribution of External Agency." *Journal of Experimental Psychology*, Vol. 138, No. 4 (November 2009), pp. 535-545.

Moutsiana, Christina, Neil Garrett, Richard C. Clarke, R. Beau Lotto, Sarah-Jayne Blakemore and Tali Sharot "Human Development of the Ability to Learn from Bad News." *Proceedings of the National Academy of Sciences*, Vol. 110, No. 41 (October 2013), pp. 16396-16401.

Nakao, Hisashi., Kohei Tamura, Yui Arimatsu, Tomomi Nakagawa, Naoko Matsumoto, and Takehiko Matsugi, "Violence in the prehistoric period of Japan: the spatio-temporal pattern of skeletal evidence for violence in the Jomon period." *Biology Letters*, Vol. 12, No. 3 (March 2016), pp. 1-4.

Neve, Jan-Emmanuel De, Nicholas A. Christakis, James H. Fowler and Bruno S. Frey, "Genes, Economics, and Happiness." *Journal of Neuroscience, Psychology, and Economics*, Vol. 5, No. 4 (November 2012), pp. 193-211.

Nowak, Martin A. "Five Rules for the Evolution of Cooperation." *Science*, Vol. 314, No. 5805 (2006), pp. 1560-1563.

Fehr, Ernst., and Klaus M. Schmidt, "A Theory of Fairness, Competition, and Cooperation." *The Quarterly Journal of Economics*, Vol. 114, No. 3 (1999), pp. 817-868.

Fox, Elaine. et al., "Facial Expressions of Emotion: Are Angry Faces Detected More Efficiently?" *Cognition & Emotion*, Vol. 14, No. 1 (January 2000), pp. 61-92.

Fry, Douglas P. *Beyond War: The Human Potential for Peace*, 1st ed. New York: Oxford University Press, 2007.

―――. *The Human Potential for Peace: An Anthropological Challenge to Assumptions About War and Violence*. New York: Oxford University Press, 2005.

Gallistel, Charles R. *The Organization of Learning*. Cambridge, Mass.: MIT Press, 1990.

Garcia, Johnl, Walter G. Hankins, and Kenneth W. Rusiniak, "Behavioral

Regulation of the Milieu Interne in Man and Rat." *Science*, Vol. 185, No. 4154 (September 1974), pp. 824-831.

Gould, Stephen J., and Richard C. Lewontin, "The Spandrels of San Marco and the Panglossian Paradigm: A Critique of the Adaptationist Programme." *Proceedings of the Royal Society of London Series B-Biological Sciences*, Vol. 205, No. 1161 (1979), pp. 581-598.

Gray, Jeffrey A. *The Psychology of Fear and Stress*. Cambridge: Cambridge University Press, 1987.

Greenwald, A. G., Debbie E. McGhee, and Jordan L. K. Schwartz, "Measuring individual differences in implicit cognition: the implicit association test." *Journal of Personality and Social Psychology*, Vol. 74, No. 6, (June 1998), pp. 1464-1480.

Haidt, Jonathan. "When and why nationalism beats globalism." Policy: *A Journal of Public Policy and Ideas*, Vol. 32, No. 3 (Spring 2016), pp. 46-53.

Hammerstein, Peter., ed., *Genetic and Cultural Evolution of Cooperation*. Cambridge: The MIT press, 2003.

Hammond, Ross A. and Robert Axelrod, "The Evolution of Ethnocentrism." *Journal of Conflict Resolution*, Vol. 50, No. 6 (December 2006), pp. 926-936.

Haselhuhn, Michael P., and Elaine M. Wong, "Bad to the Bone: Facial Structure Predicts Unethical Behaviour." *Proceedings of the Royal Society B: Biological Sciences*, Vol. 282, No. 1817 (2011), pp. 571-576.

Haselton, Martie G., and Daniel Nettle, "The Paranoid Optimist: An Integrative Evolutionary Model of Cognitive Biases." *Personality and Social Psychology Review*, Vol. 10, No. 1 (February 2006), pp. 47-66.

Hatemi, Peter K. and Rose McDermott, *Man Is by Nature a Political Animal: Evolution, Biology, and Politics*. Chicago: University of Chicago Press, 2011.

Henrik Hogh-Olesen, ed., *Human Morality and sociality: Evolutionary and comparative perspectives*. Basingstoke: Palgrave Macmillan, 2010.

Hippel, William von., and Robert Trivers, "The evolution and psychology of self-deception." *Behavioral and Brain Sciences*, Vol. 34, No. 1 (February 2011), pp. 1-16.

Orbell, John et al. ""Machiavellian" Intelligence as a Basis for the Evolution of Cooperative Dispositions." *American Political Science Review*, Vol. 98, No. 1 (February 2004), pp. 1-15.

Orbell, John, and Tomonori Morikawa. "An Evolutionary Account of Suicide Attacks: The Kamikaze Case." *Political Psychology*, Vol. 32, No. 2 (April 2011), pp. 297-322.

Otterbein, Keith F. "The Origins of War." *Critical Review*, Vol. 11, No. 2 (Spring 1997), pp. 251-277.

————. *How War Began*, 1st ed. College Station: TAMU Press, 2004.

Paivio, Allan. "Mental Imagery in Associative Learning and Memory." *Psychological Review*, Vol. 76, No. 3 (1969) pp. 241-263.

Palmer, Craig. "The Peacemaking Primate?" *Evolutionary Psychology*, Vol. 4 (2006), pp. 138-141.

Parker, Geoff A. "Assessment Strategy and Evolution of Fighting Behavior." *Journal of Theoretical Biology*, Vol. 47, No. 1 (September 1974), pp. 223-243.

Payne, k. *The Psychology of Modern Conflict: Evolutionary Theory, Human Nature and a Liberal Approach to War.* Basingstoke: Palgrave Macmillan, 2015.

————. *The Psychology of Strategy: Exploring Rationality in the Vietnam War.* New York: Oxford University Press, 2015.

————. *Strategy, Evolution, and War: From Apes to Artificial Intelligence.* Washington, DC: Georgetown University Press, 2018.

Pierce, W. David., and Carl D. Cheney, *Behavior Analysis and Learning: A Biobehavioral Approach*, Sixth Edition. New York: Routledge, 2017.

Petersen, M. B., D. Sznycer, A. Sell, L. Cosmides, and J. Tooby. "The Ancestral Logic of Politics: Upper-Body Strength Regulates Men's Assertion of Self-Interest over Economic Redistribution." *Psychological Science*, Vol. 24, No. 7 (May 2013), pp. 1098-1103.

Petersen, Michael Bang. "Evolutionary Political Psychology: On the Origin and Structure of Heuristics and Biases in Politics." *Political Psychology*, Vol. 36, Issue Supplement S1 (February 2015), pp. 45-78.

————. "Public Opinion and Evolved Heuristics: The Role of Category-Based Inference," *Journal of Cognition and Culture*, Vol. 9, No. 3 (2009), pp. 367-389.

Pettman, Ralph., "Psychopathology and world politics." *Cambridge Review of International Affairs*, Vol. 23, No. 3 (September 2010), pp. 475-492.

————. *Psychopathology and World Politics.* London: World Scientific, 2011.

Pietraszewski, D., L. Cosmides, and J. Tooby. "The Content of Our Cooperation, Not the Color of Our Skin: An Alliance Detection System Regulates Categorization by Coalition and Race, but Not Sex." *Plos One*, Vol. 9, No. 2 (February 2014), e88534.

Prüfer, Kay., Kasper Munch, Ines Hellmann, Keiko Akagi, Jason R. Miller, Brian Walenz, Sergey Koren, et al, "The Bonobo Genome Compared with the Chimpanzee and Human Genomes." *Nature,* Vol. 486, No. 7404 (2012), pp. 527-531.

Puts, David A., Coren L. Apicella and Rodrigo A. C?rdenas, "Masculine Voices Signal Men's Threat Potential in Forager and Industrial Societies."

Proceedings of the Royal Society B: Biological Sciences, Vol. 279, No. 1728 (2012), pp. 601-609.

Puurtinen, Mikael., and Tapio Mappes, "Between-Group Competition and Human Cooperation." *Proceedings of the Royal Society B: Biological Sciences*, Vol. 276, No. 1655 (2009), pp. 355-360.

Rilling, James K., Jan Scholz, Todd M. Preuss, Matthew F. Glasser, Bhargav K. Errangi, and Timothy E. Behrens, "Differences Between Chimpanzees and Bonobos in Neural Systems Supporting Social Cognition." *Social Cognitive and Affective Neuroscience*, Vol. 7, No. 4 (2011), pp. 369-379.

Rozin, Paul and Edward B. Royzman. "Negativity Bias, Negativity Dominance, and Contagion." *Personality and Social Psychology Review*, Vol. 5, No. 4 (November 2001), pp. 296-320.

Marean, Curtis W., Miryam Bar-Matthews, Jocelyn Bernatchez, Erich Fisher, Paul Goldberg, Andy I. R. Herries, Zenobia Jacobs, Antonieta Jerardino, Panagiotis Karkanas, Tom Minichillo, Peter J. Nilssen, Erin Thompson, Ian Watts & Hope M. Williams, "Early Human Use of Marine Resources and Pigment in South Africa during the Middle Pleistocene." *Nature*, Vol. 449 (2007), pp. 905-908.

Mayr, Ernst. "How to Carry Out the Adaptationist Program?" *American Naturalist*, Vol. 121, No. 3 (March 1983), pp. 324-334.

McAndrew, Francis T., and Carin Perilloux, "Is Self-Sacrificial Competitive Altruism Primarily a Male Activity?" *Evolutionary Psychology*, Vol. 10, No. 1 (2012), pp. 50-65.

McDermott, Rose. "Prospect Theory in Political Science: Gains and Losses from the First Decade." *Political Psychology*, Vol. 25, No. 2 (April 2004), pp. 289-312.

McDermott, Rose et al., "Testosterone and Aggression in a Simulated Crisis Game." *Annals of the American Academy of Political and Social Science*, Vol. 614, No. 1 (November 2007), pp. 15-33.

Miller, Dale T., and Michael Ross, "Self-serving Biases in the Attribution of Causality: Fact or Fiction?" *Psychological Bulletin*, Vo. 82, No. 2 (1975), pp. 213-225.

Morgan, T. J. H., L. E. Rendell, M. Ehn, W. Hoppitt, and K. N. Laland, "The Evolutionary Basis of Human Social Learning." *Proceedings of the Royal Society B: Biological Sciences,* Vol. 282, No. 1817 (2011), pp. 653-662.

Navarrete, David C., Robert Kurzban, Daniel M. T. Fessler, and L. A. Kirkpatrick, "Anxiety and Intergroup Bias: Terror Management or Coalitional Psychology?" *Group Processes & Intergroup Relations*, Vol. 7, No. 4 (2004), pp. 370-397.

Neve, Jan-Emmanuel De. et al., "Genes, Economics, and Happiness." *Journal of Neuroscience, Psychology, and Economics*, Vol. 5, No. 4 (November 2012), pp. 193-211.

Neuman, W. Russell, George E. Marcus, Ann N. Crigler, and Michael Mackuen, eds., *The Affect Effect: Dynamics of Emotion in Political Thinking and Behavior*. Chicago: University of Chicago Press, 2007.

Richerson, Peter J., and Robert Boyd, *Not by Genes Alone: How Culture Transformed Human Evolution*. Chicago: University of Chicago Press, 2004.

Ridley, Matt. *The Origins of Virtue: Human Instincts and The Evolution of Cooperation*. New York: Viking Adult, 1997.

Roberts, S. Craig. ed., *Applied Evolutionary Psychology*. New York: Oxford University Press, 2012.

Rosen, Stephen Peter. *War and Human Nature*. Princeton: Princeton University Press, 2007.

Rubin, Paul Harold. *Darwinian Politics: The Evolutionary Origin of Freedom*. New Brunswick: Rutgers University Press, 2002.

Sarkar, S., and A. Plutynski, eds., *A Companion to the Philosophy of Biology*. Oxford: Blackwell, 2008, pp. 186-202.

Schacter, Daniel L. *Searching for Memory: The Brain, the Mind, and the Past*. New York: Basic Books, 1996, pp. 192-217.

Schaller, Mark., Jeffry A. Simpson, and Douglas T. Kenrick. *Evolution and Social Psychology*. New York, NY: Psychology Press, 2006.

Schaller, Mark., Justin H. Park, and Annette Mueller, "Fear of the Dark: Interactive Effects of Beliefs About Danger and Ambient Darkness on Ethnic Stereotypes." *Personality & Social Psychology Bulletin*, Vol. 29, No.5 (2003), pp. 637-649.

Schwartz, Tony. "Overcoming Your Negativity Bias." *New York Times*, June 14, 2013.

Sell, A., et al., "The Grammar of Anger: Mapping the Computational Architecture of a Recalibrational Emotion." *Cognition*, Vol. 168 (November 2017), pp. 110-128.

Sell, A., J. Tooby, and L. Cosmides. "Formidability and the Logic of Human Anger." *Proceedings of the National Academy of Sciences of the United States of America*, Vol. 106, No. 35 (September 2009), pp. 15073-15078.

Sell, A., Leda Cosmides, John Tooby, Daniel Sznycer, Christopher von Rueden, and Michael Gurven, "Human Adaptations for the Visual Assessment of Strength and Fighting Ability from the Body and Face." *Proceedings of the Royal Society of London Series B-Biological Sciences*, Vol. 276, No. 1656 (2009), pp. 575-584.

Sell, A., Liana S. E. Hone, and Nicholas Pound, "The Importance of Physical Strength to Human Males." *Human Nature*, Vol. 23, No. 1 (March 2012), pp. 30-44.

Sharot, Tali, Tamara Shiner, and Raymond J. Dolan, "Experience and Choice Shape Expected Aversive Outcomes." *The Journal of Neuroscience*, Vol. 30, No. 27 (July 2010), pp. 9209-9215.

Sharot, Tali, Cristina M. Velasquez, and Raymond J. Dolan, "Do Decisions Shape Preference? Evidence from Blind Choice." *Psychological Science*, Vol. 21, No. 9 (September 2010), pp. 1231-1235.

Sharot, Tali et al., "Is Choice-Induced Preference Change Long Lasting?" *Psychological Science*, Vol. 23, No. 10 (October 2012), pp. 1123-1129.

Sharot, Tali, Benedetto De Martino, and Raymond J. Dolan, "How Choice Reveals and Shapes Expected Hedonic Outcome." *The Journal of Neuroscience*, Vol. 29, No. 12 (March 2009), pp. 3760-3765.

Sharot, Tali, Ryota Kanai, David Marston, Christoph W. Korn, Geraint Rees, and Raymond J. Dolan. "Selectively Altering Belief Formation in the Human Brain." *Proceedings of the National Academy of Sciences*, Vol. 109, No. 42 (October 2012), pp. 17058-17062.

Sharot, Tali, Christoph W. Korn, and Raymond J. Dolan. "How Unrealistic Optimism Is Maintained in the Face of Reality." *Nature Neuroscience*, Vol. 14, No. 11 (November 2011), pp. 1475-1479.

Sherif, Muzafer, and Carolyn W. Sherif. *Groups in Harmony and Tension*. New York: Harper, 1953.

Short, Lindsey A., Catherine J. Mondloch, Cheryl M. McCormick, Justin M. Carré, Ruqian Ma, Genyue Fu, and Kang Lee, "Detection of Propensity for Aggression Based on Facial Structure Irrespective of Face Race." *Evolution and Human Behavior*, Vol. 33, No. 2 (2012), pp. 121-129.

Silverberg, James., and J. Patrick Gray, *Aggression and Peacefulness in Humans and Other Primates*. New York, NY: Oxford University Press, 1992.

Smith, John Maynard. *Evolution and the Theory of Games*. Cambridge: Cambridge University Press, 1982.

Smith, N. Kyle et al., "May I Have Your Attention, Please: Electrocortical Responses to Positive and Negative Stimuli." *Neuropsychologia*, Vol. 41, No. 2 (2003), pp. 171-183

Sober, E., and D. S. Wilson. Unto Others, *The Evolution and Psychology of Unselfish Behavior*. Cambridge, Mass.: Harvard University Press, 1998.

Solomon, Richard L., and Lyman C. Wynne, "Traumatic Avoidance Learning: The Principles of Anxiety Conservation and Partial Irreversibility." *Psychological Review*, Vol. 61, No. 6 (November 1954), pp. 353-385.

Sperber, Dan. *Explaining Culture: A Naturalistic Approach.* Oxford: Blackwell, 1996.

Spisak, Brian R. "The General Age of Leadership: Older-Looking Presidential Candidates Win Elections during War." *PLoS ONE*, Vol. 7, No. 5 (2012), e36945.

Sapolsky, Robert M., "A Natural History of Peace." *Foreign Affairs*, Vol. 85, No. 1 (2006), pp. 104-120.

Spisak, Brian R., Peter H. Dekker, Max Krüger, and Mark Van Vugt, "Warriors and Peacekeepers: Testing a Biosocial Implicit Leadership Hypothesis of Intergroup Relations Using Masculine and Feminine Faces." *PLoS ONE*, Vol. 7, No. 1 (2012), e30399.

Stavridis, J. "The Dawning of the Age of Biology." *Financial Times*, 19, January 2014.

Stewart-Williams, Steve. *The Ape that Understood the Universe: How the Mind and Culture Evolve.* New York: Cambridge University Press, 2019.

Symons, Donald. *The Evolution of Human Sexuality.* New York, NY: Oxford University Press, 1979.

Tajfel, Henri. "Experiments in Intergroup Discrimination." *Scientific American*, Vol. 223 (November 1970), pp. 96-102.

Thayer, Bradley A. "Bringing in Darwin: Evolutionary Theory, Realism, and International Politics." *International Security*, Vol. 25, No. 2 (Fall 2000), pp. 124-151.

―――. "Thinking About Nuclear Deterrence Theory: Why Evolutionary Psychology Undermines Its Rational Actor Assumptions." *Comparative Strategy*, Vol. 26, No. 4 (October 2007), pp. 311-323.

―――. *Darwin and International Relations: On the Evolutionary Origins of War and Ethnic Conflict.* Lexington: University Press of Kentucky, 2004.

Thayer, Bradley A., and Valerie M. Hudson, "Sex and the Shaheed: Insights from the Life Sciences on Islamic Suicide Terrorism." *International Security*, Vol. 34, No. 4(March 2010), pp. 37-62.

Tiihonen, J., M.-R. Rautiainen, H. M. Ollila, E. Repo-Tiihonen, M. Virkkunen, A. Palotie, O. Pietiläinen, et al. "Genetic Background of Extreme Violent Behavior." *Molecular Psychiatry*, Vol. 20 (October 2014) pp. 786-792.

Tomasello, Michael., Alicia P. Melis, Claudio Tennie, Emily Wyman, and Esther Herrmann, "Two Key Steps in the Evolution of Human Cooperation: The Interdependence Hypothesis." *Current Anthropology*, Vol. 53, No. 6 (December 2012), pp. 673-692.

Tomasello, Michael., Malinda Carpenter, Josep Call, Tanya Behne, and Henrike Moll, "Understanding and sharing intentions: The origins of cultural cognition." *Behavioral and Brain Sciences*, Vol. 28 (2005), pp. 675-735.

Tooby, John., Leda Cosmides, and Michael E. Price. "Cognitive Adaptations for n-Person Exchange: The Evolutionary Roots of Organizational Behavior." *Managerial and Decision Economics*, Vol. 27, No. 2-3 (March-May 2006), pp. 103-129.

Tooby, John., and Leda Cosmides, "On the Universality of Human Nature and the Uniqueness of the Individual: The Role of Genetics and Adaptation." *Journal of Personality*, Vol. 58, No. 1 (1990), pp. 17-67.

Turney-High, Harry H. *Primitive War: Its Practice and Concepts*. Columbia, SC: University of South Carolina Press, 1949.

Tversky, Amos., and Daniel Kahneman, "Availability: A heuristic for judging frequency and probability." *Cognitive Psychology*, Vol. 5, No. 2 (September 1973), pp. 207-232.

Yamagishi, Toshio., Shigehito Tanida, Rie Mashima, Eri Shimoma, and Satoshi Kanazawa. "You Can Judge a Book by its Cover: Evidence That Cheaters May Look Different from Cooperators," *Evolution and Human Behavior*, Vol. 24, No. 4 (2003), pp. 290-301.

Trivers, Robert L. "The Evolution of Reciprocal Altruism." *The Quarterly Review of Biology*, Vol. 46, No. 1 (March 1971), pp. 35-57.

———. *Deceit and Self-Deception: Fooling Yourself the Better to Fool Others*, London: Allen Lane, 2011.

———. "The Elements of a Scientific Theory of Self-Deception." *Annals of the New York Academy of Sciences*, Vol. 907, No. 1 (April 2000), pp. 114-131.

Varki, Ajit., and Danny Brower, *Denial: Self-Deception, False Beliefs, and the Origins of the Human Mind*. New York: Twelve, 2013.

Verweij, Karin J. H., Jian Yang, Jari Lahti, Juha Veijola, Mirka Hintsanen, Laura Pulkki-Råback, Kati Heinonen, et al, "Maintenance of Genetic Variation in Human Personality: Testing Evolutionary Models by Estimating Heritability Due to Common Causal Variants and Investigating the Effect of Distant Inbreeding." *Evolution*, Vol. 66, No. 10 (2012), pp. 3238-3251.

Waddington, C. H. *The Evolution of an Evolutionist*. Ithaca, NY: Cornell University Press, 1975.

Wagner, John D., Mark V. Flinn, and Barry G. England, "Hormonal Response to Competition among Male Coalitions." *Evolution and Human Behavior*, Vol. 23, No. 6 (November 2002), pp. 437-442.

Wason, Peter C. "Reasoning About a Rule." *The Quarterly Journal of Experimental Psychology*, Vol. 20, No. 3 (September 1968), pp. 273-281.

Weinstein, Neil D. "Unrealistic Optimism About Susceptibility to Health

Problems: Conclusions from a Community-Wide Sample." *Journal of behavioral medicine*, Vol. 10, No. 5 (October 1987), pp. 481-500.

Whalen, Paul J. et al., "Human Amygdala Responsivity to Masked Fearful Eye Whites." *Science*, Vol. 306, No. 5704 (December 2004), p. 2061.

Williams, D. G. "Dispositional Optimism, Neuroticism, and Extraversion." *Personality and individual differences*, Vol. 13, No. 4 (April 1992), pp. 475-477.

Williams, George C. *Adaptation and Natural Selection: A Critique of Some Current Evolutionary Thought*. Princeton, N.J.: Princeton University Press, 1966.

Wilson, David S. "Human Groups as Units of Selection." *Science*, Vol. 276, No. 5320 (1997), pp. 1816-1817.

Wilson, David Sloan and E. O. Wilson. "Rethinking the theoretical foundation of sociobiology." *The Quarterly Review of Biology*, Vol. 82, No. 4 (December 2007), pp. 327-348.

———. "Evolution 'for the Good of the Group'." *American Scientist*, Vol. 96, No. 5 (September 2008), pp. 380-389.

Wilson, Michael L., Christophe Boesch, Barbara Fruth, Takeshi Furuichi, Ian C. Gilby, Chie Hashimoto, Catherine L. Hobaiter, et al, "Lethal Aggression in Pan is Better Explained by Adaptive Strategies than Human Impacts." *Nature*, Vol. 513, No. 7518 (2014), pp. 414-417.

Wilson, Michael L., Sonya M. Kahlenberg, Michael Wells, and Richard W. Wrangham, "Ecological and Social Factors Affect the Occurrence and Outcomes of Intergroup Encounters in Chimpanzees." *Animal Behaviour*, Vol. 83, No. 1 (2012), pp. 277-291.

Worchel, Stephen, and William G. Austin. *Psychology of Intergroup Relations*. 2nd ed. Chicago: Nelson-Hall Publishers, 1985.

Wrangham, Richard W. "Is Military Incompetence Adaptive?" *Evolution and Human Behavior*, Vol. 20, No. 1 (January 1999), pp. 3-17.

———. "Two Types of Aggression in Human Evolution." *Proceedings of the National Academy of Sciences*, Vol. 115, No. 2 (January 2018), pp. 245-253.

———. "Evolution of Coalitionary Killing." *Yearbook of Physical Anthropology*, Vol. 42 (1999), pp. 1-30.

———. "Hypotheses for the Evolution of Reduced Reactive Aggression in the Context of Human Self-Domestication." *Frontier in Psychology*, Vol. 10 (August 2019).

Wrangham, Richard., and Dale Peterson, *Demonic Males: Apes and the Origins of Human Violence*. Boston: Houghton Mifoin, 1996.

Wrangham, Richard W., and Luke Glowacki, "Intergroup Aggression in

Chimpanzees and War in Nomadic Hunter-Gatherers: Evaluating the Chimpanzee Model." *Human Nature*, Vol. 23, No. 1 (2012), pp. 5-29.

Wright, Quincy. *A Study of War*, 2nd ed. Chicago: University of Chicago Press, 1983.

Wynne-Edwards, V. C. *Animal Dispersion in Relation to Social Behaviour*. London: Oliver and Boyd, 1962.

Zahavi, Amotz. "Mate Selection —— a Selection for a Handicap." *Journal of Theoretical Biology*, Vol. 53, No. 1 (September 1975), pp. 205-214.

Zak, Paul J. "The Physiology of Moral Sentiments." *Journal of Economic Behavior & Organization*, Vol. 71, No. 1 (June 2009), pp. 53-65.

———. "Neuroactive Hormones and Interpersonal Trust: International Evidence." *Economics and Human Biology*, Vol. 4, No. 3 (2006), pp. 412-429.

Zak, Paul J., and Jacek Kugler, "Neuroeconomics and International Studies: A New Understanding of Trust." *International Studies Perspectives*, Vol. 12, No. 2 (2011), pp. 136-152.

アクセルロッド、R（松田裕之訳）『つきあい方の科学——バクテリアから国際関係まで』ミネルヴァ書房、1998年。

アンジェ、ロバート/ダニエル・デネット（佐倉統・巌谷薫・鈴木崇史・坪井りん訳）『ダーウィン文化論—科学としてのミーム』産業図書、2004年。

五百部裕・小田亮編『心と行動の進化を探る』朝倉書店、2013年。

井出弘子『ニューロポリティクス——脳神経科学の方法を用いた政治行動研究』木鐸社、2012年。

伊藤光利「政治学における進化論的アプローチ」『リヴァイアサン』第46号（2010年4月）7～31頁。

伊藤隆太「書評『シリーズ群集生物学2——進化生物学からせまる』（大串隆之・近藤倫生・吉田丈人編）」『日本生態学会ニュースレター』第21号（2010年5月）12～14頁。

ウィルソン、エドワード．O．（山下篤子訳）『知の挑戦——科学的知性と文化的知性の統合』角川書店、2002年。

ウィルソン、デイヴィッド・スローン、（中尾ゆかり訳）『みんなの進化論』日本放送出版協会、2009年。

王暁田・蘇彦蘇捷（平石界・長谷川寿一・的場知之監訳）『進化心理学を学びたいあなたへ——パイオニアからのメッセージ』東京大学出版会、2018年。

カーネマン、ダニエル（村井章子）『ファスト＆スロー——あなたの意思はどのように決まるか？』全2巻、早川書房、2014年。

川越敏司編『経済学に脳と心は必要か？』河出書房新社、2013年。

北村秀哉・大坪庸介『進化と感情から解き明かす社会心理学』有斐閣、2012年。

久保田徳仁「プロスペクト理論の国際政治分析への適用——理論および方法論の観

点からみた現状と課題」『防衛大学校紀要』社会科学分冊、第92号（2006年3月）1〜24頁。

クルツバン、ロバート（高橋洋訳）『だれもが偽善者になる本当の理由』柏書房、2014年。

ケンリック、ダグラス（山形浩生・森本正史訳）『野蛮な進化心理学——殺人とセックスが解き明かす人間行動の謎』白揚社、2014年。

西條辰義・清水和巳『実験が切り開く21世紀の社会科学』勁草書房、2014年。

サテル、サリー/スコット・O・リリエンフェルド（柴田裕之訳）『その〈脳科学〉にご用心——脳画像で心はわかるのか』紀伊國屋書店、2015年。

シムラー、ケヴィン/ロビン・ハンソン（大槻敦子訳）『人が自分をだます理由——自己欺瞞の進化心理学』原書房、2019年。

シャーロット、ターリ（斉藤隆央訳）『脳は楽観的に考える』柏書房、2013年。

スノー、C・P（松井巻之助訳）『二つの文化と科学革命』みすず書房、1967年。

ダーウィン、チャールズ（渡辺政隆訳）『種の起源』全2冊、光文社、2009年。

─── （浜中浜太郎訳）『人及び動物の表情について』岩波書店、1991年。

ダマシオ、アントニオ・R（田中三彦訳）『デカルトの誤り——情動、理性、人間の脳』筑摩書房、2010年。

ダンバー、ロビン（藤井留美訳）『友達の数は何人?—ダンバー数とつながりの進化心理学』インターシフト、2011年。

チャーチランド、パトリシア・S.（信原幸弘・樫則章・植原亮訳）『脳がつくる倫理——科学と哲学から道徳の起源にせまる』化学同人、2013年。

テイラー、シェリー・E.（宮崎茂子訳）『それでも人は、楽天的な方がいい—ポジティブ・マインドと自己説得の心理学』日本教文社、1998年。

デイリー、マーティン/マーゴ・ウィルソン（長谷川眞理子・長谷川寿一訳）『人が人を殺すとき——進化でその謎をとく』新思索社、1999年。

─── （竹内久美子訳）『シンデレラがいじめられるほんとうの理由』新潮社、2002年。

デネット、ダニエル・C（山口泰司）『解明される意識』青土社、1997年。

─── （阿部文彦訳）『解明される宗教——進化論的アプローチ』青土社、2010年。

ドーキンス、リチャード（日高敏隆・岸由二・羽田節子・垂水雄二訳）『利己的な遺伝子』増補新装版、紀伊國屋書店、2006年。

─── （垂水雄二訳）『神は妄想である——宗教との決別』早川書房、2007年。

─── （大田直子訳）『魂に息づく科学——ドーキンスの反ポピュリズム宣言』早川書房、2018年。

─── （大田直子）『さらば、神よ——科学こそが道を作る』早川書房、2020年。

トマセロ、マイケル（中尾央訳）『道徳の自然誌』勁草書房、2020年。

─── （橋彌和秀訳）『思考の自然誌』勁草書房、2021年。

中尾央「進化心理学の擁護——批判の論駁を通じて」『科学哲学』第46号1巻（2013

　年）1〜16頁。

ニュートン、アイザック（中野猿人訳）『プリンシピア——自然哲学の数学的原
　理』講談社、1977年。

ネシー、ランドルフ・M.／ジョージ・C・ウィリアムズ（長谷川真理子・青木千里
　・長谷川寿一訳）『病気はなぜ、あるのか——進化医学による新しい理解』新曜
　社、2001年。

ハイト、ジョナサン（高橋洋訳）『社会はなぜ左と右にわかれるのか』紀伊国屋書
　店、2014年。

ブラックモア、スーザン（垂水雄二訳）『ミーム・マシーンとしての私』全2巻、
　草思社、2000年。

ヘンリック、ジョセフ（今西康子訳）『文化がヒトを進化させた—人類の繁栄と
　〈文化・遺伝子革命〉』白揚社、2019年。

長谷川寿一・長谷川眞理子「政治の進化生物学的基礎——進化政治学の可能性」
　『リヴァイアサン』第44号（2009年4月）71〜91頁。

長谷川眞理子『生き物をめぐる4つの「なぜ」』集英社、2002年。

肥前洋一『実験政治学』勁草書房、2016年。

平石界「進化心理学——理論と実証研究の紹介」『認知科学』第7号第4巻（2000年
　12月）341〜356頁。

ピンカー、スティーブン（椋田直子訳）『心の仕組み』全2冊、筑摩書房、2013年。

———（山下篤子訳）『人間の本性を考える——心は「空」白の石版」か』全3冊、
　NHK出版、2004年。

———（幾島幸子・塩原通緒訳）『暴力の人類史』全2冊、青土社、2015年。

———（橘明美・坂田雪子訳）『21世紀の啓蒙——理性、科学、ヒューマニズム、
　進歩』全2巻（草思社、2019年）。

ポール・ブルーム（春日井晶子訳）『赤ちゃんはどこまで人間なのか——心の理解
　の起源』ランダムハウス講談社、2006年。

———．（高橋洋訳）『反共感論——社会はいかに判断を誤るか』白揚社、2018年。

森川友義「進化政治学とは何か」『年報政治学』第59号第2巻（2008年）217〜236頁。

ランガム、リチャード（依田卓巳訳）『善と悪のパラドックス——ヒトの進化と〈自
　己家畜化〉の歴史』NTT出版、2020年。

リドレー、マッド（大田直子・鍛原多惠子・柴田裕之訳）『繁栄——明日を切り拓
　くための人類10万年史』早川書房、2013年。

ルドゥー、ジョセフ（松本元・川村光毅ほか訳）『エモーショナル・ブレイン——
　情動の脳科学』東京大学出版会、2003年。

ロスリング、ハンス／オーラ・ロスリング／アンナ・ロスリング・ロンランド（上杉
　周作・関美和訳）『FACTFULLNESS ——10の思い込みを乗り越え、データを
　基に世界を正しく見る習慣』日経BP社、2019年。

山岸俊夫「集団内の協力と集団間攻撃——最小条件集団実験が意味するもの」『リ
　ヴァイアサン』第44（2009年4月）22〜46頁。

■哲学・思想・方法論関連

Bennett, Andrew. "The Mother of All Isms: Causal Mechanisms and Structured Pluralism in International Relations Theory." *European Journal of International Relations*, Vol. 19, No. 3 (September 2013), pp. 459-481.

Brante, Thomas. "Review Essay: Perspectival Realism, Representational Models, and the Social Sciences." *Philosophy of the Social Sciences*, Vol. 40, No. 1 (December 2010), pp. 107-117.

Büthe, Tim. "Taking Temporality Seriously: Modeling History and the Use of Narratives as Evidence." *The American Political Science Review*, Vol. 96, No. 3 (October 2002), pp. 481-493.

Cartwright, Nancy. *How the Laws of Physics Lie*. New York: Oxford University Press, 1983.

Chakravartty, Anjan. *A Metaphysics for Scientific Realism: Knowing the Unobservable*. Cambridge: Cambridge University Press, 2007.

————. "Perspectivism, Inconsistent Models, and Contrastive Explanation." *Studies in History and Philosophy of Science*, Vol. 41, No. 4 (December 2010), pp. 405-412.

Chernoff, Fred. "Scientific Realism as a Meta-Theory of International Politics." *International Studies Quarterly*, Vol. 46, No. 2 (June 2002), pp. 189-207.

Chiappe. Dan., and Kevin MacDonald, "The Evolution of Domain-General Mechanisms in Intelligence and Learning." *Journal of General Psychology*, Vol. 132, No. 1 (January 2005), pp. 5-40.

Cohen, Robert S. ed., *Inquiries and Provocations: Selected Writings 1929-1974, Volume 14 of the series Vienna Circle Collection*. New York: Springer, 1981.

Côté, Sylvana M., Tracy Vaillancourt, John C. LeBlanc, Daniel S. Nagin, Richard E. Tremblay. "The Development of Physical Aggression from Toddlerhood to Pre-Adolescence: A Nation Wide Longitudinal Study of Canadian Children." *Journal of Abnormal Child Psychology*, Vol. 34, No. 1 (March 2006), pp. 71-85.

Dudley, Edward., and Maximillian E. Novak eds., *The Wild Man Within: An Image in Western Thought from the Renaissance to Romanticism*. Pittsburgh: University of Pittsburgh Press, 1972.

Ellis, Lee. "A Discipline in Peril: Sociology's Future Hinges on Curing its Biophobia." *The American Sociologist*, Vol. 27, No. 2 (Summer 1996), pp. 21-41.

Elman,? Colin Miriam Fendius Elman, *Progress in International Relations Theory: Appraising the Field*. Cambridge, Mass.: The MIT Press, 2003.

Elster, John. *Explaining Technical Change: A Case Study in the Philosophy of Science*. Cambridge: Cambridge University Press, 1983.

Epstein, Charlotte. "Minding the Brain: IR as a Science?" *Millennium*, Vol. 43,

No. 2 (January 2015), pp. 743-748.

Feigl, Herbert. "On the Vindication of Induction." *Philosophy of Science*, Vol. 28, No. 2 (April 1961), pp. 212-216.

Frayer, David W., and Debra L. Martin, eds., *Troubled Times: Violence and Warfare in the Past*. Amsterdam: Gordon and Breach Publishers, 1997.

Friedman, Milton. *Essays in Positive Economics*. Chicago: University of Chicago Press, 1953.

Gangstead, Steven W., and Jeffry A. Simpson, eds., *The Evolution of Mind: Fundamental Questions and Controversies*. New York: Guilford, 2007.

Geertz, Clifford. *The Interpretation of Cultures: Selected Essays*. New York: Basic Books, 1973.

Giere, Ronald N. *Scientific Perspectivism*. Chicago: University of Chicago Press, 2006.

———. "Scientific perspectivism: Behind the stage door," *Studies in History and Philosophy of Science*, Vol. 40, No. 2 (June 2009), pp. 221-223.

Gomm, Roger, Martyn Hammersley, Peter Foster, eds., *Case Study Method: Key Issues, Key Texts*. Lodon: SAGE Publications Ltd, 2000.

Gutting, G. et al., eds., *Science and Reality*. Notre Dame: Notre Dame Press, 1984.

Hales, Steven D. and Rex Welson, *Nietzsche's Perspectivism*. Urbana: University of Illinois Press, 2000.

Harris, Sam. *The Moral Landscape: How Science Can Determine Human Values*. New York: Simon and Schuster, 2011.

———. *The End of Faith: Religion, Terror, and the Future of Reason*. New York: W. W. Norton & Company, 2004.

———. *Making Sense: Conversations on Consciousness, Morality and the Future of Humanity*. London: Bantam Press, 2020.

Hausman, Daniel M. *The Philosophy of Economics: An Anthology*. Cambridge: Cambridge University Press, 1984.

Hirshfeld, Lawrence A., and Susan A. Gelman, eds., *Mapping the Mind: Domain Specificity in Cognition and Culture*, New York: Cambridge University Press, 1994.

Hobbes, Thomas. *Leviathan*. New York: Oxford University Press, 1651/1957.

Jackson, Patrick Thaddeus. "'Hegel's House, or 'People Are States Too'." *Review of International Studies*, Vol. 30, No. 2 (April 2004), pp. 281?287.

———. "Must International Studies Be a Science?" *Millennium*, Vol. 43, No. 3 (June 2015), pp. 942-965.

———. *The Conduct of Inquiry in International Relations: Philosophy of Science and Its Implications for the Study of World Politics*, 2nd ed. New

York: Routledge, 2016.

Jones, Martin R., and Nancy Cartwright, eds., *Idealization XII: correcting the model: idealization and abstraction in the sciences*. New York: Rodopi, 2005.

Joseph, Jonathan. "Forum: Scientific and Critical Realism in International Relations: Editors' Introduction Philosophy in International Relations: A Scientific Realist Approach." *Millennium*, Vol. 35, No. 2 (March 2007), pp. 343-344.

Joseph, Jonathan, and Colin Wight. *Scientific Realism and International Relations*. Basingstoke: Palgrave Macmillan, 2010.

Kinzey, Warren G., ed., *The Evolution of Human Behavior: Primate Models*. Albany: State University of New York Press, 1987.

Kitcher, Philip. "Explanation, Conjunction, and Unification." *The Journal of Philosophy*, Vol. 73, No. 8 (April 1976), pp. 207-212.

―――. "Explanatory Unification." *Philosophy of Science*, Vol. 48, No. 4 (December 1981), pp. 507-531.

―――."Unification as a Regulative Ideal." *Perspectives on Science*, Vol. 7, No. 3 (Fall 1999), pp. 337-348.

―――. *The Advancement of Science: Science without Legend, Objectivity without Illusions*. New York: Oxford University Press, 1993.

Kitcher, Philip. and Wesley Salmon eds., *Scientific Explanation, in Minnesota Studies in the Philosophy of Science*, Vol. XIII. Minneapolis: University of Minnesota Press, 1989.

Laudan, Larry. "A Confutation of Convergent Realism." *Philosophy of Science*, Vol. 48, No. 1 (March 1981), pp. 19-49.

―――. "Realism without the Real." *Philosophy of Science*,Vol. 51, No. 1 (March 1984), pp. 156-162.

Lapid, Yosef. "The Third Debate: On the Prospects of International Theory in a Post-Positivist Era." *International Studies Quarterly*, Vol. 33, No. 3 (September), pp. 235-254.

Lewis, Michael., and Jeanette M. Haviland-Jones, eds., *Handbook of the Emotions*, 2d ed. New York: Guilford, 2000.

Lipton, Peter. "The World of Science." *Science*, Vol. 316, No. 5826 (May 2007), p. 834.

Lukianoff, Greg., and Jonathan Haidt, *The Coddling of the American Mind: How Good Intentions and Bad Ideas Are Setting Up a Generation for Failure*. London: Penguin Press, 2018.

Massimi, Michela. "Scientific Perspectivism and Its Foes." *Philosophica*, Vol. 84 (2012), pp. 25-52.

Mead, Margaret. *Sex and Temperament: In Three Primitive Societies* (New

York: William Morrow, 1935/1963).

Mearsheimer, John J., and Stephen M. Walt. "Leaving Theory Behind: Why Simplistic Hypothesis Testing Is Bad for International Relations." *European Journal of International Relations*, Vol. 19, No. 3 (September 2013), pp. 427-457.

Merton, Robert K. "The Self-Fulfilling Prophecy." *The Antioch Review*, Vol. 8, No. 2 (Summer 1948), pp. 193-210.

Mill, J. S. *Utilitarianism*. London: Parker, 1861/1863.

Montagu, Ashley. *Man and Aggression*, 2nd ed. New York: Oxford University Press, 1973.

Morrison, Margaret. "One Phenomenon, Many Models: Inconsistency and Complementarity." *Studies in History and Philosophy of Science*, Vol. 42, No. 2 (June 2011), pp. 342-351.

Neumann, Iver B. "Beware of Organicism: The Narrative Self of the State." *Review of International Studies*, Vol. 30, No. 2 (April 2004), pp. 259-267.

Neumann, Iver B., and Ole Wæver. eds. *The Future of International Relations: Masters in the Making?* London: Routledge, 1997.

Niebuhr, Reinhold., *The Nature and Destiny of Man: A Christian Interpretation*, 2 vols. New York: Charles Scribner's Sons, 1941, 1943.

———. *Faith and History: A Comparison of Christian and Modern Views of History*. London: Nisbet, 1938.

———. *The Children of Light and the Children of Darkness: A Vindication of Democracy and a Critique of Its Traditional Defense*. New York: Charles Scribner's Sons, 1944.

———. *Christianity and Power Politics*. New York: Charles Scribner's Sons, 1940.

Powell, Robert. "The Modeling Enterprise and Security Studies." *International Security*, Vol. 24, No. 2 (Fall 1999), pp. 97-106.

Psillos, Stathis. *Scientific Realism: How Science Tracks Truth*. London: Routledge, 1999.

Rousseau, Jean-Jacques. *Discourse upon the Origin and Foundation of Inequality among Mankind*. New York: Oxford University Press, 1755/1994.

Ryle, Gilbert. *The Concept of Mind*. London: Penguin, 1949.

Rueger, Alexander. "Perspectival Models and Theory Unification." *The British Journal for the Philosophy of Science*, Vol. 56, No. 3 (July 2005), pp. 579-594.

Sakaki, Alexandra., Hanns W. Maull, Kerstin Lukner, Ellis S. Krauss, and Thomas U. Berger, *Reluctant Warriors: Germany, Japan, and Their U.S. Alliance Dilemma*. Washington, D.C.: Brookings Institution Press, 2020.

Salmon, W. *Scientific Explanation and the Causal Structure of the World*.

Princeton: Princeton University Press, 1984.

Shermer, Michael. *Giving the Devil his Due: Reflections of a Scientific Humanist*. Cambridge: Cambridge University Press, 2020.

———. *The Moral Arc: How Science Makes Us Better People*. New York: St. Martin's Griffin, 2016.

———. *How We Believe: The Search for God in an Age of Science*, revised. Basingstoke: W H Freeman & Co, 1999.

———. "Patternicity: Finding Meaningful Patterns in Meaningless Noise." *Scientific American* (December 2008).

———. "Why People Believe Invisible Agents Control the World." *Scientific American* (June 2009).

Sil, Rudra and Peter J. Katzenstein. *Beyond Paradigms: Analytic Eclecticism in the Study of World Politics*. Basingstoke: Palgrave Macmillan, 2010.

Singer, Peter. *The Expanding Circle: Ethics and Sociobiology*, new ed. New York: Oxford University Press, 1983.

Tinbergen, Niko. "On Aims and Methods of Ethology." *Animal Biology*, Vol. 55, No. 4 (December 2005), pp. 297-321.

Vickers, Peter. "Scientific Theory Eliminativism." *Erkenntnis*, Vol. 79, No. 1 (February 2014), pp. 111-126.

Weisberg, M., "Three Kinds of Idealization." *Journal of Philosophy*, Vol. 104, No. 12 (December 2007), pp. 639-659.

Westman, Robert S. ed., *The Copernican Achievement*. Berkeley: University of California Press, 1975.

Williams, Michael C. "Hobbes and International Relations: A Reconsideration." *International Organization*, Vol. 50, No. 2 (Spring 1996), pp. 213-236.

Zahar, Elie. "Why Did Einstein's Programme Supersede Lorentz's?(I)." *The British Journal for the Philosophy of Science*, Vol. 24, No. 2 (June 1973), p. 95-123.

伊勢田哲治「科学的実在論はどこへいくのか」『Nagoya Journal of Philosophy』7 巻、pp. 54-84。

———『疑似科学と科学の哲学』名古屋大学出版会、2003年。

クワイン、W. V. O.（飯田隆訳）『論理的観点から――論理と哲学をめぐる九章』勁草書房、1992年。

グッドマン、N（雨宮民雄訳）『事実・虚構・予言』勁草書房、1987年。

ジョージ、アレクサンダー/アンドリュー・ベネット（泉川泰博訳）『社会科学のケース・スタディ――理論形成のための定性的手法』勁草書房、2013年。

シンガー、ピーター（戸田清訳）『動物の解放』改訂版、人文書院、2011年。

スキナー、クエンティン（半澤孝麿・加藤節編訳）『思想史とは何か』岩波書店、

1990年。

スノー、C・P.　（松井巻之助訳）『二つの文化と科学革命』みすず書房、1967年。

デュエム、ピエール（小林道夫・熊谷陽一・安孫子信訳）『物理理論の目的と構造』勁草書房、1991年。

デカルト、ルネ（山田弘明訳）『省察』（ちくま学芸文庫、2006年）。

戸田山和久『科学的実在論を擁護する』名古屋大学出版会、2015年。

───「哲学的自然主義の可能性」『思想』948巻4号、63〜92頁。

ハッキング、イーアン（渡辺博訳）『表現と介入──ベルヘス的幻想と新ベーコン主義』産業図書、1983年。

バーリン、アイザィア（小川晃一・小池銈・福田歓一・生松敬三）『自由論』新装版、みすず書房、2018年。

ヒューム、デイヴィッド（伊勢俊彦・石川徹・中釜浩一訳）『人間本性論（第3巻）道徳について』法政大学出版局、2012年。

ファイヤアーベント、P. K.　（村上陽一郎・村上公子訳）『自由人のための知─科学論の解体へ』新曜社、1982年。

───（村上陽一郎・渡辺博訳）『方法への挑戦──科学的創造と知のアナーキズム』新曜社、1981年。

ファン・フラーセン、B. C.（丹治信春訳）『科学的世界像』紀伊國屋書店、1986年。

フリーマン、テレク（木村洋二訳）『マーガレット・ミードとサモア』（みすず書房、1995年）。

プラトン（藤沢令夫訳）『国家』改訂版、全二巻、岩波書店、1979年。

ポパー、カール・R（大内義一・森博訳）『科学的発見の論理』全2巻（恒星社厚生閣、1971年）。

ミード、マーガレット（畑中幸子・山本真鳥訳）『サモアの思春期』（蒼樹書房、1976年）。

ミル、J. S.（関口正司訳）『自由論』岩波書店、2020年。

ムア、G. E.　（泉谷周三郎・寺中平治・星野勉訳）『倫理学原理』三和書籍、2010年。

ラカトシュ、I. ／A・マスグレーヴ編（森博監訳）『批判と知識の成長』木鐸社、1985年。

ロック、ジョン（大槻春彦訳）『人間知性論1』岩波書店、1972年。

ローダン、L.　（村上陽一郎・井山弘幸訳）『科学は合理的に進歩する─脱パラダイム論へ向けて』サイエンス社、1986年。

■歴史・現状分析関連

"Address by President [sic] of the Russian Federation," President of Russia Official Website, 18 March 2014, http://en.kremlin.ru/events/president/news/20603.

Auer, Stefan. "Carl Schmitt in the Kremlin: The Ukraine Crisis and the

Return of Geopolitics." *International Affairs*, Vol. 91, No. 5 (September 2015), pp. 953-968.

Bellamy, Chris. *Absolute War: Soviet Russia in the Second World War.* New York: Vintage, 2007.

Berghahn, Volker R. *Germany and the Approach of War in 1914*, 2nd edition. Basingstoke: Palgrave Macmillan, 1993.

Boemeke, Manfred F., Roger Chickering, and Forster, eds., *Anticipating Total War: The German and American Experiences, 1871-1914.* Washington, D.C.: German Historical Institute, 1999.

Bullock, Alan. Hitler: *A Study in Tyranny.* New York: Harper & Row, 1964.

———. *Hitler and Stalin: Parallel Lives.* New York: Knopf, 2004.

Coalson, Robert. "Putin Pledges to Protect All Ethnic Russians Anywhere. So, Where Are They?" *Radio Free Europe/Radio Liberty*, 10 April 2014, https://www.rferl.org/a/russia-ethnic-russification-baltics-kazakhstan-soviet/25328281.html.

Dreyfuss, Bob. "Full Text and Analysis of Putin's Crimea Speech." *Nation* (online ed.), 19 March 2014, https://www.thenation.com/article/full-text-and-analysis-putins-crimea-speech/.

Eley, Geoff. "Reshaping the Right: Radical Nationalism and the German Navy League, 1898-1908." *Historical Journal*, Vol. 21, No. 2 (June 1978), pp. 327-354.

Ericson, Edward E. *Feeding the German Eagle: Soviet Economic Aid to Nazi Germany, 1933-1941.* Westport, CT: Greenwood, 1999.

Fischer, Fritz. *Germany's Aims in the First World War.* New York: W.W. Norton, 1967. (The original version in German appeared in 1961).

Fischer, Markus. "Machiavelli's Theory of Foreign Politics." *Security Studies*, Vol. 5, No. 2 (Winter 1995-1996), pp. 248-279.

Forde, Steven. "International Realism and the Science of Politics: Thucydides, Machiavelli, and Neorealism." *International Studies Quarterly*, Vol. 39, No. 2 (June 1995), pp. 141-160.

Gaddis, John Lewis. *The Long Peace: Inquiries into the History of the Cold War.* New York: Oxford University Press, 1989.

Gelb, Leslie H., and Richard K. Betts, *The Irony of Vietnam: The System Worked.* Washington: Brookings, 1979.

Goble, Paul. "Russian National Identity and the Ukrainian Crisis." in Taras Kuzio, "Between Nationalism, Authoritarianism, and Fascism in Russia." special issue, *Communist and Post-Communist Studies*, Vol. 49, No. 1 (March 2016), pp. 37-41.

Gordon, Michael R. "Domestic Conflict and the Origins of the First World War:

The British and German Cases." *Journal of Modern History*, Vol. 46, No. 2 (June 1974), pp. 191-226.

Herwig, Holger H. "Germany and the 'Short-War' Illusion: Toward a New Interpretation?" *The Journal of Military History*, Vol. 66, No. 3 (July 2002), pp. 681-693.

Kennedy, David M. *The American People in World War II: Freedom from Fear*, pt. 2. New York: Oxford University Press, 1999.

Kennedy, Paul M. *The Rise of the Anglo-German Antagonism, 1860-1914*. London: Allen and Unwin, 1980.

Keeley, Lawrence H. *War before Civilization: The Myth of the Peaceful Savage*. New York: Oxford University Press, 1996.

Kershaw, Ian. *Hitler, 1936-1945: Nemesis*. London: Penguin, 2000.

Lieber, Keir A. "The New History of World War I and What it Means for IR Theory." *International Security*, Vol. 32, No. 2 (Fall 2007), pp. 155-191.

Logevall, Fredrik. *Choosing War: The Lost Chance for Peace and the Escalation of War in Vietnam*. Berkeley: University of California Press, 1999.

Mombauer, Annika. "Of War Plans and War Guilt: The Debate Surrounding the Schlieffen Plan." *Journal of Strategic Studies*, Vol. 28, No. 5 (October 2005), pp. 857-885.

Mommsen, Wolfgang J. "Domestic Factors in German Foreign Policy before 1914." *Central European History*, Vol. 6, No. 1 (March 1973), pp. 3-43.

Morgenthau, Hans. *Scientific Man vs. Power Politics*. Chicago: University of Chicago Press, 1946.

———. *Politics among Nations: The Struggle for Power and Peace*. New York: Knopf, 1949.

Reynolds, David. *From Munich to Pearl Harbor: Roosevelt's America and the Origins of the Second World War*. Chicago: Ivan R. Dee, 2001.

Sagan, Scott D. "The Origins of the Pacific War." *The Journal of Interdisciplinary History*, Vol. 18, No. 4 (Spring 1988), pp. 893-922.

Sperling, Valerie. "Putin's Macho Personality Cult." in Taras Kuzio, "Between Nationalism, Authoritarianism, and Fascism in Russia." special issue, *Communist and Post-Communist Studies*, Vol. 49, No. 1 (March 2016), pp. 13-23.

———. *Sex, Politics, and Putin: Political Legitimacy in Russia*. New York: Oxford University Press, 2015.

外務省編『日本外交年表並主要文書』全2冊（オンデマンド版）原書房、2007年。
川田稔『昭和陸軍全史 3 太平洋戦争』講談社、2015年。
北河賢三・望月雅士・鬼嶋淳編『風見章日記・関係資料 1936—1947』みすず書房、

2008年。

木戸幸一『木戸幸一日記——東京裁判期』東京大学出版会、1980年。

クラーク、クリストファー（小原淳訳）『夢遊病者たち——第一次世界大戦はいかにして始まったのか』全2冊、みすず書房、2017年。

小谷賢『日本軍のインテリジェンス——なぜ情報が活かされないのか』講談社、2007年。

近衛文麿『平和への努力——近衛文麿手記』日本電報通信社、1946年。

ジョル、ジェームズ（池田清訳）『第一次世界大戦の起源』改訂新版、みすず書房、2007年。

須藤眞志『日米開戦外交の研究——日米交渉の発端からハル・ノートまで』慶應通信、1986年。

タックマン、バーバラ・W（大社淑子訳）『愚行の世界史——トロイアからベトナムまで』全2冊、中央公論新社、2009年。

筒井清忠『戦前日本のポピュリズム——日米戦争への道』中央公論新社、2018年。

『東京朝日新聞』1937年7月29日号外1面。1937年9月12日朝刊3面。1937年12月14日号外1面。

『東京日日新聞』1937年12月15日朝刊2面。

東郷茂徳『時代の一面』原書房、1989年。

戸部良一『ピース・フィーラー——支那事変和平工作の群像』論創社、1991年。

トレッペル、レオポルド（堀内一郎訳）『ヒトラーが恐れた男』三笠書房、1978年。

豊田穣『松岡洋右——悲劇の外交官』全2冊、新潮社、1979年。

ニッシュ、イアン（関静雄訳）『戦間期の日本外交』ミネルヴァ書房、2004年。

───（宮本盛太郎訳）『日本の外交政策　1869-1942——霞が関から三宅坂へ——』ミネルヴァ書房、1994年。

日本国際政治学会・太平洋戦争原因研究部編『太平洋戦争への道』全7巻、新装版、朝日新聞社、1987年。

波多野澄雄『幕僚たちの真珠湾』吉川弘文館、2013年。

波多野澄雄・波多野澄雄・戸部良一・松元崇・庄司潤一郎・川島真『決定版　日中戦争』新潮社、2018年。

秦郁彦『日中戦争史』復刻新版、河出書房新社、2011年。

服部聡『松岡外交——日米開戦をめぐる国内要因と国際関係』千倉書房、2012年。

服部龍二『NHK さかのぼり日本史　外交篇〔2〕昭和"外交敗戦"の教訓——なぜ、日米開戦は避けられなかったのか』NHK 出版、2012年。

ヒトラー、アドルフ（平野一郎・将積茂訳）『わが闘争—民族主義的世界観』改版、全2巻、角川文庫、1973年。

堀田江理『1941　決意なき開戦——現代日本の起源』人文書院、2016年。

細谷千博『両大戦間期の日本外交』岩波書店、1988年。

細谷千博著作選集刊行委員会『国際政治のなかの日本外交——細谷千博著作選集第2巻——』龍溪書舎、2012年。

マキァヴェッリ、ニッコロ（永井三明訳）『ディスコルシ——ローマ史論』筑摩書房、2011年。

松岡洋右伝記刊行会編『松岡洋右——その人と生涯』講談社、1974年。

マリガン、ウィリアム（赤木完爾・今野茂充訳）『第一次世界大戦への道——破局は避けられなかったのか』慶應義塾大学出版会、2017年。

三宅正樹・庄司潤一郎・石津朋之・山本文史編『戦争と外交・同盟戦略——検証太平洋戦争とその戦略　2』中央公論新社、2013年。

三輪公忠編『再考・太平洋戦争前夜』創世記，1981年。

三輪公忠『松岡洋右——その人間と外交』第9版、中央公論社、1997年。

森山優『日本はなぜ開戦に踏み切ったか——「両論併記」と「非決定」』新潮社、2012年。

ルー、デービッド・J（長谷川進一訳）『松岡洋右とその時代』新装版、TBS ブリタニカ、1981年。

義井博『増補　日独伊三国同盟と日米関係』南窓社、1987年。

著　者
伊藤　隆太（いとう　りゅうた）
広島大学大学院人間社会科学研究科助教、博士（法学）
2009年、慶應義塾大学法学部政治学科卒業。同大学大学院法学研究科前期および後期博士課程修了。同大学大学院研究員および助教、日本国際問題研究所研究員を経て今に至る。戦略研究学会編集委員・書評小委員会副委員長・大会委員、国際安全保障学会総務委員、コンシリエンス学会学会長。政治学、国際関係論、進化学、歴史学、哲学、社会科学方法論など学際的研究に従事。主な研究業績には、『進化政治学と国際政治理論——人間の心と戦争をめぐる新たな分析アプローチ（芙蓉書房出版、2020年）がある。

しん　か　せい　じ　がく　　　せんそう
進化政治学と戦争
—自然科学と社会科学の統合に向けて—

2021年10月25日　　第1刷発行

著　者
い　とう　　りゅうた
伊藤　隆太

発行所
㈱芙蓉書房出版
（代表　平澤公裕）
〒113-0033東京都文京区本郷3-3-13
TEL 03-3813-4466　FAX 03-3813-4615
http://www.fuyoshobo.co.jp

印刷・製本／モリモト印刷

進化政治学と国際政治理論
人間の心と戦争をめぐる新たな分析アプローチ

伊藤隆太著　本体 3,600円

気鋭の若手研究者が既存の政治学に進化論的なパラダイムシフトを迫る壮大かつ野心的な試み。進化政治学（evolutionary political science）とは、1980年代の米国政治学界で生まれた概念。

米国を巡る地政学と戦略
スパイクマンの勢力均衡論

ニコラス・スパイクマン著　小野圭司訳　本体 3,600円

地政学の始祖として有名なスパイクマンの主著 America's Strategy in World Politics: The United States and the balance of power、初めての日本語完訳版！現代の国際政治への優れた先見性が随所に見られる名著。「地政学」が百家争鳴状態のいまこそ、必読の書。

米中の経済安全保障戦略
新興技術をめぐる新たな競争

本体 2,500円

村山裕三編著　鈴木一人・小野純子・中野雅之・土屋貴裕著

次世代通信技術（5G）、ロボット、人工知能（AI）、ビッグデータ、クラウドコンピューティング…。新たなハイテク科学技術、戦略的新興産業分野でしのぎを削る国際競争の行方と、米中のはざまで日本がとるべき道を提言

論究日本の危機管理体制
国民保護と防災をめぐる葛藤

武田康裕編著　本体 2,800円

テロ、サイバー攻撃、武力攻撃、自然災害、感染リスク……。研究者、行政経験者、リスクコンサルタントなど13人の専門家が現実的な選択肢を模索する。

戦間期日本陸軍の宣伝政策
民間・大衆にどう対峙したか

藤田　俊著　本体 3,600円

陸軍の情報・宣伝政策と大衆化を牽引した新聞・雑誌・ラジオ・映画・展示等のメディアの関係性を分析。

華族の家庭教育に見る日本の近代

伊藤真希著　本体 3,200円【9月新刊】

大正デモクラシー期、昭和戦前期の華族はどのような家庭教育を目指していたのか？　とくに男性華族の理想と実際の子育て、家庭教育の詳細を、有馬頼寧）、岡部長景、阪谷芳郎・阪谷希一らの「日記」などを活用して明らかにする。